Joseph Atwill

El Avatar del César

La conspiración romana para inventar a Jesús

La Firma Flavia

Traducido por

Amado J. Láscar

EL SUR
ES
AMÉRICA

El Avatar del César. La conspiración romana para inventar a Jesús.
La Firma Flavia.

Primera edición en español / First Spanish Edition: enero, 2021

Título original / Original Title:
Caesar's Messiah: The Roman Conspiracy to Invent Jesus: Flavian Signature
2011 Edition

Para mayor información /For more information: www.CaesarsMessiah.com

Editor: Amado J. Láscar
Traductor: Amado J. Láscar
Asistente de edición / Edition Assistant: Luis E. Mendoza
Diseño de portada / Cover Design: Luis E. Mendoza
Diagramación / Layout: Rosario Mejía

Library of Congress Control Number: 2020952728
ISBN- 978-1-7361784-1-6

Editorial El Sur es América, LLC.
Virginia, Estados Unidos
ElSurEsAmerica@gmail.com
www.ElSurEsAmerica.com

Contenido

El Avatar del César

La conspiración romana para inventar a Jesús

Tito Flavio Avatar de Jesús:

Nota del Traductor

La traducción de *Caesar's Messiah* crea la posibilidad de que este extraordinario libro llegue directamente a los lectores hispanohablantes. Por varios años Josep Atwill anduvo buscando un traductor al castellano y no le había sido posible encontrarlo. Yo tuve la fortuna de ver en YouTube hace algunos años a su autor hablando sobre el tema expuesto en detalle en este libro. Como segundo paso, conseguí el libro y lo comencé a leer con mucho interés porque el video que había visto solo exponía la investigación del autor sin penetrar a fondo en los detalles y las conexiones que hizo para llegar su descubrimiento.

Al comienzo de leer el libro me sentí desconcertado con la relación básica que hace Atwill entre Jesús y Tito Flavio, hijo de Vespasiano y futuro Emperador de Roma. Más aún, me sentí intrigado con la exploración hecha por Atwill del año en que suponemos Jesús comenzó su ministerio y el año en que Jerusalén fue arrasada por Tito. Al principio las conexiones me fueron chocantes pero la disciplina escritural y de investigación del autor es tan rigurosa que va encaminado al lector desde distintos ángulos de realización, para iluminarles el camino de una manera insospechada y escalofriante, si se me permite este adjetivo aquí. Atwill va hasta las raíces de la construcción de la sociedad occidental y las analiza a partir de todos los textos que nos han quedado para comprender la historia del cristianismo y la destrucción de Judea y del Templo, al mismo tiempo. Nos muestra cómo el nacimiento del cristianismo es también el entierro del judaísmo tal como existió hasta ese momento, y que justamente la defunción del judaísmo fue la razón principal del nacimiento del cristianismo. Como tercer paso, me contacté con Atwill, enviándole mis referencias como traductor e intelectual y le ofrecí traducir su libro. Del cual, este libro en lengua castellana es el resultado de nuestra conversación.

Desde el exclusivo punto de vista de la traducción, este trabajo, por utilizar textos primarios de la antigüedad entre el nacimiento del judaísmo y el advenimiento del cristianismo, (lo que incluye una serie de nombres antiguos provenientes del arameo, del hebreo, del griego y del latín, entre otros), sumado a la mediocridad de las fuentes etnográficas y lexicológicas disponibles para emprender una tarea como ésta, pone al traductor en una situación de extrema precaución para no pasar por alto las etimologías ni las expresiones propias del tiempo analizado, y para, de este modo, semánticamente conectar al lector contemporáneo con la escritura original en que se basa el libro de Atwill, sin caer en la simplificación o la mistificación.

El texto de Atwill tiene varias fuentes de la antigüedad, incluyendo las obras de Flavio Josefo *Las Guerras de los Judíos*, *Antigüedad de los Judíos*, y del *Nuevo Testamento*; de Eusebio, *La Historia eclesiástica*; de Suetonio, *Vida de los Césares*; de Juvenal, *Sátiras*, etc. Sin embargo, las más recurridas para el argumento que construye Atwill son los trabajos de Flavio Josefo como historiador, como experto en el judaísmo clásico y como general judío que se transforma luego de perder en la batalla en contra del Emperador Vespasiano, en un colaborador de Roma. En efecto, Vespasiano lo adopta y Flavio Josefo se queda viviendo en su palacio por el resto de sus días.

Como traductor he utilizado fuentes directas del original en inglés y respecto a las citas provenientes del Nuevo Testamento, en la mayoría de los casos he utilizado la edición Reina Valera de 1960 en castellano, que se encuentra en la *internet*, con el objeto de conservar lo más posible el original de las fuentes citadas por el autor, sin tener que retraducirlas nuevamente cuando ya existen traducciones en castellano. Hay ciertas excepciones que he indicado oportunamente cuando he visto que hay diferencias significativas entre la fuente de Atwill y el Reina Valera. En estos casos he traducido directamente el texto del inglés que viene en el libro de Atwill.

A continuación, el texto ha sido revisado extensa y exhaustivamente por un segundo lector, Luis E. Mendoza, escritor, maestro en Estudios Internacionales, filósofo y abogado peruano, que ha hecho varias correcciones al castellano y para que esta primera versión en español esté lo más cercana posible al original. Por último, he revisado todas las correcciones de sentido y de nombres también poniendo a su disposición un texto que nos parece que cumple con los requerimientos de una buena traducción.

Para Aemilia and Kit

-Introducción-

Resumen Historico

En la mente popular, y en la mente de la mayoría de los académicos, el origen de la cristiandad es claro: la religión comenzó como movimiento de los seguidores de la clase baja de un maestro judío radical durante el primer siglo de nuestra era. Por varias razones, sin embargo, no pude compartir esta certeza. Hubo numerosos dioses adorados durante la era de Jesús que actualmente son vistos como ficticios, y no existe ninguna evidencia arqueológica que esta existencia haya sido alguna vez encontrada. Lo que contribuyó aún más a mi escepticismo fue que en el preciso tiempo que los seguidores de Jesús estaban conscientemente organizándose dentro de una nueva religión que urgía a sus miembros a "dar la otra mejilla" y darle al "César lo que es del César", otra secta judía estaba lidiando una guerra religiosa en contra de Roma. Esta secta, los Sicarios, también creía en la venida del Mesías, pero no uno que propugnaba la paz. Buscaban a un mesías que los liderara militarmente. Parece imposible que dos formas diametralmente opuestas de judaísmo mesiánico pudieran haber emergido de Judea al mismo tiempo.

Esta es la razón por la que los Manuscritos del Mar Muerto fueron tan interesantes para mí, y comencé lo que finalmente terminó siendo una década entera dedicada a su estudio. Como muchos otros, esperaba aprender del origen del cristianismo en los documentos de dos mil años de antigüedad encontrados en Qumrán.

También comencé a estudiar los otros dos grandes trabajos de esta Era, El Nuevo Testamento y *Las Guerras de los Judíos* de *Flavio Josefo*, un miembro adoptado por la familia imperial; espero poder determinar cómo los Manuscritos se relacionan con ellos. Ciertos eventos del ministerio de Jesús se ven como cercanos episodios paralelos de la campaña militar del emperador romano *Tito Flavio* cuando intentó reducir a los judíos rebeldes de Judea. Mis esfuerzos para comprender esta relación, me llevó a descubrir el increíble secreto que es el tema de este libro: Esta familia imperial, los Flavio, creó el cristianismo e incluso lo que es aún más increíble, incorporó una inteligente sátira de los judíos en los Evangelios y *Las Guerras de los Judíos* para informar a la posteridad de este hecho.

La dinastía Flavia existió entre el año 69 y 96 de nuestra era, período considerado por la mayoría de los estudiosos cuando los Evangelios fueron escritos. Tuvo tres Césares: Vespasiano y sus dos hijos, Tito y Domiciano. Flavio Josefo, el miembro adoptado de la familia que escribió *Las Guerras de los Judíos*, fue su historiador oficial. La sátira que crearon es complicada de visualizar. Si fuera de otra manera, no habría permanecido desconocido por dos mil años. Sin embargo, como los lectores pueden juzgar por sí mismos, el camino que los Flavio dejaron para nosotros está claro. Todo lo que se necesita para comprenderlo es una mente abierta. Pero, ¿cómo entonces la relación satírica que existe entre Jesús y Tito no ha sido reconocida antes? Esta pregunta es especialmente adecuada a la luz del hecho que los trabajos que revelan su sátira - el Nuevo Testamento y las historias de Josefo - son tal vez los libros más observados en la literatura.

Una parte de la explicación es clara. La lectura de los Evangelios -es decir como una creación literaria (en oposición a historia) donde la locura humana es ridiculizada- requiere de un lector que contradiga profundos valores internalizados. Una vez que Jesús fue establecido universalmente como un individuo histórico mundial, cualquier otra posibilidad llega a ser evidentemente invisible. Mientras más creemos en Jesús como una figura histórica se hace más difícil de comprenderlo de cualquiera otra manera.

Además, el nivel satírico de los Evangelios no ha sido descubierto porque ha sido diseñado para que sea difícil de percibir. La dinastía Flavia deseaba algo más que transformar el judaísmo mesiánico. Deseaba que el cristianismo floreciera y se transformara en ampliamente reconocido, incluso a nivel mundial, antes que el nivel satírico de los evangelios fuera descubierto. ¿Por qué deseaban esto? Porque deseaban dejar un legado y necesitaban engañar al mundo para probarle a la posteridad cuán inteligentes ellos fueron. Aunque en la superficie los Evangelios parecen ser una literatura religiosa, que muchos creen fue escrita por los seguidores judíos del líder mesiánico, realmente provienen de la sobrecargada vanidad de los Césares Romanos, pretendiendo que el pueblo los adorara como dioses.

Para comprender las condiciones históricas que movilizaron a la dinastía Flavia a la creación del cristianismo, es necesario comprender las condiciones políticas que la familia encuentra en Judea en el año 74 E.C., luego de la derrota de los sicarios, un movimiento de los judíos mesiánicos. Pero para entender esto, es necesario dar una mirada incluso más atrás en el tiempo.

El proceso que finalmente llevó a la dinastía Flavia a tomar el control sobre Judea fue parte de una lucha mayor y más profunda que la producida entre el helenismo y el judaísmo. El judaísmo que se basaba en el monoteísmo y la fe era simplemente incompatible con el helenismo, la cultura griega que promovía politeísmo y racionalismo.

El helenismo se esparció sobre Judea luego que Alejandro Magno conquistó el área el año 333 A.E.C. Alejandro y sus sucesores establecieron ciudades a través de su imperio para funcionar como centros de comercio y administración. Establecieron más de 30 ciudades dentro de la misma Judea. La gente de Judea, a pesar de su resistencia histórica en contra de influencias externas, comenzó a incorporar ciertos aspectos de la clase dirigente griega. Muchos semitas encontraron deseable sino necesario, hablar griego. Los judíos ricos procuraron darle una educación griega a sus varones jóvenes. La *Gimnasia* introdujo a los estudiantes judíos jóvenes a los mitos griegos, los deportes, la música y las artes.

Los Seléucida, descendientes de los Seleuco, el comandante de la guardia élite de Alejandro, obtuvo el control sobre la región de los Ptolomeo, los descendientes de otro general de Alejandro en el año 200 A.E.C. Cuando Antíoco IV (o como él prefería, Epífanes – es decir dios manifiesto) llegó a ser el regente Seléucida en 169 A.E.C., comenzó la pesadilla de Judea.

Antíoco era abiertamente desdeñoso del judaísmo y deseaba modernizar la religión judía y su cultura. Instaló altos sacerdotes que apoyaban su política cuando una rebelión en contra de la helenización estalló, en el año 168 A.E.C. Antíoco ordenó a su ejército atacar a Jerusalén. Los macabeos registran el número de muertos en 40.000, con otros cuarenta mil tomados como cautivos y esclavizados.

Antíoco vació el templo de sus tesoros, violó el Santuario de los santuarios e intensificó su política de helenización. Ordenó que la observancia del culto hebreo fuera reemplazada con la adoración helenística. Prohibió la circuncisión y los sacrificios e instituyó la observación mensual de su cumpleaños e instaló una estatua de Zeus en el Templo del Monte.

En el 167 A.E.C. los Macabeos, una familia celosamente religiosa, dirigió una revolución en contra la imposición de Antíoco de las costumbres y religión helenística. Intentaron devolverle el poder a la religión que consideraban era enviada por Dios a su tierra sacra. Los Macabeos obligaron a los habitantes de las ciudades que conquistaron a convertirse al judaísmo. Los hombres debían dejarse circuncidar o serían asesinados. Después de 20 años de lucha, los Macabeos eventualmente prevalecieron sobre los Seléucida. Para citar a un Macabeo: "El yugo de los gentiles fue removido de Israel" (13:41).

Aunque los Macabeos rigieron Israel por más de 100 años, su reino nunca estuvo seguro. La amenaza Seléucida sobre la región fue reemplazada por una amenaza incluso mayor venida desde Roma. El expansionismo romano y la cultura helenista constantemente amenazaban con sofocar el estado religioso que los Macabeos habían establecido. En el año 65 A.E.C. una guerra civil por el trono se desató entre dos facciones de los Macabeos. Fue en este tiempo que Antípator, el Edomita, el astuto padre de Herodes, apareció en la escena. Antípator cooperó para traer la intervención romana a la guerra civil, y cuando Pompeya envió su legado *Escauro* a Judea liderando militares romanos, marca el principio del fin del estado religioso Macabeo.

Por los próximos 30 años (65 a 37 A.E.C.), Judea sufrió una guerra después de la otra. En el 40 A.E.C. el último regente Macabeo, Matías Antígono, tomó el control del país. Para este tiempo, sin embargo, la familia de Herodes estaba ya fuertemente establecida como representante de Roma en el área y con el apoyo romano derrotó al ejército de Matías y consiguió en control de Judea.

Luego de la destrucción del estado Macabeo, emergieron los Sicarios, un nuevo movimiento contra Roma y el control de la familia Herodes. Este fue un movimiento de judíos de baja clase social, originalmente llamados Zelotes, quienes continuaron la lucha religiosa en contra del control de Judea por poderes extranjeros e intentaron restaurar "Eretz Israel" (la tierra de Israel).

Los esfuerzos de los Sicarios alcanzaron su momento culminante el año 66 E.C. cuando fueron exitosos de expulsar a los romanos del país.

El emperador Nerón ordenó a Flavio Vespasiano entrar a Judea con un ejército numeroso y ponerle fin a la revuelta. La violenta lucha dejó al país devastado y concluyó cuando Roma capturó la fortaleza judía de Masada en el año 73 E.C.

En el medio de la guerra de Judea, fuerzas leales a la familia Flavia en Roma se levantaron en contra del último emperador Julio-Claudio, Vitelio, y se apoderaron de la capital. Vespasiano volvió a Roma para ser proclamado emperador, dejando a su hijo Tito en Judea para terminar con los rebeldes. Luego de la guerra, los Flavio compartieron sobre la región entre Egipto y Siria con dos poderosas familias de judíos helenizados: los Herodes y los Alejandro. Estas tres familias compartían un interés financiero en prevenir futuras revueltas. También compartían una larga e intrincada relación personal que puede ser trazada hasta la familia de Antonia, la madre del emperador Claudio. Antonia empleó a Julio Alejandro Lysimarchus, el Abalarch o regente, de los judíos de Alejandría como su asesor financiero alrededor del 45 A.E.C.

Julius era el hermano mayor del famoso filósofo judío Filo Judeaus, la figura más importante del judaísmo helenista. La escritura de Filo intentaba hacer converger el judaísmo con la filosofía platónica. Los estudiosos piensan que su trabajo provee a los autores de los evangelios con algunas de sus perspectivas filosóficas y religiosas.

La secretaria privada de Antonia, Cenis, fue además la amante regular de Vespasiano. Julio Alejandro Lysimarchus y Vespasiano, por lo tanto, se habrían conocido el uno al otro a través de su conexión compartida con la familia de Antonia.

Julio tuvo dos hijos. Marcos, el mayor, se casó con la sobrina de Herodes, Barnice, cuando era un adolescente, creando una conexión entre los Alejandro y los Herodes, la familia regente de Judea apoyada por Roma. Marcos murió joven y Barnice eventualmente se transformó en la amante de Tito, el hijo de Vespasiano. Berenice, por lo tanto, conectó a los Flavio con los Alejandro, la familia de su primer marido, a su familia, los Herodes.

El hijo menor de Julio, Tiberio Alejandro, fue otro importante vínculo entre las familias. Heredó toda la fortuna de su padre luego de la muerte de su hermano Marco, transformándolo en uno de los hombres más ricos del mundo. Renunció al judaísmo y cooperó con los Flavio en la guerra en contra de los judíos, contribuyendo con dinero y tropas como también lo hizo la familia Herodes. Tiberio fue el primero en declarar públicamente su lealtad a Vespasiano como emperador y de esta manera ayudó a comenzar la dinastía Flavia. Cuando Vespasiano retornó a Roma para ponerse el manto de emperador, dejó a Tiberio detrás para apoyar a su hijo Tito con la destrucción de Jerusalén.

Aunque las tres familias pudieron terminar con la revuelta, todavía encararon una virtual amenaza. Muchos judíos continuaron pensando que Dios les iba a enviar un Mesías, un hijo de David, quien los conduciría en contra de los enemigos de Judea. Flavio Josefo anota que lo que tiene "más elevado" a los sicarios para combatir en contra de Roma fue su creencia de que Dios enviaría un Mesías a Israel quien conduciría a sus fieles a una victoria militar. Aunque los Flavio, los Herodes y los Alejandro habían terminado la revuelta de los judíos, las familias no habían destruido la religión mesiánica de los rebeldes judíos. Las familias necesitaban encontrar alguna forma para contener a los Zelotes de inspirar otros levantamientos basados en su creencia en la venida de un mesías guerrero.

Entonces alguien dentro de este círculo tuvo una inspiración, una que cambió la historia. La manera para domesticar el mesianismo judío sería simplemente transformarlo en una religión que cooperara con el imperio romano. Alcanzar este objetivo requeriría un nuevo tipo de literatura mesiánica. Entonces, lo que conocemos como los evangelios cristianos, fueron creados.

En una convergencia única en la historia, los Flavio, los Herodes y los Alejandro trajeron en conjunto los elementos necesarios para la creación e implementación del cristianismo. Tuvieron la motivación financiera para reemplazar la religión militar de los sicarios, la pericia en filosofía y judaísmo necesaria para crear los Evangelios y el conocimiento y la burocracia necesaria para poder implementar una religión (los Flavio crearon y mantuvieron un número de religiones además de la cristiana). Además, estas familias fueron las regentes absolutas sobre los territorios donde las primeras congregaciones cristianas aparecieron.

La producción de los Evangelios requiere de un profundo conocimiento de la literatura judía. Los Evangelios no van sencillamente a reemplazar la literatura de la vieja religión, sino que serán escritos de tal manera que demuestren que el cristianismo fue el cumplimiento de las profecías del judaísmo y que, por lo tanto, ha crecido directamente de él. Para poder alcanzar estos efectos, los intelectuales Flavio utilizaron una técnica utilizada a través de toda la literatura judaica – la tipología. El género tipológico no se utiliza con frecuencia hoy en día. En su sentido más básico, la tipología es simplemente el uso de eventos anteriores para proveer forma y contexto para los siguientes – parecido a utilizar un arquetipo o estereotipo para crear un nuevo personaje en literatura, la tipología en los Evangelios es muy específica – el sistema utiliza la repetición de nombres, lugares o conceptos en la misma secuencia.

La tipología es utilizada a través de la literatura judaica como una manera de transferir información y significado de una historia a la otra para mostrar el modelo de la "mano de Dios" en acción. Por ejemplo, el Libro de Ester utiliza un tipo de escenas sacada de la historia de José en el Libro del Génesis, lo que implica que el lector alerta comprenderá que Ester y Mardoqueo están repitiendo el papel de José como un agente de Dios.

JOSE	ESTER / MARDOQUEO
Asciende a una alta posición en el gobierno egipcio por medio de su belleza y sabiduría.	Ester asciende a una alta posición en el gobierno persa por su belleza y sabiduría.
La buena obra de José (interpretando el sueño del mayordomo) es olvidada por un largo tiempo.	La buena obra de Mardoqueo (salvándole la vida al rey) es olvidada por un largo tiempo.
Un personaje se rehúsa escuchar –"ella habló con José cada día, pero ella se rehúsa a escuchar" (Génesis 39:10).	Un personaje se rehúsa escuchar- "le dijeron cada día, pero se rehúsa a escuchar" (Ester 3:4).
El jefe de servicio del Faraón es ahorcado.	El jefe de servicio del Rey es ahorcado.
José le revela su identidad al Faraón luego de una fiesta.	Ester le revela su identidad al Rey luego de una fiesta.

Los autores de los Evangelios utilizaron la tipología para crear la impresión que eventos de la vida de antiguos profetas hebreos eran eventos tipos de la vida de Jesús. Al hacer esto, estaban tratando de convencer a sus lectores de que su historia de Jesús era una continuación de la relación divina que existía entre los profetas hebreos y Dios.

En el mismo comienzo de los Evangelios, los autores crearon una relación tipológica transparente entre Jesús y Moisés. Los autores pusieron esta secuencia al principio de su trabajo para mostrarle al lector como el verdadero significado del Nuevo Testamento será revelado.

La secuencia comienza en Mateo 2:13, donde José es descrito llevando a Jesús, quien representa el "Nuevo Israel", hasta Egipto. El José del Nuevo Testamento es descrito, como su contraparte en la Biblia hebrea, como un soñador de sueños que ha tenido encuentros con una estrella y con hombres sabios.

Ambas historias relacionadas con la jornada de un José a Egipto son seguidas inmediatamente por la descripción de la matanza de los inocentes. La historia concerniente la matanza de los inocentes no son exactamente paralelas. Jesús no es salvado, por ejemplo, al ponerlo en un bote sobre el río Jordán y luego mediante la adopción de la hija de Herodes. La tipología utilizada por la literatura judaica no requiere citas o descripciones textuales, más bien, el autor toma solo información suficiente del evento que esta siendo usado como el tipo, para permitirle al lector reconocer que el evento anterior está relacionado con el que esta siendo descrito. En este caso, cada una de las historias de la masacre de los inocentes representa a niños pequeños asesinados por un atemorizado tirano, pero el futuro salvador de Israel siendo salvado.

Los autores del Nuevo Testamento luego continúan reflejando el Éxodo teniendo a un ángel diciéndole a José, "Están muertos los que procuraron la vida del niño" (Mateo 2:20). Esta declaración es un claro paralelo a la declaración hecha a Moisés, el primer salvador de Israel, en Éxodo 4:19: "Todos los hombres están muertos los que buscaban tu vida". Los paralelos luego continúan cuando Jesús recibe el bautismo (Mateo 3:13), el cual duplica el bautismo de los israelitas (pasando a través del agua) descrito en Éxodo 14. Luego Jesús pasa 40 días en el desierto lo que paralela los 40 años que los israelitas vivieron en el desierto. Ambas estancias en el desierto implican tres tipos de tentaciones. En el Éxodo, es Dios el tentado, en los Evangelios es Jesús, el hijo de Dios.

En el Éxodo son los Israelitas quienes tientan a Dios. Primero lo tientan pidiéndole pan, en el momento que aprenden que "el hombre no vive solo de pan" (Éxodo 16). La segunda vez ocurre en Masá, donde se les dice que "no tienten al Señor" (Éxodo 17). En la tercera ocasión, cuando construyen el becerro de oro en el Monte Sinaí (Éxodo 32), aprenden a "temer a Dios y servirlo solo a él".

Las tres tentaciones son hechas por el diablo y son un reflejo de las tentaciones a Dios hechas por los Israelitas, como muestran sus respuestas. A su primera tentación (Mateo 4:4) replica, "El hombre no debe vivir solo de pan". Para la segunda (Mateo 4:7) responde "No tentarás al Señor tu Dios". Y al tercero (Mateo 4:10) señala "Adorarás al Señor tu Dios y a solo a él le serviremos".

Entonces los paralelos entre Jesús y Moisés son tipológicos y no al pie de la letra en la secuencia en que estos eventos acontecen. El hecho que estos conceptos paralelos ocurren en el mismo orden es prueba que Moisés, el primer salvador de Israel fue utilizado como un tipo para Jesús, el segundo salvador de Israel.

VIEJO TESTAMENTO	NUEVO TESTAMENTO
Génesis 45-50 José va a Egipto.	2:13 José va a Egipto.
Éxodo 1 El Faraón masacra a los niños.	2:16 Herodes masacra a los niños.
Éxodo 4 "Todos los hombres están muertos los que buscaban tu vida".	2:20 "Están muertos los que procuraron la vida del niño".
Éxodo 12 Desde Egipto a Israel.	2:21 Desde Egipto a Israel.
Éxodo 12 Pasando por el agua.	3:13 Bautismo (pasando a través del agua).
Éxodo 16 En el desierto "tentado por el pan".	4:4 En el desierto "tentado por el pan".
Éxodo 17 "No tienten a Dios".	4:7 "No tienten a Dios".
Éxodo 32 "Adoren solo a Dios".	4:10 "Adoren solo a Dios".

La secuencia tipológica establecida en Mateo que establece a Jesús como salvador de Israel es bien conocida para los académicos [1]. Lo que no ha sido ampliamente reconocido es que esa historia además revela la perspectiva política de los autores del Nuevo Testamento. En la Biblia judía son los Israelitas quienes tientan a Dios, sin embargo, tómese nota que el demonio toma su lugar en la historia paralela del Nuevo Testamento. Esta equiparación de los Israelitas con el diablo es consistente con lo que los Flavio pensaban de los judíos mesiánicos, que eran demonios.

Además, las secuencias paralelas demuestran que los Evangelios fueron designados para ser leídos intertextualmente, es decir, en directa relación con los otros libros de la Biblia. Esta es la única manera que la literatura basada en *tipos* puede ser comprendida. En otras palabras, como el ejemplo concerniente a la infancia de Jesús ilustra, para entender el significado de los Evangelios, el lector debe reconocer que los conceptos, las secuencias y lugares en Mateo son paralelos a los conceptos, secuencias y lugares en el Génesis y en el Éxodo, donde su contraparte ha sido ya establecida.

Mediante la utilización de escenas provenientes de la literatura judaica como tipos de eventos en el ministerio de Jesús, los autores esperan convencer a sus lectores que los Evangelios fueron una continuación de la literatura hebrea que inspiró a los sicarios a rebelarse y que por lo tanto Jesús era el Mesías que los sicarios esperaban que Dios les enviara. De esta manera desarmarían el judaísmo mesiánico de su poder para engendrar insurrecciones, ya que el Mesías ya no vendría, porque que ya había venido. Además, el Mesías ya no era el líder militar xenofóbico que los sicarios estaban esperando, sino que en cambio un multiculturalista que urgía a sus seguidores a "poner la otra mejilla"

Si los Evangelios solo hubieran conseguido reemplazar el movimiento militarista mesiánico por uno pacifista, habrían consumado una de las más exitosas campañas de propaganda conocidas en la historia. Pero los autores deseaban incluso más. No solo deseaban pacificar a los guerreros religiosos de Judea sino hacerlos adorar al César como un Dios. Además de informar a la posteridad que lo habían hecho.

A las poblaciones de las provincias romanas se les permitía rendir culto de cualquier manera que ellas quisieran con la excepción que debían incluir el culto de Cesar en sus templos. Esto era incompatible con el judaísmo monoteísta. Al final de la guerra del 66-73 E.C., Flavio Josefo anotó que no importaba cuánto Tito torturara a los sicarios, ellos rehusaban a llamarlo "Señor". Para esquivar la porfía religiosa de los judíos, los Flavio como consecuencia crearon una religión que adoraba al Cesar sin que sus seguidores se enteraran.

Para conseguir esto utilizaron el mismo método tipológico que utilizaron para conectar a Jesús con Moisés, creando conceptos paralelos, secuencias y ubicaciones. Crearon la totalidad del ministerio de Jesús como un "tipo" de la campaña militar de Tito. En otras palabras, los eventos del ministerio de Jesús son representaciones simbólicas de los eventos de las campañas de Tito. Para probar que estas escenas tipológicas no son accidentales, los autores las ubicaron en la misma secuencia y en los mismos lugares como ocurrieron en la campaña de Tito.

Las escenas paralelas fueron designadas para crear otro argumento que la que aparece en la superficie. Este argumento tipológico rebela que el Jesús que interactúo con los discípulos luego de la crucifixión, el Jesús que los cristianos han inconscientemente adorado por dos mil años, fue Tito Flavio.

El descubrimiento de la invención del cristianismo por los Flavio crea una nueva comprensión de la totalidad de la primera centuria E.C. Tal revelación es desorientadora y el lector encontrará los siguientes puntos útiles en la comprensión en la nueva historia que este trabajo presenta.

- El cristianismo no se originó entre las clases bajas en Judea. Fue una creación de una familia de la Roma imperial, los Flavio.

- Los Evangelios no fueron escritos por los seguidores del Mesías Judío, sino por el círculo intelectual que rodeaba a los tres emperadores Flavio: Vespasiano y sus dos hijos, Tito y Domiciano.

- Los Evangelios fueron creados luego de la guerra entre el 66 y el 73 E.C. entre los romanos y los judíos y muchos de los eventos del ministerio de Jesús son representaciones satíricas de los eventos de esa guerra.

- El propósito del cristianismo fue la supresión. Fue designado para reemplazar el nacionalista y militarista movimiento mesiánico de Judea con una religión pacifista y que aceptaría el dominio de Roma.

Luego de haber desarrollado estos descubrimientos esperé varios años antes de publicarlos. Aunque ya no soy cristiano, está claro que muchas de las enseñanzas filosóficas de los Evangelios son beneficiosas y no quisiera causarle a los cristianos ningún daño. Al mismo tiempo pensé que muchos iban a encontrar esta información valiosa. No quisiera contribuir con el cinismo de nuestro tiempo –sin embargo, quisiera contribuir con la formación de una ciudadanía más alerta. Comprender que el cristianismo fue un proyecto gubernamental nos ayuda a producir un nuevo conocimiento de los gobiernos.

Eventualmente mi preocupación de no develar mis descubrimientos simplemente sobrepasó mi miedo de cualquier impacto negativo. Entonces luego de 2000 años de malentendidos, el significado real de los Evangelios es revelado. Al doblar esta página el lector va a penetrar dentro de un nuevo mundo. Tal vez no a un mundo mejor, pero ciertamente a uno más verdadero.

CAPÍTULO 1

LOS PRIMEROS CRISTIANOS Y LOS FLAVIO

Este libro provee un nuevo marco de interpretación para los Evangelios. Este marco presenta cada pasaje en los Evangelios coherentemente y provee una respuesta para la pregunta de quién los compuso. Mostraré cómo los intelectuales que trabajaban para Tito Flavio, el segundo de los tres Césares, Flavio, creó el cristianismo. Su propósito principal fue reemplazar el xenofóbico mesianismo judío que lanzó una guerra en contra del Imperio Romano con una versión del judaísmo que sería obediente a Roma.

Uno de los individuos envuelto en la creación de los Evangelios fue el historiador del siglo primero Flavio Josefo, quien tuvo una vida fabulosa. Nació en el 37 E.C. dentro de la familia Macabea de Judea. Como Jesús, Josefo fue un niño prodigio que admiraba a sus mayores con su conocimiento de la ley judía. Josefo además alega haber sido miembro de cada una de las sectas judías de su tiempo, los Saduceos, los Fariseos y los Esenios.

Cuando se produjo el levantamiento judío en contra de Roma en el 66 E.C., aunque no se había descrito antecedente militar y se creía que la causa no tendría éxito, se le otorgó a Josefo el mando de ejército revolucionario de Galilea. Como cautivo, fue llevado ante la presencia del General Vespasiano frente a quien se presentó como un profeta. En este momento Dios, convenientemente, le habló a Josefo informándole que su simpatía se había mudado de los judíos a los romanos. Josefo entonces proclamó que las profecías mesiánicas del judaísmo no vislumbraron a un Mesías judío, sino que, a un Vespasiano, quien, de acuerdo con las predicciones de Josefo, iba a transformarse en el "Señor de toda la humanidad".

Luego que esto terminara, por decirlo así, y Vespasiano fue proclamado emperador, premió la clarividencia de Josefo adoptándolo. Entonces el rebelde *Josefo bar Matías* se transformó en Flavio Josefo, el hijo del César. Se transformó en un gran partidario de la conquista de Judea por Roma y cuando Vespasiano regresó a Roma para ser coronado emperador Josefo permaneció atrás para asistir a Tito con el asedio a Jerusalén.

Luego que Jerusalén fue destruida, Josefo se fue a vivir dentro de la corte de los Flavio en Roma, donde disfrutó del patrocinio de Vespasiano y de los subsecuentes emperadores romanos, Tito y Domiciano. Fue cuando vivía en Roma que Josefo escribió sus dos obras más importantes: *Las Guerras de los Judíos*, una descripción de la guerra ocurrida entre el 66 y 73 E.C., entre los romanos y los judíos, y *Antigüedades judías*, una historia del pueblo judío.

Las historias de Josefo tienen gran importancia para la cristiandad. Virtualmente todo lo que conocemos con relación al contexto social del Nuevo Testamento se deriva de ellas. Sin estos trabajos, el mero hecho de determinar las fechas del Nuevo Testamento sería imposible.

Las historias de Josefo proveen a Jesús con documentación histórica, un hecho en gran parte olvidado. Los cristianos tempranos creyeron que los eventos descritos por Josefo en *Las Guerras de los Judíos* prueban que Jesús pudo predecir el futuro. Es difícil de encontrar siquiera un cristiano temprano que lo enseñara de otra manera. Los estudiosos de la Iglesia como Tertuliano, Justin Mártir y Cipriano fueron unánimes en proclamar que la descripción de Josefo de la conquista de Judea por Tito Flavio, en *Las Guerras de los Judíos*, prueba que las profecías de Jesús se han llevado a cabo. Como Eusebio escribió en 325 E.C.:

> Si cualquiera compara las palabras de nuestro Salvador con los otros relatos del historiador [Josefo] con relación a la guerra, cómo uno puede dejar de preguntarse y admitir que el conocimiento previo y la profecía de nuestro Salvador fue verdaderamente divina y maravillosamente extraña [2].

Uno de los ejemplos de profecía que tanto impresionó a Eusebio fue la predicción referida de que los enemigos de Jerusalén la cercarían con una muralla, demolerían la ciudad con su templo y arrasarían con sus habitantes.

Y cuando llegó cerca, al ver la ciudad de Jerusalén, lloró sobre ella, diciendo: Porque vendrán días sobre ti, cuando tus enemigos te rodearán con vallado, y te sitiarán, y por todas partes te estrecharán, y te derribarán a tierra, y a tus hijos dentro de ti, y no dejarán en ti piedra sobre piedra, por cuanto no conociste el tiempo de tu visitación.

Lucas 19:37-44

Josefo anotó en *Las Guerras de los Judíos* que todos los precisos detalles que Jesús predijo para Jerusalén efectivamente llegaron a ocurrir. Tito ordenó a sus soldados "construir una muralla cercando a la ciudad entera". [3] Tito como Jesús vio el evento de cercar la ciudad como un evento sancionado por Dios, quien inspiró a sus discípulos con "furia divina".

Josefo además escribió que Tito no solamente quemó Jerusalén y deshonró su templo, sino que ordenó que debiera ser dejada tal cual Jesús lo había entrevisto, sin dejar "piedra sobre piedra".

[Tito] ordenó que ahora debieran demoler la ciudad completamente y también el Templo… [4]

Jesús señaló que estas calamidades caerían sobre los habitantes de Jerusalén porque no sabían del "tiempo de la visitación". La próxima visita sería hecha por alguien llamado el "hijo del hombre", un título utilizado por el profeta Daniel para el Mesías Judío [5]. En tanto ha sido universalmente aceptado que Jesús se estaba refiriendo a sí mismo cuando utilizaba la expresión el "Hijo del Hombre", habitualmente habló sobre este individuo en tercera persona y no como si fuera él mismo.

Jesús advirtió repetidamente a los judíos que durante la Visitación del "Hijo del Hombre" ocurrirían varios desastres, como los predichos más arriba.

Velad, pues, porque no sabéis a qué hora ha de venir vuestro Señor. Y comprended aquello de que si el padre de familia supiese a qué hora iba a venir el ladrón, velaría y no dejaría que horadasen su casa. Por tanto, también vosotros estad preparados; porque el Hijo del Hombre vendrá a la hora que no penséis.

Mateo 24:42-4

Velad, pues, porque no sabéis el día ni la hora en que el Hijo del Hombre ha de venir.

Mateo 25:13

Así es como Jesús no dijo exactamente cuándo la visita del "Hijo del Hombre" ocurriría. Él señaló que iba a ocurrir antes de que la generación existente durante su ministerio hubiera desaparecido.

Así también vosotros, cuando veáis todas estas cosas, conoced que él está cerca, a las puertas. De cierto os digo, que no pasará esta generación hasta que todo esto acontezca.

Mateo 24:33-34

Los judíos de esta época entendían que una generación duraba cuarenta años, por lo que la destrucción hecha por Tito a Jerusalén en el año 70 E.C. calza perfectamente dentro del período que Jesús dio en su profecía. Sin embargo, cuando Jesús predijo eventos de la guerra por venir, hubo una falla en su predicción— esto es, que la persona que hizo la visitación, en realidad trajo la destrucción de Jerusalén no fue Jesús sino Tito Flavio. Si esta profecía hubiera previsto (como Eusebio y otros miembros de la Iglesia han mantenido) eventos de la guerra venidera entre los romanos y los judíos, entonces el "Hijo del Hombre" que Jesús nos advirtió parece que no hubiera sido él, sino Tito —un punto que ha sido pasado por alto por la academia moderna.

Hay poco escrito entre el siglo V y el XV comentando los numerosos paralelos entre los eventos que Josefo anotó en *Las Guerras de los Judíos* y las predicciones de Jesús. Esto no es sorprendente, porque sabemos que la Iglesia desincentivó activamente el análisis de las escrituras durante ese tiempo. La evidencia que quedó, sin embargo, sugiere que durante la completa edad media, los cristianos vieron a la representación de Josefo de la guerra entre romanos y judíos como prueba de la divinidad de Jesús. Iconos, tallas en los ataúdes y pinturas religiosas de esta época, todas representan la destrucción de Jerusalén en el 70 E.C., como el cumplimiento de la promesa del fin del mundo, realizada por Jesús.

La importancia del trabajo de Josefo para los cristianos de ese tiempo también puede ser medida por el hecho de que algunas de las iglesias cristianas del Este de Siria y Armenia en realidad incluyen sus libros como parte de su Biblia manuscrita. En Europa también, luego de la invención de la prensa escrita, ediciones en latín de la Biblia incluye *Antigüedades* y *Las Guerra de los Judíos*.

Luego de la Reforma, los académicos pudieron anotar sus opiniones y sus escritos muestran que continuaron viendo la relación entre el Nuevo Testamento y *Las Guerras de los Judíos* como prueba de la divinidad de Cristo. Sobre la importancia del año 70 E.C., por ejemplo, el Dr. Thomas Newton escribió en su trabajo de 1754, *Disertaciones sobre las Profecías*:

> Como un general en la guerra [Josefo] debe haber tenido un conocimiento preciso de lo que ocurría... Su historia fue aprobada por Vespasiano y Tito [quienes ordenaron que se publicara]. No diseñó nada menos y, sin embargo, como si no hubiera diseñado nada más, su historia de *Las Guerras de los Judíos* puede servir como un amplio comentario sobre las profecías de nuestro Salvador sobre la destrucción de Jerusalén.

La posición de Newton fue la misma que la de Eusebio. Ambos académicos pensaron que Josefo "decidió nada menos" que anotar honestamente la guerra entre romanos y judíos. Los eventos que Josefo dejó por escrito parecen ser el cumplimiento de las profecías de Jesús y no les pareció de ninguna manera sospechosa. Por el contrario, entendieron la correlación de los dos trabajos como una prueba de la divinidad de Jesús. No fue en absoluto extraño que sostuvieran esta perspectiva, ya que fue mantenida por la mayoría de los académicos cristianos hasta el final del siglo XIX.

La creencia que la descripción de Josefo de la destrucción de Jerusalén prueba que Jesús pudo ver el futuro fue ampliamente olvidada durante el siglo XX. Solo una denominación cristiana, los Preteristas, aún cita los paralelos entre *Las Guerras de los Judíos* y el Nuevo Testamento como una prueba de la divinidad de Jesús. Actualmente la mayoría de los cristianos creen o que el apocalipsis que Jesús previó aún no ha ocurrido o ignoran estas profecías completamente. Al comenzar el cristianismo del tercer milenio, pocos de sus miembros están siquiera conscientes de los paralelos que en algún momento fueron tan importantes para la religión.

Sin embargo, creo que Eusebio estaba en lo correcto cuando señalaba que cuando uno compara *Las Guerras de los Judíos* con el Nuevo Testamento, uno debe admitir una relación que, aunque no fuera divina, es al menos extraña. Los paralelos entre las profecías de Jesús y la campaña de Tito parecen ser demasiado precisas para haber sido el resultado de una casualidad. Si uno acepta la comprensión tradicional de que el Nuevo Testamento y *Las Guerras de los Judíos* fueron escritos en diferentes tiempos por diferentes autores, entonces la única explicación para los paralelos parecería la dada por Eusebio, que fueron causadas por algo verdaderamente divino. Por supuesto antes de aceptar cualquier fenómeno como milagroso, debiera uno primeramente determinar si una explicación que no sea sobrenatural todavía existe para ese evento.

Todos los estudiosos se han encontrado con la misma dificultad al intentar comprender Judea en el siglo primero: una falta de material primario. Antes que los Manuscritos del Mar Muerto fueran descubiertos, la importante literatura describiendo eventos de primera mano de Judea del siglo primero son el Nuevo Testamento y los trabajos de Josefo. Por dos mil años, solo estos trabajos iluminaron una era tan fundamental a la civilización occidental.

Esta ausencia es poco común. En Grecia miles de fragmentos de escritura de la misma época han sido descubiertos. Jesús constantemente reclamaba contra los escribas quienes, debiéramos asumir, estaban escribiendo algo.

> Desde entonces comenzó Jesús a declarar a sus discípulos
> que él debía ir a Jerusalén y padecer mucho de parte de
> los ancianos, de los principales sacerdotes y de los escribas;
> y ser muerto, y resucitar al tercer día.

Mateo 16:21

La ocupación romana de Judea se expandió por la totalidad del siglo primero. Josefo describe como que durante este período un movimiento de Zelotes judíos llamados Sicarios continuamente levantaban insurrecciones en contra del Imperio y de sus agentes, la familia de Herodes. Los sicarios, como los cristianos, eran mesiánicos y estaban esperando la llegada del hijo de Dios, quien los lideraría en contra de Roma. Josefo fecha el comienzo del movimiento mesiánico al censo de Quirino, curiosamente datado en los Evangelios como la fecha de nacimiento de Cristo. Este movimiento existió por más de 100 años, pero hasta que los Manuscritos del Mar Muerto fueron encontrados, ningún documento que haya sido parte de esa literatura había sido encontrado.

La literatura del movimiento Sicario esta probablemente desaparecida porque los romanos la destruyeron. Una cantidad de Manuscritos del Mar Muerto (encontrados en cuevas escondidas) describe una secta intransigente que esperaba al Mesías que sería un líder militar. Literatura mesiánica de este tipo fue seguramente un catalizador para la rebelión de los sicarios y habrían sido seleccionadas para ser destruida por los romanos, quienes son conocidos por haber destruido literatura judaica. El Talmud, por ejemplo, registra la práctica romana de envolver a los judíos en sus manuscritos para prenderles fuego. Josefo señala que, siguiendo su guerra con los judíos, los romanos tomaron los manuscritos del Torá y otros textos religiosos y los encerraron dentro del palacio de los Flavio en Roma.

Los únicos trabajos que han sobrevivido este siglo de guerra religiosa, los Evangelios y las historias de Josefo, tienen una perspectiva favorable a Roma. En el caso de las historias de Josefo no es sorprendente en absoluto ya que el fue adoptado por la familia imperial. Es notable, sin embargo, que el Nuevo Testamento también tenga una perspectiva positiva hacia Roma. El siglo primero no fue un tiempo cuando uno habría esperado que emergiera, por parte del Culto Judaico, una perspectiva favorable hacia el Imperio. Sin embargo, los textos del Nuevo Testamento nunca representan a los soldados romanos con una perspectiva negativa, y en realidad los describe como "devotos" y temerosos de Dios.

> Había en Cesárea un hombre llamado Cornelio, centurión de la compañía llamada La Italiana, piadoso y temeroso de Dios con toda su casa, y que hacía muchas limosnas al pueblo, y oraba a Dios continuamente.
>
> Hechos 10:1-2

El Nuevo Testamento además presenta recolectores de impuestos quienes habrían estado trabajando para los romanos bajo una luz favorable. El apóstol Mateo, por ejemplo, es en realidad descrito como un publicano o recolector de impuestos.

La ciudadanía expuesta en los trabajos de Josefo y del Nuevo Testamento habría sido vista favorablemente por Roma. Cada trabajo proclama la sacralidad de la servidumbre. Y cada uno toma la posición que, como Dios les ha dado a los romanos su poder, es por lo tanto en contra de la voluntad divina resistirlos. Por ejemplo, el apóstol Pablo enseña que los jueces romanos y magistrados eran una amenaza solo a los que cometieran crímenes.

> De modo que quien se opone a la autoridad, a lo establecido por Dios, resiste; y los que resisten, acarrean condenación para sí mismos. Porque los magistrados no están para infundir temor al que hace el bien, sino al malo. ¿Quieres, pues, no temer a la autoridad? Haz lo bueno, y tendrás alabanza de ella; porque es un servidor de Dios para tu bien. Pero si haces lo malo, teme; porque no en vano lleva la espada, pues es servidor de Dios, vengador para castigar al que practica lo malo. Por lo cual es necesario estarle sometidos, no solamente por razón del castigo, sino también por causa de la conciencia. Pues por esto pagáis también los tributos, porque son funcionarios de Dios, dedicados continuamente a esto mismo.
>
> Romanos 13:2-6

Josefo comparte la creencia de Pablo que los romanos eran servidores de Dios y que solo infligían castigo sobre los que obran mal.

> En efecto, ¿qué puede ser que haya agitado un ejército de los Romanos en contra de nuestra nación? ¿No será la falta de piedad de sus habitantes? ¿Cuándo comenzó nuestra servidumbre? No fue derivada de la sedición que ocurría entre nuestros ancestros, cuando la locura de Aristóbulo y Hircano, y nuestras peleas internas trajeron a Pompeya sobre esta ciudad,

y cuando Dios redujo aquellos bajo sumisión de los romanos quienes fueron indignos de la libertad que habían gozado.[6]

Entonces, los únicos documentos que describen a Judea en el siglo primero comparten un punto de vista positivo hacia Roma. ¿Por qué será que solo ellos han sobrevivido?

Creo que el Nuevo Testamento y los trabajos de Josefo sobrevivieron porque ambos fueron creados y promulgados por Roma. Este trabajo presenta evidencia de que los Evangelios fueron creados por Tito Flavio, el segundo de los tres emperadores Flavio. Tito creó la religión por dos razones, la más obvia es para servir como una barrera teológica en contra de la proliferación del judaísmo militante mesiánico de Judea hacia otras provincias.

Josefo menciona esta amenaza en *Las Guerras de los Judíos*:

...los judíos esperaban que toda su nación, la que estaba más allá del Éufrates, se hubiera levantado en una insurrección con ellos. [7]

Tito tenía otra razón, más personal, para crear los Evangelios, siendo esta que los Zelotes judíos habían rehusado adorarlo como a un dios. Aunque pudo acabar con su rebelión, Tito no pudo forzar a los Zelotes, incluso ni ejerciendo la tortura o aún la muerte, que a él lo llamaran Señor.

Josefo se dio cuenta de la firmeza con que los Zelotes adherían a su fe monoteísta, señalando que los sicarios "no valoran morir ningún tipo de muerte, ni de hecho atienden a que sus naciones estén pereciendo, ni ningún temor hacen que llamen Señor a ningún hombre." [8]

Como he señalado en la introducción, para evitar la porfía de los judíos, Tito designó un mensaje secreto en los Evangelios. Este mensaje revela que "Jesús" quien interactuó con los discípulos luego de la crucifixión no era un Mesías judío, sino que él mismo. No pudiendo torturar a los judíos para lograr que dejaran su religión y lo veneraran a él, Tito y sus intelectuales crearon una versión del judaísmo que adoraría a Tito sin que sus seguidores lo supieran. Cuando su inteligente dispositivo literario fuera descubierto,

Tito estaría en condiciones de mostrarle a la posteridad que no falló en sus esfuerzos de mostrarle a la posteridad de hacer que los judíos le llamaran "Señor". Aunque siempre ha sido visto como un documento religioso, el Nuevo Testamento en efecto es un documento político, un monumento a la vanidad del César, uno que finalmente ha sido descubierto.

Tito ubicó el ministerio de Jesús históricamente al año 30 E.C., por lo tanto, permitiéndole predecir eventos en el futuro. En otras palabras, Jesús pudo acertadamente profetizar de la guerra que vendría con los romanos porque ya habían acontecido. Como parte de este esquema, las artificiosas historias de Josefo fueron creadas para documentar el hecho de que Jesús ha vivido y que sus profecías han sido realizadas.

Mientras los argumentos anteriores van y debieran causar escepticismo, uno debe recordar que la manera en que el cristianismo describe sus orígenes no solo es sobrenatural, sino que históricamente ilógico. El cristianismo, un movimiento que incentiva el pacifismo y obediencia a Roma, señala que ha emergido de un pueblo que ha estado luchando contra Roma por cien años. Una analogía de los supuestos orígenes pudiera ser un culto establecido por judíos polacos durante la Segunda Guerra Mundial que establecen su cede en Berlín e incentiva a sus miembros a pagarle impuesto al Tercer Reich.

Cuando uno observa la forma del cristianismo temprano, uno no ve a Judea, sino que ve a Roma. Las estructuras de autoridad de la Iglesia, los sacramentos, sus colegios de obispos, el título del jefe de la religión —supremo pontífice— fueron todos basados en tradiciones romanas, no judaicas. Por alguna razón, Judea dejó muy poco rastro en la forma de una religión que supuestamente originó en su seno.

El cristianismo temprano también fue romano en su visión de mundo. Esto es, como el Imperio Romano, el movimiento se vio así mismo como ordenado por Dios para ser diseminado a través del mundo. Antes del cristianismo, ninguna religión es conocida como viéndose a sí misma tan destinada a conquistar, a transformarse en la religión de la humanidad. El tipo de judaísmo descrito en los Manuscritos del Mar Muerto, por ejemplo, fue muy selectivo con relación a quiénes eran permitidos a integrar su comunidad, como el siguiente pasaje del *Documento de Damasco* muestra:

> Ningún loco, o lunático o simplón, o tonto o ciego o mutilado
> o cojo, o sordo y ningún menor entrará a la comunidad porque
> los Ángeles de Santidad están con ellos...[9]

Este enfoque excluyente es el opuesto especular de la cristiandad. Al comparar el texto de más abajo con su reflejo de arriba, puede notarse que el autor de los Evangelios parece haber efectuado una cómica decisión editorial. Él escogió elegir "loco, lunático, simplones y tontos" que vinieron a Jesús simplemente como "muchos otros".

> Una gran multitud vino hacia él, teniendo con ellos aquellos que eran cojos, ciegos, tontos, mutilados y muchos otros, y se postraron a los pies de Jesús; y él los curó. [10]

Tratar de comprender cómo el cristianismo se estableció dentro del Imperio Romano es filtrarse a través de misterios apilados sobre lo desconocido. Por ejemplo, ¿Cómo así una religión que comienza con tradiciones orales en hebreo y en arameo cambia a una en la que la escritura sobreviviente ha sido escrita en griego? De acuerdo con Albert Schweitzer:

> La gran y tarea aún no resuelta que confronta a aquellos implicados en estudios arqueológicos del cristianismo primitivo, es explicar cómo las enseñanzas de Jesús pudieron existir dentro de la temprana teología griega.

Sin embargo, el aspecto más ilógico de los orígenes del cristianismo fue la figura del Mesías. Jesús tuvo una perspectiva política que fue precisamente la opuesta que el hijo de David, quien fue esperado por los judíos de esta era. Josefo señala que lo que lo que más inspiraba a los rebeldes judíos era su creencia en las profecías judaicas que predecían un líder mundial o Mesías, emergiendo de Judea – las mismas profecías que el Nuevo Testamento sostiene predijeron a un pacifista.

> Sin embargo, lo más importante para motivarlos de hacer esta guerra, fue un ambiguo oráculo que también fue encontrado en sus escritos sagrados, como "más o menos en ese tiempo, uno de su país se transformaría en el gobernador de la tierra

habitable". Los judíos tomaron esta predicción que les pertenecería a ellos mismos en particular...[11]

Los Manuscritos del Mar Muerto confirman que los judíos de este periodo en efecto "tomaron esta predicción que les pertenecía a ellos mismos" y esperaron al Mesías que sería el hijo de Dios.

> Hijo de Dios, él será llamado el hijo del más alto lo llamarán...
> Su reino será un reino eterno... él juzgará la tierra basado en la verdad...El gran Dios... entregará a la gente en su mano y todos ellos serán arrojados delante de él. Su soberanía es una soberanía eterna. [12]

En el siguiente pasaje tomado del *Documento de Damasco*, nótese que el Mesías previsto por el autor era, como Jesús, un pastor, aunque no alguien que traería la paz.

> Hiere al pastor, y serán dispersadas las ovejas; y haré volver mi mano contra los pequeñitos.

> Zacarías 13:7

> Ahora quienes los escuchan son la bandada afligida, esto va a terminar en el período de la visitación [Dios]. Pero aquellos que permanecen serán entregados a las espadas cuando el Mesías de Aron e Israel venga, como así fue en el período de la primera visita como fue reportado por la mano de Ezequiel: "Una marca será puesta en la frente de aquellos que suspiran y gimen".

> Ezequiel 9:4

> Pero los que quedaron fueron entregados a la espada de la venganza, el vengador del pacto...[13]

El siguiente pasaje sacado del Tárgum (la versión en arameo del Viejo Testamento) también describe a un Mesías guerrero. Claramente esto habría sido la naturaleza del "rey Mesías" de los judíos quien, en palabras de Josefo, "sería lo que más los alzaría para lanzar esta guerra".

> ¿Cuán amoroso es el rey Mesías que se levantará de la casa de Judá? Ciñe sus entrañas y sale a hacerle la guerra a quienes lo odian, matando reyes y regentes… y enrojeciendo las montañas con la sangre de sus muertes. Con sus ropas goteando sangre, él es como quien aplasta uvas en la prensa del vino. [14]

Sin embargo, el Nuevo Testamento y las historias de Josefo implican que el Mesías no era el líder nacionalista que había sido predicho, sino en cambio un pacifista que promueve la cooperación con Roma. Por ejemplo, considere las instrucciones de Jesús a Mateo 5:41 "cuando quienquiera te reclute por una milla, anda dos".

La ley militar romana permitía a sus soldados realizar reclutamientos, lo que significa demandar a los civiles que les acarreen la mochila de 30 kilos por una milla. Los caminos romanos tenían marcadores para cada milla (hitos), por lo que no generaría disputa sobre si este requerimiento ha sido cabalmente cumplido. ¿Cómo es posible que el Mesías profetizado por un judaísmo xenofóbico basado en profecías de un gobierno mundial urja a los judíos a andar una milla extra para los soldados romanos?

Cuando uno compara el Mesías militarista descrito en los Manuscritos del Mar Muerto y otra temprana literatura judaica con el Mesías pacifista descrito en el Nuevo Testamento y el texto de Josefo *Testimonio*, un aspecto de la historia judía parece visible. Una batalla intelectual fue lanzada sobre la naturaleza del Mesías.

El Nuevo Testamento y Josefo se situaron juntos en un lado de esta batalla, alegando que el Mesías Pacifista ha aparecido y llama a la cooperación con Roma. En el otro lado de esta división teológica se pararon los zelotes judíos quienes esperaban un Mesías militarista para que los condujera en contra de Roma.

Entre los más antiguos documentos cristianos existe la Epístola de Clemente para los Corintios, fechada en el 96 E.C. La carta fue supuestamente escrita por el (papa) Clemente I a una congregación de cristianos que se habían levantado en contra de la autoridad de la Iglesia. Nos muestra que incluso, en el comienzo de la religión, el obispo de Roma tenía la capacidad de dar órdenes a la Iglesia Corintia, y que la Iglesia romana utilizó el ejército romano como un ejemplo del tipo de disciplina y obediencia que esperaba de otras iglesias y sus miembros.

> La Iglesia de Dios que habita en Roma a la Iglesia de Dios que habita en Corinto, [15] Marquemos los soldados que están enlistados bajo nuestros gobernantes, cuántos exactamente, cuán listos, cuán sumisamente acatan las órdenes que se les dan. No todos son prefectos, ni regentes de miles, ni regentes de cientos, ni regentes de cincuenta y así sucesivamente, sino que cada hombre en su propio rango ejecuta las órdenes dadas por el rey y los gobernadores.
>
> Clemente 37:2-3

¿Pero, cómo la estructura de la autoridad de la Iglesia apareció pareciéndose al ejército romano? Quién la estableció y quién le dio a los obispos tal absoluto control? Cipriano escribió:

> "El obispo es la Iglesia y la Iglesia es el obispo... y si cualquiera no está con el obispo, esa persona no está con la Iglesia". [16]

¿Y por qué fue Roma, aparentemente el centro de la persecución de los cristianos, elegida como la sede de la Iglesia?

El origen romano explicaría por qué el obispo romano fue hecho luego el supremo pontífice de la Iglesia y porque Roma llegó a ser su sede principal. Explicaría por qué un culto judío eventualmente se transformó en la religión del Estado del Imperio Romano. Un origen romano además explicaría porque tantos miembros de la familia imperial romana, los Flavio, han sido registrado como siendo los primeros cristianos. Los Flavio habrían sido los primeros cristianos porque, habiendo inventado la religión, ellos fueron, en efecto, los primeros cristianos.

Al considerar la invención Flavia de la religión, uno debiera recordar que los emperadores Flavio fueron considerados divinos y a menudo crearon religiones. El juramento que afirmaban cuando eran ordenados emperadores comenzaban con las instrucciones que deberían hacer "todas las cosas divinas en el interés del Imperio". El arco de Tito el que conmemora la destrucción de Jerusalén está inscrito con la siguiente declaración:

SENATUS POPULUS QUE ROMANUS DIVO TITO DIVI VESPASIANI.

F VESPASIANO AUGUST

[El senado y el pueblo de Roma, al divino Tito, hijo del divino Vespasiano]

Fragmentos del pronunciamiento escrito, dado en el año 69 E.C. por el prefecto de Egipto Tiberios Alejandro, en el cual el reconoce a Vespasiano como el nuevo emperador, aún existen. Vespasiano es referido en ellos como "el divino Cesar" y "Señor".

Josefo también creía que Vespasiano era una persona divina. Él pretendía que las profecías del judaísmo mesiánico predijeran que Vespasiano sería el Señor de toda la humanidad. Esto indica que, frente a los ojos de Josefo, Vespasiano no era solo el "Jesús" o salvador de Judea, sino que además era el "Cristo", la palabra griega para el Mesías que, presagiado en las profecías, anunciaba la venida de un líder judaico mundial.

> Tú, oh Vespasiano, no piensas más que eso, has tomado cautivo a Josefo; pero vengo a ti como un mensajero de grandes noticias; porque si no te hubiera enviado Dios a ti... Tú, oh Vespasiano, eres un emperador, tú y este tu hijo. Lígame ahora aún más rápido y guárdame para ti, porque tú, oh César, no solo eres Señor sobre mí, sino sobre la tierra y el mar, y toda la humanidad.

Josefo, al proclamarse ministro de Dios, también describe el final del "contrato" de Dios con el judaísmo como muy similar a la posición que el Nuevo Testamento toma sobre el cristianismo –la única diferencia sería que Josefo creía que la buena fortuna proveída por Dios ha pasado, no a la cristiandad, sino a Roma y su familia imperial, los Flavio.

Ya que te agrada, que has creado la nación judía, para deprimir la misma, y ya que toda su buena fortuna se ha ido para los romanos, y ya que has elegido esta alma mía para predecir lo que sucederá más adelante doy mis manos de buena gana y me contento con vivir. Y protesto abiertamente que no me voy con los romanos como un desertor de los judíos sino como ministro tuyo. [18]

Los estudiosos han desechado la conexión con el judaísmo de las profecías mesiánicas atribuidas al César, como simple adulación. Estoy en desacuerdo, y expondré como Josefo "creía" que Vespasiano era "dios" y Tito por lo tanto "hijo de dios", pero que sus propias historias fueron completamente construidas para demostrar este mismo hecho.

No había nada anormal en el reconocimiento de Vespasiano por Josefo como un dios. Los Flavio meramente continuaron la tradición establecida por los emperadores como dioses que la línea Julio-Claudio de Emperadores romanos habían comenzado. Julio César, el primer *diuus* (divino) de esa línea, argüía que había descendido de Venus. Se dice que el Senado Romano decretó que era un Dios porque un cometa apareció muy pronto luego de su muerte, demostrando su divinidad.

En el año 80 E.C., Tito estableció un culto imperial para su padre quien había fallecido el año anterior. El culto era políticamente importante para Tito porque la deificación de Vespasiano rompería la línea de Julio-Claudio de sucesión divina y por lo tanto aseguraba el trono para los Flavio.

Ya que solamente el Senado Romano era capaz de otorgar el título de *diuus*, Tito tenía que convencer primero al Senado que Vespasiano había sido un dios. Claramente había cierta dificultad para preparar esto, sin embargo, la consagración de Vespasiano no ocurrió hasta seis meses después de su muerte, un intervalo inusualmente largo. [19] Tito además creó un sacerdocio, los flamines, para administrar el culto. El culto a Vespasiano no era particular a Roma y filiales fueron creadas a través de las provincias. En las áreas alrededor de Judea, una burocracia romana llamada *Commune Asiae* supervisó el culto. Notablemente cada una de las siete "iglesias de Asia" cristianas mencionadas en Revelación 1:11 tenían agencias de la Comuna ubicadas dentro de ellas.

Luego de su muerte, Tito además aseguró la deificación de su hermana Domitila. Al experimentar el proceso de deificación de su padre y su hermana y al establecer sus cultos, Tito recibió educación en una habilidad que pocos humanos han poseído alguna vez. Aprendió como construir una religión.

Tito no solo creó y administró una religión, sino que fue un profeta. Mientras era emperador recibió el título de Máximo Pontífice, el cual lo transformó en el más alto sacerdote de la religión romana y la cabeza oficial del colegio romano de sacerdotes –el mismo título y oficina que, una vez que el cristianismo se transformó en la religión del Estado Romano, asumirían los papas. Como Pontífice Máximo, Tito fue responsable de una larga lista de profecías (anales máximos) cada año y oficialmente anotaba signos celestiales y otros, tanto como los eventos que habían proseguido a estos augurios, para que las futuras generaciones pudieran comprender mejor los designios divinos.

Tito era anormalmente educado. Alegaba que era capaz de tomar notas más rápido que una secretaria y que podía "imitar la firma de cualquier hombre" y decía que bajo otras circunstancias habría sido el más grande falsificador de la historia". [20] Suetonio anota que Tito poseía "dones mentales sobresalientes" y era capaz "de hacer discursos y escribir versos en griego y en latín" y que su memoria era extraordinaria. [21]

El hermano de Tito, Domiciano, quien lo sucedió como emperador, también utilizó la religión para su beneficio. Además de la deificación de su hermano, Domiciano intentó conectarse con Júpiter, el Dios supremo del Imperio Romano, consiguiendo el decreto del Senado diciendo que dios ha ordenado su gobierno.

No solo los Flavio crearon religiones, sino que realizaban milagros. En el siguiente pasaje de Tácito, Vespasiano es conocido curando a un hombre de su ceguera y a otro curándole un miembro defectuoso, ambos milagros también realizados por Jesús:

> Un miembro de la gente común de Alejandría, bien conocido por su ceguera... le rogó a Vespasiano que se dignara a humedecer sus mejillas y ojos con su saliva. Otro, con una mano enferma, oró para que la extremidad se ajustara a la huella del pie del César. Entonces Vespasiano... hizo lo que le había sido requerido. La mano fue instantáneamente recuperada para ser usada, y la luz del día nuevamente brilló sobre el ciego. [22]

Los Evangelios anotan que Jesús también usó este método de curar la ceguera, esto es poniendo saliva en los párpados de un ciego.

> Dicho esto, escupió en tierra, e hizo lodo con la saliva, y untó con el lodo los ojos del ciego, y le dijo: Ve a lavarte en el estanque de Siloé (que significa Enviado). Fue entonces, y se lavó, y regresó viendo.
>
> Juan 9:6-7

Otras historias circulaban sobre Vespasiano que sugerían su divinidad. En una, envuelve a un perro callejero dejando la mano de un humano a los pies de Vespasiano. La mano era un símbolo de poder para los romanos del siglo primero. Otra historia refiere a un buey entrando al comedor de Vespasiano y literalmente dejándose caer a los pies del emperador agachando su cuello como reconociendo para quién el sacrificio debía hacerse.

La circulación de historias sugiriendo que eran dioses sin duda fueron consideradas por los Flavio de ser un buen tónico para las masas. Mientras más el Emperador era percibido ser divino por sus súbditos, más fácil era mantener el control sobre ellos. Los Flavio ciertamente se enfocaban en manipular a las masas. Para promover la política de "pan y circo" construyeron el Coliseo donde crearon espectáculos con gladiadores y animales feroces que involucraban masacres masivas.

Los cultos imperiales que representan a los emperadores romanos como dioses y hacedores de milagros parecen haber sido creadas únicamente por su utilidad política. Los cultos no parecen haber provocado una emoción religiosa. No se ha encontrado ninguna evidencia espontánea, atestiguando de la autenticidad de los seguidores.

La ventaja de convertir a una familia en una sucesión de dioses fue atractiva para numerosos emperadores romanos: 36 de los 60 emperadores, de Augusto a Constantino, y 27 miembros de sus familias fueron deificados recibiendo el título de *diuus*.

Por supuesto que los inventores de religiones ficticias deberán tener cierto cinismo en relación con lo sagrado. Vespasiano fue citado en el lecho de muerte diciendo:

"Oh Dios, Debo transformando en dios". [23]

Plinio comentaba sobre el cinismo que los Flavio tenían de las religiones que habían creado. Nótese en la cita siguiente la comprensión de Plinio en relación con que Tito se había hecho "el hijo de dios" el mismo.

> Tito deificó a Vespasiano y a Domiciano Tito solo con el propósito que uno sería el hijo de un dios y el otro el hermano de un dios. [24]

El cinismo que la clase patricia sentía sobre la religión fue un tema de sátiras del poeta romano Juvenal. Aunque la exacta fecha del nacimiento y muerte de Juvenal, son desconocidas, se cree que vivió durante la era de los Flavio. Una de sus sátiras concierne a Agripa y Berenice, la amante de Tito. [25] La tradición cuenta que Juvenal fue desaparecido de Roma por Domiciano.

Los romanos sofisticados, como a los que se refirió Juvenal, no creían en los dioses, sino que en la fortuna y el destino. El carácter distintivo prevalente de la clase patricia era que el mundo era regido por la ciega suerte o por un destino inmutable:

> La suerte no tiene divinidad, podríamos ser capaces de verlo, nosotros mismos, la hacemos una diosa y la ponemos en el cielo. [26]

Al juzgar por los trabajos de Juvenal, muchos romanos vieron al pensamiento religioso, incluyendo el propio, como ridículo.

> Solo escucha esas fuertes negaciones, observa la seguridad de
> la cara mentirosa
> Él jurará bajo los rayos del Sol, por los rayos de Júpiter,
> Por la lanza de marte, por las flechas del Apolo Délfico,
> por el carcaj y las flechas de Diana, la cazadora virgen,

> por el tridente de Neptuno, nuestro padre del Egeo;
> él tirará en el arco de Hércules y las lanzas de Minerva.
> Las armerías del Olimpo hasta su último artículo:
> y si es un padre, el clamará; "Puedo comerme los fideos
> de mi hijo – ¡pobre niño!
> - bien hervido y sazonado en aliño a la vinagreta. [27]

Juvenal también era cínico respecto al judaísmo. Su actitud en relación con la religión sugiere que muchos dentro de la clase Patricia vieron a la religión y sin duda, su vástago el cristianismo, como cultos bárbaros.

> Una judía paralítica que deja su caja de heno afuera viene susurrando ruegos. Ella interpreta las leyes de Jerusalén; ella es la alta sacerdotisa. Ella también llena su palma, pero con más moderación: los judíos te venderán los sueños que quieras por unos pocos centavos. [28]

Dado este cinismo Patricio, es raro que tantos miembros de la familia Flavia fueran considerados como los primeros partidarios cristianos. ¿Cómo un culto judío que defendía la humildad y la pobreza pudo ser tan atractiva a una familia que no predicaba ninguna de las dos? La tradición que conecta el cristianismo temprano y la familia Flavia está basada en sólida evidencia, pero ha recibido muy pocos comentarios de los estudiosos.

El más conocido de los "Flavio cristianos" fue el (papa) Clemente I. Es descrito en la *Enciclopedia Católica* como el primer papa respecto al cual "nada definitivo es conocido" [29] y fue registrado en la literatura de la Iglesia temprana por ser un miembro de la familia Flavio.

El papa Clemente fue el primer papa a que fue referido por personas conocidas históricamente, y quién dejó libros escritos. Supuestamente escribió la Epístola de Clemente a los Corintios, citada anteriormente. Entonces, Clemente tiene gran importancia para la historia de la Iglesia. En efecto mientras la *Enciclopedia Católica* actualmente lista a Clemente como el cuarto "obispo de Roma" o Papa, este no fue el criterio de numerosos investigadores de la Iglesia. San Jerónimo escribió que en su tiempo "la mayoría de los Latinos" [30] mantienen que Clemente fue el sucesor directo de Pedro. Tertuliano también conocía esta tradición, escribió: "La Iglesia de Roma registra que Clemente fue ordenado por Pedro". [31] Orígenes, Eusebio y Epifanio también ubican a Clemente en el mismo comienzo de la Iglesia Romana, cada uno de ellos señalando que Clemente ha sido el "compañero de trabajo" del apóstol Pablo.

Los investigadores han visto que la lista de Papas dada por Ireneo (circa 125-202), que señala que Clemente es el cuarto Papa, es sospechosa y es notable cómo la Iglesia Romana prefirió utilizar esta en su historia oficial. Esta lista nombra a "Linus" como el segundo Papa seguido por "Anacleto" y luego Clemente. La lista viene de Ireneo quien identifica a "Linus el Papa" como el Linus mencionado en Timoteo 2, 4:21. Los académicos han especulado que Irineo eligió Linus simplemente porque es el último varón que Pablo menciono en la epístola, la que fue supuestamente escrita inmediatamente después del martirio de Pablo.

El origen del Papa Anacleto no es mejor. En Tito, la epístola que inmediatamente sigue a Timoteo en el canon, se señala que "el obispo debe ser irreprochable". En griego *anenkletus.* significa "irreprochable". [32]

Ireneo pudo no haber sabido el nombre de los Papas entre Pedro y Clemente y, por lo tanto, tuvo que inventar nombres para ellos. Si este fuera el caso, entonces luego de crear "Linus" como sucesor de Pedro, "Irreprochable" como el siguiente obispo de Roma, su imaginación se le habrá complicado porque el nombre que escogió para el sexto Papa en su lista fue "Sixto".

Además, parece extraño que la Iglesia romana prefiriera elegir la lista de Ireneo considerando que se originó en el Este. La idea de que Clemente fue el segundo Papa no es más débil históricamente y refleja la secuencia papal que era conocida en Roma. Tal vez los funcionarios tempranos de la Iglesia prefirieron no utilizar una lista señalando que Clemente fue el sucesor directo de Pedro, debido a la visión tradicional de que era miembro de la familia Flavio.

La noción de que el papa Clemente era Flavio fue dejada por escrito en *Hechos de los santos Nereo y Aquiles*, un trabajo del siglo V o VI basado incluso en tradiciones más tempranas. Este trabajo conecta directamente la familia Flavio con el cristianismo, un hecho que es mencionado en la *Enciclopedia Católica*:

> Tito Flavio Sabino, Cónsul en 82, ejecutado por Domiciano [el hermano del emperador], quien se había casado con su hermana. El Papa Clemente es representado como su hijo en los *Hechos de los santos Nereo y Aquiles*. [33]

El hermano de Tito Flavio Sabino, Clemens, también está conectado con el cristianismo. Los *Hechos de los santos Nereo y Aquiles* cuentan que Clemens fue un mártir cristiano. Se cree que Clemens se casó con la nieta de Vespasiano y su prima hermana, Flavia Domitila quién fue otra Flavio cristiana. En el caso de Flavia Domitila hay evidencia existente vinculándola con el cristianismo. El cementerio cristiano más antiguo en Roma tiene inscripciones nombrándola a ella como uno de sus fundadores.

> La catacumba de Domitila es mostrada por inscripciones existentes fundada por ella. Debido al papel puramente legendario de estos Hechos, no podemos utilizarlos como un argumento para ayudar a la controversia de si hay dos cristianos con el nombre de Domitila en la familia de los cristianos Flavio o solo una, la esposa del Cónsul Flavio Clemens. [34]

El Talmud anota la genealogía de la cristiandad representando al primer Papa de una manera diferente a lo que ocurre en los *Hechos de los santos Nereo y Aquiles*. Anota que Flavia Domitila, que fue la madre de Clemens (Kalonymos), no era la sobrina de Tito sino en realidad su hermana. Esto conecta al supuestamente sucesor de Pedro con una generación más cercana a Tito, tal vez ubicándolo dentro de su misma residencia. [35]

Nereo y Aquiles, los autores de sus Hechos, son listados en la *Enciclopedia Católica* como los primeros mártires y también fueron ligados a la familia Flavio.

La antigua lista romana, del siglo quinto, y que pasa al Martirologio Hieronymianum, contiene los nombres de dos mártires, Nereo y Aquiles, quienes estaban enterrados en la catacumba de Domitila en la Vía Ardeatina… Los hechos de estos mártires colocan sus muertes al final del primero y al principio del siglo segundo. De acuerdo con estas leyendas, Nereo y Aquiles eran eunucos y sirvientes de Flavia Domitila, una sobrina del Emperador Domiciano. Las tumbas de estos dos mártires estaban ubicadas en el terreno de Doña Domitila; podemos concluir que están dentro de los más antiguos mártires de la Iglesia Romana y se ubican en una relación muy cercana a la familia Flavio, de la cual Domitila, la fundadora de la catacumba, era miembro. En la Epístola a los romanos, San Pablo menciona a Nereo con su hermana, a quienes les envía saludos. [36]

Esta referencia de Pablo a Nereo y su hermana es interesante. La tradición sostiene que Domitila asesinó a varios miembros de su familia que eran cristianos, además de alguien llamado Acilius Gabrio, que la tradición también sostiene que era cristiano, todo lo cual permite la conjeturar que el Nereo mencionado por Pablo pudiera haber sido el autor de los *Hechos* y que el Aquiles Domiciano asesinado pudiera haber sido el socio literario de Nereo.

Otro individuo conectado tanto al cristianismo como a la familia Flavio fue Barnice, la hermana de Agripa, quien es descrita en el Nuevo Testamento como conocida del apóstol Pablo. Ella fue la amante de Tito y vivía con él en la corte Flavia en el 75 E.C., en los mismos años que Josefo estaba supuestamente escribiendo *Las Guerras de los Judíos*. Es interesante saber que el nombre griego de Barnice es Berenice, pronunciado Berh-reh-nih-kee, y en hebreo su nombre fue Verónica. También es de notar que el temprano culto cristiano de Verónica es albergado en el palacio de Barnice en Roma.

Flavio Josefo, un miembro adoptado de la familia, también tiene una conexión con el origen del cristianismo. Sus trabajos le proporcionan al Nuevo Testamento con el primer texto independiente de documentación histórica y fue ciertamente leído por sus patrocinadores imperiales.

En efecto, Tito ordenó la publicación de *Las Guerras de los Judíos*. En su autobiografía Josefo escribe que Tito "estaba tan deseoso del conocimiento de estos asuntos, debieran ser tomados de este libro solamente, que puso su firma en ellos y dio órdenes para su publicación. [37]

Tal vez la conexión más rara entre el cristianismo y los Flavio, sin embargo, es el hecho de que Tito Flavio cumplió todas las profecías sobre el juicio final. Como he mencionado arriba, los paralelos entre la descripción de la campaña de Tito en *Las Guerras de los Judíos* y las profecías de Jesús causó que los letrados tempranos de la Iglesia creyeran que Cristo había previsto el futuro. La destrucción del templo, el cercado de Jerusalén con una muralla, los pueblos de Galilea siendo "humillados", la destrucción de lo que Jesús describió como la "generación malvada", etc., han sido todos profetizados por Jesús y luego ocurrieron durante la campaña militar de Tito a través de Judea – una campaña que, como el ministerio de Jesús, comenzó en Galilea y terminó en Jerusalén.

Por lo tanto, los Flavio están conectados a la cristiandad por un extraordinario número de hechos y tradiciones. Documentos tempranos de la Iglesia señalan claramente que la familia produjo alguno de los primeros mártires de la religión además del Papa que sucedió a Pedro. Los Flavio crearon mucha de la literatura que proporciona documentación para la religión, son responsables por el más antiguo cementerio conocido y dieron alojamiento a individuos nombrados en el Nuevo Testamento dentro de su corte imperial. Aún más, la familia fue responsable por las profecías apocalípticas de Jesús que "llegaron a pasar".

Estas conexiones claramente ameritan mayor atención de las que han recibido. Alguna explicación es necesaria por las numerosas tradiciones conectando un oscuro culto judío a la familia imperial –conexiones que no incluyen meramente los conversos a la religión, sino, que si los *Hechos de Nereo y Aquiles* y Eusebio, pueden ser creídos, son los directos sucesores de Pedro.

Si el cristianismo fue inventado por los Flavio para ayudarlos en su lucha en contra del judaísmo, habría sido meramente una variación de un tema establecido por un largo tiempo. La utilización de la religión para el bien del Estado fue una técnica romana existente mucho tiempo antes de los Flavio. En la siguiente cita, la que perfectamente podría haber sido estudiada por el joven Tito Flavio durante su educación en la corte imperial,

Cicerón no solo prefiguró mucho de la teología cristiana, sino que además promovía que el Estado persuadiera a las masas adoptar la teología más apropiada para el imperio.

> Debemos persuadir a nuestros ciudadanos que los dioses son los señores y regentes de todas las cosas y lo que se hace, se hace por su voluntad y su autoridad; y son ellos los grandes benefactores del hombre, y saben quién es cada uno, y lo que hace y que pecados ha cometido y lo que intenta hacer y con qué piedad el cumple con sus obligaciones religiosas.
>
> Cicerón, Las Leyes, 2:15-16

Roma intentó no reemplazar a los dioses de sus provincias, sino que absorberlos. Al final del siglo primero, Roma había acumulado tantos dioses extranjeros que virtualmente cada día del año celebraban alguna divinidad. A los ciudadanos romanos se les incentivaba darle ofrendas a todos estos dioses como una forma de mantener la Pax Deorum, la "paz de los dioses", una condición que el César vio como beneficiosa para el Imperio.

Los romanos además utilizaron la religión como una herramienta que los asistía en la conquista. El líder del ejército romano, el cónsul, era un líder religioso capaz de comunicarse con los dioses. Los romanos desarrollaron un rito específico para inducir a los dioses de sus enemigos para entregarse a Roma. En este rito particular, *el devoto*, un soldado romano, se sacrificaba a todos los dioses, incluyendo a los dioses de sus enemigos. De este modo, los romanos buscaron neutralizar la asistencia divina para sus oponentes.

Entonces, cuando los romanos se enfrentaron a los Zelotes en Judea ya tenían una larga tradición de absorber la religión de sus oponentes. Si los romanos efectivamente inventaron el cristianismo, sería solamente otro ejemplo de la neutralización de la religión del enemigo al convertirla en suya propia en vez de luchar en contra de ella. Roma simplemente había transformado el judaísmo militante de la Judea del siglo primero a una religión pacifista, para absorberla más fácilmente dentro del Imperio.

En todo caso, es cierto que los Césares intentaron controlar el judaísmo. Desde Julio César en adelante, el emperador Romano reivindica su autoridad personal sobre la religión y la selección de los altos sacerdotes.

> Cayo Julio César, emperador y alto sacerdote y dictador, envía saludos… Quiero que Hircano, hijo de Alejandro y sus hijos… tengan el más alto sacerdocio de los judíos para siempre… y si en algún momento en el futuro hubiera preguntas sobre las costumbres judías, Yo quiero que él lo determine… [38]

Los emperadores romanos nombraban a todos los altos sacerdotes mencionados en el Nuevo Testamento de un restringido círculo de familias aliadas a Roma. Al seleccionar a un individuo que zanje cualquier situación sobre "las costumbres judías", los Césares estaban administrando la teología judía para su propio interés personal. Por supuesto, ¿de qué otro modo un César habría podido controlar la religión?

Roma ejerció control sobre la religión de una manera única en la historia de los gobiernos provinciales. Roma micro gestionó el Segundo Templo Judaico hasta el punto de incluso determinar cuándo los sacerdotes podían ponerse sus sagradas vestiduras.

> …los romanos tomaron posesión de la ropa de los altos sacerdotes y les hacían depositarlos en una cámara hecha de piedras… y siete días antes del festival eran entregados al sumo sacerdote…

> Josefo, Antigüedades, 18,4, 93-94

A pesar de estos esfuerzos, la política normal de Roma de absorber los dioses de sus provincias no tuvo éxito en Judea. El judaísmo no permite que su Dios sea uno entre muchos y Roma se vio forzada a batallar una insurrección judía detrás de otra. Habiendo fallado el control del judaísmo mediante el nombramiento de sus altos sacerdotes, la familia imperial luego intentaría tomar el control de la religión mediante la reescritura del Torá.

Pienso que tomaron esta ruta y crearon los Evangelios para iniciar una versión del judaísmo más aceptable para el Imperio, una religión que en vez de atacar al enemigo pondría "la otra mejilla".

La teoría de la invención romana del cristianismo no se origina con este libro. Bruno Bauer, un letrado alemán del siglo XIX, pensaba que el cristianismo fue un intento de los romanos de crear una religión masiva que incentivara a los esclavos a aceptar su estación en la vida. En nuestra época Robert Eisenman concluía que el Nuevo Testamento era la literatura del movimiento mesiánico Judaico reescrito con una perspectiva pro romana. Este trabajo, sin embargo, presenta una manera completamente distinta de comprender el Nuevo Testamento.

Intento mostrar cómo los Evangelios fueron creados para ser comprendidos en dos niveles diferentes. En su nivel superficial, son por supuesto, una descripción del ministerio del Mesías que hace milagros y quien se levantó de entre los muertos. Sin embargo, el Nuevo Testamento también fue diseñado para ser comprendido de otra manera, la cual es una sátira de la campaña militar de Tito Flavio a través de Judea. La prueba de esto es que simplemente Jesús y Tito comparten experiencias paralelas en los mismos lugares y en la misma secuencia. Aquellos paralelos son demasiado exactos y complejos para que hayan ocurrido accidentalmente. Que este hecho haya sido pasado por alto por dos mil años representa un punto ciego en la Academia.

Los Evangelios fueron diseñados para que se entendieran como una sátira inmediatamente que se lean en conjunto con *Las Guerras de los Judíos*. En efecto, voy a mostrar que los cuatro Evangelios y *Las Guerras de los Judíos* fueron escritos como una pieza literaria unificada, donde sus personajes e historias interactúan. Su interacción produce en muchos de los proverbios de Jesús un oscuro significado cómico, creando además una serie de acertijos cuyas soluciones revelan la verdadera identidad de los personajes del Nuevo Testamento. Comprendiendo el nivel de la comicidad de humor negro, revela por ejemplo que los apóstoles Simón y Juan fueron crueles sátiras de Simón y Juan, los líderes de la rebelión judía.

A través de este trabajo me refiero al ministerio de Jesús como una sátira de la campaña militar de Tito. Lo hago así porque el ministerio se basó en la campaña y se trató de que fuera visto como humor negro al ser visto desde esta perspectiva. Sin embargo, la relación entre estos dos tipos de "ministerio" no fue simplemente satírica. Mostraré como el ministerio de Jesús fue diseñado para probar que Jesús fue un Malaquías (Malachi), o mensajero del "verdadero" Mesías –Tito Flavio.

Malachi significa "mi mensajero" en hebreo y fue usado como nombre por el profeta Elías. Esto es por lo que la profecía judaica predijo que el

Mesías sería precedido por la aparición de Elías, quién actuaría como un mensajero de la inminente venida.

> Pero les enviaré a Elías, el profeta, antes de la venida de la grandiosa y terrible día del señor.

> Malaquías 3:23

Para mostrar que el ministerio de Jesús fue un precursor de la campaña de Tito, los autores del Nuevo Testamento y de *Las Guerras de los Judíos* usan **la tipología**, una técnica que se corre dentro de la literatura Judaica. Incidentes claves en el ministerio de Jesús fueron creados para ser vistos como el "tipo" o profecía básica para los eventos de la campaña de Tito y por lo tanto "probar" que Jesús fue el Malachi de Tito.

También demostraré como Josefo falsificó las fechas de los eventos en *Las Guerras de los Judíos* para crear la impresión de que las profecías de Daniel ocurrieron durante la guerra entre los judíos y los romanos. Esto fue hecho para establecer "pruebas" para la pretensión del Nuevo Testamento, a un nivel superficial, de que el "hijo de Dios" predicho por Daniel fue Jesús.

Las historias de Josefo y del Nuevo Testamento son, tal vez, los trabajos literarios más examinados y les sugiero escepticismo respecto a mi posición de haber descubierto una nueva "verdadera" manera de entenderlos. A través de las eras, el Nuevo Testamento ha sido un caleidoscopio intelectual dentro del cual fantásticas profecías y códigos han sido "descubiertos". Reclamos extraordinarios requieren de extraordinaria evidencia, y no estaría presentando este trabajo si no cumpliera con ese criterio.

Sin embargo, fue el caso de que los Flavio poseyeron tanto la motivación como la capacidad para crear una versión del judaísmo alineado con sus intereses. Cualquier investigador honesto sobre los orígenes de la Cristiandad, debe, por lo tanto, al menos considerar la posibilidad que los Flavio produjeron los Evangelios. Además, la médula de las profecías de Jesús –las villas de Galilea "humilladas", Jerusalén cercado con una muralla, el templo dejado "sin piedra sobre piedra", y la "generación malvada" destruida – todas comparten una característica. Cada una es una victoria militar de la familia Flavio. Por lo tanto, el principio, a menudo citado, que la historia es escrita por los ganadores sugiere que la familia debiera ser el primer grupo que debemos investigar.

Esto es porque debemos intentar comprender los Evangelios como habrían sido entendidos por alguien familiarizado con la conquista de Judea por Tito Flavio, emperador de Roma. Y con esta perspectiva, un significado completamente diferente de los Evangelios se hace visible.

Proclaman la divinidad del César.

Capítulo 2

Pescadores de Hombres: Hombres que fueron atrapados como peces

Para comenzar a explicar la relación entre el ministerio de Jesús y la campaña de Tito en términos de sátira, apunto al siguiente pasaje en el Evangelio de Mateo. En este pasaje, Jesús es descrito al comienzo de su ministerio como pidiéndole a Simón y Andrés y a los "hijos de Zebedeo" que "síganme" y hagámonos "pescadores de hombres".

> Desde entonces comenzó Jesús a predicar, y a decir: Arrepentíos, porque el reino de los cielos se ha acercado. y lo mismo de Jacobo, tanto como de Juan, hijos de Zebedeo, que eran socios de Simón. Y le dijo Jesús a Simón: Deja de temer; desde ahora serás pescador de hombres.
>
> Mateo 4:17-19

La misma historia es representada en el Evangelio de Lucas de la siguiente manera:

> Aconteció que, estando él de pie junto al lago de Genesaret, la multitud se agolpaba sobre él para oír la palabra de Dios; y entonces también estaban Jaime y Juan, hijos de Zebedeo quienes eran socios con Simón. Y Jesús le dijo a Simón, "Deja de temer, desde ahora serás pescador de hombres".
>
> Lucas 5:1,10

En otro pasaje del Nuevo Testamento, Jesús predice que las ciudades del Lago Genesaret (mejor conocido como el Mar de Galilea) enfrentarían tribulaciones por su maldad.

> ¡Ay de ti, Corazón! ¡Ay de ti, Betsaida! Y tú, Cafarnaúm, que eres levantada hasta el cielo, hasta el Hades serás abatida; porque si en Sodoma se hubieran hecho los milagros que han sido hechos en ti, habría permanecido hasta el día de hoy.
>
> Mateo 11:21-23

En *Las Guerras de los Judíos* Josefo describe una batalla en el mar donde los romanos atraparon judíos como peces. La batalla ocurrió en Genesaret, donde Tito atacó a una banda de judíos rebeldes liderados por un hombre llamado Jesús.

> Este lago es conocido por la gente de esta tierra como Lago Genesaret... Tienen un gran número de barcos... y estaban tan equipados que podían sostener una batalla naval. Pero como los romanos estaban levantando una muralla alrededor de su campamento, Jesús y su grupo hicieron un ataque sobre ellos.
>
> En algunas ocasiones los romanos saltaban a sus barcos con las espadas en mano y los mataban, pero cuando algunos de ellos llegaron a las embarcaciones, los romanos los cortaron por la mitad, destruyendo inmediatamente sus barcos y a ellos mismos, quienes fueron tomados en ellos.
>
> Y quienes se ahogaban en el mar, si levantaba su cabeza sobre el agua eran matados por los dardos o agarrados por los botes; pero si en algún caso desesperado estaban dentro, y trataban de lanzarse al agua para nadar y alcanzar los enemigos, los romanos le cortaron su cabeza o sus manos... [39]

Un campesino del siglo I que oyó las profecías de apocalipsis de Jesús, las cuales describen lo que ocurrirá con los habitantes de las ciudades del Lago Genesaret, y además quien había escuchado el pasaje de *Las*

Guerras de los Judíos que describe su destrucción, habría entendido la yuxtaposición como una evidencia de la divinidad de Cristo. Lo que Jesús profetizó, Josefo lo había registrado como ocurrido.

Pero un campesino educado no habría entendido que había otra "profecía" que ocurrió dentro de los pasajes anteriores. Me refiero a la exhortación de Cristo para que se transformen en "pescadores" o "cazadores" de hombres, mientras se paraba en el lugar donde los judíos serían agarrados como peces durante la próxima guerra que tendrían con Roma.

Sin embargo, cualquier Patricio que conociera los detalles de la batalla naval en Genesaret, podría haber visto la ironía de un Mesías llamado "salvador" inventando la frase "pescadores de hombres" mientras se paraba en la playa donde los judíos fueron cazados como peces. La comedia trágica es evidente por sí misma.

Estas dos profecías "cumplidas" ejemplifican los dos niveles donde el Nuevo Testamento puede ser entendido. La profecía de Jesús concerniente a la destrucción de Coracin y Cafarnaúm es completamente directa y se debe entender literalmente.

La otra profecía "cumplida", la predicción de Jesús de que sus seguidores serían pescadores de hombres, no es tan directa. Podría ser entendida solamente por quienes, como los residentes de la corte Flavio, hayan tenido conocimiento de los detalles de la batalla naval entre los romanos y los judíos en Genesaret. Solo tales individuos podrían haber visto la profética ironía en Jesús utilizando la expresión mientras estaba parado en precisamente la misma playa donde los judíos serían atrapados como peces.

Si los autores de los de los Evangelios se hubieran referido a los rebeldes judíos como peces, habrían estado utilizando una metáfora común en el siglo I. Por ejemplo, Rabban (rabino) Gamaliel habló de sus discípulos a través de una parábola donde fueron comparados a cuatro diferentes tipos de peces –el pez impuro, el pez puro, el pez del río Jordán y el pez del mar. Autores romanos también utilizan la metáfora. Juvenal, un poeta romano contemporáneo, específicamente compara esclavos fugitivos e informantes con peces. [40]

La estructura de la comedia negra es importante. Jesús habla de "cazar hombres" en un sentido aparentemente simbólico. Josefo luego anota que Jesús era un "verdadero" profeta. Su visión de "cazar hombres" en Genesaret aconteció, la broma cruel es que pasó *literalmente* y no de la manera simbólica que Jesús parecía haber querido significar con la frase. Esta es la estructura más común del humor negro creado al leer el Nuevo Testamento en conjunto con *Las Guerras de los Judíos*.

Si el Nuevo Testamento y *Las Guerras de los Judíos* documentan una desdeñosa comedia interactiva con relación a "pescando" hombres en Genesaret, también trabajaron en la creación de otro irónico chiste de "peces". Como mencioné anteriormente en Mateo 11:21 Jesús predijo "aflicción" para el Coracin".

Los académicos siempre han asumido que Jesús se estaba refiriendo a un pueblo de pescadores de Galilea. Josefo, sin embargo, da otra definición de "Coracin".

> El país que también se ubica en la orilla de este lago tiene el mismo nombre de Genesaret... Algunos han pensado que es una vena del Nilo, porque produce el pez Coracin así como el lago lo hace, que está cerca de Alejandría. [41]

Entonces, mientras en el Mar de Galilea Jesús predice "aflicción" por el Coracin, y dice que de aquí en adelante sus discípulos lo seguirán y se transformarán en "pescadores de hombres". La experiencia de Tito fue extrañamente paralela a la de las profecías de Jesús en la que literalmente trajo "aflicción" para la gente de Coracin y sus soldados literalmente lo siguieron y se transformaron en "pescadores de hombres". Esto es, ellos fueron a pescar los habitantes del pueblo que llevan el nombre del pez Coracin. Si la ironía de yuxtaponer de contraponer el comienzo del ministerio de Jesús y la campaña de Tito fue creada deliberadamente, aparentemente emerge del hecho que Tito vio el humor sardónico en su "pesca" de la gente de Coracin –quienes tienen el mismo nombre de los peces –en su intento por nadar para salvarse.

Los ejemplos anteriores en sí mismos, no son una evidencia convincente que hubo un paralelo deliberado entre el ministerio de Jesús y la campaña de Tito. Es en realidad bastante posible que fuera solo una coincidencia desafortunada que Jesús eligiera la playa de Genesaret como el lugar que él eligió para describir su futuro ministerio como "pescadores de hombres".

Presento este ejemplo de los dos niveles de interpretación que son posibles al leer el Nuevo Testamento en conjunto con *Las Guerras de los Judíos*, porque ocurre cerca del comienzo de las narrativas de Jesús y de Tito. Mostraré a continuación que la secuencia de eventos que toman lugar en el Nuevo Testamento y en *Las Guerras de los Judíos* tienen significados que no se entienden hasta ahora.

Sin embargo, los paralelos que existen entre las experiencias de Jesús y de Tito en Genesaret no están limitadas al hecho de pescar hombres. La primera declaración de Jesús es "Síganme" y "No tengan miedo". Cuando uno lee el pasaje de Josefo donde los judíos fueron "agarrados", también se describe cómo los soldados que "pescaron" les dijeron que "no tuvieran miedo" y que en efecto "siguieron" a alguien. Como señala el siguiente extracto, la persona seguida fue Tito, quien dijo a sus tropas que no tuvieran miedo.

> "Porque ustedes saben muy bien que yo voy al peligro primero y hago el primer ataque en contra del enemigo.
>
> Por lo tanto, no me deserten, sino que persuádanse que Dios los va a ayudar en el comienzo" [42]
>
> Y ahora Tito hizo que su caballo marchara primero en contra de los enemigos. [43]
>
> Tan pronto como dijo esto, se montó sobre su caballo y montó a buen ritmo hacia el lago; por tal lago él marchó y entró a la ciudad primero que todos como lo hicieron los otros después de él. [44]

Entonces, Josefo señaló tres veces que Tito fue el primero en la batalla. Y nuevamente los soldados que harían la "pesca" literalmente siguieron a Tito, creando otro paralelo conceptual con Jesús.

En efecto, el pasaje del Nuevo Testamento señalado más arriba, en el cual Jesús pide a sus discípulos que "lo sigan", y el pasaje de Josefo donde Tito le solicita a las tropas que lo sigan, entonces, pueden transformarse en pescadores de hombres, tiene una serie de otros paralelos.

Como Jesús, Tito fue enviado por su padre.

> Así que envió a su hijo Tito a Cesárea, para que pudiera llevar
> al ejército que estaba allí a Eskipolis. [45]

Mientras es fuera de costumbre seguir a un líder a una batalla, o ser enviado por el propio padre, Tito, nuevamente como Jesús en Genesaret, en un sentido comienza su ministerio allí. Señala que la batalla será su "comienzo".

> "Por lo tanto no me deserten, sino que persuádanse que Dios
> nos va a ayudar en el comienzo". [46]

La palabra griega que Josefo utiliza aquí es *horme*, que significa "comienzo" en castellano – esto es, o bien un asalto o un punto de partida. Desde la perspectiva de Tito el momento puede ser visto como el punto de partida, porque es su primera batalla en Galilea completamente ante su comando.

TITO Y JESÚS COMPARADOS EN EL "MAR" DE GALILEA

	TITO	JESÚS
Comienzo de la campaña	Describe su campaña como el "comienzo" de su comando único del ejército (*Guerra* 3,10,2, 484).	Este es el comienzo del ministerio de Jesús (Mateo 4:17-18).
Enviado por su padre	"Envió a su hijo Tito a Cesárea" (*Guerra* 3,9,7, 446).	Enviado por su padre en el cielo (Mateo 3:17).
Sus seguidores lo siguieron	"entró a la ciudad el primero de todos, y los otros pronto después de él" (*Guerra* 3,10,5, 497).	"trajo su bote a la orilla y lo siguieron" (Lucas 5:11).
Reasegura a las tropas que no teman	"ustedes saben muy bien que yo voy al peligro primero, por lo tanto, no me deserten" (*Guerra* 3,10, 2, 483- 484).	"No tengan miedo" (Lucas 5:10).
Referencia a Coracin	"produce el pez Coracin" (*Guerra* 3,10, 8, 520).	"Ay para ti Coracin" (Profecía en Mateo 11:21).
Presencia de Jesús	Jesús es el líder de los rebeldes en el Mar de Galilea (*Guerra* 3,10, 467).	Jesús es el líder de los discípulos en el Mar de Galilea (Mateo 4:20,22).
Pescador de Hombres	Los judíos cayeron de sus embarcaciones "mientras se ahogaban en el mar… fueron pescados por los botes" (*Guerra* 3,10, 527).	"Los voy a ser pescadores de hombres" (mateo 4:19).

Para resumir, aunque había miles de otros emplazamientos, tanto para Jesús como para Tito se puede decir que ambos comenzaron sus narrativas en Genesaret, de una manera que implicaba la pesca de hombres –paralelos poco comunes que al menos permitan pensar si eran productos de una coincidencia. Los paralelos son de la misma naturaleza como la relación tipológica mostrada anteriormente entre Jesús y Moisés. Las conexiones hechas entre Jesús y Tito han sido posibles debido a conceptos, ubicaciones y secuencias paralelos.

Aún más, estos paralelos deben ser vistos en conjunto con los paralelos históricos entre Jesús y Tito. Jesús predijo que el Hijo del Hombre vendría a Judea antes de que la generación que lo crucificaría hubiera desaparecido, encerrando a Jerusalén con una muralla y luego destruyendo el templo, no dejando piedra sobre piedra. Tito fue el único individuo en la historia que se podría decir que cumplió las profecías de Jesús concernientes al Hijo del Hombre. Vino a Jerusalén antes que la generación que crucificara a Jesús hubiera desaparecido, cercó a la ciudad de Jerusalén con una muralla y demolió el templo.

Las superposiciones entre las profecías de Jesús y los logros de Tito hacen que el paralelo de los "pescadores de hombres" sea más difícil de aceptar al azar. Y este es solo el comienzo de los misteriosos paralelos entre los dos hombres que se llamaban a sí mismos "el hijo de dios" y cuyos "ministerios" comenzaron en Galilea y concluyeron en Jerusalén.

Capítulo 3

El Mito del mundo

Para comprender los paralelos entre el ministerio de Jesús y la campaña de Tito ha sido necesario hacer una serie de descubrimientos con cada nueva revelación creando la capacidad para proseguir con la próxima. Este proceso comienza cuando me encontré con el siguiente pasaje de Josefo en *Las Guerras de los Judíos* y concluye con los paralelos entre el "hijo de María" descrito en tal libro y el "hijo de María" de los Evangelios. Estas descripciones son demasiado precisas para haber sido un producto de las circunstancias.

Mientras los lectores pueden juzgar esta afirmación por sí mismos, debiera notarse que Josefo escribió durante una época en la cual la alegoría era considerada una ciencia. Se esperaba que los lectores educados pudieran comprender otro significado dentro de la literatura histórica y religiosa. El apóstol Pablo, por ejemplo, dijo en algunos pasajes de las Escrituras Hebreas fueron alegorías que esperaban el nacimiento de Cristo. Pienso que en el pasaje siguiente Josefo está usando la alegoría para revelar algo más en relaciones Jesús.

El pasaje comienza cuando Josefo dice a los lectores que va a describir un evento extraordinariamente grotesco causado por el hambre que ocurrió durante el acoso romano a Jerusalén. Nótese que él piensa que su historia va a ser "portentosa para la posteridad".

> Pero, ¿por qué describir el desvergonzado descaro que la hambruna provocó a los hombres comer cosas animadas, mientras voy a relatar una cuestión ocurrida? ¿A qué cosas

no se refiere la historia? Es horrible hablar de esto e increíble cuando se escucha.

Había omitido voluntariamente esta calamidad nuestra, que pareciera que no puedo entregar algo tan portentoso para la posteridad, pero tengo testigos suficientes de esto en mi propio tiempo… [47]

Luego Josefo describe el evento:

Había cierta mujer que vivía más allá del Jordán, su nombre era María, su padre era Eleazar de la Villa de Bethezob, lo que significa la casa de Hisopo. Ella era muy conocida por su familia y su riqueza. Y se había marchado a Jerusalén con el resto de la multitud. Y estaba con ellos encerrada en ese tiempo.

Los otros bienes de esta mujer ya habían sido confiscados, lo que quiero decir respecto a los que trajo con ella de Perea y los llevó a la ciudad. Lo que ella había atesorado, además, como también la comida que se las había arreglado para guardar, también fue llevada por los rapaces guardias, que venían todos los días corriendo a su casa con ese fin.

Esto pone a la pobre mujer en una gran tensión y debido a los frecuentes reproches e imprecaciones contra estos rapaces villanos, ella ha provocado rabia en su contra;

pero ninguno, ya sea por la indignación que ha provocado en su contra o por la conmiseración por su caso, le quitaría la vida; y si encontrara comida percibiría su trabajo para otros y no para ella, y si ahora fuera imposible para ella encontrar comida mientras el hambre ataca sus órganos y su médula, cuando su exaltación fue elevada a un grado más allá del hambre misma, no consultó con nadie sino con su propia exaltación y la necesidad en que estaba. Luego entonces ella intentó la cosa menos natural;

y arrebatando a su hijo, quien era un niño mamándole, ella dijo "¡Oh infante miserable! ¿A quién te debo preservar en esta guerra, esta hambruna y esta sedición? "Por la guerra con los romanos, si nos preservan nuestras vidas terminaremos como esclavos. Esta hambruna también destruirá incluso antes que la esclavitud nos domine. Sin embargo, estos pícaros sediciosos son más terribles que los otros. "Vamos, sé tú mi comida y sé una furia para estos trúhanes sediciosos, y un mito para el mundo, que es todo lo que ahora se requiere para completar las calamidades de los judíos".

Tan pronto como dijo esto, asesinó a su hijo y luego lo cocinó y se comió la mitad de él y mantuvo la otra mitad escondida.

Luego de esto los sediciosos vinieron en su presencia, y oliendo el horrible olor de esta comida, la amenazaron con cortarle el cuello inmediatamente si no les mostraba qué comida se había preparado. Les dijo que había salvado un buen pedazo para ellos, descubriendo lo que quedaba de su hijo.

A partir de ese momento, fueron víctimas de horror y asombro mental, y se quedaron atónitos ante lo que veían cuando les dijo a ellos, "¡Este es mi propio hijo, y lo que se ha hecho fue mi propio acto! ¡Vengan coman de esta comida, que ya yo he comido de ella también!

"No pretendan ser más tiernos que una mujer, o más compasivo que una madre; pero si son tan escrupulosos, y abominan este sacrificio mío donde me he comido la mitad, reservemos el resto para mí también".

Luego esos hombres se fueron temblando, nunca habiendo estado tan asustados a ninguna cosa como lo habían estado ante esto, y con alguna dificultad dejaron el resto de esa carne a la madre. [48]

Aunque este pasaje se hubiera basado en eventos reales, Josefo parece haber inventado el diálogo. No hubo testigos del discurso dado por María antes de matar a su hijo. Es por supuesto difícil que la madre hubiera matado y comido a su hijo en la presencia de otros.

Para ver la sátira que se esconde dentro del pasaje, uno debe primero comprende la frase "Bethezob, lo que significa la casa de Hisopo".

Beth es la palabra hebrea para "casa" y Ezob es la palabra hebrea para "hisopo". Hisopo era la planta que Moisés comandó a los israelitas cuando marcaron sus casas con la sangre del cordero sacrificado para la pascua judía (Pascua). Esta marca identificaba las casas por donde el Ángel de la Muerte pasaría (Pascua).

> Luego Moisés llamó a los ancianos de Israel y les dijo, "Recojan y tomen corderos para ustedes de acuerdo con sus familias y maten al cordero de Pascua". "Y ustedes tomarán un ramo de hisopo, úntenlo en la sangre de la cuenca, y golpeen el dintel y ambos postes de la puerta con la sangre que está en el recipiente…" [49]

La frase "Casa de Hisopo", por lo tanto, nos trae a la mente el primer sacrificio de la Pascua.

Otra declaración en este pasaje también puede ser vista como relacionada con el sacrificio de la Pascua. Luego de matar a su hijo, la mujer asa el cuerpo. En las instrucciones que Dios le da a Moisés para preparar el sacrificio de Pascua, Dios ordena lo siguiente:

> "No coman lo crudo, no lo hagan hervir con agua, sino áselo en el fuego –su cabeza, sus piernas y sus entrañas". [50]

El uso de Josefo de la palabra "*splanchon*" también contribuye con esta interpretación–"splanchon" siendo una palabra griega que fue utilizada para describir esas partes del animal sacrificado comido por los sacrificadores al comienzo de la celebración. Todavía otro detalle registrado por Josefo también vincula este pasaje con el Nuevo Testamento. Josefo le da al padre de María el nombre de Eleazar, que en griego significa Lázaro, el nombre del individuo que Jesús resucitó.

Entonces, en el pasaje de *Las Guerras de los Judíos* que estamos analizando, el hijo de María puede ser visto como un cordero simbólico de pascua. El "cordero humano de pascua" es establecido utilizando el mismo método por Juan, uno de los autores del Evangelio, quien también hizo notar el cordero simbólico de Pascua mediante la combinación de referencias al hisopo con una instrucción de Moisés acerca de la preparación del cordero de pascua- que ninguno de sus huesos debe ser quebrado en su preparación.

> Y había allí una vasija llena de vinagre; entonces ellos empaparon en vinagre una esponja, y sujetándola a una rama de hisopo, se la acercaron a la boca.

> Luego que Jesús tomó el vinagre, dijo: Consumado está. Y habiendo inclinado la cabeza, entregó el espíritu.

> Vinieron, pues, los soldados, y quebraron las piernas al primero, y asimismo al otro que había sido crucificado con él.

> Mas cuando llegaron a Jesús, como le vieron ya muerto, no le quebraron las piernas.

> Juan 19:29-30, 32-33

La identificación de Jesús con el simbolismo del cordero de pascua en su crucifixión continúa siendo un tema que comienza con la Última Cena donde Jesús pide a sus discípulos que coman de su carne.

> Y mientras comían, tomó un pan, habiendo bendecido, lo partió, se lo dio, y dijo: Tomad; esto es mi cuerpo.

> Marco 14:22

Entonces existe un claro paralelo entre el hijo de María del Nuevo Testamento, quien pide que su cuerpo sea comido, y el "hijo de María", cuya carne fue comida, de acuerdo con la descripción de Josefo.

Josefo conecta la descripción de María, con la María del Nuevo Testamento, sumado a otros detalles que él consigna. Josefo describe la hambruna –como Whiston la tradujo previamente- como siendo "atravesada por las entrañas de María". En el Nuevo Testamento, "siendo atravesado" es predicado solo respecto de una persona, María, la madre de Jesús:

> Simeón les bendijo y dijo a María, su madre: Mira, éste está puesto para caída y levantamiento de muchos en Israel, y para señal que es objeto de disputa

(y una espada traspasará tu misma alma), de forma que queden
al descubierto los pensamientos de muchos corazones.

Lucas 2:34-35

El hecho de que tanto en el Nuevo Testamento como en *Las Guerras de los Judíos* María aparezca con el pecho perforado no ha sido, de acuerdo mi conocimiento, descubierto previamente por ningún académico. La razón por la cual esto ha sido invisible es importante. Los académicos no han notado el paralelo entre estas dos Marías porque es más conceptual que lingüístico. En el Nuevo Testamento las palabras griegas que construyen esta frase son *dierchomai psuche* mientras que en *Las Guerras de los Judíos* son *dia splanchon*. Aunque las palabras que indican la perforación, *dia* [51] y *dierchomai* [52] están relacionadas lingüísticamente (en el verbo dierchomai teniendo la preposición dia como parte de su base), las palabras usadas para describir la parte donde María sería perforada –*psuche* y *splanchon* -son diferentes.

Psuche, [53] la palabra traducida en el Nuevo Testamento como "alma", también puede significar "corazón", o el "asiento de las emociones". *Splanchon*, la palabra griega que Josefo usa para describir la parte de María que fue perforada, como intestinos, en realidad es un sinónimo de *psuche*, y puede significar cualquier "interior" especialmente el corazón, los pulmones, el hígado y o los riñones, o como *psuche* pueden significar "el asiento de las emociones". Los académicos no han visto este paralelo conceptual entre las dos Marías simplemente porque fueron creados a través de palabras diferentes, a pesar de que los vocablos significan lo mismo.

En otras palabras, si el profeta predice que "la próxima semana el perro va a morder al cartero" y un historiador anota que esa semana "un canalla hundió sus dientes en un cartero", la profecía en efecto se habría cumplido, aunque el profeta y el historiador hubiesen utilizado diferentes palabras para describir el evento. El concepto que el profeta predicó era el mismo que el historiador describió.

La "profecía cumplida" y el "cartero mordido" no pueden ser vistas a través de un análisis individual de las palabras utilizadas por el historiador y por el profeta. De la misma manera el sistema satírico que existe entre el Nuevo Testamento y *Las Guerras de los Judíos* no puede ser visto mediante un análisis de las palabras individuales o los matices de la gramática. El sistema está hecho de conceptos paralelos no con palabras paralelas.

Notemos también que el paralelo de los "corazones perforados" de las dos Marías son lógicos proféticamente. Esto quiere decir que la María del Nuevo Testamento es quien fue *predicha* que tendría su "*corazón perforado*" en el futuro y la María de *Las Guerras de los Judíos*, que ocurre más tarde, es quien realiza esta profecía. Si el Nuevo Testamento hubiera dicho que el corazón de María estaba perforado, entonces la lógica de la profecía habría sido contradictoria. Anótese además que el discurso del Nuevo Testamento, aunque inocuo, es una profecía. Una razón por la cual el nivel satírico del Nuevo Testamento ha permanecido invisible se debe a que los académicos no han podido reconocer las muchas profecías, aparentemente inocuas, del Nuevo Testamento que están cumplidas dentro de *Las Guerras de los Judíos*.

Para sintetizar, dentro de este corto pasaje, Josefo ha utilizado una cantidad de conceptos y nombres que corren en paralelo a aquellos asociados con el cordero pascual del Nuevo Testamento. Estos son, una madre llamada María, el hecho de que esta María fuera perforada en su corazón, un hijo de María, hisopo, un hijo que es sacrificado, un hijo cuya carne es comida, un hijo considerado como un "refrán para el mundo", una de las instrucciones de Moisés con relación al cordero Pascual, un individuo llamado Lázaro (Eleazar), y Jerusalén como ubicación del incidente. Es muy poco posible que exista un pasaje en toda la literatura que contenga, por accidente, ni siquiera la mitad de estos paralelos con un concepto tan singular como el cordero Pascual cristiano. Cuando primeramente reconocí estos símiles pensé que la más simple explicación para tan improbable agrupación era que habían sido creados deliberadamente. Por lo tanto, este pasaje tenía la función de satirizar a Jesús.

Para argumentar en contra de este pensamiento, uno debe aceptar la idea de que Josefo, sin saber, anotó estos paralelos en menos de dos páginas, con sumo detalle dentro del pasaje. Sin embargo, debido a que Josefo escribió *Las Guerras de los Judíos* mientras vivía en la corte Flavio, un lugar donde floreció el cristianismo, siendo uno de los contados historiadores que registraron la existencia de Jesús, él podría ser visto como uno de los autores menos probables para escribir accidentalmente una sátira de Cristo.

Por ejemplo, si el pasaje en cuestión hubiese ocurrido en un trabajo de Tolstoi, habría virtualmente completo acuerdo que sería una sátira deliberada. Al ser vista desde esa perspectiva, el pasaje sería visto ciertamente de una oscuridad cómica siendo su ironía completamente evidente. La sátira sugiere que el Mesías, quien instruyó a sus seguidores que simbólicamente "comieran de su carne", fue en realidad comido por su madre.

Si Josefo estaba satirizando a Jesús, ¿cuál fue el propósito? Una explicación obvia es que escribió el pasaje para entretener a un grupo para quien el siniestro chiste era claro. En otras palabras, él habría creado tal sátira para el regocijo de los Flavio y su círculo privado.

Esta conclusión es especialmente posible bajo el criterio de que los individuos, en la corte de los Flavio, estaban conscientes de la existencia del cristianismo en la época que Josefo publicó *Las Guerras de los Judíos*. Además, había cuatro colegios en Roma responsables de supervisar las religiones dentro del imperio. Porque la religión fue una importante herramienta del Estado, estos colegios tenían un importante poder político. Desde el advenimiento de Augusto, el emperador era miembro de cada uno de estos colegios, uno de los cuales, el *Quindecimviri Sacris Faciundis*, era el encargado de regular los cultos extranjeros de Roma. Todos los emperadores Flavio fueron miembros de este colegio conociendo al cristianismo, durante esta era, como un culto extranjero.

Además, la razón más obvia de creer que los Flavio estaban familiarizados con el cristianismo es que mucho del Nuevo Testamento se relaciona con su familia. Los Flavio trajeron el cumplimiento de las profecías apocalípticas de Jesús – la destrucción del templo, el cercado de Jerusalén con una muralla, las ciudades Galilea destruidas y la eliminación de lo que Jesús llamo la "generación malvada". La amante del Tito, Bernice, y Tiberio Alejandro, su jefe de estado mayor durante el cerco a Jerusalén, son nombrados en el Nuevo Testamento. Un culto cuyo canon profetizaba los logros de los Flavio, individuos nombrados dentro de su círculo interior. Como consecuencia, hubo diversos conversos dentro de la familia imperial, siendo ciertamente escudriñados en una era donde el control de la religión era tan importante que el propio emperador estaba involucrado en el asunto.

Tito es conocido por haber revisado *Las Guerras de los Judíos*. Como se señaló anteriormente, Josefo escribió que Tito esperaba que "el conocimiento de estos asuntos debiese ser tomados solamente de estos libros, por lo cual puso su propia firma en ellos". Entonces Tito ciertamente leyó las páginas del pasaje describiendo a María, quien se comió a su hijo, y, considerando las tradiciones, conectó su familia con el cristianismo porque podría haber comprendido el irónico paralelo con la madre de Jesús.

Nuevamente, aunque Jesús parece estar hablando *simbólicamente* cuando habla de comer su carne como sacrificio para la pascua judía, en la historia de Josefo vemos una interpretación literal de las palabras de Jesús, la que las ubica dentro de una comedia negra.

Si el pasaje fue una sátira de Jesús, una serie de menciones pueden ser vistas de doble entrada. El lector solo tiene que leer estas afirmaciones desde la perspectiva de que los Flavio fueron los inventores del cristianismo. Adoptando tal perspectiva, su sentido satírico va haciéndose muy evidente. Algunos de ellos se encuentran en la narración de Josefo:

> Es horrible hablar de esto, y es increíble cuando se escucha… mientras que voy a relacionar una cuestión de hecho, me gustaría no relacionar historias…

> Puede que no parezca entregar lo que es tan portentoso para la posteridad.

> Tengo numerosos testigos en mi propio tiempo.

Pero el juego de palabras más importante se encuentra dentro de lo que dice María a su "niño miserable", cuando ella señala:

> "…sé una furia de estos trúhanes sediciosos y un mito para el mundo. Que es todo lo que ahora se requiere para completar las calamidades de los judíos".

Como he sugerido más arriba, esta cita parece haber sido inventada por Josefo. No sólo no había testigos para escucharla, pero en sí mismos son dudosos. ¿Efectivamente una madre que se ha comido a su hijo querría que él fuera un mito para el mundo? Además, tomadas literalmente, las palabras de María son incoherentes. ¿Por qué su niño se va ha transformar en la "furia" de los "trúhanes" – es decir, los rebeldes judíos en contra de Roma – al ser canibalizado? Y ¿Por qué esto iría a "completar la calamidad de los judíos"?

Dentro del contexto de la sátira de Jesús, el significado de la frase se hace claro. El autor no está solamente ridiculizando a Cristo. Él está diciendo que la divulgación del mito, del Cristo que asesinaron los judíos, "completará" la destrucción de los judíos.

Esta interpretación indica que el cristianismo fue diseñado para promover el antisemitismo – un concepto que es posible históricamente. Un culto que produzca antisemitismo cumple con dos funciones, en primer lugar, ayuda a Roma a prevenir la propagación del mesianismo judío y culpa los judíos por envenenar el futuro.

El Nuevo Testamento tiene numerosos pasajes que parecen estar deliberadamente construidos para que los cristianos odien a los judíos. Aunque algunos defensores del cristianismo han intentado explicar esos pasajes, hay claros ejemplos del uso de esta técnica a través del Nuevo Testamento. La más célebre ocurre en el evangelio de Mateo donde Pilatos luego de "lavarse las manos en la sangre de esta persona justa" les dice a los judíos que ellos, no las autoridades romanas, serán los responsables por la crucifixión de Cristo. Los judíos responden a esto:

> …toda la gente respondió y dijo, "su sangre estará en nosotros y en nuestros hijos.". [54]

Algunos letrados han especulado que escritores cristianos tardíos insertaron los pasajes de antisemitismo dentro del Nuevo Testamento por el resentimiento contra la gente que crucificó a su salvador. Mi interpretación del pasaje anterior sugiere lo opuesto. El nuevo Testamento fue diseñado para promover el antisemitismo.

Si la cristiandad fue creada por los Flavio para "completar la calamidad de los judíos", ¿por qué los inventores de la religión crearon a un Mesías que simbolizaba el cordero pascual? El simbolismo de Juan 19 y el pasaje de Josefo, que hemos analizado, establecen el simbolismo de los corderos pascuales. Ambos provienen de Éxodo 12 donde Dios le dice a Moisés y Aarón cómo observar la Pascua "a través de las generaciones":

> Y Jehová dijo a Moisés y a Aarón: Esta es la ordenanza de la pascua: Ningún extraño comerá de ella...

Mas todo siervo humano comprado por dinero comerá de ella, después que lo hayas circuncidado. El extranjero y el jornalero no comerán de ella. Se comerá en una casa, y no llevarás de aquella carne fuera de ella, ni le quebraréis ningún hueso.

Toda la congregación de Israel lo hará. Mas si algún extranjero morase contigo, y quisiese celebrar la pascua para Jehová, séale circuncidado todo varón, y entonces la celebrará, y será como uno de vuestra nación;

pero ningún incircunciso comerá de ella.

Éxodo 12:43-49

El pasaje anterior provee uno de los motivos detrás de la decisión de establecer un Mesías cuya carne será comida por toda la humanidad. Las instrucciones de Dios a Moisés con relación a como solo los circuncidados, los judíos, pueden comer el cordero pascual es un marcador teológico importante de la separación religiosa del pueblo judío.

El requerimiento del judaísmo de un separatismo religioso fue una de las causas de la guerra contra los romanos. Mediante la creación del cordero pascual para toda la humanidad, el Nuevo Testamento fue, en un nivel, terminando con el separatismo religioso que hizo imposible que el judaísmo fuera absorbido por el Imperio Romano. Sin embargo, otro pasaje dentro de *Las Guerras de los Judíos* revela otra inspiración aún más irónica para el cordero Pascual de la cristiandad.

… en términos numéricos, el total de quienes perecieron durante del cerco de Jerusalén asciende a ciento diez mil.

La mayor parte de los cuales pertenecían a la misma nación [con los ciudadanos de Jerusalén], pero no pertenecientes a la ciudad misma; porque habían venido desde todo el país para celebrar la fiesta de el pan sin levadura. Y fueron detenidos repentinamente por el ejército que al principio causó gran traición entre ellos que les cayó una destrucción pestilente, y poco después una hambruna tan grande los destruyó más repentinamente. [55]

Por lo tanto, los romanos estaban consientes que habían cercado a Jerusalén durante el tiempo en que los celebrantes de la Pascua habían absorbido a su población. En la medida que la hambruna comenzó a hacer efecto en los celebrantes de la Pascua judía, María fue descrita por Josefo perpetrando canibalismo. El historiador romano Severo, en el siglo tercero, describió también que hubo canibalismo durante el cerco a Jerusalén.

> Los judíos, mientras tanto, siendo inminentemente acorralados, no tuvieron oportunidad para obtener la paz ni tampoco la rendición les fue permitida y estuvieron en grandes números muriéndose de hambre, Y las calles comenzaron por todas partes a llenarse de cuerpos muertos, ya que el deber de enterrarlos ya no podía ser realizado. Además, comenzaron a comer cosas de la naturaleza más repugnante, y ni siquiera se abstuvieron de comer cuerpos humanos, excepto aquellos cuya putrefacción los había corrompido y por lo tanto fueron excluidos de ser usados como comida.

> Severo, Historia Sagrada, Libro II/ Capítulo 30

El canibalismo ocurrido durante el cerco de Jerusalén es, por lo tanto, un candidato para la idea detrás de la innovación de "comerse la carne". La premisa es especialmente posible considerando el hecho de que mucho del ministerio de Jesús involucró profecías y que estas profecías parecen haberse cumplido en *Las Guerras de los Judíos*. En otras palabras, el "hijo de María" del Nuevo Testamento, diciéndole a sus discípulos "deberán comer de mi carne", habría sido otra profecía cumplida registrada por Josefo.

Si los romanos inventaron la narrativa de la comedia negra sobre el cordero de Pascua, era para satirizar la fiesta "sombría" de los celebrantes de la hambrienta pascua quienes fueron atrapados dentro de Jerusalén. Si este fuera el caso, la historia de Josefo concerniente a la "hambruna de María" y el sacramento de la comunión, fueron ambas reflexiones sobre este tema satírico.

Aunque el extraño factor referido a que la carne de Jesús fuera la base para el sacramento no es notada a menudo hoy en día, este podría no haber sido el caso durante el cristianismo de los primeros siglos. Eusebio registró que los cristianos tempranos tuvieron que defenderse contra cargos de infanticidio y canibalismo. [56]

Por lo tanto, miembros de la familia de la corte Flavia podrían haber comprendido el pasaje de Josefo como una comedia de humor negro, porque tales individuos habrían percibido la ironía cuando Jesús le dice a sus seguidores, particularmente en Jerusalén donde los judíos utilizaron el canibalismo, "que el pan que les doy es mi carne". Desde la perspectiva Flavia, la sátira es autoevidente.

Sin embargo, una vez que me sospeché de que el pasaje de Josefo respecto al "Mito del Mundo" era una ironía de la pascua judía en los Evangelios, comencé a estudiarlo en su griego original. Mientras lo hacía, descubría algo que confirmó la conexión del pasaje con los Evangelios. Hay una confesión hecha por los Flavio en la historia que es más visible en la lengua original. Es una confesión que inventaron el cristianismo y su antisemitismo.

Para construir la confesión, el autor utiliza una serie de juegos de palabras conectados con la palabra "mitos" o "mito". Como se señaló anteriormente, en el pasaje que Josefo describe al hijo de María como un "mitos" o "mito para el mundo", continúa diciendo que el asesinato del mito para el mundo va a ser visto como "*mysos*" (BJ6, 212) o "atrocidad" que será respondida por los romanos con "*mizos*" (BJ 6.214) o "enconado odio".

Otros académicos han reconocido que los juegos de palabras fueron diseñados para operar juntos para construir una historia. La historia, los juegos de palabras creados, debieran ser analizados para determinar si tienen alguna conexión con la creación del cristianismo –esto es simplemente una buena técnica analítica. Existe, por supuesto, solo un individuo que puede ser visto como un "mito para el mundo", quien fue el hijo de María y el cordero Pascual cuyo asesinato fue una "atrocidad" que creó "amargo resentimiento" contra los judíos. Nótese que la historia, contada por los juegos de palabras conectados, no es solo la descripción de la invención del cristianismo, sino una declaración orgullosa de la invención de su acompañante antisemitismo.

Letrados tan antiguos como Melito, en el siglo II, entendieron que el niño en el pasaje de Josefo fue un cordero Pascual simbólico. En efecto, el niño es el único cordero Pascual fuera de Jesús en la literatura. Es autoevidente que algo tan poco común como una descripción coherente de la invención del cristianismo no ocurriera accidentalmente en el pasaje describiendo el único otro cordero Pascual en toda esta literatura. Los "juegos de palabras de los mitos" es una confesión descarada de la invención del cristianismo y del antisemitismo hecho por los romanos.

Aunque los actos revelados en la declaración son tal vez los más perversos de la historia, es difícil no darle al demonio lo que le corresponde. Los autores de los sutilmente cambiantes mitos, por medio de sus juegos de palabras, poseían una habilidad literaria que solo era superada por su maldad. No solo castigaron a los judíos por su rebelión, envenenando su futuro, sino que también pudieron notificar a la posteridad lo que lograron hacer utilizando solo eruditos juegos de palabras.

Finalmente, el corto capítulo de *Las Guerras de los Judíos* que contiene el pasaje del "hijo de María" concluye con Tito, habiendo sido dicha historia de la madre que comió la carne de su propio hijo, entregando un sermón sobre el significado del sórdido asunto.

> Pero el César se excusó ante Dios sobre este asunto, y dijo que él había propuesto paz y libertad a los judíos, tanto como desprecio a sus antiguas prácticas insolentes; pero ellos, en vez de acordar, han elegido la sedición; en vez de paz, guerra y antes de estar saciados en abundancia, el hambre.

> Que han comenzado con sus propias manos a quemar ese templo que han preservado hasta aquí, y que por lo tanto merecían comerse esa comida como estaba.

> Eso, sin embargo, esa horrible acción de haberse comido a su propio niño debe ser cubierta con el derrocamiento del país mismo, y los hombres no deben salir de esa ciudad sobre la tierra habitable para ser visto por el sol, donde las madres son alimentadas así,

> aunque esa comida podría ser más adecuada para ser comida por los padres que por las madres, ya que son ellos los que permanecen en un estado de guerra en contra de nosotros, luego de haber tenido que pasar miserias como estas.

Y, al mismo tiempo que dijo esto, él reflexionó en las condiciones desesperantes que estos hombres deben estar soportando; no que él esperara que tales hombres pudieran ser rehabilitados para recuperar sobriedad de la mente, luego de haber soportado esos sufrimientos, para evitarlos, solo fue posible que se hubieran arrepentido. [57]

Tito usa la palabra "arrepentirse" en el pasaje que tiene una implicación para el ministerio de Jesús. "Arrepentirse" es por supuesto una de las palabras claves en su ministerio y César lo usa para hacer paralelos entre este pasaje y los Evangelios, haciéndolos más apretados. Jesús señala repetidamente, "Arrepiéntanse, el reino del señor estás cerca", pero exactamente, ¿de qué pecados quiere que los judíos se arrepientan? Jesús nunca responde a esta pregunta. Sin embargo, cuando el pasaje es leído como una sátira del cristianismo la respuesta es evidente – el pecado del que Jesús quiere que los judíos se arrepientan es el de su rebelión en contra de Roma.

Capítulo 4

Los Demonios de Gadara

La primera vez que me encontré con el pasaje en *Las Guerras de los Judíos* describiendo al hijo de María cuya carne fue comida, y pude reconocer su conexión con el cristianismo, me quedé perplejo. Mientras más estudiaba el pasaje más me convencía de que había sido creado deliberadamente como una sátira de Jesús. Pareciera ser una revelación de un origen distinto del cristianismo del que ha sido transmitida hasta la era moderna. Esto es que el cristianismo ha sido creado con una "calamidad" para los judíos. Comencé a analizar *Las Guerras de los Judíos* para determinar si contenía otros pasajes que pudiera hacer revelaciones satíricas en relación con las diferentes versiones del origen del cristianismo.

Ese fue el momento cuando me quedó claro que había numerosos paralelos entre la línea histórica del ministerio de Jesús y la campaña de Tito a través de Judea, y que entre ellos ocurrió una experiencia similar cerca de la ciudad de Gadara.

Cada uno de los Evangelios Sinópticos nos cuenta una historia de Jesús viniendo a Gadara donde encuentra a un hombre poseído por demonios (en Mateo, Jesús encuentra a dos hombres poseídos por el demonio, un asunto al cual voy a retornar). En versiones de la historia encontrada en Marco y Lucas cuando Jesús pregunta al demonio su nombre y el demonio contesta:

"Mi nombre es legión: porque somos muchos"

Marco 5:9

Encuentro interesante que el demonio escogería para describirse a sí mismo y su corte como miembros del ejército. Recordando que el lugar donde Jesús pidió a sus discípulos que se transformaran en "pescadores de hombres" fue utilizada para crear una conexión paródica con un evento ocurrido en el mismo lugar en *Las Guerras de los Judíos*, me pregunté si el uso de la palabra "legión" por el demonio pudiera estar relacionada satíricamente a un evento de *Las Guerras de los Judíos* que ocurriera cerca de Gadara. El pasaje de Marcos describiendo lo demoníaco de Gadara cuenta el encuentro de Jesús con un hombre poseído por numerosos demonios. Estos demonios dejan al hombre mediante la intervención de Jesús y se meten dentro de un rebaño de cerdos. Una vez que los cerdos son poseídos por los demonios, se lanzan salvajemente dentro del mar y se ahogan. El pasaje no cuenta lo que pasa con los demonios luego de que los cerdos se ahogaran. Nótese que en el Nuevo Testamento "espíritus inmundos" son sinónimos con los endemoniados y los poseídos.

Y vinieron hasta el otro lado del mar dentro del país de Gadarenos.

Y cuando él salió del barco, inmediatamente se encontraron fuera de las tumbas a un hombre con un espíritu inmundo,

Quien tenía su casa entre las tumbas y nadie podía reducirlo, no con cadenas:

Porque él había sido a menudo sostenido con grillos y cadenas y se había quitado las cadenas y los grillos rompiéndolos en pedazos: ninguno de los hombres era capaz de dominarlo,

Y siempre día y noche estaba en las montañas y en las tumbas llorando y cortándose con piedras. Pero cuando él vio a Jesús de lejos corrió para adorarlo,

Y lloró con una alta voz y dijo "¿Qué tengo que hacer contigo Jesús hijo del más alto Dios? Te conjuro por Dios que no me atormentes."

Porque él le había dicho "Sal del hombre espíritu inmundo".

Y él le preguntó "¿Cuál es tu nombre"? El respondió diciendo "Mi nombre es legión: porque somos muchos". Y le rogó tanto que no lo enviará fuera del país.

Ahora se había oscurecido sobre las montañas y había un gran número de cerdos alimentándose allí.

Los endemoniados le suplicaron diciendo "Envíanos donde están los cerdos tal vez podríamos entrar en ellos".

Y Jesús los dejo ir. Y los espíritus inmundos se fueron, para entrar dentro de los cerdos, y la manada corrió violentamente bajando una pradera inclinada que llevaba hasta el mar (eran alrededor de dos mil) y se ahogaron en el mar.

Y que ellos habían alimentado a los cerdos arrancaron, y lo contaron en la ciudad y en el país lo que habían hecho.

Y se fueron a ver lo que había sido hecho.

Y vinieron a Jesús y vieron a quien estaba poseído por el demonio y tenía a la legión sentada y vestida, y con su mente clara: y tuvieron miedo...

Y se fueron y comenzaron a publicar en Decápolis cuantas cosas increíbles Jesús había hecho por él y todos los hombres se maravillaron. [58]

En *Las Guerras de los Judíos* 4.7 hay un corto capítulo que describe la batalla de Gadara. El capítulo comienza con la descripción de cómo "Juan" se hizo líder de la rebelión.

Para este tiempo Juan ya había comenzado a tiranizar...

... Ahora algunos se habían sometido a él debido al temor que le tenían, y otros debido al reconocimiento que le profesaban; porque era un hombre astuto para atraer a los hombres hacia él. No, había muchos que pensaron que estarían más seguros si las causas de las acciones insolentes del pasado debieran ahora reducirse a una sola cabeza, no a muchas.

Por lo tanto, Josefo describe a Juan como un "tirano" dentro de "una cabeza" las "acciones insolentes" de muchos han sido "reducidas". Próximamente Josefo describe a los sicarios, el grupo más militante de la rebelión judía quienes, señala, eran capaces de llevar a cabo "grandes materias" debido a la sedición y tiranía que Juan había creado.

Había una fortaleza de sólida construcción, no lejos de Jerusalén... llamada Masada.

Aquellos que eran llamados sicarios habían tomado posesión de ella formalmente, pero en este momento habían invadido los países vecinos, solo para satisfacer sus necesidades por el miedo de que fueran prevenidos de sus futuros estragos.

Pero una vez que fueron informados que el ejército romano no se movía y que los judíos estaban divididos entre la sedición y la tiranía, audazmente emprendieron grandes asuntos...

... Ahora, como ocurre con el cuerpo humano, si la parte principal está inflamada, todos los miembros están sujetos a la misma molestia;

entonces, por medio de la sedición y el desorden que había en la metrópolis... los hombres malignos que había en el país encontraron la oportunidad para hacer lo mismo. Uno de ellos había saqueado su propio pueblo, ellos luego se retiraron al desierto;

sin embargo, estos hombres que ahora se juntaron y se unieron a la conspiración por partidos, demasiado pequeño para ser un ejército, y demasiado grande para ser una pandilla de ladrones...

Josefo entonces describe el comienzo de la pacificación del campo judío llevada a cabo por Vespasiano. Su primer asalto fue en Gadara, una ciudad defendida por los rebeldes.

Estas cosas fueron dichas a Vespasiano por desertores...

De ese modo él marchó en contra de Gadara, la metrópolis de Perea, que era un lugar seguro. Y entró a esa ciudad el cuarto día del mes de Dystrus [Adar/Aves];

porque la gente de poder les había enviado un embajador, sin el conocimiento de los sediciosos, parar negociar su rendición; quienes lo hicieron por el deseo de tener paz, y para salvar sus posesiones, porque muchos de los habitantes de Gadara eran ricos.

Esta embajada de la cual la parte opuesta no sabía nada, pero descubierta cuando Vespasiano estaba acercándose a la ciudad. En cualquier caso, se desesperaron para mantener el control de la ciudad, pero debido a que eran un número menor que sus enemigos que también estaban dentro de la ciudad, y viendo a los romanos ya muy cerca de ella, resolvieron escapar.

Josefo entonces señala que luego de ser expulsados de Gadara, los rebeldes huyeron a otra ciudad donde reclutaron a un grupo de jóvenes para unirse a ellos. Este grupo combinado, luego, corrió como "las bestias más salvajes" intentando escapar. Eventualmente muchos de ellos fueron forzados a "saltar" al rio Jordán, donde se ahogaron. Tantos murieron en el río que "no pudieron pasar debido a la cantidad de cuerpos muertos que habían dentro".

Pero inmediatamente estos fugitivos vieron a los jinetes que los seguían muy cerca de sus espaldas y, antes de que cerraran la confrontación, se fueron corriendo a cierto pueblo que se llamaba Bethennabris,

donde encontraron una gran multitud de hombres jóvenes, y luego de armarlos, en parte por su propio consentimiento, en parte por la fuerza, de repente, asaltaron Plácido y las tropas que estaban con él.

Estos jinetes al inicio se rindieron un poco, como para atraerlos más lejos de la pared; e hicieron que sus caballos los rodearan y lanzaran sus dardos en contra de ellos cuando los llevaron a un lugar adecuado para su propósito.

Entonces los jinetes cortaron la huida de los fugitivos, mientras que los infantes destruyeron terriblemente a los que lucharon en contra de ellos;

porque esos judíos no hicieron más que mostrar su valentía y luego fueron destruidos porque cuando cayeron sobre los romanos, se unieron y, por así decirlo, amurallados con toda su armadura, no pudieron encontrar ningún lugar donde pudieran entrar los dardos, ni tampoco pudieron romper sus filas,

ni pudieron de ninguna manera posible romper sus filas, mientras ellos eran desbandados por los dardos romanos y, como bestias salvajes, se apresuraron a lanzarse contra las espadas de los otros, entonces algunos de ellos fueron destruidos, cortados por las espadas de sus enemigos en sus caras y otros fueron dispersados por la caballería…

…Y respecto a los que lograron arrancar del pueblo, se fueron a agitar por el resto del país, y exagerando sus propias calamidades, y contándoles que el ejército romano entero había caído sobre ellos, les provocaron gran temor por cada lado; entonces se reunieron en grandes números y partieron a Jericó…

…Pero Plácido… mató todo lo que conquistó tan lejos como el Jordán; y cuando logró mover a toda la multitud cerca del río… puso sus soldados formados enfrente de ellos…

donde se enfrentaron mano a mano, quince mil de ellos fueron asesinados mientras que el número de estos que fueron obligados a saltar al Jordán fue prodigioso.

Había además dos mil doscientos tomados prisioneros. Un enorme botín fue también obtenido, consistiendo en burros, ovejas, camellos y bueyes

… Y el Jordán no pudo ser atravesado por la cantidad de cuerpos que había en el agua… [59]

Al comparar las historias de Gadara narradas en Josefo y en el Nuevo Testamento, he reconocido las similitudes entre ellas. Por ejemplo, lo demoníaco en la historia del Nuevo testamento esté escrita como teniendo una "Legión" de endemoniados dentro de la misma. El rebelde "tirano" Juan, es descrito como teniendo "las pasadas acciones insolentes [de los muchos] reducidas a [su] única cabeza". Por lo tanto, lo demoníaco de Gadara puede ser conectado a la descripción de Josefo hecha sobre Juan.

Más aún Josefo indica que los sicarios solamente llegaron a ser un movimiento amplio en Judea debido al esfuerzo de Juan de establecerse como tirano. Antes de la "perversión" de Juan se involucraban en actividades limitadas –"por ese tiempo azolaban los países vecinos, tratando de procurarse satisfacer sus necesidades por el miedo de que fueran prevenidos de sus futuros estragos." Sin embargo, una vez que Juan dividió al país "entre la sedición y la tiranía emprendieron audazmente asuntos mayores". Estos "asuntos mayores" significaban el reclutamiento y la expansión de su movimiento a través del sector rural de Jerusalén. "No había nadie en Judea que estuviera en condiciones miserables tanto como en su ciudad más importante". Entonces, al igual que los demonios que salieron de un hombre en Gadara, la expansión de los sicarios puede ser explicada que ocurrió como resultado de la debilidad dentro de "una cabeza".

En otro pasaje en *Las Guerras de los Judíos* Josefo repite el concepto de Juan, como los endemoniados de Gadara, llenando "el país entero con diez mil instancias de perversión".

> Entonces, Juan demostró por las acciones que estos sicarios eran más moderados que lo que era él mismo, porque no solamente mató a todos los que le dieron buen consejo para hacer lo correcto, sino que los trataba peor que a todos, como los más amargos enemigos que tuviera entre todos los ciudadanos; no, el llenó su país completamente con instancias de perversión. [60]

También descubrí que, al describir a los sicarios, Josefo señala que su grupo era "demasiado pequeño para ser un ejército y muchos para ser una simple banda de ladrones". Existe una palabra que describe precisamente ese número de guerreros y se llama legión. "Legión" es la misma palabra que los endemoniados del pasaje del Nuevo Testamento citado más arriba usaron para describirse a sí mismos.

En la historia de Josefo sobre Gadara esta Legión entonces:

> corrieron juntos hasta cierto pueblo el que fue llamado Bethennabris, donde encontraron una gran multitud de hombres jóvenes [armados] en parte por su propio consentimiento, en parte por la fuerza…

Entonces, esta legión de sicarios "infectó" un gran número, haciendo un paralelo con la infección de los demonios en los cerdos narrada en el Nuevo Testamento. El grupo infectado es confrontado luego por los romanos y corren como "las más salvajes de las bestias salvajes", lo que paralela a la manada de cerdos en el pasaje del Nuevo Testamento quienes "corren violentamente".

Ambos, el Nuevo Testamento y Josefo, concluyen sus historias de Gadara con un ahogo masivo y con una descripción de un grupo "de alrededor de dos mil". En el Nuevo Testamento, como lo he señalado, el autor no nos dice lo que ocurrió con los demonios que infectaron a los cerdos. En cambio, realiza un recuento del número de cerdos ahogados ("cerca de dos mil"). En el pasaje de Gadara, en *Las Guerras de los Judíos*, Josefo nos cuenta el número de prisioneros tomados cautivos: "había alrededor de dos mil doscientos prisioneros". Josefo además nos informa que "un enorme botín fue tomado, consistiendo en burros, ovejas, y camellos y bueyes". Nótese que no se llevaron ningún cerdo.

Me preguntaba si estas similitudes entre estos dos pasajes fueron el resultado de la casualidad. Muchos conceptos pueden ser vistos como paralelos –"una cabeza" que contiene gran maldad, una "Legión" infectando a otro grupo, el grupo combinado corriendo "salvajemente", el ahogo del grupo infectado, un grupo de un número "cercano a los dos mil", los "cerdos perdidos" y por supuesto la ubicación de Gadara. Sin embargo, si los pasajes fueron creados intencionalmente, ¿cuál fue su propósito?

Al estudiar este pasaje del Nuevo Testamento más profundamente, advertí que dentro de él había numerosas preguntas sin ser respondidas. ¿Por qué los demonios quieren entrar a los cerdos? ¿Qué ocurre con los demonios? ¿Por qué los endemoniados le preguntan a Jesús si él está allí para atormentarlos "antes del tiempo"? ¿Por qué el hombre poseído se cortaba con piedras?

Como he señalado, el pasaje de Josefo que dice "Hijo de María cuya carne es comida" fue una sátira del simbólico cordero Pascual del Nuevo Testamento, intentando determinar si uno de los pasajes referido a Gadara pudiera haber sido una sátira del otro. Pronto me di cuenta de que es posible leer las historias de los evangelios concernientes a los demonios de Gadara como una sátira, de la descripción de Josefo de la batalla de Gadara, y que ambos pasajes en efecto pueden ser interactivos.

La razón que justifica que los endemoniados del Nuevo Testamento puedan ser vistos como una sátira en Josefo, Juan "el tirano" y la batalla de Gadara, es simplemente porque las dos historias siguen la misma línea narrativa. En otras palabras, los personajes pueden ser vistos paralelamente ocurriendo en la misma secuencia. Y todo ocurre cerca de Gadara. La versión satírica del Nuevo Testamento nos cuenta la misma historia que narra Josefo, pero, como es común en la sátira, los personajes cargan diferentes nombres.

En el Nuevo Testamento los personajes son los innombrados demonios, y los cerdos que infectan los demonios. En *Las Guerras de los Judíos*, los personajes son Juan, el líder de los sicarios y el grupo que los sicarios han reclutado. Si el pasaje de Gadara, del Nuevo Testamento, es una sátira de la descripción de la batalla hecha por Josefo, el hombre poseído del Nuevo Testamento, de donde la "legión" brotó, sería una sátira de Juan, el líder rebelde de donde "una cabeza" la perversión ha venido. Siguiendo esta lógica, la legión de demonios que brotó de un individuo en el Nuevo Testamento satirizaría a los sicarios en *Las Guerras de los Judíos*, quienes han sido descritos como "demasiado pequeños para ser un ejército y muchos para ser una simple banda de ladrones". El "cerdo" en el Nuevo Testamento estaría satirizando al grupo que los sicarios "infectaron" en el pasaje de Josefo.

La premisa, referida a que los personajes en las dos historias concernientes a Gadara, deben ser comprendida como los mismos individuos con nombres diferentes, también parece responder a mi pregunta sobre si los dos mil demonios se ahogaron con los cerdos que habían infectado. Los demonios que infectaron a los cerdos en el Nuevo Testamento deben ser una representación satírica de los dos mil doscientos sicarios que se escaparon ahogándose y que fueron capturados vivos en Gadara.

Josefo parece haber completado esta interacción cómica con el Nuevo Testamento señalando que, aunque muchos animales diferentes fueron capturados ninguno fue un cerdo: "un enorme botín fue tomado, consistiendo en burros, ovejas, y camellos y bueyes". ¿Por qué no hubo cerdos capturados? Porque en la historia de Gadara del Nuevo Testamento los cerdos se ahogaron, y por lo tanto no pudieron ser capturados en el pasaje paralelo de *Las Guerras de los Judíos*.

Aunque la estructura de esta sátira es más compleja que las otras mostradas, el humor negro sigue siendo muy directo. Sencillamente denigran a los sicarios como demonios y espíritus inmundos y la gente que reclutan como cerdos. Sin duda esta fue la manera cómo la familia Flavia sentía por los rebeldes.

Muchas de las profecías de Jesús han sido interpretadas, por mucho tiempo, como predicciones de los eventos de la guerra entre romanos y judíos. Es, por lo tanto, extraño que la relación entre estos dos pasajes no haya sido descubierta anteriormente: la historia de Gadara de los Evangelios presentada como una "profecía" de un evento de la guerra anotado por Josefo como si "hubiera acontecido". Este descuido es particularmente extraño a la luz del hecho de que las historias de los Evangelios de Gadara son incoherentes. Dentro del contexto del Nuevo Testamento, no existe un principio teológico o moral que pueda ser recogido de la historia de una legión de demonios que penetra a una manada de cerdos que luego corren salvajemente dentro del río para ahogarse. Sin embargo, cuando se mira como una sátira de la descripción de Josefo de la batalla de Gadara, el pasaje del Nuevo Testamento tiene perfecto sentido.

Otro aspecto aparentemente incoherente del encuentro de Jesús con lo demoníaco, que esta interpretación deja en claro, ocurre en la versión encontrada en Mateo. Donde, luego de haber visto a Jesús, los hombres poseídos por los demonios gritan: "¿Qué tenemos que ver contigo, Jesús, tú, hijo de Dios? ¿Has venido a atormentarnos antes del tiempo? La pregunta que los demonios están haciendo no puede ser contestada dentro del contexto literal del pasaje. ¿A qué "tiempo" se están refiriendo? Sin embargo, esta pregunta se puede responder con la interpretación que ofrezco. Si los endemoniados son sátiras de los líderes de la rebelión judía, el tiempo de su tormento es claro. Ellos están profetizando el tormento experimentado por Juan y Simón al final de la guerra contra los romanos.

Aún más, si el pasaje del Nuevo Testamento es una sátira de la batalla de Gadara, entiéndase que es una sátira específica del pasaje de Josefo y no de alguna tradición conectada con la batalla que Josefo habrá tal vez compartido con los autores del Nuevo Testamento. Por ejemplo, el demonio refiriéndose asimismo como "Legión" solo tiene sentido satírico como un ingenioso paralelo con la particular descripción de Josefo de la banda rebelde, diciendo: "demasiado pequeños para ser un ejército, demasiado grandes para ser una pandilla de ladrones". Este es un punto importante porque indica que un conjunto de secciones del Nuevo Testamento y *Las Guerras de los Judíos* fueron diseñadas para ser leídas interactiva o intertextualmente.

La descripción de Josefo del modo cómo Juan ha esparcido su "infección" es similar a la descripción de Jesús de los espíritus inmundos quienes dejaron a un hombre e infectaron a muchos más.

> Ahora, como ocurre con el cuerpo humano, si la parte principal está inflamada, todos los miembros están sujetos a la misma molestia

Este parecido es especialmente claro cuando uno considera la idea que, en el siglo primero en Judea, los "demonios" eran considerados como responsables de causar fiebre y otras enfermedades. Los Manuscritos del Mar Muerto en efecto describen al "demonio de la fiebre". [63]. Cuando Josefo dice "infección" como una analogía para la actividad de los sicarios, está en la práctica vinculándolos a los demonios.

Por lo tanto, decidí revisar el Nuevo Testamento y *Las Guerras de los Judíos* para encontrar ejemplos que apoyaran la premisa de que el Nuevo Testamento satiriza a los sicarios como endemoniados. Durante este análisis se hizo claro que Jesús y Josefo cada uno se refería a la misma "generación pervertida", la generación que crucificó a Cristo y que luego se reveló en contra de Roma debido a haber sido infectada por "demonios".

En el siguiente pasaje, por ejemplo, Jesús específicamente predice que "espíritus sucios" o demoníacos van a poseer a esta "generación pervertida". Hay que hacer notar que Jesús enfatiza que un espíritu sucio puede infectar a muchos, lo cual paralela la descripción de Josefo de la maldad pasando de "una cabeza" a muchas. Jesús además señala que los espíritus sucios pasan a través de "lugares sin agua", lo que puede ser visto como una forma satírica de decir que los demonios no pueden pasar por el agua, relacionando el pasaje que me confundía en relación con la suerte de los dos mil demonios. La idea que los demonios son incapaces de pasar a través del agua es representada través de ambos el Nuevo Testamento y los escritos de Josefo.

> "Cuando el espíritu sucio ha salido del hombre, pasa a través de lugares secos buscando descanso, pero no encuentra ninguno.
>
> "Entonces él dice, 'Voy a retornar a mi hogar de donde vine'. Y cuando él llega la encuentra vacía, barrida y en orden.
>
> "Luego se va y retorna con siete otros espíritus más demoníacos, y entran y se quedan allí; y el último estado de ese hombre se hace peor que el primero. Entonces deberá también estar con esta generación demoníaca." [64]

La vinculación de Jesús conectando la "generación pervertida" con los hombres poseídos por el demonio e infectando otros, refleja mi interpretación del pasaje de Gadara del Nuevo Testamento, donde concluí que los sicarios eran demonios que infectaban a otros con su "maldad". Cuando Jesús se refiere a la generación pervertida parece que se hubiera estado refiriendo a los sicarios que se revelaban en contra de Roma. Esta proposición es especialmente clara a la luz del hecho de que para los judíos de esta época una generación duraba cuarenta años, el cual fue exactamente el tiempo pasado entre la resurrección de Jesús y la destrucción final de los sicarios en Masada.

La concepción de que una "generación" perdura por cuarenta años proviene del Pentateuco

> Y la rabia del señor fue encendida en contra de Israel, y los hizo divagar en el desierto durante cuarenta años hasta que toda la generación que había cometido maldad ante los ojos del señor fue consumida. [65]
>
> En la actualidad muchos cristianos tienen una posición diferente sobre las profecías apocalípticas de Jesús, creyendo que ellas no se refieren a la generación de judíos que vivieron durante este tiempo. En cambio, piensan, que Jesús estaba

hablando acerca de un tiempo no específico, todavía en el futuro. Me da la impresión de que esta comprensión "futurista" está equivocada y tiene el efecto de ofuscar las palabras de Jesús haciendo difícil de comprender el significado que transmitían en el siglo I. Ninguna comprensión real del Nuevo Testamento es viable sin entender lo que Jesús quería decir al usar la palabra "generación".

La palabra griega del Nuevo Testamento que ha sido traducida como "generación" es *genea*. A principio del siglo XX algunos académicos cristianos comenzaron a proponer que Jesús usó esta palabra para indicar "no la generación de judíos vivos durante su vida, sino más bien la completa 'raza' de judíos", la que no pasaría "sin que todas estas cosas hubiesen primero tenido lugar".

Es fácil de comprender el deseo para tal definición. Si Jesús se está refiriendo a esos judíos vivos durante su propia vida, entonces su "Segunda venida" debió ocurrir alrededor del año 70 E.C. Ese tipo de comprensión pone a la cristiandad en una situación complicada. Esto es porque si la "Segunda venida" ocurrió durante la guerra entre los romanos y los judíos, ¿por qué fue Tito y no Jesús quien demolió el templo y destruyó a la "generación pervertida"?

El teólogo cristiano Cyrus Ingerson Scofield reconoció este dilema, y en la referencia de su biblia cambió la definición de la palabra *genea* por la de *genos*, un significado completamente diferente de la palabra que significa "raza". Sin embargo, académicos mostraron que la palabra *genea* en el Nuevo Testamento solamente puede referirse a los judíos del tiempo de Jesús y no a la completa raza judía, con lo cual la posición de Scofield quedaba desacreditada. [66]

La comprensión de que Jesús se estaba refiriendo específicamente a la generación de judíos vivos en el tiempo fue por cierto la comprensión mantenida durante la Edad Media. Por ejemplo, las siguientes notas fueron encontradas escritas junto a Mateo 24:34 con fecha 1599:

Esta edad: la palabra generación o edad está siendo usada aquí para referirse a los hombres de su tiempo. [67]

Vamos por terreno firme para comprender que Jesús se estaba refiriendo solamente a la generación de judíos que estaban vivos en los 40 años, entre su ministerio y la destrucción de Jerusalén. Sin embargo, si esto es correcto, entonces Jesús y Josefo se estaban refiriendo al mismo grupo como la "generación perversa". Nótese en el siguiente pasaje cuán parecida fue la compresión de Jesús y de Josefo en relación con los "demonios" y la "generación perversa" y con los sicarios.

De Josefo:

> … si los romanos se hubieran demorado más en venir en contra de estos villanos, la ciudad habría sido o devorada por un hoyo en el suelo en o habría sido inundada por el agua, o tal vez habría sido destruida por tremendos truenos como el país de Sodoma fue destruida, porque trajo a una cuarta generación de hombres mucho más atea que la que había sufrido de esta manera. [68]

> …Y verdaderamente así ocurrió, que, aunque los asesinos habían partido esta tarde, todavía el fuego prevaleció en la noche; Y mientras todos estaba quemando, llegó el octavo día del mes de Gorpieus [Elul] (Agosto-Septiembre) sobre Jerusalén,

> una ciudad que ha sido responsable de tantas miserias durante este sitio, que, que había disfrutado tanta felicidad desde su primera fundación, ciertamente habría sido la envidia del mundo. Ni tampoco por cualquier otra razón merecía estas tristes desgracias, que por producir tal generación de hombres porque fueron la razón de esta destitución. [69]

Del Nuevo Testamento:

> ¡Generación mala y adúltera! demanda una señal; Replicó "Claman por un signo, pero ninguno se les dará dado, excepto el signo del profeta Jonás"

Mateo 12:39

Entonces va, y trae otros siete espíritus mas corruptos que él, y entran para habitar allí; y al final la condición de ese hombre se empeora respecto al principio. Así entonces también ocurrirá con esta generación malvada.

Mateo 12:45

¡Oh generación incrédula y perversa! Respondió Jesús ¿Hasta cuándo estaré con vosotros? ¿Hasta cuándo os he de soportar?

Mateo 17:17

De cierto os digo que todo esto vendrá sobre esta generación.

Mateo 23:36

De cierto os digo, que no pasará esta generación hasta que todo esto acontezca.

Mateo 24:34

De alguna manera, la conexión triple entre "la generación perversa", los "demonios" de Jesús y los "sicarios" de Josefo, no han atraído mucha atención a los académicos. Por ejemplo, el académico hebreo Joseph Klausner pierde la conexión completamente. Escribe:

En ese tiempo incluso la gente educada y quienes habían sido sumergidos en la cultura griega, tales como Josefo, [piensan que] tales casos nerviosos y casos de locura, como casos de "posesión" por algún demonio o un sucio espíritu demoníaco, creían en curas y que ciertos hombres podían realizar milagros. [70]

En efecto, Josefo no creía que los endemoniados fueran "casos nerviosos", y dio una definición precisa de lo que eran. Él señala que los endemoniados eran los espíritus de la perversión.

> Los demonios… no son otra cosa que los espíritus de los perversos. [71]

Esta definición indica que Josefo vio a los sicarios como "demonios", debido a que consistentemente describe a los rebeldes como "perversos". Josefo además conecta a los sicarios con "demonios" de otra manera. Él describe a los sicarios como moviéndose con "furia demoniaca" [72] cuando se fueron a matar a su familia al final del cerco de Masada. Como Jesús, Josefo deja en claro quiénes son los "perversos". Ellos son la generación de judíos que se revelaron en contra de Roma.

> Que ninguna otra ciudad había sufrido tales miserias, ni ninguna edad había producido una generación más fértil en perversión que esta, desde el comienzo del mundo. [73]

Entonces Josefo y Jesús comparten una angosta comprensión expresada con el mismo vocabulario que la generación de judíos que vivieron entre el 33 E.C. y el 73 E.C. Eran "perversos" porque habían sido infectados con un espíritu demoníaco. La comprensión común es sospechosa. Jesús pudo solamente ver la "perversión" de esta generación mirando el futuro, y entonces no sólo él mantiene la misma opinión de la generación como Josefo, sino que usa las mismas palabras para describirla.

Retornando a la versión de la historia de los demonios de Gadara encontrada en Mateo, donde Jesús encuentra a dos endemoniados, en *Las Guerras de los Judíos* supimos que había dos "tiranos" o líderes de la rebelión judía. Uno era Juan, descrito anteriormente, y el otro Simón. Ya que mi análisis sugiere que el Nuevo Testamento está satirizando a Juan en la versión donde describe a un demonio singular en Gadara, parece lógico preguntarse si la versión donde se describe a dos endemoniados esta satirizando a ambos líderes de la rebelión judía: Juan y Simón.

Experimentando con esta premisa me di cuenta de que la conclusión del cerco en Jerusalén descrito en *Las Guerras de los Judíos* indica que Simón y Juan se refugiaron en las cavernas subterráneas debajo de Jerusalén. Eventualmente son forzados por el hambre a salir de las "tumbas" y rendirse a los romanos. Este evento me hizo pensar en un paralelo de las descripciones de posesión demoniaca de los hombres "saliendo de las tumbas" en el Nuevo Testamento.

El pasaje en *Las Guerras de los Judíos*, al describir estas cavernas, confirma que son en realidad "tumbas".

> … los romanos mataron a algunos, y algunos fueron llevados como cautivos, y otros hicieron una búsqueda por los subterráneos, y cuando encontraron donde estaban rompieron el suelo y mataron a todos los que encontraron.
>
> También encontraron asesinados cerca de dos mil personas, en parte por sus propias manos y por los otros, pero fundamentalmente destruidos por el hambre;
>
> pero entonces el sabor enfermo de los cuerpos muertos fue más repugnante que aquellos que los iluminaban, tanto así que algunos fueron obligados a salir inmediatamente... [74]

Como he mencionado, el hombre poseído por el demonio en Gadara es descrito como "cortándose con piedras" [75]. Cortándose con "piedras" es por supuesto poco común – una piedra no es una herramienta que se use comúnmente para cortar. Entonces, ¿qué pretendía el autor de este pasaje decir realmente? Me di cuenta de que, si los demonios de Gadara han sido construidos para satirizar a los líderes rebeldes, entonces habría una respuesta satírica a esta pregunta.

La frase en el Nuevo testamento donde los demonios están "en las tumbas… cortándose con piedras" comparte una oscura relación humorística con el pasaje en *Las Guerras de los Judíos* que describe las "tumbas" donde Juan y Simón se han ocultado. La desdeñosa burla proviene de una pregunta no respondida en Mateo 5:5 – la pregunta es: ¿Cómo se llama a alguien que se corta con piedras? En el pasaje en *Las Guerras de los Judíos* relacionado con el líder rebelde escondiéndose en las "tumbas", uno puede ver una respuesta irónica. Alguien que se corta con piedras recibe un "corte de piedra" y puede ser llamado por lo tanto un "cortador de piedra" o cantero.

> Este Simón, durante el sitio de Jerusalén, estaba en la parte alta de la ciudad, pero cuando el ejército romano entró dentro de los muros de la ciudad para esconderse en el basural, Simón entonces se llevó al más confiable de sus amigos y entre ellos

algunos que eran canteros con herramientas de hierro que pertenecen a su ocupación. [76]

La versión del encuentro de Gadara en Mateo no describe la suerte de ninguno de los dos hombres poseídos por los demonios. Sin embargo, si los demonios fueron parodias de los líderes de la rebelión judía, entonces la versión de Marcos, que describe solo a un hombre poseído, debe estar contando el destino de Juan.

Llegué a esta conclusión porque el pasaje finaliza con la enunciación "Él estaba poseído por el demonio, y tenía a la legión sosegada y vestida y en su sano juicio... Comenzó a publicar en Decápolis cuantas cosas grandes Jesús había hecho por él. [77]

Si el Nuevo Testamento estaba satirizando Simón y a Juan, los líderes de la rebelión judía, entonces quien fue restituido a su "sano juicio", y quien se fue a Decápolis, solo podría haber sido Juan. La razón de esto es que cuando Josefo lo describe, luego de ser capturado, a Juan se le dio cadena perpetua, mientras que a Simón se le llevó a Roma y fue ejecutado. Siguiendo esta lógica sólo pudo haber sido Juan, entonces, quien "comenzó a publicar en Decápolis".

Entonces mis reflexiones se hicieron la pregunta de si Juan el zelote, líder de la rebelión judía, socorrió a los romanos en la creación de la literatura cristiana mientras él estaba preso en Decápolis. Y luego me pregunté precisamente ¿Qué literatura, este individuo, pudo haber ayudado a crear para los romanos? La única literatura cristiana conocida en esta época era el Nuevo Testamento. Existió, por supuesto, alguien llamado "Juan" que escribió un evangelio.

Considerando esta premisa, que el apóstol Juan fue una burla de Juan quién era el líder de la rebelión, fue basada hasta este punto de mi análisis, tanto en la imaginación como en evidencia; es consistente con el estilo de humor negro que yo pensé que estaban utilizando dentro de los pasajes analizados previamente. Por supuesto que si el Juan apóstol es una burla del rebelde Juan, entonces se deduce que el apóstol Simón es también una burla de otro líder rebelde, Simón.

Mi análisis de los pasajes del Nuevo Testamento en Gadara sugieren que los sicarios fueron satirizados como endemoniados en el Nuevo Testamento. Primero intenté determinar de si había otros pasajes en el Nuevo Testamento relacionados con demonios que pudieran apoyar la proposición en relación con la conexión entre los líderes mesiánicos de Josefo, Juan y Simón y los dos apóstoles. Durante esta búsqueda me di cuenta del siguiente pasaje del Evangelio de Juan, el cual señala que el apóstol Judas fue "el hijo de Simón el Iscariote".

> Jesús les respondió: ¿No os he escogido yo a vosotros los doce, y uno de vosotros es diablo? Se refería a Judas Iscariote, hijo de Simón; porque éste era el que le iba a entregar, siendo uno de los doce.
>
> Juan 6:70-71

Los analistas han comentado sobre la posibilidad que "Iscariote", el apellido de Judas, esté de alguna manera relacionado con los sicarios, que es el vocablo que Josefo utiliza para describir a los rebeldes mesiánicos. Como Robert Eisenman señala, la única diferencia entre las dos letras griegas es el intercambio de iota, o "I" con sigma (Σ, σ) o "s". Yo estoy de acuerdo, y voy a mostrar a continuación, que es sencillamente uno de los muchos juegos de palabras que el (los) autor (es), tanto en Josefo con el Nuevo Testamento, utilizan para confrontar al lector para descubrir los dos trabajos que describen a los mismos personajes.

He determinado que el siguiente pasaje del evangelio de Mateo *podría* ser leído como una sátira de Juan, el líder de la rebelión, tanto como sobre la "generación perversa". Notemos cómo Juan ha sido acusado de tener un demonio, porque no está comiendo ni bebiendo, lo que ciertamente puede ser relacionado a la situación del rebelde de Juan en las cavernas subterráneas.

Juan es mostrado como el opuesto especular del "Hijo del Hombre", quien está comiendo y bebiendo y es el amigo de los "recolectores de impuestos", alguien propenso a "levantar a los pueblos" "porque no se han arrepentido" –esta descripción de Jesús tiene un claro paralelo con las actividades de Tito en Judea. Por lo tanto, si este pasaje tiene el significado satírico que sospecho, entonces, el individuo descrito como Juan dentro del pasaje debe ser comprendido como Juan, el líder de la rebelión, y la profecía de Jesús está en realidad imaginando la campaña de Tito a través de Judea.

> Mas ¿a qué compararé esta generación? Es semejante a los muchachos que se sientan en las plazas, y dan voces a sus compañeros,
>
> os tocamos la flauta, y no bailasteis; os entonamos canción de duelo, y no os lamentasteis.
>
> Porque vino Juan, que ni comía ni bebía, y dicen: Tiene un demonio.
>
> Vino el Hijo del Hombre, que come y bebe, y dicen: Mirad un hombre comilón, y bebedor de vino, amigo de publicanos y de pecadores. Pero la sabiduría queda justificada por sus hijos.
>
> Entonces comenzó a reconvenir a las ciudades en las cuales había hecho el mayor número de sus milagros, porque no se habían arrepentido.
>
> Mateo 11:16-20

Mi análisis de la historia de los demonios de Gadara del Nuevo Testamento sugiere que las "cavernas subterráneas" donde huyeron los rebeldes judíos, al final del cerco de Jerusalén, fueron satirizadas como "tumbas" dentro del contexto del Nuevo testamento. El siguiente pasaje del Evangelio de Juan me parece que está apelando a este tema. Sin embargo, nótese que, si esta interpretación es correcta, entonces en este pasaje Jesús está en realidad comparándose con Tito, ya que Tito es el individuo enviado por "Dios", esto es, su padre Vespasiano, para entregar su "vida" -o "sentencia"– para los judíos escondidos en las "tumbas", es decir, las cavernas bajo Jerusalén.

Esta interpretación indica un origen diferente del concepto cristiano de "resurrección" que se ha mantenido tradicionalmente. No está basado en la creencia Farisea de que Dios va a retornar a la vida desde la muerte, sino que es una sátira de "levantarse" de entre los muertos de Tito al final el cerco. En otras palabras, el concepto en los evangelios de la "resurrección" se refiere a esos judíos encontrados "enterrados" dentro de las "tumbas" debajo de Jerusalén al final del cerco. Si esto es correcto, es otro ejemplo de un evento referido a Jesús aparentemente hablando simbólicamente, pero mientras la historia de Josefo muestra literalmente estas palabras.

> Porque como el Padre tiene vida en sí mismo, así también le ha dado al Hijo el tener vida en sí mismo;
>
> y también le dio autoridad de ejecutar juicio, por cuanto es el Hijo del Hombre.
>
> No os asombréis de esto; porque va a llegar la hora en que todos los que están en los sepulcros oirán su voz;
>
> y los que hicieron lo bueno, saldrán a resurrección de vida; mas los que hicieron lo malo, a resurrección de condenación.
>
> No puedo yo hacer nada por mí mismo; según oigo, así juzgo; y mi juicio es justo, porque no busco mi voluntad, sino la voluntad del que me envió, la del Padre.
>
> Juan 5:26-30

Mientras estas interpretaciones de los pasajes anteriores son lógicas, ni en, ni por sí mismas, proveen apoyo directo para sostener que los apóstoles Juan y Simón fueron sátiras de los líderes de la rebelión judía. Análisis más profundos del Nuevo Testamento producen más ejemplos de este tipo, pero nada proveyendo la claridad que yo sospechaba. Finalmente, me di cuenta de que había un pasaje que me había aguardado todo este tiempo. Hay un pasaje dentro del Nuevo Testamento que provee apoyo extraordinario para apoyar la premisa según la cual los apóstoles Simón y Juan fueron sátiras de los líderes rebeldes Simón y Juan.

El evangelio de Juan concluye con la discusión entre Simón (Pedro) y Jesús. Jesús predice que Simón va a ser atrapado y llevado "donde tú no querrás ir". Jesús además le dice Simón que va a tener una muerte de mártir, "para glorificar a Dios" en la mitad de esta discusión, "el discípulo

99

que amaba Jesús", claramente refiriéndose al apóstol Juan aparece. Simón pregunta a Jesús cuál será la suerte de Juan. Jesús réplica, "Es mi deseo que él permanezca". Luego el pasaje señala que Juan "Es el discípulo que va a atestiguar estas cosas, y quien ha escrito estas cosas" refiriéndose a los evangelios del propio Juan.

Abajo está el pasaje completo. Nótese como el autor hace grandes esfuerzos por llamar a los apóstoles por su nombre verdadero, Simón y Juan.

"De cierto, de cierto les digo: cuando eras más joven, te ceñías a ti mismo, e ibas donde querías; más cuando viejo, extenderás tus manos, y te ceñirá otro, y te llevará a donde no quieras ir.

(Esto dijo, dando a entender con qué muerte iba a glorificar a Dios.) Y dicho esto añadió: Sígueme.

Volviéndose Pedro, que les seguía el discípulo a quien amaba Jesús, el mismo que en la cena se había recostado en su pecho, y le había dicho: Señor ¿quién es el que te va a entregar? Cuando Pedro le vio, dijo a Jesús: Señor y este ¿qué?

Jesús le dijo: Si quiero que él quede hasta que yo venga ¿Qué te va a ti? Tu sígueme.

Éste dicho se extendió entonces entre los hermanos, que este discípulo no morirá. Pero Jesús no le dijo que no moriría, sino: "¿Si es mi voluntad que él se quede hasta que yo venga, qué te importa a ti?"

Este es el discípulo que da testimonio de estas cosas, y quien las escribió; y sabemos que su testimonio es verdadero.

Juan 21:18-24

Este pasaje, el cual es la conclusión del ministerio de Jesús, es exactamente paralelo a la sentencia de Tito en relación con los líderes rebeldes Simón y Juan al final de la campaña a través de Judea. Entonces, en la conclusión de los evangelios de arriba, Jesús le dice Simón "cuando seas viejo, extenderás tus manos, y te ceñirá otro y te llevará a donde tú no quisieras ir". Jesús le dice a Simón "que lo siga" y que su muerte va a "glorificar a Dios". Sin embargo, Jesús también señala que es su voluntad que "permanezca" Juan.

En la *conclusión* de la campaña a través de Judea, Tito, después de capturar a "Simón", lo en grilla y lo envía "donde tú no quisieras ir", siendo esto Roma. Durante la *Parada de Conquista* en Roma, Simón sigue, y es "liderado" a su "muerte para glorificar a Dios", el Dios "glorificado" es el padre de Tito, el *diuus* Vespasiano. Sin embargo, la voluntad de Tito es perdonarle la vida a Juan, el otro líder de la rebelión.

Nótese que, en el siguiente pasaje, Josefo describe el destino de Simón antes que el de Juan, tal como ocurre en Juan 21. Este es un detalle aparentemente inocuo, pero uno que voy a demostrar tiene gran significado.

> Simón… fue forzado a rendirse, cómo vamos a relatar de aquí en adelante; entonces él fue reservado para el triunfo, para luego ser asesinado; tanto como Juan fue condenado a prisión perpetua. [78]

Josefo también anota que la visión de Jesús sobre el "seguimiento" de Simón también se cumple para el líder rebelde Simón.

> Simón ... había sido guiado en este triunfo entre los cautivos; también se le había puesto una cuerda en la cabeza y llevado a un lugar adecuado en el Foro. [79]

En el pasaje del Evangelio de Juan citado arriba, nótese que el autor no llama al apóstol Juan por su nombre, sino que en su lugar lo llama "el discípulo a quien Jesús amaba" y como el individuo que dijo en la Última Cena: "¿Señor, quién va a hacer el que te traicione?" Más adelante, en el mismo capítulo, el autor califica a este discípulo con incluso otro epíteto cuando dice: "Éste es el discípulo que testifica sobre estas cosas, escribe sobre estas cosas" – incluso aquí no se refiere a Juan por su nombre, sino le pide al lector que lo determine, conociendo al autor del Evangelio. Al utilizar, el autor, utiliza epítetos aquí en vez de simplemente referirse al discípulo "Juan", pareciera ser un claro intento para mantener elusivo el paralelismo de los ministerios de Jesús y Tito y no ser detectados tan fácilmente [80]. Incluso el autor, hace que Jesús llame a Simón por su seudónimo "Pedro".

La misma técnica es utilizada en todo el Nuevo Testamento y *Las Guerras de los Judíos.* Para conocer el nombre de un personaje desconocido, el lector debe ser capaz de recordar detalles de otro pasaje relacionado. En efecto, el nuevo testamento está diseñado como un tipo de test de inteligencia, cuyo verdadero significado puede ser comprendido solo por aquellos que tienen memoria y lógica suficiente, además de un humor irreverente.

Para clarificar, presento la siguiente lista mostrando los paralelos entre el final del ministerio de Jesús y de la campaña de Tito:

- Los personajes se llaman Simón y Juan.

- Ambos grupos de personajes son juzgados.

- Ambos lados del paralelo ocurre al final de "una campaña".

- Jesús predice, y Tito lo cumple, llevando a Simón a una muerte de mártir luego de haber sido engrillado y llevado a un lugar donde no quiere ir.

- En ambos Juan es perdonado.

- En ambos, Simón "sigue".

Además, ambos eventos continúan el tema de la profecía hecha en un texto y cumplida en otro. En otras palabras, lo que predice Jesús, Josefo lo describe como "ocurrido".

Este grupo de paralelos parece ser muy complejo para haber ocurrido por coincidencia y apoya directamente mi premisa de que los apóstoles Simón y Juan fueron representaciones satíricas de los líderes de la rebelión judía, tanto como mi sospecha de que "Hijo del Hombre", cuya llegada es predicha por el Nuevo Testamento, y quien va a traer destrucción a Jerusalén, es Tito.

Si este fuera el caso, sin embargo, una cosa parece extraña para mí. ¿Por qué Josefo no le escribió un paralelo sobre el elemento más importante sobre el ministerio de Jesús – su crucifixión? Parece no haber paralelo al evento en *Las Guerras de los Judíos.* Armado con el conocimiento que las campañas de Jesús y de Tito ocurrieron en la misma secuencia, sin embargo, comencé a analizar otros trabajos de Josefo para saber si en alguno de ellos hubiera un paralelo de la crucifixión.

Descubrí el paralelo de la crucifixión en la biografía de Josefo –*La vida de Flavio Josefo*. El autor de los trabajos de Josefo comprendió que si el paralelo de la crucifixión ha sido colocado al lado de la historia del cordero humano de Pascua, la combinación habría hecho a su relación con los Evangelios demasiado transparente. Él, por lo tanto, la ubicó en otra sección de su trabajo. Para establecer su lugar en la secuencia general de su trabajo, el autor provee los detalles necesarios para ubicar elemento entre el "cordero humano de Pascua" y la condena de "Simón" y el perdón de "Juan". Aquí abajo está el increíble paralelo.

> Además, cuando la ciudad de Jerusalén fue tomada por la fuerza… fui enviado por Tito César… a cierta villa llamada Tekoa, para saber si era un lugar adecuado para acampar; cuando retornaba, vi numerosos cautivos crucificados, y recordé a tres de ellos como antiguos conocidos. Estuve muy triste por esto y me fui con lágrimas en los ojos a hablar con Tito y le conté sobre ellos; entonces, él inmediatamente comandó que los bajaran y que los cuidaran bien para que se recuperarán, sin embargo, dos de ellos murieron en las manos del médico, pero el tercero se salvó.
>
> Vida de Flavio Josefo, 75, 417, 420-421

Habrá una explicación más completa de la relación entre este pasaje y la historia de la crucifixión en los Evangelios a continuación. Pero hasta este punto es suficiente reconocer que no solamente el pasaje de Josefo refleja a los Evangelios mediante la representación de tres hombres crucificados y que uno sobrevive "milagrosamente", sin perder de vista que el nombre del "buen consejero" que ruega al comandante romano que baje al sobreviviente de la cruz, es Josefo. En efecto, el nombre en los evangelios "buen consejero" – José de "Arimatea"- es obviamente un juego de palabras de Tito "buen consejero", nombre real de Josefo -Joseph bar Matías.

Al estudiar estos paralelos advertí que había una implicación mayor respecto a lo que había descubierto. El lector recordará del paralelo al comienzo de los "ministerios" de Jesús y Tito, esto es, cuando ambos fueron "seguidos" por "pescadores". Las conclusiones de que Tito y Jesús permanecen en Judea son solamente paralelos conceptuales. Cuando miré los paralelos entre los lugares relativos de Gadara y del "hijo de María cuya carne fue comida", encontré que también ellos se habían dado en la misma secuencia.

Entonces, las sátiras entre el Nuevo Testamento y *Las Guerras de los Judíos* no fue una secuencia distraída, como yo había asumido al principio, sino que fueron posicionadas en la misma secuencia en que los eventos fueron satirizados. En otras palabras, el completo bosquejo del ministerio de Jesús, como ha sido descrito en el Nuevo Testamento, fue diseñado como una profecía tipológica de la campaña de Tito a través de Judea.

Para clarificar, presento la siguiente tabla con los cinco paralelos conceptuales en la secuencia que ha sido mostrada hasta aquí.

MINISTERIO DE JESÚS	CAMPAÑA DE TITO
Jesús comienza su ministerio en Genesaret y dice "Síganme" y háganse "pescadores de hombres".	Tito comienza su campaña en Genesaret donde sus soldados lo "siguen" y "pescan hombres".
En Gadara, encuentran una legión de demonios dentro de un hombre que infecta a un grupo que corre violentamente.	Describe "una cabeza" que su "perversión" desata una legión de "demonios" que infectan a otro grupo que corre desatadamente.
Los "Cerdos" corren locamente y dos mil se ahogan.	En Gadara, una "prodigiosa" caída y dos mil "endemoniados" son tomados prisioneros.
En Jerusalén, "El hijo de María" ofrece que su carne sea comida.	En Jerusalén, describe a un hijo de María cuya carne es comida.
Jesús predice la muerte como mártir de Simón en Roma, pero salva la vida de Juan en el final de su ministerio.	Tito envía a Simón a una muerte de mártir en Roma, pero le perdona la vida a Juan al final de la campaña.

Las historias de los Evangelios concernientes a "pescar hombres", una "legión" de demonios saliendo un hombre para infectar a muchos, el cordero humano de la Pascua, tres crucificados y uno sobreviviente, y una conclusión donde Simón está condenado y Juan es perdonado, puede ser vista como utilizando muy pocos libros de literatura. Es por lo tanto bastante improbable que el Nuevo Testamento describa por casualidad tantos episodios que puedan ser vistos como una sátira de los eventos de un solo libro.

Mientras es posible argüir que cada episodio del Nuevo Testamento ya aparece satirizando un evento en Guerras de los judíos, lo hace accidentalmente, si este fuera el caso, estos accidentes ocurrirían en una secuencia arbitraria en lugares arbitrarios. No es necesario que Jesús utilice la expresión "pescadores de hombres" mientras estaba parado en la playa de Genesaret, tanto como no era necesario que se encontrara con los demonios en Gadara. Ni era necesario para el ofrecer su carne en Jerusalén, o condenar a Simón, y salvar a Juan al final de su ministerio. El hecho de que estos cinco eventos ocurran en el Nuevo Testamento en la misma secuencia que sus eventos paralelos en *Las Guerras de los Judíos*, apoya poderosamente la idea de que uno de los libros fue creado con el otro en mente.

Por lo tanto, la secuencia paralela, los conceptos y ubicaciones, tornan transparente el propósito de los autores. De la misma manera que muestran al primer salvador de Israel, Moisés, de haber sido el "tipo" de Jesús, el segundo salvador de Israel, a través de sus experiencias infantiles, "prueba" además que Tito es el último y más grande "salvador" porque el ministerio de Jesús es el "tipo" funcional para la campaña de Tito dentro de Judea.

Finalmente, la secuencia paralela de los "ministerios" de Jesús y de Tito deben ser consideradas dentro del contexto de las superposiciones históricas. Como he señalado más arriba, Jesús predice que el "Hijo de Dios" va a venir a Judea antes de que la generación que lo crucificó haya desaparecido, luego de cercar a Jerusalén con una muralla y destruir el templo. Tito es el único individuo en la historia que puede ser visto como habiendo cumplido estas profecías.

Tales *combinaciones* de singularidades históricas no pudieron haber ocurrido por mera coincidencia. Esto es autoevidente y la única explicación posible por la similitud de las historias es que estas partes del ministerio de

Jesús fueron creadas deliberadamente para hacer un paralelo con la campaña de Tito a través de Judea. Voy a demostrar esto más allá de cualquier duda en el próximo capítulo.

La historia ha demostrado, por supuesto, que los paralelos entre los dos "Hijos de Dios" no son fáciles de ver. Dentro de la corte Flavia, sin embargo, donde los "cultos extranjeros de Roma" estaban cuidadosamente escudriñados y la explotación del conocimiento de Tito era común, aquellos responsables por controlar las religiones del Imperio habrían reconocido los paralelos satíricos entre Jesús y Tito. Los habrían percibido como altamente humorísticos.

El propósito de estos paralelos, además, no fue meramente para crear una sátira entretenida entre los patricios. Voy a demostrar en el próximo capítulo que los autores del Nuevo Testamento usan paralelismos para crear una historia completamente diferente de la que se ve en la superficie – una historia que revela la identidad escondida de "Jesús", quien interactúa con sus discípulos en la conclusión de los Evangelios.

Además, comprendiendo que la historia del ministerio de Jesús tiene una narrativa y personajes paralelos con la campaña de Tito, se puede arribar a una nueva forma de comprender el Nuevo Testamento. Simplemente moviendo los eventos del ministerio de Jesús 40 años hacia el futuro y comparándolos con los eventos de la campaña de Tito es revelado su significado satírico. Por ejemplo, quien decidió poner la profecía de Jesús de la suerte de Simón y de Juan en la conclusión del Evangelio de Juan, lo hizo solamente para tener una conclusión del Evangelio irónicamente reflejando el final de la campaña de Tito. La discusión entre Jesús y Simón podría haber ocurrido en cualquier momento durante el ministerio de Jesús, o haber sido mencionada en cualquiera de los otros evangelios, o no haber sido incluida en absoluto ya que no contiene importantes ideas teológicas.

Otro ejemplo de este método revela cuáles son las bases satíricas del seudónimo de Simón, Pedro, quien en griego es *Petros*, y significando "roca" o "piedra". Esto se puede entender relacionando la descripción de Josefo a las circunstancias de la captura del verdadero Simón.

Como es señalado anteriormente, Simón, al tratar de escapar de Jerusalén ocupado por Roma, huyó a las cavernas subterráneas con un grupo de canteros en un intento para cavar un pasaje de escape. Incapaces de cavar a través de las rocas y sin comida, fue obligado a rendirse. Lo hizo entonces de una manera extraordinaria. Josefo escribe:

> Simón, pensando que podría sorprender y eludir a los romanos, se puso un vestido blanco, sobre el cual se puso una túnica morada, y apareció saliendo del suelo en el lugar donde el templo había estado. [81]

El humor es sutil y oscuro. En la irónica lógica del Nuevo Testamento, el apodo de Simón, "piedra", satiriza la descripción de Josefo referida a que Simón fuera capturado con un grupo de "canteros", quienes por supuesto cortan "piedra". Saliendo del suelo "en el mismo lugar donde había estado el templo anteriormente" Simón fue, entonces, la primera piedra sobre la cual el nuevo "templo", el cristianismo, iría a ser erigido. Una vez más, aunque Jesús parece estar hablando metafóricamente cuando le dice a Simón que es la piedra sobre la cual se va a construir la nueva iglesia que va a reemplazar al judaísmo, Josefo registra un evento mostrando otro significado sardónico de las palabras de Jesús.

> Y yo también te digo, que tú eres Pedro, y sobre esta roca edificaré mi iglesia; y las puertas del Hades no prevalecerán contra ella.

> Mateo 16:18

La descripción de Simón saliendo de una caverna, que es una tumba y contiene un grupo de canteros, también provee una confirmación satírica sobre la premisa de que Simón, el Apóstol y los demonios de Gadara, fueron ambos sátiras de Simón el líder de la rebelión judía. Esto es debido a que el torcido humor con relación a los canteros creó un paralelo entre los demonios de Gadara, quienes "estaban cortándose con piedras", y el líder rebelde Simón. Y ya que los pasajes son paralelos, el carácter innombrado de uno va a tener el mismo nombre que su nombre "tipo" en el otro, en este caso "Simón" es el nombre de uno de los demonios de Gadara.

Comprendiendo este simple punto de la lógica narrativa, permite al lector conocer los nombres de muchos personajes innombrados en el Nuevo Testamento y en *Las Guerras de los Judíos*, y sobre la verdadera identidad de Jesús. También voy a revelar que lejos de ser inusual, la utilización de paralelos intertextuales para intercambiar información entre pasajes fue un lugar común en la literatura judaica esta era.

La comedia negra del Nuevo Testamento, en relación con "roca" y "piedra", pareciera ser una sátira sobre un muy conocido tema metafórico encontrado a través de dos Manuscritos del Mar Muerto, que es "la fundación en piedra". En el siguiente ejemplo, sacado del himno de Acción de Gracias, nótese que el autor se ve a sí mismo como el líder rebelde Simón, como entrando en la "ciudad fortificada" "y busca refugio debajo de la muralla".

> Pero seré como quien entró a la ciudad fortificada,
>
> Como quien busca refugio debajo de la gran muralla
>
> Hasta la liberación (venga)
>
> Voy a (recostarme) en tu verdad; oh mi Dios.
>
> Porque tú vas a colocar la roca fundacional
>
> y los marcos por el cordón medidor de la justicia;
>
> y las piedras probadas (tú pondrás) [82].

La lógica de comedia negra que conecta el Nuevo Testamento con *Las Guerras de los Judíos* además deja clara las bases para el epíteto de los apóstoles Juan, el cual es "el discípulo a quien amaba a Jesús". Juan fue "el discípulo amado" porque fue el líder cautivo a quien Tito perdonó la vida. Además, el significado real de la crítica de Jesús a sus discípulos – por ejemplo, el describe al apóstol "Simón" y a "Juan" como poseyendo demonios – es ahora también evidente. Habiendo maliciosamente satirizado a los líderes del movimiento mesiánico como apóstoles de Jesús, los autores romanos del Nuevo Testamento entonces "describen" a Jesús instruyendo a sus apóstoles sobre sus perversiones.

En el Evangelio de Lucas hay un pasaje donde se advierte a Simón de su posesión por "Satán" y reitera el concepto de que Simón va a ir a la prisión y a la muerte con "Jesús". También repite el tema de los demonios de Gadara (Simón), quien regresa a sí mismo, luego de que Satán ha sido repelido. Es otro ejemplo de Jesús haciendo declaraciones que parecen metafóricas pero que tienen significados literal e irónico cuando se leen en conjunto con *Las Guerras de los Judíos*. "Simón" efectivamente partió con su "maestro" a la prisión y a la muerte, su "maestro" siendo Tito. Aunque en el pasado el siguiente pasaje ha mistificado a los letrados, su significado está claro ahora.

> Simón, Simón, he aquí que Satanás ha solicitado poder para zarandearos como a trigo;
>
> pero yo he rogado por ti, que tu fe no falle; y tú, cuando te hayas vuelto, fortalece a tus hermanos.
>
> Él le dijo: Señor, estoy dispuesto a ir contigo no sólo a la cárcel, sino también a la muerte.
>
> Lucas 22:31-33

Continuando el tema de la comedia negra en el Evangelio de Mateo, Jesús en efecto llama al apóstol "Satán". Su extraña observación acerca del fundador de la Iglesia se hace clara cuando uno comprende que Jesús se está refiriendo, dentro del contexto romano, al rebelde Simón. El lector debe comprender que el misterio de numerosas sentencias de Cristo desaparece cuando son entendidas dentro del contexto sugerido. En el pasaje, Jesús repite el mismo comando que da a Simón en la conclusión del Evangelio de Juan de arriba. Eso es "seguirme" con una cruz para tu perdición.

> Entonces Pedro, tomándolo aparte, comenzó a reconvenirle, diciendo: Señor, no lo permita Dios; en ninguna manera te suceda esto.
>
> Pero él, volviéndose, dijo a Pedro: ¡Quítate de delante de mí, Satanás!; me eres tropiezo, porque tus sentimientos no son los de Dios, sino los de los hombres.
>
> Entonces Jesús dijo a sus discípulos: Si alguno quiere venir en pos de mí, niéguese a sí mismo, tome su cruz, y sígame.

Porque todo el que quiera salvar su vida, la perderá; y todo el que pierda su vida por causa de mí, la hallará.

Mateo 16:22-25

En el pasaje anterior de Mateo, nótese que Jesús dice a sus discípulos "que lleven su cruz" y lo sigan. En el pasaje anterior de Lucas, conocemos que en efecto "Simón", llamado "Cireneo", en efecto "cargó su cruz" y "siguió" a Jesús. Nótese cuán deliberadamente el autor transmite la idea que "Simón" "siguió" a Jesús con una cruz.

Tan pronto como se lo llevaron lejos, se apoderaron de un Simón, un "Cireneo", quien venía de un país, y sobre sus hombros pusieron la cruz, para que la llevara detrás de Jesús.

Lucas 23:26

La estructura de humor negro envuelta en que Simón siga una cruz es familiar. Si uno interpreta las palabras de Jesús metafóricamente, estas pueden ser vistas como portadoras de significado espiritual, aunque si son interpretadas literalmente son una comedia negra.

El apóstol Pablo también está involucrado en la sátira de la ejecución de Simón.

Pero cuando Cefas (Simón) vino a Antioquía, me le opuse en su cara, porque se quedó condenado.

Gal 2:11

La extraña historia de las tres negaciones de Jesús es también parte de la secuencia de los eventos compartidos por el Nuevo Testamento y *Las Guerras de los Judíos*. El relato, es una de las más famosas historias del Nuevo Testamento y se encuentra en los cuatro Evangelios.

Entonces la criada portera dijo a Pedro: ¿No eres tú también de los discípulos de este hombre? Dijo él: No lo soy. Estaba, pues, Pedro en pie, calentándose. Y le dijeron: ¿No eres tú uno de sus discípulos? Él negó, y dijo: No lo soy. Uno de los siervos del sumo sacerdote, pariente de aquel a quien Pedro le había cortado la oreja, le dijo: ¿No te vi yo en el huerto con él?

Juan 18:17, 25-27

Una vez que determiné que el apóstol Simón fue una sátira de Simón, el líder de los rebeldes judíos, y que había una secuencia paralela de los eventos en *Las Guerras de los Judíos* y en la historia del Nuevo Testamento, describiendo las tres denegaciones hechas por Simón a Jesús. En efecto, simplemente revisando *Las Guerras de los Judíos* donde las mentadas negaciones de Simón debieran ocurrir, esto es, inmediatamente luego de la captura del Monte de los Olivos, emerge un pasaje en el cual Tito señala que ha exhortado tres veces a Simón por "la paz" y tres veces la rechazó.

Este es el puente que estaba entre los tiranos y César, y los separó; mientras la multitud se para a cada lado; los de la nación judía sobre Simón y Juan, con gran esperanza de perdón; y los romanos sobre César, con gran expectativa de cómo Tito va a recibir sus súplicas.

Entonces dijo Tito…

"Los exhorto a abandonar estos procedimientos antes de comenzar la guerra…

"Después de cada victoria los intento persuadir para la paz…

"No voy a imitar vuestra locura. Si entregan sus armas, y me ceden sus cuerpos, les garantizó sus vidas, y voy a actuar como un suave amo de familia; lo que no puedes ser sanado será castigado, y al resto los voy a preservar para mi uso".

A esta oferta de Tito respondieron así –que no podían aceptarla. [83]

En el Nuevo Testamento, Simón niega tres veces que es un "seguidor" de Jesús. Luego él retorna a su "sano juicio" y siente remordimiento. Esta satírica descripción de las tres denegaciones para rendirse y luego su ser, como lo describe Josefo, "lo hace sensible" una vez que ha sido capturado por los romanos.

Dentro de la tradición cristiana, "Simón, el apóstol" sufre una muerte de mártir en Roma. En efecto, su ejecución, en la forma y aproximadamente en el año que mantiene la tradición cristiana, es descrita por Josefo. Simón no es un mártir cristiano, sino que uno mártir judío.

En retrospectiva, parece difícil de comprender por qué, con la excepción de Robert Eisenman, los expertos no han comentado sobre los paralelos entre el Simón cristiano y su contraparte judía. Son obvios. Ambos Simones fueron líderes del movimiento mesiánico judío, dedicados a actividades mesiánicas, y sufren una muerte como mártires en Roma aproximadamente el mismo año. ¿Cuántos individuos como estos existieron?

El espacio de tiempo tradicional para estimar la muerte del Simón cristiano es entre 64 E.C. (el año designado del comienzo de las persecuciones de Nerón) y el 68 E.C. Simón, el rebelde, fue martirizado entre el 70 y el 71 E.C. Y como se ha mostrado anteriormente, ambos pueden ser vistos como "la piedra angular" de la Iglesia que reemplaza a una que ha sido destruida. Además, ambos Simones han sido descritos teniendo una relación con la familia Flavia. San Jerónimo y Tertuliano, ambos se refieren a la tradición que "Simón" ordenó a Clemente, el supuestamente papa Flavio.

Esta tradición, referida por los primeros eruditos de la Iglesia, es significativa en que no solo conecta a la familia Flavia con el origen del cristianismo, sino que crea un rompecabezas para la religión. Si Simón efectivamente ordenó a Clemente, sugiere que no fue martirizado por Nerón, sino que más tarde por los Flavio. Sin embargo, es difícil de imaginar que Simón hubiera entregado las riendas de su movimiento a un miembro de la familia que estaba a punto de ejecutarlo.

Mi explicación resuelve esta paradoja. Si el rebelde Simón y el Simón cristiano fueran el mismo individuo, entonces ser martirizado por los Flavio y también entregándole el control de la religión, se hace comprensible. La tradición que señala que Simón ordenó a un Flavio como Papa y luego acabara ejecutado por la familia, simplemente refleja la verdad. Los Flavio ejecutaron a Simón y luego tomaron el control de su culto mesiánico (ahora el cristianismo) a un miembro de la familia. Eruditos cristianos tardíos, intentando organizar la historia de la religión, reconocieron que tal conexión directa con la familia Flavia era problemática. Por lo tanto, sencillamente insertaron papas entre Simón y Clemente. Esto conduce a las dos listas de Papas, la que la Iglesia oficialmente reclama, y la que Tertuliano y Jerónimo conocían, es decir, la que indica que la sucesión fue directamente de Simón a otro miembro de la familia Flavia.

Los eruditos se han sorprendido sobre la razón por la que Juan siempre se refiere a Simón como "Cephas", el equivalente arameo para Pedro o piedra. Mi explicación es que los autores del Nuevo Testamento determinaron esto para referirse al apóstol como "Simón" durante el período en el cual la verdadera vida de Simón, cubierta en *Las Guerras de los Judíos*, pudiera aparecer como demasiado obvia. Incluso la plebe pudiera percatarse de que los dos Simones eran sospechosamente similares. Los autores del Nuevo Testamento, entonces, cambiaron el nombre del apóstol: de "Simón" a "Simón Pedro", luego a "Pedro", y finalmente a "Cephas" cuando la narración se iba acercando al momento en que el verdadero Simón comandaba la rebelión.

Los creadores de la Iglesia de Roma literalmente utilizaron al líder Sicario como la "roca" sobre la cual ellos "construyeron" la Iglesia sobre la cual adorarían a su Mesías pacifista, y pagador de impuestos. Mediante la apropiación del verdadero nombre de Simón, y su posición de autoridad, pudieron "injertar" al apóstol Simón dentro de la historia del cristianismo.

Comprender que la historia de Simón fue absorbida por el cristianismo romano es importante, en la medida en que explica la supuesta persecución de los "cristianos" por los romanos. Los romanos no hicieron mucho para inventar una nueva religión ya que simplemente transformaron una ya existente. Por lo tanto, las tradiciones que señalan que los romanos torturaron a los "cristianos" son correctas, pero estos fueron "cristianos" como el Simón verdadero, y no el de la variedad romana.

El Nuevo Testamento tiene numerosos Simones:

1) Simón el apóstol.

2) Simón llamado Zelotes o de Kanaítas.

3) Simón el padre de Judas, quien entrega a Jesús.

4) Simón Mago, el Mago Samaritano.

5) Simón el curtidor, Hechos 10.

6) Simón el Fariseo, Lucas 7:40-44.

7) Simón de Cirene quién llevó la cruz de Jesús.

8) Simón, el hermano de Jesús, el hijo de Cleopas.

9) Simón el leproso.

10) Simón Pedro.

La idea de que el Nuevo Testamento ofusca las similitudes entre el apóstol Simón y Simón, el comandante de la rebelión judía, mediante constantes cambios en el nombre del apóstol, me sugiere que todos los "Simones" del Nuevo Testamento deben ser sátiras del líder judío. Apoyando esta conjetura tenemos el hecho de que mientras Jesús le da instrucciones a "Simón el apóstol" para que "lo siga" con la cruz, fue "Simone de Cirene" quien cumplió la profecía, indicando que estos dos "Simones" eran sátiras del mismo individuo. Aún más, parece claro que el Simón que fue el padre de Judas el "Iscariote" también fue una sátira del rebelde Simón, que probablemente era un sicario. Simón el "Zelote" también parece ser un epíteto adecuado para Simón, el líder de los "Zelotes" judíos en la guerra en contra de Roma.

La idea que los "Simones" dentro del Nuevo Testamento fueron creados como un satírico tema unificado arroja luz sobre un fenómeno paralelo dentro del Nuevo Testamento, el de las múltiples "Marías". "María" como "Simón", es el nombre de numerosos personajes dentro del Nuevo Testamento. En efecto, es el nombre de cada personaje femenino importante para el ministerio de Jesús:

1) María, la madre de Jesús.

2) María Magdalena.

3) María, la hermana de Lázaro y María de Betania.

4) María de Cleofás, la madre de Jaime el menos.

5) María, la madre de Juan Marco, una hermana de Barnabas.

6) Martha, la hermana de Lázaro y María Betania.

Marta, la hermana de Lázaro, está en esta lista porque Martha es la aproximación en Arameo del nombre hebreo María. Los nombres ambos provienen de la palabra *rebelión*. Marta es arameo significando "ella era rebelde" y María es hebreo para "su rebelión". [84]

No existe ninguna tradición hebrea que plantee darle el mismo nombre de las hermanas. El hecho de que el Nuevo Testamento anote que una familia tan central al origen del cristianismo haya elegido hacerlo así, me sugiere que todos los personajes llamados María en los Evangelios pudieran, como sospecho de todos los Simones, ser burlas. Un pasaje en el Evangelio de Juan que señala que María, la madre de Jesús, *también* tiene una hermana que se llama María, apoya esta premisa.

> Ahora allí se paró cerca de la cruz, su madre y María, la hermana de su madre, la esposa de Cleopas, y María Magdalena.
>
> Juan 19:25

Es bastante improbable que las dos familias más importantes para el ministerio de Jesús tuvieran, por coincidencia, dos hermanas llamadas María.

Numerosos estudiosos han comentado en la dudosa posibilidad que la hermana de María se llame María. Por ejemplo, Eisenman escribió:

> María no tenía una hermana llamada María. Esta confusión se basó en separadas y conflictivas descripciones de María antes de la redacción de estas tradiciones, o simplemente un error gramatical en griego.

Eisenman está en lo cierto al señalar que María no tenía una hermana con el mismo nombre, pero hay una mejor explicación por las múltiples Marías que un "error gramatical".

Todas las Marías en el Nuevo testamento, juntas con la única María en *Las Guerras de los Judíos*, la madre que se come la carne de su hijo, son parte de un tema satírico, como ese creado por los múltiples Simones. Dado que el nombre María proviene de la palabra "rebelión", yo creo que estas burlas no fueron basadas en un individuo histórico, sino que en un arquetipo. En otras palabras, todos los miembros femeninos del militante movimiento mesiánico, los sicarios, habrían sido denominados como María por los romanos porque eran todas "rebeldes". Este punto de vista es importante para la comprensión del rol fundamental de María Magdalena respecto a la resurrección de Jesús, en la sátira del Nuevo Testamento.

Que la única María en *Las Guerras de los Judíos*, tuviera tal conexión con el Nuevo Testamento, que es un trabajo donde todos los personajes femeninos importantes también se llaman María, parece poco probable que haya sido circunstancial.

Voy a suponer que durante la guerra "María" llegó a ser un apodo para las mujeres rebeldes, de un modo similar a como los soldados enemigos han sido llamados por un nombre singular en la época moderna. Por ejemplo, los soldados americanos llaman a su enemigo "Charly", durante la Guerra de Vietnam, y "Kraut" durante la Segunda Guerra Mundial. Uno puede imaginar a un centurión romano ordenando a todas las Marías que sean separadas de los hombres, siguiendo la captura de un grupo de judíos rebeldes. Este tema pudo haber sido continuado por los autores del Nuevo Testamento para crear irónicamente el punto de vista de que todas las seguidoras del Mesías fueron rebeldes.

En cualquier caso, es claro que, para el lector dentro de la corte Flavia, los nombres del Nuevo Testamento para todas las seguidoras femeninas del Mesías "María" –esto es, "hembra rebelde"- podían ser apreciados como otro golpe cómico. Imagínense a tal individuo leyendo a un salvador que les dijo a sus seguidores que "me sigan" y se transformen en "pescadores de hombres" en la playa de Genesaret, y que describe su carne como "un pan viviente" en Jerusalén, teniendo a ambas, su madre y otro miembro de su entorno, bajo el nombre de María. Para los *cognoscentes* de la corte Flavia, los Evangelios fueron una burla. Comprendiendo que los autores del Nuevo Testamento crearon temas de una comedia negra en relación con los individuos con el mismo nombre, es una revelación crítica que nos va a permitir comprender la verdadera identidad de Lázaro en el capítulo 6.

Además, sabiendo que los líderes rebeldes fueron transformados en apóstoles cristianos, clarifica el intento que los romanos tenían para su religión. Los romanos deseaban no solo destruir el estigma del judaísmo mesiánico que esparció la rebelión, sino reescribir la historia de tal manera como para transformar a el Mesías y sus líderes en los "fundadores" del cristianismo. De esta manera los romanos intentaron hacer desaparecer la historia del movimiento sicario, al mantener sus creencias y figuras principales transformarse en la "historia" de su nueva religión.

También podemos comprender la situación de Juan, el líder que fue apresado por los romanos y quien fue satirizado como el apóstol Juan y los demonios de Gadara. Ambos, Josefo y los autores del Nuevo Testamento, a menudo hacen referencia al hecho de que ellos han escrito la verdad. Pienso que han sido sinceros al decir esto, pero se requiere que el lector comprenda el código con el cual escribieron tal verdad. Por lo tanto, creo que Juan, luego de salir de las "tumbas" y volviendo a su "sano juicio", cooperaron con los romanos y "publicaron" literatura cristiana desde Decápolis.

El final del Evangelio de Juan, se identifica específicamente el "Juan" a quien Jesús salvó como su autor. Comprendiendo que el apóstol Juan y los demonios de Gadara fueron ambas sátiras de Juan, quien con Simón eran los líderes de la rebelión judía, se puede advertir el verdadero significado del siguiente párrafo concerniente a los demonios de Gadara.

> Y partió, y comenzó a publicar en Decápolis las grandes cosas
> que Jesús hizo para él: y toda la gente se maravilló. [85]

El pasaje indica que Juan, un líder de la rebelión, fue llevado a Decápolis, donde proveyó a los romanos de los detalles del movimiento mesiánico que luego fueron utilizados para la creación del Nuevo Testamento. Juan fue usado por los romanos para ayudar a crear la literatura que envenenó el futuro de su propia gente. Los romanos luego "registraron" su uso de Juan, anticipándole a aquellos en el futuro, quienes conocerán la verdad, respecto al origen del cristianismo, apreciarían tal ironía.

> Este es el discípulo que da testimonio sobre estas cosas, y
> que ha escrito estas cosas: y sabemos que ese testimonio es
> verdadero. [86]

Esta "conversión" de Juan, el líder rebelde al cristianismo, explica además los dos diferentes apellidos de los dos Simones. El Simón que es condenado al final del Nuevo Testamento se llama "Simón bar Jonás", mientras que el Simón que es condenado en la conclusión de la campaña de Tito se llama "Simón bar Gioras". Jonás es simplemente el nombre hebreo para Juan –otra vez la técnica de los cambios de nombres- indicando que Simón era el hijo de Juan, Gioras, significando "el converso" en hebreo. Por tanto, el nombre completo del rebelde Simón es "Simón hijo de Juan" porque Juan se ha "convertido" a la nueva religión.

El hecho de que Juan fuera el padre de Simón también cumple otra "inocua" profecía encontrada en el Nuevo Testamento:

> Desde ahora en adelante, cinco en una casa serán divididos:
> tres en contra de dos, y dos en contra de tres. Serán divididos,
> el padre en contra del hijo y el hijo en contra del padre. [87]

Josefo escribe que, al comienzo del cerco de Jerusalén, Simón y Juan se enfrentaron en una violenta lucha por el control de la ciudad, ambos en contra del otro y en contra del líder de incluso otra facción, llamado Eleazar. [88] *Las Guerras de los Judíos* contiene un tema claro en relación a los judíos destruyéndose a sí mismos, de lo que hablaré en más detalle en otra parte.

Concluyo este capítulo diciendo que, a través de la historia del cristianismo, las palabras de Jesús han sido interpretadas como la verdadera esencia del amor. Mi análisis indica que esto es, en ciertos momentos, un completo malentendido, aunque uno que fue deliberadamente traído a colación. El "Jesús" que le estaba hablando a Simón en Juan 21 no tenía amor en su corazón.

Lo que estaba en su corazón puede ser conocido mediante la lectura del pasaje bajo el entendido de que Jesús estaba describiendo lo que Tito le haría a Simón, el líder capturado de la rebelión judía. Cuando estas palabras son leídas para hablarle a un hombre que va a ser llevado a Roma y torturado hasta la muerte, lo que estaba en el corazón de Tito es verdaderamente revelador. Como señala Juan Bautista, Jesús no vino a bautizar con agua sino con fuego.

De cierto, de cierto te digo: cuando eras más joven, te ceñías a ti mismo, e ibas donde querías; más cuando ya seas viejo, extenderás tus manos, y te ceñirá otro, y te llevará a donde no quieras ir.

(Esto dijo, dando a entender con qué muerte iba a glorificar a Dios.) Y dicho esto añadió: Sígueme.

Juan 21: 18-19

Capítulo 5

La Rúbrica Flavia

Hasta aquí he destacado un número de paralelos sacados de diferentes evangelios que han sido mapeados dentro de la historia que cuenta Josefo sobre la campaña Flavia en Judea. En este capítulo muestro cómo un bloque continuo de texto de Lucas estaba conectado tipológicamente a una sección continua de la historia de Josefo. En efecto, virtualmente todos los eventos del ministerio de Jesús en Galilea en ese Evangelio fueron representaciones tipológicas de los eventos de la campaña militar Flavia. En el Evangelio fue mapeada la campaña de Tito en la misma secuencia que Josefo la registró. Una conclusión que se desprende de este análisis es que el personaje "Jesús Cristo" fue completamente ficticio.

Quiero hacer notar que hay mucho más del simbolismo tipológico de Lucas del que presento en este pequeño bosquejo. Mi objetivo aquí solamente busca proporcionar una comprensión suficientemente clara de la relación tipológica Lucas/ Josefo para no dejar ninguna duda de que la secuencia fue creada para construir la firma Flavia reclamando la autoría de los Evangelios. La secuencia tipológica fue diseñada como un "código de barras" para la posteridad, mostrando que los Flavio escribieron los evangelios, por lo tanto, acabando con el cristianismo y comenzando la era de su legado.

Los autores deliberadamente hacen difícil ubicar la tipología entre Jesús y Tito. En Lucas, el primer evento del ministerio de Jesús es en realidad su batalla a la orilla de la colina cerca de "Nazaret" – seguida por un acertijo que revela la verdadera identidad de "María Magdalena". Sin embargo, voy a dejar a un lado estos paralelos por ahora, y codificarlos hacia el final del capítulo, luego de que el lector haya conseguido obtener un mejor sentido del patrón tipológico.

Las conexiones tipológicas entre Jesús y Tito que comencé figuran en la tabla de más abajo. Nótese que en sus "ministerios", Jesús y Tito fueron al mismo lugar en la misma secuencia. Esto es sospechoso en sí mismo, pero no ha llamado la atención de los académicos del Nuevo Testamento.

Galilea

1. Pescando hombres en el Mar de Galilea.

2. Más fácil es decir "levántate y camina" que "tus pecados sean perdonados".

3. Mantener solo el sábado mediante la restitución de la "mano derecha".

4. Arrojados quienes apoyan al Hijo del Hombre.

5. Juan es poseído por un demonio.

6. La legión de demonios.

7. Los demonios infectaron a otro grupo.

8. La manada corre violentamente.

9. La manada se ahoga.

10. Identificación del hijo con el Dios viviente.

11. Atar y perder.

12. Él, que no sigue con nosotros, pero arroja a los demonios.

En el camino a Jerusalén

13. A Jerusalén –los mensajeros son enviados adelante

14. No entierren a sus muertos o miren hacia atrás.

15. El buen samaritano.

Fuera de Jerusalén

16. Golpeando la puerta.

17. La casa de Satán dividida contra ella misma.

18. Hombre en armadura que será vencido.

19. El incremento de las multitudes.

20. A la espera.

21. El Jesús se aflige.

22. Los inocentes golpeados más que los culpables.

23. Dividir al grupo de 3 a 2.

24. Derribando el árbol que da frutas.

25. La entrada estrecha y la puerta cerrada.

26. Cómo construir una torre.

27. Enviar una delegación.

Dentro de la Ciudad

28. La entrada triunfal y las piedras que lloran.

29. Jerusalén cercada con una muralla.

30. Expulsión de los ladrones del templo.

31. La abominación de la desolación.

Esta secuencia en Lucas, entonces, continúa con los eventos de los evangelios que estaban conectados con la campaña de Tito.

32. El hijo de María que fue un cordero pascual.

Fuera de Jerusalén

33. Tres crucificados, uno sobrevive, bajado de la cruz por José de "Arimatea".

34. Simón condenado – Juan perdonado.

En el análisis de los paralelos, he incluido las citas de los pasajes correspondientes para que los lectores puedan seguirlo con la secuencia precisa del mapa tipológico.

GALILEA

1. Pescando hombres en el Mar de Galilea

Ambos, Josefo y Lucas escribieron sobre "la pesca" de hombres en el Mar de Galilea. La conexión tipológica es obvia y ha sido cubierta en profundidad en el capítulo 2.

Una vez en el Mar de Galilea, Jesús predicó que sus seguidores irían a pescar hombres.

"Desde ahora en adelante ustedes pescarán hombres".

Lucas 5:10

Los seguidores de Tito luego pescan hombres en el Mar de Galilea.

Y por los que estaban ahogándose en el mar, si levantaban sus cabezas arriba del agua, fueron o matados por los dardos, o agarrados por las embarcaciones.

Las Guerras de los Judíos, 3, 10, 527

2. Más fácil es decir "levántate y camina" que "tus pecados son perdonados"

Luego del pasaje de "pescar hombres" en Lucas, hay una historia en la cual Jesús pregunta ¿"Qué es más fácil decir 'tus pecados son perdonados' o 'levántate y camina'? Esta pregunta es respondida satíricamente por Josefo a continuación. Nótese que la historia de Lucas donde Jesús es mostrado como un juez que puede perdonar, tanto como Vespasiano, está en el pasaje conectado en Josefo. Abajo está el pasaje completo en Lucas:

En eso unos hombres traían en una camilla a un paralítico; y trataban de introducirlo y colocarlo delante de Jesús,

pero no hallando de qué manera introducirle a causa de la multitud, subieron a la azotea, lo descolgaron con la camilla a través de las tejas, y lo pusieron en medio, delante de Jesús.

Al ver la fe de ellos dijo: "Hombre, tus pecados te quedan perdonados". Entonces los escribas y los fariseos comenzaron a razonar, diciendo: ¿Quién es éste que habla blasfemias? ¿Quién puede perdonar pecados sino solo Dios?

Al percatarse Jesús de lo que ellos estaban pensando, tomó la palabra y les dijo: ¿Qué estáis pensando en vuestros corazones?

¿Qué es más fácil decir: Te quedan perdonados tus pecados o decir: ¿Levántate y anda?

Pues para que sepáis que el Hijo del Hombre tiene autoridad en la tierra para perdonar pecados (dijo al paralítico): A ti te digo, levántate, toma tu camilla, y vete a tu casa.

E inmediatamente se levantó a la vista de ellos, tomo la camilla en que estaba acostado, y se fue a su casa glorificando a Dios.

El estupor se apoderó de todos, y glorificaban a Dios; y llenos de temor, decían: Hoy hemos visto cosas increíbles.

Lucas 5:18-26

La pregunta de Jesús es respondida de una manera ingeniosa en la versión de la historia de Josefo. Vespasiano, quien era el "poder en la tierra para perdonar pecados", estaba sentado en su asiento del tribunal pensando en qué castigo darle a un grupo de judíos rebeldes. Su inclinación era perdonarlos, pero fue convencido de lo contrario por sus comandantes. Él entonces da una respuesta irónica a la pregunta de Jesús en Lucas 5. En otras palabras, fue más fácil para Vespasiano decir "Levántate y camina" que perdonar. La tipología entre los pasajes es un buen ejemplo de ambos, el intenso ingenio y la maldad detrás del personaje "Jesús" en los Evangelios.

Nótese que la gente del pueblo al irse se llevó sus "efectos" con ellos–tal como el paralítico lo hizo con la camilla en Lucas.

> Luego de que la batalla hubiera terminado, Vespasiano se sentó en el tribunal de Taricheae (Taranto) con el objeto de distinguir a los extranjeros de los viejos ocupantes; porque al parecer esos extranjeros serían los que comenzaron la guerra. Entonces, deliberadamente con otros comandantes, deliberó si debía o no salvar a los antiguos moradores o no...
>
> Vespasiano reconoció que no merecían ser salvados, y que, si se les diera el permiso para que se fueran, harían uso de ello en contra de quienes los dejaron en libertad. Sin embargo, todavía seguía considerando de qué forma debieran ser muertos;
>
> porque si los matara allí, pensaba que la gente del país se transformaría en sus enemigos; en ese caso, seguramente no soportarían que tantos que han suplicado debieran ser matados, y actuar violentamente contra ellos, luego de haberles dado seguridad de respetar sus vidas. Él no podría aceptarlo.
>
> Sin embargo, sus amigos fueron demasiado duros con él...
>
> Él entonces permitió a los prisioneros que no se marcharan por ningún otro camino que el que los Tiberios fueron conducidos con sus efectos
>
> ... los romanos habían ocupado todo el camino que llevaba hasta Tiberias para que nadie pudiera salirse del mismo y encerrarse en la ciudad.
>
> Luego Vespasiano llegó y les ordenó que se pararan en el estadio, y dio la orden de matar a todos los antiguos moradores, junto con otros que eran inservibles, los cuales alcanzaban a un número de dos mil doscientos.
>
> *Las Guerras de los Judíos*, 3,10, 532-539

3. Mantener solo el sábado mediante la restitución de la "mano derecha"

Continuando con el mapa tipológico, a continuación encontramos la historia de Lucas que narra la restauración de la "mano derecha" y una discusión sobre quién conoce mejor cómo mantener la sacralidad del sábado–Jesús o sus acusadores.

Aconteció un sábado que, pasando Jesús a través de los sembrados, sus discípulos arrancaban espigas y comían, restregándolas con las manos.

Entonces, algunos fariseos les dijeron: ¿Por qué hacéis lo que no es lícito hacer en sábado?

Jesús respondiéndoles les dijo: "¿Ni si siquiera habéis leído lo que hizo David cuando tuvo hambre, y los que estaban con él;

cómo entró en la casa de Dios, y tomó los panes de la proposición, que no es lícito comer sino solo los sacerdotes, y comió, y dio también a los que estaban con él?"

Y les decía: El Hijo del Hombre es dueño hasta del sábado.

Aconteció también en otro sábado, que entró él en la sinagoga, y se puso a enseñar; y había allí un hombre que tenía atrofiada la mano derecha.

Los escribas y los fariseos le acechaban por si se ponía a sanar en sábado, a fin de hallar de qué acusarle.

Pero él sabía los pensamientos de ellos, y le dijo al hombre que tenía la mano atrofiada. Levántate, y ponte en medio. Él se levantó y se puso allí.

Entonces Jesús les dijo: Voy a haceros una pregunta: ¿Es lícito en sábado hacer el bien, o hacer el mal?, ¿Salvar una vida o destruirla?

Y después de pasar su mirada sobre todos ellos, le dijo al hombre: Extiende tu mano. Él lo hizo así, y su mano quedó enteramente restablecida.

Pero ellos se llenaron de furor y discutían entre ellos qué podrían hacerle a Jesús.

Lucas 6:1-11

Josefo escribe un ingenioso y transparente paralelo al aparecido en Lucas 6:1-11. En la versión de Josefo, un grupo de rebeldes le pide a Tito que les extienda la "mano derecha" de la Pax Romana. Tito decide, el sábado, "salvar vidas" en vez que "destruirlas". La historia de Tito es paralela a la de Jesús en que, a diferencia de los judíos, él es quien realmente mantiene al sábado "sagrado".

Ahora, Tito, mientras cabalgaba hacia Giscala, descubrió que le sería fácil tomar la ciudad desde el principio; pero sabía que, si la tomaba por la fuerza, la multitud sería destruida por los soldados sin piedad. (Ahora ya estaba saciado con el derramamiento de sangre y compadeció a la mayor parte, que luego perecería, sin distinción, juntos con los culpables). Por lo tanto, estaba deseoso de que la ciudad pudiera ser entregada en sus términos.

En consecuencia, cuando vio el muro lleno de esos hombres de la parte corrupta, les dijo: "Que no podía dejar de interrogarse de qué dependían, cuando se quedaron solos para luchar contra los romanos, después de que todas las demás ciudades fueron tomadas por ellos,   especialmente cuando han visto ciudades mucho mejor fortificadas que las suyas, que son derribadas por un solo ataque sobre ellas; mientras que tantos que se han confiado a la seguridad de las manos derechas de los romanos, que ahora ofrecen, sin considerar su antigua insolencia, disfrutan de sus propias posesiones con seguridad;

por eso tenían todavía esperanzas de recuperar su libertad

[...]

Pero Juan le devolvió a Tito esta respuesta: que por sí mismo se contentaba con escuchar sus propuestas, y que persuadiría u obligaría a los que se negaban.

Sin embargo, dijo que Tito debería tener respeto a la ley judía como para otorgarles la licencia para celebrar ese día, que era el séptimo día de la semana, en el cual era ilegal no solo retirar sus armas, sino que incluso tratar asuntos de la paz también;

y que incluso los romanos no ignoraban cómo el período del séptimo día fue entre ellos el cese de todas las labores; y que quien los obligue a transgredir la ley sobre ese día sería igualmente culpable con aquellos que fueron obligados a transgredirla:

Y que esta demora no podía ser una desventaja para él; porque ¿por qué alguien debería pensar en hacer algo en la noche, a menos que fuera a volar? Que él podría prevenir colocando su campamento alrededor de ellos;

y que lo consideren un gran punto ganado, si no están obligados a transgredir las leyes de su país; y que sería algo correcto para él, quien accedió concederles la paz, sin la expectativa de tal favor, para preservar las leyes de aquellos que salvaron inviolables.

De este modo, este hombre le puso un truco a Tito, no tanto por el séptimo día como por su propia conservación, porque temía quedarse abandonado si se debía tomar la ciudad, y tenía sus esperanzas de vida en la ciudad. Esa noche, y en su vuelo en ella. Ahora bien, esta fue la obra de Dios…

Las Guerras de los Judíos, 4, 2, 92-104

4. Arrojados quienes apoyan al Hijo del Hombre

Lucas, entonces, continua y describe individuos que tratan y promueven al "hijo del hombre" pero son "odiados" y arrojados por sus esfuerzos

"Bienaventurados sois cuando os odien los hombres, cuando os aparten de sí, os injurien y desechen vuestro nombre como malo, por causa del Hijo del Hombre.

Lucas 6:22

Josefo se conecta con Lucas 6 con una historia de dos sacerdotes pro-romanos –Jesús y Ananias- que mantienen la misma visión del futuro al igual que Jesús en los Evangelios. Ellos predijeron que si los judíos no se arrepentían serían destruidos. En la larga historia, los dos sacerdotes intentan que los judíos dejen la rebelión y volvieran a obedecer al verdadero "Hijo del Hombre", el Cesar Flavio. Sin embargo, por sus esfuerzos, ellos estaban – como Jesús ha predicho en Lucas 6:22 –"odiados" y "arrojados".

> No debería equivocarme si dijera que la muerte de Ananias fue el comienzo de la destrucción de la ciudad...
>
> Era venerable y un hombre muy justo; y juntamente con la grandeza de esa nobleza, y la dignidad y honor que poseía, había sido amante de una especie de paridad, incluso con respecto a la gente más maléfica;
>
> era un prodigioso amante de la libertad y admirador de una democracia en el gobierno; y alguna vez prefirió el bienestar público antes que su propia ventaja, y prefería la paz sobre todas las cosas; porque era completamente consciente de que los romanos no debían ser conquistados. También previó que, por necesidad, seguiría una guerra, y que, a menos que los judíos llegaran a resolver los asuntos con ellos con destreza, serían destruidos...
>
> Jesús también se unió a él; y aunque en comparación era inferior a él, era superior al resto;
>
> y no pudo dejar de pensar que ocurrió porque Dios había condenado a esta ciudad a la destrucción
>
> ... cuando fueron arrojados desnudos, y vistos para ser alimento de perros y bestias salvajes.
>
> *Las Guerras de los Judíos* 4,5 318-324

5. Juan es poseído por un demonio

Continuando con la tipología Lucas/Josefo, ambos autores describen a "Juan" como un demonio. El pasaje en Lucas es importante porque muestra la base para el personaje de los Evangelios "Juan Bautista" – como el apóstol "Juan" es simplemente un "tipo" que "predice" al rebelde Juan en Giscala.

> "Porque vino Juan el Bautista, que no comía pan ni bebía vino, y decís: ¡Tiene un demonio!"
>
> "Ha venido el Hijo del Hombre, que come y bebe, y decís: 'He aquí un hombre glotón y bebedor de vino, amigo de cobradores de impuestos y pecadores.'
>
> "Y la sabiduría ha sido reivindicada por todos sus hijos."
>
> Lucas 7:33-35

Como digresión, la luz positiva con que se ve a los recolectores de impuestos en el pasaje de Lucas proviene del humor de Los Flavio. Los Flavio eran los recolectores de impuestos más conocidos en toda la historia de Roma.

Josefo luego también describe a "Juan", que está poseído por un demonio, aunque para comprender esto, el lector deberá poder recordar información que Josefo ha entregado en un pasaje diferente.

> Para entonces, Juan estaba empezando a tiranizar, y pensaba que era más difícil aceptar casi los mismos honores que los demás; y uniéndose a un partido de los más malvados de todos, se separó del resto de la facción.
>
> Esto fue provocado por su desacuerdo todavía existente con las opiniones de los demás, y emitiendo sus propios mandatos de una manera muy imperiosa; de modo que era evidente que estaba estableciendo un poder monárquico.
>
> Ahora, algunos se sometieron a él por temor, y otros por su buena voluntad hacia él; porque Juan era un hombre astuto para atraer a los hombres a él,
>
> mediante el engaño y las trampas. Incluso hubo muchos que pensaron que deberían estar más seguros ellos mismos si las causas de sus acciones insolentes pasadas ahora deberían reducirse a una sola cabeza, y no a muchas…

Ahora, como ocurre con el cuerpo humano, si la parte principal está inflamada, todos los miembros están sujetos a la misma molestia.

Las Guerra de los Judíos 4,5 318-324

Aunque él no lo señale en el pasaje anterior, Josefo ofrece detalles específicos indicando que el líder rebelde Juan era un "demonio", quien –como los endemoniados de los Evangelios- desataron miles de demonios dentro del campo en otros lugares en este texto. Esta fue una confusión necesaria. Porque como lectores pueden juzgar por ellos mismos de si Josefo ha incluido los detalles anteriores, indicando que Juan fue un demonizado, en su descripción de "Juan" que fue seguida por la batalla de Gadara de más abajo. Su conexión con la historia de los Evangelios de los "endemoniados de Gadara" sería tan transparente que el cristianismo pudiera no ser la religión mundial que existe hoy día. Nótese que la definición de "demonios" dada por Josefo es la correcta utilizada en los Evangelios. En cualquier instancia que Jesús esté curando una "enfermedad" o exorcizando un demonio, él está yendo en paralelo con Tito removiendo los "demonios" de rebelión en contra de Roma por los judíos rebeldes.

Juan… llenó el campo completo con diez mil instancias de perversión.

Las Guerras de los Judíos 7, 8, 263

Los demonios …no son otra cosa que el espíritu de los perversos.

Las Guerras de los Judíos 7, 8, 263

6. La legión de demonios

Lucas comienza la secuencia en la historia de los "demonios de Gadara/ Geresa", de los eventos con una descripción de un hombre poseído por una legión de demonios. (Me refiero a la confusión de dos diferentes ubicaciones de la historia dadas en los Evangelios más abajo).

Navegaron hacia la región de los Gadarenos, que está en la ribera opuesta de Galilea.

Al salir él a tierra, vino a su encuentro cierto hombre de la ciudad, endemoniado desde hacía mucho tiempo; y no iba vestido de ropa alguna, ni vivía en una casa, sino entre las tumbas.

Al ver a Jesús, lanzó un grito, cayó ante él, y dijo a grandes voces: ¿Qué tengo yo que ver contigo, Jesús, Hijo del Dios Altísimo? Te ruego que no me atormentes.

(Pues estaba conminando al espíritu inmundo a que saliera del hombre, porque se había apoderado de él muchas veces. Le ataban con cadenas y grillos, teniéndolo bajo custodia, pero rompía las ataduras y era impelido por el demonio hacia los lugares solitarios.)

Lucas 8:26-29

Lucas entonces describe una "legión" de demonios dentro de un hombre infectado.

Jesús le preguntó, diciendo: ¿Cuál es tu nombre? Él dijo: Legión; porque habían entrado muchos demonios en él.

Lucas 8:30

Manteniendo una precisa secuencia dual, en su versión de la Historia, Josefo también identifica el tamaño de la fuerza rebelde que ha "abandonado" a Juan y saqueado el campo por ser una "legión"; esta era un grupo mayor que una "banda de ladrones" pero más pequeña que un ejército. Una vez más, el lector encontraría cuán transparente sería el pasaje si Josefo hubiera elegido simplemente llamar al grupo como "legión de ladrones".

…sin embargo, fueron estos hombres los que ahora se juntaron y se unieron a la conspiración de las partes, demasiado pequeños para un brazo, y demasiados para una pandilla de ladrones…

Las Guerra de los Judíos 4,7, 408

7. Los demonios infectaron a otro grupo

Lucas entonces señala que los "demonios" que se fueron del hombre, infectaron a otro grupo.

> Y le suplicaban que no les ordenara marcharse al abismo.
>
> Había allí una piara de bastantes cerdos paciendo en el monte; y le suplicaban que les permitiera entrar en ellos;
>
> y se lo permitió. Salieron del hombre los demonios, y entraron en los puercos; y se lanzó la piara por el precipicio al lago, y se ahogaron.
>
> Lucas 8:31-33

Josefo entonces describe cómo los "demonios" que dejaron a Juan han "ocupado el campo" e infectado a otro grupo.

> Y ahora Vespasiano envió a Placido contra aquellos que habían huido de Gadara, con quinientos jinetes, y tres mil lacayos, mientras él regresaba a Cesárea con el resto del ejército.
>
> Y tan pronto como estos fugitivos vieron a los jinetes que los perseguían justo sobre sus espaldas, y antes de que terminaran una batalla, corrieron juntos a un pueblo llamado
>
> (Nimra),
>
> donde encontraron una gran multitud de hombres jóvenes, y luego de armarlos, en parte por su propio consentimiento, en parte por la fuerza, asaltaron de manera precipitada y repentinamente a Placido y a las tropas que estaban con él.
>
> *Las Guerras de los Judíos* 4,7, 408

8. La manada corre violentamente

Lucas a continuación describe como corre la manada.

… Y la manada corrió violentamente…

Lucas 8:33

Josefo a continuación describe cómo el grupo corrió.

…y como la más salvaje de las bestias salvajes, se lanzaron sobre la punta de otras espadas; entonces algunos de ellos fueron destruidos…

Las Guerras de los Judíos 4,8, 425

9. La manada se ahoga

Lucas describe luego que la manada se ahoga.

…por el precipicio al lago y se ahogaron.

Lucas 8:33

Josefo luego describe que la "manada" se ahogó.

Luego se extendieron muy bien a lo largo de las orillas del rio, y sostuvieron los dardos que les eran arrojados a ellos, así como los ataques de los jinetes, que golpearon a muchos de ellos, y los empujaron a la corriente.

Las Guerras de los Judíos 4,8, 434

Haciendo una digresión, la razón por la que diferentes Evangelios se refieren a la ubicación de los poseídos como Gadara o Geresa – y otra versión tiene uno y otros dos poseídos –es que la historia de poseídos "predice" a ambos líderes rebeldes, Juan –que lucha en contra de los romanos cerca de Gadara – y "Simón", llamado "Simón de Geresa" (*Las Guerras de los Judíos* 4,9, 503).

Las diferentes historias de poseídos no fueron, como ha sido a menudo sugerido, confusas tradiciones, sino que, en cambio, fueron escritas intertextualmente, lo que significa que todos los detalles dentro de las historias paralelas suman a la información que los autores esperan comunicar.

10. Identificación del hijo con el Dios viviente

Lucas a continuación describe la identificación de Jesús como el "Hijo de Dios". Obviamente este evento predijo la "ascensión" de Vespasiano a César y Dios, y a Tito como el "hijo de dios".

"¿Quién dice la gente que soy yo?"

Ellos respondieron: Unos, Juan el Bautista; otros, Elías; y otros, que algún profeta de los antiguos ha resucitado.

Él les dijo: "¿Y vosotros, quién decís que soy?" Entonces, respondiendo Pedro, dijo: "El Cristo de Dios."

Lucas 9:18-20

(En Mateo: "el hijo del Dios vivo")

...él (Vespasiano) no llegó al gobierno sin el apoyo de la Divina Providencia,

pero un tipo correcto de fe trajo al imperio bajo su poder.

Las Guerras de los Judíos 4, 10, 622

Josefo escribió en otro pasaje que la ascensión de Vespasiano ha sido la culminación de las profecías mesiánicas de los judíos.

... ¿Qué fue lo que más los indujo para emprender esta guerra? Fue un oráculo ambiguo que también se encontró en sus escritos sagrados, como es el caso de "en ese tiempo, uno de su propio país debería llegar a ser gobernador de la tierra habitable".

Los judíos tomaron esta predicción como que pertenecía a ellos mismos y muchos de los hombres sabios fueron engañados en su determinación. Ahora este oráculo ciertamente denota el gobierno de Vespasiano, que fue nombrado emperador en Judea.

Las Guerras de los Judíos 6, 5, 312-313

El autor romano Suetonio y Tácito también dieron la misma interpretación a la profecía.

Hay una difusión en todo el Oriente y la creencia antigua y establecida de que yo estaba destinado a venir de Judea para gobernar el mundo. Esta predicción referente al emperador de Roma -como después apareció del evento- los habitantes de Judea lo tomaron para sí mismos.

Suetonio, *Vida de Vespasiano*, 4.5

La mayoría [de los judíos] estaban convencidos de que las viejas escrituras de sus sacerdotes se referían al presente como el momento en que Oriente triunfaría y cómo desde Judea saldrían hombres destinados a gobernar el mundo. Esta misteriosa profecía realmente se refiere a Vespasiano y Tito, pero para la gente común, conectados con las ambiciones egoístas de la humanidad, pensaron que este exaltado destino estaba reservado para ellos, y ni siquiera sus calamidades abrieron sus ojos a la verdad.

Tácito, *Historias* 5.13

Lo que a menudo ha sido pasado por alto es que, al reclamar el manto de Cristo para ellos mismos, los Flavio estaban creando la religión "cristiana". Entonces, al considerar las múltiples conexiones de la familia Flavia con el cristianismo temprano en Roma, la posibilidad de que el cristianismo de Flavio sea la base para el cristianismo romano de hoy en día es perfectamente lógico.

11. Atar y perder

Luego hay un paralelo obvio en relación con "atar y perder". Numerosos académicos han comentado acerca de las semejanzas, pero ninguno trata de ubicar las historias dentro de una doble trama, por supuesto. En Mateo está en el mismo pasaje y sigue la identificación del hijo del dios viviente en Lucas 9:18-20 de arriba.

> Ellos dijeron: Unos, Juan el Bautista; otros, Elías; y otros, Jeremías, o alguno de los profetas.
>
> El les dijo: Y vosotros, ¿quién decís que soy yo?
>
> Respondiendo Simón Pedro, dijo: Tú eres el Cristo, el Hijo del Dios viviente.
>
> Entonces le respondí Jesús ...
>
> ... Y a ti te daré las llaves del reino de los cielos; y todo lo que atares en la tierra será atado en los cielos; y todo lo que desatares en la tierra será desatado en los cielos.
>
> Mateo 16:14-19

> Oh, padre, es solo el escándalo [de un prisionero] debe ser tomado de Josefo, junto con su cadena de hierro. Porque si no le soltamos sus ataduras, sino que se las hacemos pedazos, será como un hombre que nunca hubiera sido atado en absoluto.
>
> *Las Guerras de los Judíos* 4, 10, 628-629

12. Él, que no sigue con nosotros, pero arroja a los demonios.

Lucas luego describe una disputa entre los seguidores de Cristo, diciéndoles que dejen a cualquiera "expulsar" a los demonios porque "quien no está en contra de nosotros, está de nuestro lado".

> Se suscitó entre ellos una discusión sobre quién de ellos sería el mejor. Y Jesús, conociendo los pensamientos de sus corazones, tomó a un niño y lo puso junto a sí, y les dijo: "Cualquiera que reciba a este niño en mi nombre, a mí me recibe; y cualquiera que me reciba a mí, recibe al que me envió; porque el que es más pequeño entre todos vosotros, ése es grande". Entonces, tomando la palabra, Juan dijo: "Maestro, hemos visto a uno que echaba fuera demonios en tu nombre; y se lo prohibimos, porque no sigue con nosotros". Jesús le dijo: "No se lo prohibáis; porque el que no está contra de nosotros, está de nuestra parte".
>
> Lucas 9:46-50

Josefo describe una disputa que ocurrió entre los líderes rebeldes. Nótese que los nombres de los individuos que sostuvieron la discusión fueron Simón, Juan y Lázaro –nombres de seguidores de Jesús. Desde la perspectiva Flavia, aunque estos rebeldes no "siguieron con nosotros", porque se estaban matando unos a otros, estaban expulsando "demonios".

> Y ahora había tres facciones traidoras en la ciudad, y una se separó de la otra. Eleazar y su grupo, que guardaron los primores sagrados, vinieron contra Juan con sus copas. Los que estaban con Juan saquearon al pueblo, y salieron con celo contra Simón. Este Simón tenía su suministro de provisiones traídas de la ciudad a diferencia de los sediciosos.
>
> Cuando, entonces, Juan fue asaltado por ambos lados, hizo que sus hombres se volvieran, lanzando sus dardos sobre aquellos ciudadanos que se enfrentaron a él, desde los lugares que tenía

en su poder, mientras cargaba a los que le atacaron del templo por sus motores de guerra.

Y si en algún momento fue liberado de los que estaban encima de él, lo cual sucedía con frecuencia, por estar ebrio y cansado, salía con gran número sobre Simón y su grupo;

Y esto siempre ocurrió en aquellas partes de la ciudad a las que podía llegar, hasta que prendió fuego a aquellos lugares que estaban llenos de trigo, y de todas las demás disposiciones. Simón hizo lo mismo cuando, en el retiro del otro, atacó también la ciudad; como si lo hubieran hecho a propósito, hecho para servir a los romanos, destruyendo lo que la ciudad había conseguido contra el asedio, y por lo tanto cortando los nervios de su propio poder.

Las Guerras de los Judíos 5, 1, 21-24

EN EL CAMINO A JERUSALÉN

13. A Jerusalén –los mensajeros son enviados adelante

Al final de su campaña por Galilea, Lucas señala que Jesús salió de Galilea para dirigirse a Jerusalén. Al leerlo, siguiendo la perspectiva de este análisis, las palabras de Lucas son escalofriantes y su significado es transparente.

> Aconteció, cuando se cumplió el tiempo en que había de ser recibido arriba, que él afirmó su rostro para ir a Jerusalén. Y envió mensajeros delante de él, los cuales fueron y entraron en una aldea de los samaritanos para hacerle preparativos.
>
> Lucas 9:51

Josefo, manteniéndolo en secuencia, registró que Tito luego partió a Jerusalén y, como su precursor tipológico, envió "mensajeros" –sus legiones- antes de su llegada.

> Tito, cuando reunió a parte de sus fuerzas cerca de él, y ordenó al resto que lo encontraran en Jerusalén, se marchó de Cesárea.
>
> *Las Guerras de los Judíos*, 5, 1, 40

14. No entierren a sus muertos o miren hacia atrás

Lucas entonces presenta una historia acerca de un seguidor reprendido por Jesús por desear "enterrar a su muerto", y le dice que "no mire hacia atrás" sino hacia delante, al reino de Dios.

Y dijo a otro: Sígueme. Pero él dijo: Señor, déjame que primero vaya y entierre a mi padre.

Jesús le dijo: Deja que los muertos entierren a sus muertos; y tú ve, y anuncia por doquier el reino de Dios.

Y también dijo otro: Te seguiré, Señor; pero déjame que me despida primero de los que están en mi casa.

Y Jesús le dijo: Ninguno que poniendo su mano en el arado mira hacia atrás, es apto para el reino de Dios.

Lucas 9:59-62

Este pasaje en Lucas conecta la descripción de Josefo de la duodécima Legión. La legión ha sido golpeada por los judíos en la primera batalla de la guerra. Josefo escribió que la Legión:

… Marcharon ahora con mayor prontitud para vengarse ellos mismos de los judíos al recordar lo que ellos habían tenido que sufrir…

Las Guerras de los Judíos 5, 1, 41

En otras palabras, la Legión no tenía que preocuparse de "enterrar a sus muertos" sino que enfocarse en "seguir" a Tito para la venganza. En Lucas 9 Jesús señala que el será "seguido". Josefo lo anotó:

Tito… partió delante de su ejército…

Las Guerras de los Judíos 5, 1, 50

Como digresión, una vez que el marco interpretativo es comprendido, el pasaje final de Lucas del ministerio de Jesús en Galilea se hace completamente obvio, casi no requiere comentario. El pasaje describe a Tito enviando a sus legiones a Jerusalén, su destrucción de Galilea, y la identidad oculta de Dios y su padre – Vespasiano.

Después de estas cosas, designó el Señor también a otros setenta, a quienes envió de dos en dos delante de él a toda ciudad y lugar adonde él había de ir.

Y les decía: La cosecha es mucha; mas los obreros, pocos; por tanto, rogad al Señor de la mies que envíe obreros a su cosecha.

Id; he aquí que yo os envío como corderos en medio de lobos.

No llevéis bolsa, ni alforja, ni calzado; y a nadie saludéis por el camino.

En cualquier casa donde entréis, primeramente, decid: Paz a esta casa.

Y si hubiese allí algún hijo de paz, vuestra paz reposará sobre él; y si no, se volverá a vosotros.

Y permaneced en aquella misma casa, comiendo y bebiendo lo que tengan; porque el obrero es digno de su salario. No vayan cambiando de casa en casa.

En cualquier ciudad donde entréis, y os reciban, comed lo que os pongan delante;

Y sanad a los enfermos que en ella haya, y decidles: Se ha acercado a vosotros el reino de Dios.

Mas en cualquier ciudad donde entréis, y no os reciban, saliendo por sus calles, decid:

Aun el polvo de vuestra ciudad, que se ha pegado a nuestros pies, lo sacudimos contra vosotros. Empero, sabed esto, que el reino de Dios se ha acercado a usted.

Os digo que en aquel día será más tolerable el castigo para Sodoma, que para aquella ciudad.

¡Me apiado de ti, Coracin! ¡Ay de ti, Betsaida!, que si en Tiro y en Sidón se hubieran hecho los milagros que se han hecho en vosotras, hace tiempo que sentadas en una arpillera de ceniza, se habrían arrepentido.

Por tanto, en el juicio será más tolerable el castigo para Tiro y Sidón, que para ustedes.

Y tú, Cafarnaúm, que hasta los cielos fuiste levantada, hasta el Hades serás abatida.

El que a vosotros oye, a mí me oye; y el que a vosotros desecha, a mí me desecha;

y el que me desecha a mí, desecha al que me envió. Volvieron los setenta con gozo, diciendo: Señor, aun los demonios se nos someten en tu nombre.

Y les dijo: Yo veía a Satanás caer del cielo como un rayo.

Mirad, he aquí que os doy potestad de hollar serpientes y escorpiones, y sobre todo poder del enemigo, y nada os dañará.

Pero no os regocijéis de que los espíritus se os someten, sino regocijaos de que vuestros nombres están escritos en los cielos.

En aquella misma hora Jesús se regocijó en el Espíritu Santo, y dijo: Yo te alabo, oh Padre, Señor del cielo y de la tierra, porque ocultaste estas cosas a sabios y entendidos, y las has revelado a niños. Sí, Padre, porque así fue de tu agrado.

Todas las cosas me fueron entregadas por mi Padre; y nadie conoce quién es el Hijo sino el Padre; ni quién es el Padre, sino el Hijo, y aquel a quien el Hijo lo quiera revelar.

Lucas 10:1-2

15. El Buen Samaritano

La próxima historia en Lucas -10:25-37 – es la del Buen Samaritano. En la historia, el hombre que ha sido atacado por bandidos simboliza la Duodécima Legión, que ha sido dejada "media muerta" por los judíos "bandidos" en el camino que va de Jerusalén a Jericó al comienzo de la guerra. En la descripción de la batalla hecha por Josefo, utiliza la misma palabra griega que Lucas utiliza para describir a los "ladrones", es decir, para describir a los rebeldes que les robaron las pertenencias a las legiones –"lestes" (ληστες) (bandidos en griego) (*Las Guerras de los Judíos* 2, 19, 554). La historia del "Buen Samaritano" en los Evangelios paralela tipológicamente a Tito marchando desde Samaria y reconstituyendo la Legión que había sido "desnudada" por los ladrones "lestes".

> Ahora Tito, según el uso romano, se dirigió al frente del ejército de una manera digna, y marchó a través de Samaria a Gofna (Jifna), una ciudad que anteriormente había sido tomada por su padre, y luego fue guarnecida por soldados romanos;
> y cuando se había alojado allí una noche, marchó por la mañana

> *Las Guerras de los Judíos* 5, 2, 50-51

El pasaje de Josefo además nota cuán bien provisionada estaba la Legión, "Los sirvientes de cada Legión vinieron después de estos, y antes de que ellos perdieran sus equipos". Por lo tanto, la parábola de Lucas imagina a Tito restaurando la Legión que ha sido dejada "media muerta" y "desnudada" de sus mulas y provisiones en el camino de Jerusalén a Jericó.

> Pero él, queriendo justificarse a sí mismo, dijo a Jesús: "¿Y quién es mi prójimo?"

> Respondiendo Jesús, dijo: "Un hombre descendía de Jerusalén a Jericó, y cayó en manos de ladrones, los cuales le despojaron; e hiriéndole, se fueron, dejándole medio muerto.

> Coincidió que descendía un sacerdote por aquel camino, y viéndole, pasó por el lado opuesto del camino.

> "Asimismo, un sacerdote, llegando cerca de aquel lugar, y viéndole, pasó por el otro lado.

> Pero un samaritano que iba de camino, vino cerca de él, y viéndole, fue movido a compasión;

> y acercándose, vendó sus heridas, echándoles aceite y vino; y poniéndole sobre su propia cabalgadura, lo llevó a un mesón, y cuidó de él.

> Al partir al día siguiente, sacó dos denarios, y los dio al mesonero, y le dijo: Cuídale; y todo lo que gastes de más, yo te lo pagaré cuando regrese.

¿Quién, pues, de estos tres te parece que fue el prójimo del que cayó en manos de los ladrones?

Él dijo: El que usó de misericordia con él. Entonces Jesús le dijo: Ve, y haz tú lo mismo.

Lucas 10:29-37

FUERA DE JERUSALÉN

Los Evangelios ahora registran una serie de historias en las afueras de Jerusalén. Estas historias están llenas de conflicto entre Jesús y los judíos, y de imaginería militar. Las historias paralelan las batallas entre Tito y los rebeldes judíos antes de su "entrada triunfal" dentro de la ciudad.

> Pero ahora, tan pronto como la legión que había estado en Emaús se unió a César por la noche, se retiró de allí, cuando era de día, y llegó a un lugar llamado Scopus; desde donde la ciudad comenzó a ser vista, y se podía tomar una vista clara del gran templo. En consecuencia, en este lugar, en el barrio norte de la ciudad, y uniéndose a él, había una llanura, y muy apropiadamente llamada Scopus, [el prospecto].

> Y estaba a no más de siete estadios distantes de él. Y aquí fue donde Tito ordenó que se fortificara un campamento para dos legiones que iban a estar juntas; pero ordenó que se fortificara otro campamento, a siete furlones (7*220 metros=1540 metros) más lejos de ellos, para la Quinta Legión; porque pensó que, al marchar en la noche, podrían estar cansados y merecer estar cubiertos por el enemigo, y con menos miedo podrían fortalecerse;

> *Las Guerras de los Judíos* 5, 2, 67-68

Lucas simboliza las tres legiones que están "golpeando a la puerta" de Jerusalén al describir a alguien que necesita "tres panes" (el hombre necesita tres panes porque tiene tres legiones que alimentar). Este "alguien" viene durante la noche y trata de lograr que otra persona, después de cerrar la puerta, le abra. Jesús alaba la persistencia de "quien golpea", no dándose por vencido, y de este modo consiguiendo que la puerta cerrada se abra. Nótese que la pregunta en la última línea –"O si se le solicita un huevo, no le va a entregar un escorpión, ¿no es cierto?" ¿Está el humor de los Flavio en la misma vena humorística de muchas de las preguntas anteriores? "Escorpión" era el nombre de una pieza de artillería romana, la balista, y definitivamente iba a "ser dada" a los rebeldes judíos. El autor hace referencia aquí a una catapulta para establecer una entrada triunfal donde las "piedras lloran", que sigue a continuación.

> Y les dijo también: ¿Quién de vosotros que tenga un amigo, va a él a medianoche y le dice: Amigo, préstame tres panes,
>
> porque un amigo mío ha venido a mí de viaje, y no tengo qué ponerle delante; y aquél, respondiendo desde adentro, le dice: No me molestes; la puerta ya está cerrada, y mis niños están conmigo en cama; no puedo levantarme, y dártelos?
>
> Os digo, que, aunque no se levante a dárselos por ser su amigo, sin embargo, por su importunidad se levantará y le dará todo lo que necesite.
>
> Y yo os digo: Pedid, y se os dará; buscad, y hallaréis; llamad, y se os abrirá. Porque todo aquel que pide, recibe; y el que busca, halla; y al que llama, se le abrirá.
>
> ¿Qué padre de vosotros, si su hijo le pide pan, le dará una piedra?; ¿o si pescado, en lugar de pescado, le dará una serpiente? ¿O si le pide un huevo, le dará un escorpión?
>
> Lucas 11:5-12

17. La casa de Satán dividida contra ella misma

Josefo luego describe la "casa de Satán" que ha sido divida en contra de sí misma. En otras palabras, los diferentes grupos de rebeldes judíos se dieron cuenta, cuando los romanos aparecieron, que debían juntarse o que su casa "caería".

> Ahora, hasta ahora, las diversas partes en la ciudad habían estado lanzándose una contra otra perpetuamente; esta guerra

extranjera, de repente, se encuentra sobre ellas de una manera violenta, se detienen por primera vez en sus contiendas uno contra el otro;

y como los sediciosos ahora vieron con asombro que los romanos alzaban tres campamentos, empezaron a pensar en una especie de concordia torpe, y se dijeron unos a otros:

"¿Qué hacemos aquí y qué queremos decir cuando sufrimos tres muros fortificados para ¿Construido para recluirnos para que no podamos respirar libremente?

Las Guerras de los Judíos 5,2, 71-73

Lucas describe un paralelo transparente a la situación –la casa de Satán dividida en contra de sí misma que va a caer.

Mas él, sabiendo los pensamientos de ellos, les dijo: Todo reino dividido contra sí mismo, es asolado; y una casa dividida contra sí misma, cae. Y si también Satanás está dividido contra sí mismo, ¿cómo permanecerá en pie su reino?, ya que decís que por Belcebú echo yo fuera los demonios. Pues si yo echo fuera los demonios por Belcebú, ¿por quién los echan vuestros hijos fuera? Por tanto, ellos serán vuestros jueces. Mas si por el dedo de Dios echo yo fuera los demonios, entonces el reino de Dios ha llegado a vosotros.

Lucas 11: 17-20

18. Hombre en armadura que será vencido

Josefo y Lucas a continuación cubren el tema de un hombre en armadura que enfrentará a alguien más fuerte y será vencido.

... mientras el enemigo está construyendo de manera segura una especie de ciudad en oposición a nosotros, y mientras nos sentamos quietos dentro de nuestros propios muros, y nos convertimos en espectadores solo de lo que están haciendo, con nuestras manos ociosas y nuestra armadura colocada, como si se tratara de algo para nuestro beneficio y ventaja.

Al parecer, somos (también gritaron), solo valientes en contra de nosotros mismos, mientras que los romanos probablemente ganarán la ciudad sin derramamiento de sangre por nuestra sedición.

Así se animaron mutuamente cuando se reunieron, y tomaron su armadura inmediatamente, corrieron hacia la décima legión y cayeron sobre los romanos con gran entusiasmo, y con un grito prodigioso, ya que estaban fortificando su campamento.

Las Guerra de los Judíos, 5, 2, 73-75

Cuando el hombre fuerte armado guarda su palacio, en paz está lo que posee.

Pero cuando viene otro más fuerte que él y le vence, le quita todas sus armas en que había confiado y reparte el botín.

El que no está conmigo, contra mí está; y el que conmigo no recoge, desparrama.

Lucas 11:21-23

19. El incremento de las multitudes

Josefo y Lucas, cada uno anota cómo los judíos se agrupaban alrededor del hijo de dios.

En la medida que la multitud se fue incrementando…

Lucas 11:29

Los judíos crecieron más y más en número…

Las Guerras de los Judíos, 5, 2, 78

20. A la Espera

Lucas entonces describe a Jesús siendo asaltado por judíos "a la espera" de él y buscando "agarrarlo" antes de su entrada triunfal en Jerusalén. Estas expresiones en Lucas simbolizan la batalla que Tito experimentó con los judíos antes de su "entrada triunfal" dentro de Jerusalén.

> Diciéndoles él estas cosas, los escribas y los fariseos comenzaron a acosarle en gran manera, y a provocarle a que hablase de muchas cosas;
>
> acechándole, y procurando cazar alguna palabra de su boca para acusarle.

Lucas 11: 53-54

> …el mismo César, [quien les habló así]: Estos judíos que están solo conducidos por su locura, hacen cada cosa con cuidado y circunspección; crean estratagemas, y emboscadas…

Las Guerras de los Judíos 5, 3, 121

21. El Jesús que se lamenta

Los próximos paralelos constituyen un conjunto que es obvio y que ha sido discutido por la academia. El primer paralelo es que el "ay que dice Jesús" está registrada tanto en los Evangelios como en Josefo. Aunque numerosos eruditos se han preguntado sobre la causa de las obvias conexiones entre los dos personajes, no han comprendido la conexión tipológica entre el Jesús que se "lamenta" porque no se han percatado del simple enigma que los coloca a ambos en el mismo lugar en ambas tramas. Josefo registra que este personaje comenzó a "lamentarse" cuatro años antes del comienzo de la guerra, y se mantuvo repitiendo este mantra por siete años y cuatro meses. Él también escribió que la "abominación de desolación" –la que será discutida en el capítulo 13– ocurrió en el punto previsto por Daniel, en otras palabras, tres años y seis meses luego de que la guerra hubo comenzado. Así, el "Jesús que se lamanenta" en Josefo muere un mes antes de la *abominación de la desolación*, en el mismo punto de la trama de la historia en los Evangelios.

¡Ay de vosotros, fariseos!, que amáis el primer asiento en las sinagogas, y los saludos respetuosos en las plazas.

¡Ay de vosotros!, que sois como sepulcros que no se ven, y los hombres que andan encima no lo saben.

Respondiendo uno de los intérpretes de la ley, le dijo:

Maestro, cuando dices esto, también nos insultas a nosotros.

Y él dijo: ¡Ay de vosotros, también, intérpretes de la ley!, porque cargáis a los hombres con cargas difíciles de llevar, pero vosotros ni aun con un dedo tocáis las cargas.

¡Ay de vosotros, que edificáis los sepulcros de los profetas a quienes mataron vuestros padres!

De modo que sois testigos y consentidores de los hechos de vuestros padres; porque a la verdad ellos los mataron, y vosotros edificáis sus sepulcros.

Por eso la sabiduría de Dios también dijo: Les enviaré profetas y apóstoles; y de ellos, a unos matarán y a otros perseguirán,

para que se demande de esta generación la sangre de todos los profetas que se ha derramado desde la fundación del mundo, desde la sangre de Abel hasta la sangre de Zacarías, que pereció entre el altar y el templo; sí, os digo que será demandada de esta generación.

¡Ay de vosotros, intérpretes de la ley!, porque habéis quitado la llave del conocimiento; vosotros mismos no entrasteis, y a los que entraban se lo impedisteis.

Lucas 11:43-52

La anotación de Josefo del "|ay' que dice Jesús" también será discutida con mayor detalle en el capítulo 9. Este personaje fue conectado deliberadamente con el personaje de los Evangelios. Los paralelos de "Jesús que dice 'ay'" son los siguientes:

- Entran a Jerusalén durante uno de los festivales de "peregrinación" (Pascua y Sucot).

- Ellos emiten un oráculo en contra de Jerusalén, el Templo y la gente.

- Son capturados por los líderes ciudadanos.

- Son golpeados y luego flagelados.

- No responden a los interrogadores.

- Son llevados ante el fiscal romano.

- Son llamados locos "exestokos" (comparar con Marco 3:21 exeste, y también con Juan 7:20).

- Profetizan su propia muerte.

- Mueren.

> ... hubo un Jesús ... vino a esa fiesta en donde nuestra costumbre es que cada uno haga tabernáculos para Dios en el templo,
>
> de pronto comenzó a llorar en voz alta: "Una voz del este, una voz del oeste, una voz de los cuatro vientos, una voz contra Jerusalén y la santa casa, una voz contra los novios y las novias, ¡y una voz contra todo este pueblo! Este fue su llanto, mientras pasaba día y noche, por todos los caminos de la ciudad.
>
> Sin embargo, algunos de los más eminentes de la población sintieron una gran indignación ante este terrible llanto suyo, y tomaron al hombre y le dieron una gran cantidad de severas heridas; sin embargo, tampoco dijo nada por sí mismo, ni nada peculiar de los que lo reprendieron, sino que continuó con las mismas palabras que había llorado antes.
>
> De aquí en adelante nuestros gobernantes, suponiendo, como resultó ser, que esto era una especie de furia divina en el hombre, lo llevó al procurador romano,
>
> donde fue azotado hasta que sus huesos quedaron al descubierto; sin embargo, no hizo ninguna súplica, ni derramó ninguna lágrima, sino que volvió su voz al tono más lamentable posible, a cada golpe del látigo su respuesta fue: "¡Ay, ay, Jerusalén!"

Todos los días pronunciaban estas lamentables palabras, como si se tratara de su voto premeditado, "¡Ay, ay de Jerusalén!" …"¡Ay, ay de la ciudad otra vez, y de la gente, y de la santa casa!" Y así como agregó en el último, "¡Ay, ay de mí también!" salió de uno de los motores una piedra (catapulta), le hirió y le mató de inmediato; mientras pronunciaba los mismos presagios, renunció al fantasma.

Las Guerras de los Judíos 6, 5, 300-30

Finalmente – cada uno de los Jesús que se lamenta describe la fe de Zacarías en las manos de los judíos perversos, y predice el "lamento" para los intérpretes de la ley.

… desde la sangre de Abel hasta la sangre de Zacarías, que pereció entre el altar y el templo; sí, os digo que será demandada de esta generación.

¡Ay de vosotros, intérpretes de la ley!, porque habéis quitado la llave del conocimiento; vosotros mismos no entrasteis, y a los que entraban se lo impedisteis.

Lucas 11: 51-52

La declaración de Jesús "imagina" la siguiente historia en Josefo. Nótese que no solo es paralelo el destino de los dos Zacarías, sino que cada historia representa "abogados perversos".

Ahora, cuando Zacarías vio claramente que no había forma de permanecer por haber escapado de ellos, como lo habían llamado traidoramente, y luego encarcelado, pero no con la intención de un juicio legal, se tomó una gran libertad de expresión en esa desesperación de su vida que no podía. Se puso de pie, y se rio de su pretendida acusación, y en pocas palabras refutó los crímenes que se le había impuesto;

luego dirigió su discurso a sus acusadores, y repasó claramente todas sus transgresiones de la ley, y se lamentó con intensidad por la confusión que habían hecho pública:

mientras tanto, los zelotes se volvieron tumultuosos, y tuvieron muchas dificultades para abstenerse de sacar sus espadas, aunque prefirieron preservar la apariencia y la demostración de justicia hasta el final. También querían, por otras razones, juzgar a los jueces, fueran conscientes o no de su propio riesgo.

Ahora, los setenta jueces dictaron su veredicto de que la persona acusada no era culpable, ya que prefería morir con ellos, antes que tener su muerte en sus puertas;

de aquí en adelante surgió un gran clamor de los zelotes por su absolución, y todos ellos se indignaron con los jueces por no entender que la autoridad que se les dio era una burla.

Así que dos de los más audaces de ellos cayeron sobre Zacharias en medio del templo, y lo mataron; y cuando cayó muerto, le hicieron una broma y le dijeron: "Tú también tienes nuestro veredicto, y esto te resultará más seguro que el otro. También lo echaron inmediatamente del templo, al valle de más abajo.

Además, golpearon a los jueces con el dorso de sus espadas, a modo de abuso, y los empujaron fuera de la corte del templo, y perdonaron sus vidas sin más diseño que este, cuando fueron dispersados entre la gente de la ciudad, podrían convertirse en sus mensajeros, para hacerles saber que no eran mejores que los esclavos.

Las Guerras de los Judíos 4,5, 338-344

22. Los inocentes golpeados más que los culpables

Las tramas paralelas continúan con la descripción de inocentes que son golpeados más que los culpables.

Aquel siervo que conociendo la voluntad de su señor, no se preparó, ni hizo conforme a su voluntad, recibirá muchos azotes.

Mas el que sin conocerla hizo cosas dignas de azotes, recibirá pocos; porque a todo aquel a quien se haya dado mucho, mucho se le exigirá; y al que mucho se le haya confiado, más se le pedirá.

Lucas 12: 47-48

Sobre lo cual había un gran desorden y perturbación en la casa sagrada; mientras que la gente, que no tenía ninguna preocupación por la sedición, supuso que este asalto se hizo contra todos sin distinción, ya que los fanáticos pensaron que se había hecho solo contra ellos.

Así que estos dejaron de proteger las puertas, y saltaron desde sus almenas antes de llegar a un compromiso, y huyeron a las cavernas subterráneas del templo; mientras la gente que estaba temblando en el altar y alrededor de la casa sagrada, se amontonaron juntos, fueron pisoteados y fueron golpeados con madera y con armas de hierro sin piedad.

La diferencia con otras es que mataron a muchas personas que estaban calladas, al margen de su propia enemistad y odios privados, como si fueran opuestos a los sediciosos; y todos los que habían ofendido a alguno de estos conspiradores ahora eran conocidos y fueron llevados a la masacre; y cuando habían hecho una gran cantidad de horribles tropelías a los inocentes, concedieron una tregua a los culpables ...

Las Guerras de los Judíos 5, 3, 101-104

23. Dividir al grupo de 3 a 2

El próximo paralelo es tan transparente que no necesita una explicación. Nótese que Lucas subraya el concepto relacionado, "la división mediante la reducción de tres a dos" mediante su repetición.

Estos seguidores de Juan tampoco se tomaron este templo interior, y sobre todos las catapultas, y luego se aventuraron a oponerse a Simón. Y entonces la sedición, que ha sido dividida en tres facciones, ahora fue reducida a dos.

Las Guerras de los Judíos 5, 3, 104-105

¿Pensáis que he venido para dar paz en la tierra?

No, os digo, sino más bien división.

Porque de aquí en adelante, cinco en una familia estarán divididos, tres contra dos, y dos contra tres.

Lucas 12: 51-53

Haciendo una digresión, aunque no es parte de la secuencia tipológica –el evento relacionado no ocurre en el mismo punto de la secuencia –Lucas describe una "torre de Siloé" que había caído (*pipto*) previamente sobre dieciocho "pecadores" de Galilea.

O aquellos dieciocho sobre los cuales cayó la torre en Siloé, y los mató, ¿pensáis que eran más culpables que todos los hombres que habitan en Jerusalén?

Os digo: No; antes bien, si no os arrepentís, todos pereceréis igualmente.

Lucas 13: 4-5

La descripción de Lucas de una torre que cayó matando a dieciocho ha confundido a los académicos, ya que no existe ningún texto histórico que describa un evento así. En efecto, el pasaje es meramente una ingeniosa manera de glorificar a Tito. En su descripción de la batalla en el valle cercano a la piscina de Siloé, Josefo anotó que Tito "cayó" (*pipto*) sobre "grandes números":

...se opuso a los que corrían sobre él, y los hirió en la cara; y cuando los obligó a volver, los mató: también cayó sobre ellos;

sobre grandes porciones mientras marchaban colina abajo y los empujaban hacia adelante...

Las Guerra de los Judíos 5,2, 89

Lógicamente, Jesús se refiere a un evento, no como una profecía sino como algo ocurriendo en el pasado, porque la torre de Siloé, el episodio "*pipto*", ya había ocurrido cuando discutió sobre tal suceso.

24. Derribando el árbol que da frutas

Nuevamente, el próximo paralelo es también muy obvio. Jesús "imagina" un árbol frutal que iba a ser cortado fuera de Jerusalén, lo que finalmente ocurrió.

> También dijo esta parábola: Tenía un hombre una higuera plantada en su viña, y vino a buscar fruto en ella, y no lo halló.
>
> Y dijo al viñador: Mira, hace tres años que vengo a buscar fruto en esta higuera, y no lo hallo; córtala; ¿para qué inutiliza también la tierra?
>
> Él entonces, respondiendo, le dijo: Señor, déjala todavía este año, hasta que yo cave alrededor de ella, y la abone.
>
> Y si da fruto, bien; y si no, la cortarás después.
>
> Lucas 13: 6-9

> Pero Tito, con la intención de acampar en el campamento más cerca de la ciudad que Scopus, colocó tantos jinetes e infantes de su elección como pensó que serían suficientes para hacer frente a los judíos para así evitar que salieran en contra suya, mientras daba órdenes a todo el ejército de nivelar la distancia, tan allá hasta que alcanzara la muralla de la ciudad.
>
> Así que derribaron todos los setos y muros que los habitantes habían hecho sobre sus jardines y arboledas, y

cortaron todos los árboles frutales que se extendían entre ellos y el muro de la ciudad…

Las Guerras de los Judíos 5, 3, 106-107

25. La entrada estrecha y la puerta cerrada

Lucas luego describe una "entrada angosta" y el cerrar de la puerta por el "Maestro", seguido por los puntos de la brújula.

Y fue a cada una de las ciudades y aldeas, enseñando, y prosiguiendo su camino hacia Jerusalén.

Y alguien le dijo: Señor, ¿son pocos los que se salvan? Y él les dijo:

Esforzaos a entrar por la puerta angosta; porque os digo que muchos procurarán entrar, y no podrán.

Después que el padre de familia se haya levantado y cerrado la puerta, y estando fuera empecéis a llamar a la puerta, diciendo: Señor, Señor, ábrenos, él respondiendo os dirá: No sé de dónde sois.

Entonces comenzaréis a decir: Delante de ti hemos comido y bebido, y en nuestras calles enseñaste.

Pero os dirá: Os digo que no sé de dónde sois; apartaos de mí todos vosotros, hacedores de maldad.

Allí será el llanto y el crujir de dientes, cuando veáis a Abraham, a Isaac, a Jacob y a todos los profetas en el reino de Dios, mientras a vosotros os echan fuera.

Y vendrán del oriente y del occidente, del norte y del sur, y se sentarán a la mesa en el reino de Dios. Y he aquí que hay últimos que serán primeros, y primeros que serán últimos.

Lucas 13: 22-30

Josefo también describe la "puerta angosta" que ha sido cerrada por el "Dueño (maestro) de la casa" y los puntos de la brújula.

> Así que César... pensó para si mismo cómo podría estar a la altura de los judíos con su estratagema.
>
> Y ahora, cuando el espacio entre los romanos y la muralla se había nivelado, lo que se hizo en cuatro días, y como él deseaba llevar el equipaje del ejército, con el resto de la multitud que lo seguía, con seguridad al campamento, puso la parte más fuerte de su ejército contra la pared que estaba en el barrio norte de la ciudad y la parte oeste de ella, e hizo que su ejército tuviera siete profundidades,
>
> con los hombres de pie colocados delante de ellos, y los jinetes detrás de ellos, cada uno de los últimos en tres filas, mientras que los arqueros se situaban en medio en siete filas.
>
> Y ahora, como los judíos estaban prohibidos, por un cuerpo tan grande de hombres, de atacar a los romanos, ambas bestias que soportaban las cargas y pertenecían a las tres legiones, y el resto de la multitud, marchaban sin ningún temor.
>
> Pero en cuanto al propio Tito, estaba a unos dos estadios de distancia de la pared, en esa parte donde estaba la esquina y más contra esa torre que se llamaba Psefino, en la que se doblaba la brújula de la pared del norte, y se extendió sobre el oeste;
>
> pero la otra parte del ejército se fortificó en la torre llamada Hípico, y estaba distante, de igual manera, por dos estadios de la ciudad.
>
> Sin embargo, la décima legión continuó en su propio lugar, en el Monte de los Olivos.
>
> *Las Guerras de los Judíos,* 5, 3, 128-135

Lucas y Josefo siguen la obvia conexión tipológica de arriba con una que es más conceptual. Ambas dan una descripción de Jerusalén antes de la "entrada triunfal" del Hijo del Hombre.

26. Cómo construir una torre

Porque ¿quién de vosotros, queriendo edificar una torre, no se sienta primero y calcula los gastos, a ver si tiene lo que necesita para acabarla? No sea que después que haya puesto el cimiento, y no pueda acabarla, todos los que lo vean comiencen a hacer burla de él,

diciendo: Este hombre comenzó a edificar, y no pudo acabar.

Lucas 14: 28-30

Tito caminó alrededor de la muralla buscando el mejor lugar para construir una torre.

Las Guerras de los Judíos, 5, 6, 258

27. Enviar una delegación

¿O qué rey, al marchar a la guerra contra otro rey, no se sienta primero y considera si puede hacer frente con diez mil al que viene contra él con veinte mil?

Y si no puede, cuando el otro está todavía lejos, le envía una embajada y le pide condiciones de paz.

Lucas 14: 31-32

…Josefo… trató de hablar con aquellos que estaban sobre la pared acerca de los términos de la paz…

Las Guerras de los Judíos, 5, 6, 261

DENTRO DE LA CIUDAD

28. La entrada triunfal y las piedras que lloran

Lucas entonces describe a Jesús comenzando su entrada triunfal a Jerusalén. En el pasaje, Lucas describe "piedras" que "lloran" y luego aquello que está "oculto para los ojos".

> Y lo trajeron a Jesús; y habiendo echado sus mantos sobre el pollino, montaron a Jesús encima de él.
>
> Y mientras él pasaba, tendían sus mantos por el camino.
>
> Cuando llegaban ya cerca de la bajada del monte de los Olivos, toda la multitud de los discípulos comenzó a alabar con alegría a Dios a grandes voces por todas las maravillas que habían visto,
>
> diciendo: ¡Bendito el rey que viene en el nombre del Señor; paz en el cielo, y gloria en las alturas! Entonces algunos de los fariseos de entre la multitud le dijeron:
>
> Maestro, reprende a tus discípulos. Él, respondiendo, les dijo: Os digo que, si éstos callan, las piedras clamarán. Y cuando llegó cerca, al ver la ciudad, lloró sobre ella, diciendo: ¡Si también tú conocieses, y de cierto en este tu día, lo que es para tu paz! Mas ahora está oculto a tus ojos.
>
> Lucas 19: 35-42

Josefo entonces describió la "entrada triunfante" de Tito dentro de Jerusalén. En otras palabras, Josefo describe la "entrada" de Tito dentro de la ciudad. las cuales fueron las piedras lanzadas por las catapultas. En el pasaje, Josefo comete un evidente error escribiendo el "Hijo que viene" en vez de la "Piedra que viene". Aunque el evidente error ha desconcertado a los académicos, este análisis hace que el significado satírico y tipológico del "error" de Josefo sea claro. Nótese que Josefo primero describe "la venida de la piedra", luego "la piedra que llora" y finalmente anota que la "hijo/piedra" estaba "escondida de tus ojos (judíos)". Es divertido constatar que en la traducción de Whiston que sigue a continuación, sin darse cuenta, pero correctamente, captura el verdadero significado del juego de palabras de Josefo concerniente al "llanto de las piedras" con su frase –"*y la piedra vino de allí y lloró fuerte*". En otras palabras, el texto griego puede ser leído lógicamente de dos maneras, una forma es como lo ha predicho Jesús –las piedras lloran. Nótese además que lo que las piedras "llorarían" en los Evangelios era la verdadera identidad del hijo de Dios. Esto es exactamente lo que Josefo dijo que hizo la "piedra" en el pasaje que sigue.

La secuencia de conceptos en el pasaje crea una clara conexión tipológica con el pasaje de "las piedras que han llorado" en Lucas 19 cuando se mira desde la nueva perspectiva.

> Las catapultas, que todas las legiones tenían preparados para ellos, fueron ideadas admirablemente; pero aún las más extraordinarias pertenecían a la décima legión: los que lanzaban dardos y las que lanzaban piedras eran más fuertes y grandes que el resto, por lo que no solo rechazaban las excursiones de los judíos, sino que expulsaban a los que estaban además en las murallas.

> Respecto a los judíos, al principio observaron la llegada de la piedra, ya que era de color blanco, por lo que no solo podía percibirse por el gran ruido que hacía, sino que también se podía ver antes de que llegara por su brillo;

> de acuerdo a los vigilantes que se sentaron en las torres, les avisaron cuando se soltó el motor y la piedra salió de allí, y gritó en voz alta, en su propia lengua nacional, "El HIJO QUE VIENE", entonces los que estaban en su camino se detuvieron, y se tiraron al suelo, por el medio, y al protegerse así, la piedra cayó y no les hizo daño.

Pero los romanos se las ingeniaron para prevenirlo al hacer que la piedra se oculte, la que luego podría apuntarles con éxito, cuando la piedra no fue detectada de antemano, como lo había sido hasta entonces destruyeron muchos de ellos de una sola disparo.

Las Guerras de los Judíos 5, 6, 269-273

Recuérdese que en hebreo hijo es "ben" y piedra es "eben". El juego de palabras sobre estos términos usado en el pasaje anterior fue establecido más temprano en los Evangelios:

...y no penséis que basta con decir en vuestro interior: Tenemos por padre a Abraham; porque yo os digo que Dios puede levantar hijos a Abraham aun de estas piedras.

Mateo 3:9

29. Jerusalén cercado con una muralla

Lucas entonces describe a Jesús "imaginando" el cercado de Jerusalén con la muralla. Note que el patrón general se conecta con un paralelo que no puede ser disputado. Los eruditos han reconocido siempre que Lucas 19:43 fue siempre dependiente de la descripción hecha por Josefo sobre Jerusalén "cercado con una muralla", pero hasta aquí no he visto un paralelo en el patrón general. El hecho que el patrón general se conecte directamente con un incontrovertible paralelo apoya la premisa de que el patrón es deliberado.

Porque vendrán días sobre ti, cuando tus enemigos te rodearán con vallado, y te sitiarán, y por todas partes te estrecharán, y te derribarán a tierra, y a tus hijos dentro de ti, y no dejarán en ti piedra sobre piedra, por cuanto no conociste el tiempo de tu visitación.

Lucas 19: 43-44

Josefo entonces describe cuando Tito cerca la ciudad de Jerusalén con una muralla. Este evento ha sido siempre comprendido por los académicos como la base de la profecía de Jesús citada anteriormente.

> ... deben construir un muro alrededor de toda la ciudad; pensó que era la única forma de prevenir que los judíos escaparan de cualquier forma y que entonces se desesperarían completamente por salvar la ciudad y se la entregarían, o serían aún más fáciles de conquistar cuando el hambre los hubiera debilitado aún más;
>
> para eso, además de esta muralla, no podrían descansar completamente después, sino que se encargarían de que los bancos volvieran a ser recaudados, cuando los que se les oponían se hubieran debilitado:
>
> pero si alguien piensa que tal trabajo es demasiado grande y que no debe terminarse sin mucha dificultad, debe considerar que no es apropiado que los romanos emprendan un trabajo pequeño, y que nadie, excepto Dios mismo, puede fácilmente lograr cualquier cosa en absoluto.

Las Guerras de los Judíos, 5, 12 499-501

30. Expulsión de los ladrones del templo

El pasaje final que voy a presentar respecto al mapa tipológico de Lucas/Josefo requiere de un pequeño comentario considerando su simbolismo y el contexto establecido por el análisis. Luego de la "entrada triunfal" y el cercado de la ciudad, Tito saquea el Templo. En otras palabras, los "ladrones" fueron sacados del templo por el "hijo del hombre". Josefo y los Evangelios cada uno utiliza la palabra "lestes" para describir a los "ladrones".

> Luego los romanos abrieron la brecha ... y todos los judíos abandonaron el muro protector y se retiraron al segundo muro; entonces aquellos que pudieron sobrepasar ese muro

abrieron las puertas y recibieron a todo el ejército dentro de él. Y así los romanos tomaron posesión de este primer muro, en el decimoquinto día del asedio…

Las Guerras de los Judíos, 5, 7, 301-302

Manteniendo la secuencia, Lucas anotó que Jesús tuvo un evento "prediciendo" la victoria de Tito sobre los "ladrones" en el área ubicada frente al templo. Nótese el concepto tipológico de los judíos tratando de "destruir" a Jesús.

Y entrando en el templo, comenzó a echar fuera a todos los que vendían y compraban en él,

diciéndoles: Escrito está: Mi casa es casa de oración; mas vosotros la habéis hecho cueva de ladrones.

Y enseñaba cada día en el templo; pero los principales sacerdotes, los escribas y los principales del pueblo procuraban matarle…

Lucas 19: 45-47

31. La abominación de la desolación

La "Abominación de la desolación" que Josefo registra fue predicha por Jesús. Aunque la profecía de Daniel es descrita, no es técnicamente realizada de ese modo en Lucas. Este paralelo ilumina el motivo del por que diferentes Evangelios fueron escritos, para hacer la relación entre Tito y Jesús más difícil de visualizar. La referencia a la "Abominación de la Desolación" fue ubicada en Mateo y los autores requieren que el lector recuerde ese hecho para comprender que el pasaje en Lucas está colocado dentro del preciso espacio en la secuencia.

Nótese la agudeza donde el autor de Mateo nota que el "lector" necesita "comprender" algo acerca de la "Abominación de la Desolación". Lo que necesita comprender es que si hubiera sido incluido en el mismo pasaje de Lucas –con sus numerosos paralelos tipológicos ocurriendo en la misma secuencia -la tipología Jesús/ Tito habría sido demasiado obvia.

Entonces les dijo: se levantará nación contra nación, y reino contra reino;

y habrá grandes terremotos en diferentes lugares, hambres y pestilencias; y habrá terror y grandes señales del cielo.

Pero antes de todas estas cosas os echarán mano, os perseguirán, y os entregarán a las sinagogas y a las cárceles, y seréis llevados ante reyes y ante gobernadores por causa de mi nombre.

Y esto os será ocasión para dar testimonio.

Por lo tanto preparar vuestros corazones de antemano para no mediar antes de que ocurra lo que vais a responder;

porque yo os daré una boca y una sabiduría, a la cual sus adversarios no podrán contradecir ni resistir.

Pero seréis entregados aun por vuestros padres, y hermanos, y parientes, y amigos; y matarán a algunos de vosotros;

y seréis aborrecidos por todos a causa de mi nombre.

Pero ni un cabello de vuestra cabeza perecerá.

Con vuestra paciencia ganaréis vuestras almas.

Pero cuando veáis a Jerusalén rodeada de ejércitos, sabed entonces que su desolación ha llegado.

Lucas 21:10-20

Porque se levantará nación contra nación, y reino contra reino; y habrá hambres, epidemias, y terremotos en diferentes lugares.

Mas todo esto será el principio de dolores.

Entonces os entregarán a tribulación, y os matarán, y seréis aborrecidos de todas las gentes por causa de mi nombre. Muchos tropezarán entonces, y se entregarán unos a otros, y unos a otros se aborrecerán.

Y muchos falsos profetas se levantarán, y engañarán a muchos;

Y debido al aumento de la iniquidad, se enfriará el amor de la mayoría. Mas el que persevere hasta el fin, éste será salvo. Y será predicado este evangelio del reino en todo el mundo, para testimonio a todas las naciones; y entonces vendrá el fin.

Por tanto, cuando veáis en el lugar santo la abominación de la desolación, anunciada por medio del profeta Daniel (el que lea, entienda).

Mateo 24: 7-15

Y ahora Tito dio órdenes a sus soldados que estaban con él para desenterrar los cimientos de la torre de Antonia, y hacer que estuviera listo para que su ejército subiera;

mientras que él mismo le había traído a Josefo, (porque había sido informado que ese mismo día, que era el decimoséptimo día de Panemus, [Tamuz,] el sacrificio, llamado "el Sacrificio Diario", había fallado y no se le había ofrecido a Dios, por la falta de hombres que lo ofreciera, y que la gente estaba muy angustiada por eso,)...

¿Y quién está allí que no sabe lo que contienen los escritos de los antiguos profetas, y particularmente el oráculo que ahora se va a cumplir en esta ciudad miserable? Porque ellos predijeron que esta ciudad debería ser tomada cuando alguien comience la matanza de sus propios compatriotas.

¿Y la ciudad y el templo entero no están ahora llenos de cadáveres de sus compatriotas? Es Dios, por lo tanto, el mismo Dios que está trayendo este fuego para purgar esa ciudad y el templo por medio de los romanos, y va a arrancar esta ciudad que está completamente contaminada.

Las Guerras de los Judíos, 6, 2, 93-94, 109-110

Whiston anotó el "milagroso" día de la Abominación de la Desolación en una nota a pie de página: "Este fue un día destacado sin duda, el séptimo de Panemus, [Tamuz,] A.D. 70, cuando, de acuerdo a la predicción de Daniel, seiscientos seis años antes, los romanos 'en media semana causaron que el sacrificio y la ofrenda se terminaran', Daniel 9:27. Desde el mes de febrero. 66 A.D, más o menos el momento cuando Vespasiano entró en esta guerra, hasta este preciso momento, corrieron solo tres años y medio". Daniel, debe recordarse, predijo que la "Abominación de la Desolación" ocurriría en la mitad de una semana – siete años.

> Desde el momento en que el Sacrificio Diario es eliminado y la abominación que causa la desolación es establecida, correrán 1.290 días.
>
> Daniel 12:11

Las tramas dobles ahora describen paralelos cubiertos en otro lado.

32. El hijo de María que fue un cordero pascual

FUERA DE JERUSALÉN

33. Tres crucificados, uno sobrevive

34. Simón condenado – Juan perdonado

LA ENTRADA AL SISTEMA TIPOLÓGICO

Habiendo establecido el mapa tipológico entre Jesús y Tito, ahora es posible mostrar la compleja entrada al sistema. El punto de entrada es solamente visible si se lee con la extrema parcialidad de la comprensión del significado del mapeo tipológico. Deberé además cubrir algunas de los paralelos más esotéricos pasados por encima en la sección pasada, donde mi propósito fue simplemente establecer el rango del mapa genera en Lucas.

Tal vez lo más interesante en la colección es el acertijo que muestra la verdadera identidad de María Magdalena -No.3 abajo.

1. La batalla de Nazaret/ Japha

La tipología Jesús/Tito comienza con el eslabón entre el primer evento del ministerio adulto de Jesús y la primera batalla de Tito. Es difícil de reconocer que la batalla de Jesús en "Nazaret" simbolice a Tito en Japha. Esto fue intencional de los autores que deseaban que los orígenes de su patrón fueran difíciles de detectar.

Para comprender la conexión alguna información contextual es necesaria. La existencia de un pueblo llamado "Nazaret" no era algo conocido en el siglo I. En el siglo IV, Flavio Constantino levantó una iglesia cerca de la antigua ciudad judía de Japha, en un lugar señalado por su madre Helena luego de haberle sido manifestada para ella en una visión de haber sido el "Nazaret" descrito en los Evangelios. Los eruditos no han encontrado ninguna evidencia conclusiva de la existencia de un poblado en tal lugar, y las bases para que Helena haya elegido el sitio ha sido un misterio. Sin embargo, al comprender la tipología Jesús/Tito se observa el motivo. Helena supo que tal lugar era "Nazaret" porque comprendió la tipología de Jesús/Tito y comprendió que este lugar correspondía a la primera batalla de Tito.

Para comenzar, Jesús señaló en Lucas 4 que los judíos de Nazaret algún día "dirían el proverbio" –"Médico cúrate a ti mismo" (Lucas 4:23). La profecía de Jesús "ocurrió" por así decirlo, en el pasaje de Josefo consignado más abajo, concerniente a la batalla de Japha, cuando el rol de los defensores judíos retrocedió. Es decir, los rebeldes que le negaron la entrada a los romanos en la primera muralla, fueron entonces dejados fuera por la gente del pueblo en la segunda muralla de la ciudad –aquellos que han mantenido a la gente fuera son los que están tratando de entrar –el medico se ha transformado en paciente.

> ... y cuando huyeron a su primer muro, los romanos los siguieron tan de cerca que cayeron junto con ellos; pero cuando los judíos estaban esforzándose para meterse en el segundo muro, sus conciudadanos los excluyeron por temor a que los romanos los obligaran a entrar. Ciertamente, Dios trajo a los romanos para castigar a los galileos.
>
> *Las Guerras de los Judíos*, 3, 7, 291-293

El pasaje de Josefo registra que los judíos "se curaron a sí mismos" de su "fiebre demoníaca" al matarse unos a otros luego de haber sido sitiados fuera de la ciudad:

> ... muchos fueron atravesados por las espadas de sus propios hombres, y muchos por sus propias espadas ...
>
> *Las Guerras de los Judíos*, 3, 7, 296

Lucas y Josefo, entonces, van a describir una lucha en una colina cercana a Japha, cuarenta años después. La historia de la gente del pueblo, en Lucas 4, que intentó botar a Jesús, desde la "ceja" de la colina en Nazaret, es una representación simbólica – una "predicción" tipológica- del intento de los Galileos para rechazar a las tropas de Tito del muro de Japha.

> ...y se levantaron y le echaron fuera de la ciudad, y le condujeron hasta un borde escarpado de la colina sobre la cual estaba edificada su ciudad, a fin de despeñarle.
>
> Lucas 4:29

El evento en Lucas "predice" el intento de la gente de la ciudad de repeler al ejército Flavio de la muralla de Japha, cuarenta años más tarde:

> … y cuando los soldados trajeron escaleras para ser apoyadas contra la pared por todos lados, los galileos se opusieron a ellas desde arriba por un tiempo; pero poco después abandonaron los muros. Entonces los hombres Tito saltaron a la ciudad
>
> *Las Guerras de los Judíos*, 3, 7, 301-302

Luego Tito –representado por el ejército romano – y Jesús "pasaron a través" de los judíos que no pudieron "lanzarlos al despeñadero" y se van por su camino a "sanar" a aquellos poseídos por el espíritu de los demonios en Galilea.

> Pero él pasó por medio de ellos, y se marchó por su camino.
>
> Lucas 4:30

> … pero cuando los guerreros se gastaron, al resto de la multitud se le cortó la garganta. (por los soldados de Tito)
>
> *Las Guerras de los Judíos,* 3, 7, 304

2. El endemoniado de Cafarnaúm fue el primero en nombrar a Cristo.

En Lucas 4, Jesús entonces parte a Cafarnaúm donde encuentra a un hombre que tiene un "demonio". El "endemoniado de Cafarnaúm" fue la primera persona, en Lucas, en declarar que Jesús era el Cristo, diciendo que sabe que Cristo es "el sagrado de Dios".

> Descendió a Cafarnaúm, ciudad de Galilea; había en la sinagoga un hombre poseído por el espíritu de un demonio inmundo, y gritó con voz muy fuerte:
>
> ¡Ah! ¿Qué tenemos que ver contigo, Jesús nazareno? ¿Has venido a destruirnos? Ya sé quién eres tú: el Santo de Dios.
>
> Lucas 4:31, 33-34

Había otro individuo poseído por un demonio mientras Flavio Josefo estaba en Cafarnaúm. Estos atributos fueron narrados en la autobiografía de Josefo.

> Y habría realizado grandes cosas ese día, si un demonio (*daemonium*) no hubiera sido mi obstáculo;
>
> ya que el caballo… me lanzó al suelo, y yo fui llevado dentro de Cafarnaúm.
>
> *Vida de Flavio Josefo*, 72, 402-403

Una técnica a menudo utilizada por los autores de la tipología Jesús/ Tito, fue poner detalles en otras partes del texto para crear paralelos que serían demasiado obvios si hubiesen sido dados en el mismo pasaje. Por ejemplo, en el pasaje consignado más abajo, donde Josefo declara a Vespasiano como "Señor", si él hubiera identificado a ambos como poseídos por demonios mientras estaban en Cafarnaúm; y al mismo tiempo nombrar a Vespasiano como el Cristo predicho por las escrituras judías, los paralelos entre el historiador y el personaje poseído por el demonio en Lucas 4:33 habrían sido trasparentes. Para mantener su tipología escondida, los autores pusieron estos detalles dentro de otros pasajes, y pidieron que el lector tuviera la memoria requerida para comprender la conexión intertextual.

El siguiente pasaje es la declaración de Josefo referida a que los Césares Flavio fueron los individuos que las profecías judías previeron para llevar el manto de Cristo. Nótese que la referencia de Josefo a la "dinastía" Vespasiana es la base para el concepto cristiano de la trinidad–esto es, una "deidad" de tres individuos (padre, hijo y un "espíritu terrible" – el otro hijo Vespasiano, Domiciano) los cuales contienen al Cristo predicho en la Escritura Judía.

> Pero ahora, lo que más los alentó a emprender esta guerra fue un oráculo ambiguo que también se encontró en sus escritos sagrados, como es el caso de "en ese momento, uno de su país debería ser gobernador de la tierra habitable".
>
> Los judíos tomaron esta predicción como que pertenecía a ellos mismos en particular, y muchos de los sabios fueron engañados en su determinación. Ahora bien, este oráculo

ciertamente denota al gobierno de Vespasiano, nombrado emperador de Judea.

Las Guerra de los Judíos, 6, 6 312-313

Sin embargo, lo que es más importante para la comprensión de esta tipología es el hecho de que tanto en Josefo y en los Evangelios un "endemoniado de Cafarnaúm" fue el primero en reconocer a "Cristo", y que esto ocurre a continuación de la batalla en Japha/ Nazaret.

Tú, oh Vespasiano, eres César y emperador, tú y este tu hijo.

Lígame ahora aún más rápido y guárdame para ti, porque tú, oh César, no eres solo señor sobre mí, sino sobre la tierra y el mar, y toda la humanidad…

Las Guerras de los Judíos, 3, 8, 401-402

Se necesita destacar que los Evangelios fueron designados para mostrar específicamente que Tito fue el "hijo del Hombre", cuya visitación fue predicha por Jesús, y que además ellos representan la divinidad de Vespasiano, de quien los historiadores de la corte además decían que era el "Cristo" y representado como "Dios padre" en los evangelios.

3. Fiebre en el pueblo pescador de Magdala/ Taricheae – la verdadera identidad de María Magdalena

Luego de la batalla en la colina de Japha, y la proclamación del endemoniado de Cafarnaúm de él como Cristo, Jesús fue a "curar" a la suegra de Simón de una "alta temperatura".

Se levantó y, saliendo de la sinagoga, entró en la casa de Simón. La suegra de Simón estaba aquejada de una fiebre (*puretos*) muy alta (*megale*), y le rogaron por ella.

Él se inclinó sobre ella e increpó a la fiebre, y ésta la dejó. Ella se levantó en seguida y se puso a servirles.

Lucas 4:38-39

Para reconocer la conexión Lucas/Josefo es necesario resolver un acertijo referido al nombre de la suegra de Simón. La resolución de este acertijo muestra que la fiebre de la suegra de Simón fue un juego de palabras de su verdadero nombre –"María Magdalena". En otras palabras, la razón por la cual Lucas describe la "alta" fiebre de la suegra de Simón fue debido – ya que ella era María Magdalena – a que ella no tenía uno sino siete demonios dentro de ella, siguiendo la cita de Lucas de más abajo.

Haciendo una digresión importante de los "siete demonios" que estaban dentro de María, podría conjeturarse que se referían a sus "hijas". Ellas tal vez fueron las seis "Marías" mencionadas en los evangelios, y la única María en Josefo. Este personaje, ubicado en una generación anterior, puede ser la madre alegórica de siete Marías (mujeres rebeldes) quienes han sido mencionadas en los evangelios y en Josefo. Debiera dejarse constancia que los personajes son ficticios.

Como es bien conocido, la palabra "Magdalena" está basado sobre la palabra griega "Magdala", que significa "torre", y está pensado para que indique a una mujer que viene de un pueblo cercado al Mar de Galilea llamado "Magdala". El pueblo era conocido por los judíos como "Magdala" o "torre" debido a la alta torre en la ciudad (descubierta durante la excavación del lugar) utilizada para ahumar pescados para preservarlos. El juego de palabras entre la fiebre de la suegra de Simón y Magdalena fue creado a partir del hecho de que la palabra griega utilizada para describir la fiebre de la suegra de Simón como alta –"megale" significando "alta" o "encumbrada" -está muy cercano al deletreo en griego de "Magdala". El juego es similar al utilizado para conectar José de "Arimatea" con José 'bar Matías".

La conexión entre María Magdalena y la suegra de Simón es directa, en el sentido de que uno no requiere entender que los autores de los Evangelios incursionaron en juegos de palabras como "Arimatea"/"bar Matías" para verlo. El autor de Lucas elaboró un camino lógicamente abierto para la identidad de María Magdalena, la suegra de Simón, por sus atributos compartidos de un exorcismo, estar enferma y al servicio de Jesús, y el paralelo conceptual entre "alta" temperatura y un pueblo llamado "torre". Nótese más abajo que Lucas declara que María Magdalena ha sido curada de una posesión demoníaca y de enfermedades que le habrían generado fiebre. Más aún, ya que tantas de las otras mujeres asociadas con el ministerio de

Jesús se llamaron "María" (o "Marta" –Arameo para María), es consistente asumir que la suegra de Simón fue también "María".

> y algunas mujeres que habían sido sanadas de espíritus malignos y de enfermedades; María la llamada Magdalena, de la que habían salido siete demonios, Juana la mujer de Cuza, que era un administrador de Herodes, Susana y otras muchas que les asistían de sus propios bienes.
>
> Lucas 8: 2-3

Lucas además indicó que la enfermedad de la suegra de Simón fue una "posesión demoníaca" al decir que Jesús "condenó" la fiebre, tal como lo hicieron anteriormente en el mismo pasaje cuando se confrontó a un endemoniado:

> Jesús entonces le increpó, diciendo: Cállate y sal de él. Y el demonio, arrojándole en medio, salió de él sin hacerle ningún daño.
>
> Lucas 4:35

Los creadores de palabras romanos tuvieron un claro objetivo con su retruécano sobre "Magdala", que fue el nombre de un pueblo de pescadores en el Mar de Galilea. De acuerdo con el Talmud de Babilonia (b. Pesah 46b), el nombre hebreo para el poblado era *Magdala Nunaiya*, que significa "torre de pescados"

Josefo llama a la ciudad de Magdala por el nombre griego de - "Taricheae" el que proviene de la palabra griega "*taricheuein*" que significa ahumar o preservar a un pescado. En efecto, el pescado ahumado de Galilea era famoso por todo el Imperio Romano y fue probablemente la inspiración para la metáfora "pescando hombres" de los Evangelios.

Para comprender el punto de vista de los autores, uno debe reconocer que los rebeldes que fueron "pescados" por Tito, vinieron del pueblo galileo llamado Magdala o Taricheae (Josefo, *Las Guerras de los Judíos*, 3, 9, 457). Entonces el punto del retruécano de Lucas sobre "Magdala" es que el pueblo pescador de Taricheae/ Magdala – como "María Magdalena" – tiene individuos con una "alta" fiebre de rebelión quienes fueron "curados" por Jesús.

Josefo deja otra clave para asistir al lector en la comprensión de la posesión demoníaca de "María de Magdala" fue la "fiebre" de la suegra de Simón, al registrarlo el también tuvo fiebre en Magdala que acompaño la posesión demoníaca que sufrió anteriormente. Siendo el punto ingenioso que, desde que Josefo tuvo una "fiebre demoníaca" mientras el estaba rebelándose de Roma, el estaba -manteniéndonos en la lógica de la sutileza de los Evangelios – llevado al lugar donde la gente ha tenido "fiebres demoníacas" – Taricheae/ Magdala.

> Continué febril ('puretos') ese día; y como ordenó el médico,
> fui llevado esa noche a Taricheae.

Vida de Flavio Josefo, 72, 404

Pero, ¿por qué los autores se dieron el trabajo de crear un retruécano tan complejo como el megale/ Magdala? ¿Por qué no llamaron a la suegra de Simón "María Magdalena"? O sencillamente ¿por qué no inventaron una historia que mostrara a Jesús visitando Taricheae? El punto fue la creación de una conexión con la "fiebre" en Taricheae /Magdala en un preciso punto de la historia de Lucas que fuera difícil de detectar. Los autores de la tipología Josefo/ Evangelios concluyeron que habría sido demasiado obvio comenzar con la historia del ministerio de Jesús con historias sobre una batalla en una colina cerca de Japha/ Nazaret, seguido por la designación de Cristo por un endemoniado de Cafarnaúm, y luego explorar estos paralelos con historias acerca de curar la "fiebre mesiánica" en Taricheae (Magdala) y otra describiendo "pescando por hombres" en el Mar de Galilea. Para hacer el comienzo de la secuencia paralela más difícil de detectar, utilizaron diferentes nombres para los mismos lugares – Nazaret para Japha, Magdala por Taricheae y escondieron los nombres de los endemoniados de Cafarnaúm y la suegra de Simón en acertijos.

Aunque estas conexiones de la secuencia psicológica del comienzo son difíciles de observar, esta complejidad termina ahora, y muchas son fáciles de identificar una vez que el patrón al que pertenecen es reconocido.

En relación a las conexiones del principio, lo que es realmente importante es que muestran patrones geográficos entre los evangelios y Josefo. Ambas historias comienzan en Nazaret/ Japha, prosigue Cafarnaúm, luego Taricheae /Magdala y luego el Mar de Galilea.

4. La ciudad que reconoce al salvador

Jesús entonces cura a un pueblo entero de su "fiebre" y de la oposición demoniaca. La gente del pueblo entonces conoce que Jesús era Cristo.

> Cuando el sol se estaba poniendo, todos cuantos tenían enfermos de diversas dolencias, los trajeron a él. Y él, poniendo las manos sobre cada uno de ellos, los sanaba. Y también salían demonios de muchos, gritando y diciendo: Tú eres el Hijo de Dios. Pero él les increpaba y no les dejaba hablar, porque sabían que él era el Cristo.
>
> Lucas 4:40-41

Dentro de la secuencia tipológica, Josefo registró que todo un pueblo estaba en posesión demoníaca de rebelión, y conoció la identidad del "Salvador" o "Cristo". En el pasaje, Vespasiano en efecto es llamado "Soter", palabra griega para salvador o Jesús. Nótese que el "Jesús Cristo", Vespasiano, retornó a la ciudad a un estado tranquilo —en el pasaje previo de Lucas, como la gente del pueblo que no estaban "permitidas de hablar".

> Jesús y su grupo pensaron que no era seguro que continuaran en Tiberias, por lo que huyeron a Tariquea.
>
> Al día siguiente, Vespasiano envió a Trajano con algunos jinetes a la ciudadela (Tiberias, una ciudad conectada a la Rebelión de Taricheae por Josefo, *Las Guerras de los Judíos*, 3, 9, 445) para evaluar si la multitud estaba dispuesta para la paz;
>
> y tan pronto como supo que la gente tenía la misma opinión que el peticionario, tomó su ejército y se fue a la ciudad;

sobre el cual los ciudadanos le abrieron sus puertas, y lo recibieron con aclamaciones de alegría, y lo llamaron su salvador y benefactor.

Pero como el ejército tardó mucho tiempo en llegar a las puertas, que eran estrechas, Vespasiano ordenó que se derribara el muro sur, y de ese modo hicieron un amplio pasaje para su entrada.

Sin embargo, les ordenó que se abstuvieran de la corrupción y la injusticia, para gratificar al rey; y por su causa perdonó el resto del muro, mientras que el rey se comprometió con ellos a que continuaran [fieles a los romanos] durante el tiempo venidero. Y así restauró esta ciudad a un estado de tranquilidad, después de haber sido gravemente afectada por la sedición.

Las Guerras de los Judíos, 3, 9, 457-461

5. El Cristo que predicó los Evangelios (Buena Nueva)

El siguiente paralelo en la secuencia es también fácil de comprender. Ambos, Jesús y Tito, predicaron las "buenas nuevas"-una traducción de la palabra griega "euaggelion". "Euaggelion" fue un término técnico del Culto Imperial indicando las "buenas nuevas" del César, particularmente un nacimiento o un triunfo militar.

Al hacerse de día, salió y se marchó a un lugar solitario. Las multitudes le andaban buscando, y llegando hasta él, trataban de retenerle para que no se marchara de ellos.

Pero él les dijo: También a las otras ciudades debo predicar el reino de Dios, porque para esto he sido enviado.

Lucas 4:42-43

Tito además predicó el "euaggelion" en Galilea. No puedo entender por qué la siguiente frase no ha sido tema de ningún interés por los estudiosos, como es el caso de las "buenas noticias" dadas por Tito a Vespasiano sobre la destrucción de Galilea, algo que Jesús también "predijo".

A continuación, Tito envió uno de sus jinetes a su padre y le hizo saber la buena noticia de lo que había hecho.

Las Guerras de los Judíos, 3,10, 503

Los lectores solo tienen que comparar las "buenas noticias" que Tito trajo a Vespasiano con las predicciones de Jesús consignadas más abajo, nombrando los eventos que tendrán lugar cuando el "Reino de Dios" acontezca. Tal comparación pone en obviedad que los dos "Hijos de Dios" describen los mismos eventos. Nótese que la secreta identidad del "padre" que envía a Jesús también se deja en claro.

Aun el polvo de vuestra ciudad, que se ha pegado a nuestros pies, lo sacudimos contra vosotros. Empero, sabed esto, que el reino de Dios se ha acercado. Os digo que en aquel día será más tolerable el castigo para Sodoma, que para aquella ciudad. ¡Ay de ti, Corazón! ¡Ay de ti, Betsaida!, que si en Tiro y en Sidón se hubieran hecho los milagros que se han hecho en vosotras, hace tiempo que sentadas en cilicio y ceniza, se habrían arrepentido. Por tanto, en el juicio será más tolerable el castigo para Tiro y Sidón, que para vosotras. Y tú, Cafarnaúm, que hasta los cielos fuiste levantada, hasta el Hades serás abatida. El que a vosotros oye, a mí me oye; y el que a vosotros desecha, a mí me desecha; y el que me desecha a mí, desecha al que me envió.

Lucas 10:11-16

6. Poder sobre el viento y el mar

Lucas luego describe una historia en la cual Jesús muestra haber tenido poder sobre el agua y el viento.

Pero mientras ellos navegaban, se durmió; y se abatió sobre el lago una tempestad de viento; y comenzaron a anegarse y a peligrar. Entonces se acercaron a él y le despertaron, diciendo:

¡Maestro, Maestro, que perecemos! Él se despertó, increpó al viento y al oleaje del mar; cesaron, y sobrevino la calma. Y les dijo: ¿Dónde está vuestra fe? Ellos, llenos de temor, se decían asombrados unos a otros: ¿Pues quién es éste, que aun a los vientos y al agua manda, y le obedecen? Navegaron hacia la región de los Gadarenos, que está en la ribera opuesta de Galilea.

Lucas 8:23-26

Josefo entonces describe una historia en la cual Tito es mostrado como teniendo poder sobre el agua y el viento. Para reconocer el eslabón tipológico, el lector debe entender el contexto en el cual Tito retorna donde su padre "con mucha prisa" sin tomar la lenta pero segura ruta de la costa, sino que retorna exponiéndose a las tormentas a través de aguas abiertas. El punto de la historia es demostrar que Tito hizo el viaje sin problemas, mostrando que tiene poder sobre el mar y el viento.

Además, cuando escuchó que Galba se había hecho emperador, no intentó nada hasta que le enviara también algunas instrucciones sobre la guerra: sin embargo, le envió a su hijo Tito para saludarlo y recibir sus órdenes sobre los judíos. En el mismo recado, el rey Agripa navegó junto con Tito a Galba;

pero mientras navegaban en sus largos barcos por las costas de Acaya, porque era invierno, se enteraron de que Galba había sido asesinado antes de que pudieran llegar donde él, después de haber reinado siete meses y tantos días. Después de lo cual Otho tomó el gobierno, y asumió la gestión de los asuntos públicos. Así que Agripa resolvió ir a Roma sin ningún terror, por el cambio de gobierno, pero Tito, por un impulso divino, navegó de regreso de Grecia a Siria, y llegó apresuradamente a Cesarea, a su padre.

Las Guerras de los Judíos, 4, 9, 498-501

7. La fe del Centurión significa que no hay necesidad de entrar a la casa –Dios como un comandante romano.

Lucas describe a un centurión cuya fe en Jesús es tan grande que cree que Jesús puede "curar" a su esclavo sin necesidad de entrar a su casa. En la historia, el centurión conecta a Jesús con él mismo, un comandante romano que ordena a aquellos bajo su comando cuándo ir o venir.

> Después que acabó de dirigir todas estas palabras a los oídos del pueblo, entró en Cafarnaúm.
>
> Estaba enfermo y a punto de morir
>
> el esclavo de un centurión, a quien éste apreciaba mucho.
>
> Habiendo oído hablar de Jesús, envió adonde él estaba unos ancianos de los judíos, para rogarle que viniese a sanar a su esclavo.
>
> Éstos se presentaron a Jesús, y le rogaban con insistencia, diciendo: Es digno de que le concedas esto; porque él ama a nuestra nación, y él mismo nos ha edificado la sinagoga.
>
> Iba Jesús con ellos, y cuando ya no estaba lejos de la casa, el centurión le envió a unos amigos, diciéndole: Señor, no te molestes más; pues no soy tan importante como para que entres bajo mi techo;
>
> por lo cual ni me consideré a mí mismo digno de venir a ti; pero dilo de palabra, y mi siervo será sano.
>
> Pues también yo soy un hombre puesto bajo autoridad, y tengo soldados bajo mis órdenes; y le digo a éste: ¡Ve!, y va; y a otro: ¡Ven!, y viene; y a mi esclavo: ¡Haz esto!, y lo hace.
>
> Al oír esto, Jesús se quedó maravillado de él, y volviéndose, dijo a la multitud que le seguía: Os digo que ni aun en Israel he hallado una fe tan grande.
>
> Lucas 7:1-9

En la versión de Josefo de Lucas 7:1-9, Vespasiano les dice a sus comandantes que no necesitan ir dentro de la ciudad porque Dios está actuando como un comandante romano causando que los judíos se maten entre ellos. Tómese nota que en Lucas 7, los judíos son descritos como estando enfermos. El pasaje muestra la naturaleza de la "enfermedad" de los judíos tantas veces representada en Lucas, fácil de comprender. Cuando los Evangelios representan una "enfermedad" o una "posesión demoníaca" de un judío, se están refiriendo a la fiebre que les ha causado rebelarse contra Roma. "Curarlos" de su enfermedad demoníaca representa una de dos cosas: o un judío rebelde reconoce al César como Cristo –como en el caso de Josefo –o "curando" la "infección" mediante el asesinato de los judíos que no lo hacen.

> Y ahora, el resto de los comandantes romanos consideraban que esta sedición entre sus enemigos era una gran ventaja para ellos, y estaban muy dispuestos a marchar a la ciudad e instaron a Vespasiano, como su señor y general en todos los casos, a darse prisa, y le dijeron, que "la providencia de Dios está de nuestro lado, poniendo a nuestros enemigos en conflicto entre sí;

> que aún el cambio en tales casos puede ser repentino, y que los judíos rápidamente podrían volver a ser uno de nuevo, ya sea porque pueden estar cansados de sus miserias civiles, o arrepentirse de tales hechos".

> Pero Vespasiano respondió que estaban muy equivocados en lo que pensaban que se debía hacer, como aquellos que, en el teatro, les encanta hacer una demostración de sus manos y de sus armas, pero lo hacen a su propio riesgo, sin considerar, que era para su beneficio, y por su seguridad;

> por eso, si ahora van y atacan la ciudad inmediatamente, solo deberán ocasionar que sus enemigos se unan y deberán convertir su fuerza, ahora que está en su mayor ferocidad, contra ellos mismos. Pero si se quedan un tiempo, tendrán menos enemigos, porque serán consumidos en esta sedición: que Dios actúa como general de los romanos mejor de lo que puede hacer, y les está entregando a los judíos, sin ningún dolor propio, peligro; y concediéndole a su ejército una victoria sin

ningún peligro; que, por lo tanto, lo mejor que pueden hacer, mientras que sus enemigos se destruyen entre sí con sus propias manos y caen en la mayor de las desgracias, que es la sedición,

de quedarse quietos como espectadores de los peligros que corren, en lugar de luchar mano a mano con hombres que aman el asesinato, y están enfurecidos unos con otros ...

Por lo tanto, ya sea que alguien tenga en cuenta lo que contribuye a nuestra propia seguridad, debería permitir que estos judíos se destruyan unos a otros; o si tiene en cuenta la mayor gloria de la acción, no debemos de ningún modo meternos con esos hombres, ahora están afligidos con rabia en su propia casa; porque si ahora los conquistamos, se diría que la conquista no se debió a nuestra valentía, sino a su sedición ".

Las Guerras de los Judíos, 4, 6 366-371, 376

8. Clemencia, los "sin entierro" que están "felices", y el profeta.

Lucas entonces describe una historia de Jesús mostrando clemencia y devolviéndole la vida a un hombre que había sido enterrado. En otras palabras, fue un servicio fúnebre que terminó con alegría en vez de tristeza. Posteriormente, Lucas cubre el tema del "profeta" que ha visitado a su gente.

Aconteció después que él iba a una ciudad llamada Naín, y marchaban juntamente con él bastantes de sus discípulos, y una gran multitud.

Cuando llegó cerca de la puerta de la ciudad, he aquí que sacaban a enterrar a un difunto, hijo único de su madre, y ella era viuda, y estaba con ella un grupo considerable de la ciudad.

Cuando el Señor la vio, fue movido a compasión sobre ella, y le dijo: No llores. Él se acercó y tocó la camilla mortuoria, y los que lo llevaban se detuvieron, y él dijo: Joven, a ti te digo, ¡levántate!

Entonces el muerto se incorporó y comenzó a hablar, y él se lo dio a su madre.

El temor se apoderó de todos, y glorificaban a Dios, diciendo:
Un gran profeta ha surgido entre nosotros; y Dios ha visitado
a su pueblo.

Lucas 7:11-16

En la versión de Josefo, menciona, primero, los muertos fuera de la
ciudad, luego contrasta la clemencia de Cristo con la corrupción de los
judíos, el feliz "desentierro", seguido por el "gran profeta" que fue "criado".

La declaración: "Un gran profeta ha surgido entre nosotros" en Lucas
7:16, citado, se refiere a una línea de conclusión en el pasaje de Josefo
consignado más abajo. El personaje de Jesús de los Evangelios es el
"antiguo oráculo" que Josefo señala que ha sido predicho "que la ciudad
debe ser tomada y el santuario quemado, por derecho de guerra, cuando
la sedición debe invadir a los judíos, y su propia mano debe contaminar el
templo de Dios". Aunque las conexiones simbólicas son un tanto oblicuas,
no es difícil detectar que los conceptos ocurren en el mismo orden en la
versión de Josefo como en Lucas 7:11-16 –"Clemencia", "aquellos que
están sin sepultar eran los más felices", y el profeta que predijo la verdad
de la próxima guerra.

Y ahora los comandantes se unieron para aprobar lo que
Vespasiano había dicho, y pronto se descubrió cuán sabia era
su opinión. Y ciertamente muchos de los judíos que desertaban
cada día y huían de los Zelotes,

aunque su huida era muy difícil, ya que estaban vigilados
todos los pasajes que conducían fuera de la ciudad, por lo que
mataron a todos los que encontraron atrapados en ellos, ya
dándoles por sentado que iban a los romanos;

sin embargo, el que les dio el dinero se liberó, mientras que
solo el que no les dio nada fue votado como un traidor. Así
que el resultado fue este, que los ricos compraron su salida
por dinero, mientras que ninguno, excepto los pobres,
fueron asesinados.

A lo largo de todos los caminos también hay vastos números
de cadáveres en pilas, e incluso muchos de los que eran tan

celosos de desertar al final optaron por perecer dentro de la ciudad; porque las esperanzas de entierro hicieron que la muerte en su propia ciudad apareciera de las dos, la menos terrible para ellos.

Pero estos Zelotes llegaron por fin a ese grado de barbarie para no otorgar un entierro a los que murieron en la ciudad o a los que yacen a lo largo de las carreteras;

pero como si hubieran llegado a un acuerdo para cancelar tanto las leyes de su país como las leyes de la naturaleza y, al mismo tiempo que contaminaban a los hombres con sus malas acciones, también contaminarían la Divinidad misma,
dejaron los cadáveres para pudrirse bajo el sol; y se asignó el mismo castigo a los sepultados y a los que desertaron, que no era otro que la muerte; mientras que el que otorgaba el favor de una tumba a otra, en la actualidad tendría necesidad de una tumba él mismo.

Para decirlo todo, en una palabra, ninguna otra pasión tierna se perdió tan enteramente entre ellos como la misericordia; porque los objetos más grandes de compasión irritaron sobre todo a estos desgraciados, y transfirieron su ira de los vivos a los muertos y de los muertos a los vivos. No, el terror era tan grande, que el que sobrevivió consideró a los primeros muertos los más felices, ya estaban en reposo; al igual que los que estaban siendo torturados en las prisiones, declaran que, en al hacer esta comparación, los que quedaron sin enterrar, eran los más felices.

Estos hombres, por lo tanto, pisotearon todas las leyes de los hombres y se rieron de las leyes de Dios; y respecto a los oráculos de los profetas, los ridiculizaban como si fueran trucos de malabaristas;

sin embargo, estos profetas predijeron muchas cosas concernientes a [la recompensa de] la virtud y [los castigos de] el vicio, que cuando estos zelotes lo violaron, ocasionaron el cumplimiento de esas profecías propias de su propio país; porque había un cierto antiguo oráculo de esos hombres, que la ciudad luego debía ser tomada y el santuario quemado, por el derecho de guerra cuando la sedición invadiera a los judíos y que con su propia mano debían contaminar el templo de Dios. Ahora bien, aunque estos fanáticos no creyeron en absoluto en estas predicciones, se convirtieron en los instrumentos de su realización.

Las Guerras de los Judíos, 4, 6, 377-388

En conclusión, la secuencia de paralelos prueba un diseño deliberado. Los paralelos extraños ocurren en literatura. Aquellos que son accidentales no van a ocurrir en la misma secuencia porque están, por definición, sujetos a las reglas de las probabilidades concernientes a eventos fortuitos. Numerosos paralelos son auto evidentes, ya que son literalmente el mismo evento o están cercanos conceptualmente como para ser disputados. Simplemente el hecho de que la secuencia de estos paralelos ocurra en el mismo orden prueba que un grupo de historias era dependiente en relación con la otra. En mi opinión, estos auto evidentes paralelos incluyen 1. Pescando por hombres en el Mar de Galilea, 11. Atando y perdiendo, 13. Hacia Jerusalén –los mensajeros son enviados adelante, 28. La entrada triunfal a Jerusalén y las piedras que lloran, 29. Jerusalén cercada con una muralla, 31. La Abominación de la Desolación, y 34. El destino de Simón, de la lista anterior.

Además, Jesús se refiere al "Hijo del Hombre" que llegará antes de que la generación haya pasado – En otras palabras, dentro de los 40 años entre 30-33 E.C. Jesús "predijo" que cuando el "Hijo del Hombre" hiciera su visitación, Galilea sería destruida, Jerusalén sería cercada por un muro y el templo arrasado. Solamente hay una persona en la historia que realizó estos eventos y lo hizo exactamente dentro del espacio de tiempo predicho –Tito Flavio, un César que los historiadores de su corte sostenían que era el Cristo.

No puede ser accidental el hecho de que la campaña de un individuo específico tenga además un paralelismo indiscutible con el ministerio de Jesús.

CAPÍTULO 6

ELEAZAR- LÁZARO: EL CRISTO VERDADERO

Cuando descubrí por primera vez los paralelos entre los "ministerios" de Tito Flavio y Jesús, se hizo evidente para mí que fueron designados para construir una sátira escondida, la cual indicaba que el verdadero "Hijo del Hombre" entrevisto por Jesús fue Tito. Esto es especialmente claro al finalizar el evangelio de Juan, cuando Jesús predice que Simón va a sufrir una muerte de mártir y que Juan será salvado. El único individuo en la historia que pudo ser visto como habiendo cumplido esas profecías fue Tito.

En ese punto de mi análisis, vi a Jesús y a Tito como individuos completamente separados, su única conexión era que Jesús había predicho sarcásticamente la "venida" de Tito. Sin embargo, estaba comenzando a sospechar algo inadvertido dentro del Nuevo Testamento, donde cada palabra indicaba ser parte de un sistema paródico.

La sospecha surgía a raíz del descubrimiento de que muchos de sus aparentemente inocuos detalles fueron satíricamente relacionados a los eventos descritos en *Las Guerras de los Judíos*. Por ejemplo, la predicción, en el Nuevo Testamento, de que María tendrá su corazón "atravesado". Pero si el Nuevo Testamento y *Las Guerras de los Judíos* fueran un sistema paródico unificado, entonces estaba claro que había algunos aspectos que no había comprendido. Particularmente extraño para mí fue cuando Jesús le dijo a sus discípulos que, salvo que ellos "comieran la carne" del "Hijo del Hombre", "no habría vida [en ellos]" [89] . Si Tito fuera el "Hijo del hombre" a quien Jesús predijo, ¿Por qué le dijo a sus discípulos que debieran comer la carne del "Hijo del Hombre"? – obviamente no fue una predicción sobre el futuro emperador romano.

Comencé entonces un estudio para determinar si el personaje de los Evangelios, "Jesús", pudiera estar relacionado satíricamente con *Las Guerras de los Judíos* de una manera que todavía no había podido comprender. Comencé analizando detalles en ambos trabajos para determinar si había conexiones entre el ministerio de Jesús y la historia de Josefo que aún no había notado. Fui guiado en esta búsqueda por el hecho de que los paralelos y acertijos que había descubierto estaban todos designados para revelar la identidad escondida.

La pregunta que estaba tratando de responder es una muy antigua: ¿Quién fue Jesús?

El misterio de la identidad de Jesús comienza con su mismo nombre. "Jesús Cristo", o, como Pablo lo llama, "Cristo Jesús", no fue ciertamente el verdadero nombre del fundador del cristianismo. Cristo es la palabra griega para Mesías y Jesús es el homófono griego para la palabra hebrea Yeshúa, la que puede significar "Dios Salva" o, en el caso de Jesús, "Salvador".

La proposición según la cual el nombre de Jesús debía ser comprendida como "Salvador" no puede ser disputada debido a que ha sido confirmada por una fuente tan importante como "un ángel del Señor".

> Y pensando él en esto, he aquí que un ángel del Señor se le apareció en sueños y le dijo: José, hijo de David, no temas recibir a María por mujer, porque lo engendrado en ella es del Espíritu Santo. Y dará a luz un hijo, y llamarás su nombre Jesús, porque él salvará a su pueblo de sus pecados.
>
> Mateo 1:20-21

La palabra que el ángel usó para indicar que Jesús iba a salvar a su gente fue *sotería*, [90] palabra derivada de *soter*, la palabra griega para "salvador".

Sin embargo, el ángel que nombró al niño Jesús también comenzó la confusión sobre la identidad del "Salvador Mesías". Inmediatamente, siguiendo sus instrucciones de llamar al niño "Jesús", el ángel señala que, de acuerdo una antigua profecía, el niño que la "virgen va a concebir" se llamará de otra manera.

Todo esto aconteció para que se cumpliese lo dicho por el Señor por medio del profeta, cuando dijo: He aquí que la virgen concebirá y dará a luz un hijo. Y llamarán su nombre Emanuel, que traducido es: Dios con nosotros.

Mateo 1:22-23

La confusión respecto a la identidad de Jesús se mantiene con claridad durante su juicio, cuando el Nuevo Testamento introduce otro "Jesús", Jesús Barrabas". Este Jesús, como numerosos de los aspirantes mesiánicos descritos por Josefo, se dice que había comenzado una insurrección.

Pero toda la multitud dio voces a una, diciendo: ¡Fuera con ése, y suéltanos a Barrabás!

Quién había sido echado en la cárcel por sedición ocurrida en la ciudad, y por un homicidio.

Les habló otra vez Pilato, queriendo soltar a Jesús;

pero ellos persistían en dar voces, diciendo:

¡Crucifícale, crucifícale! Él les dijo por tercera vez: ¿Pues qué mal ha hecho éste? Ningún delito digno de muerte he hallado en él; le castigaré, pues, y le soltaré.

Lucas 23:18-22

Jesús también contribuye a la confusión en relación con la identidad del "Salvador Mesías" al referirse al individuo que predice la destrucción de Judea no realizada por sí mismo sino por el "Hijo del Hombre".

Por tanto, también vosotros estad preparados; porque el Hijo del Hombre vendrá a la hora que no penséis.

Mateo 24:44

El Nuevo Testamento describe a más de una persona como "Jesús" y se refiere a Jesús con un número de nombres diferentes. Comencé a entretejer la idea de que si el Nuevo Testamento de alguna manera estaba indicando que podría haber más de un solo Mesías o "Cristo" -en otras palabras-, que el Nuevo Testamento está llamando "Jesús" a más de un solo personaje singular.

El mismo nombre "Jesús" contribuye a esta idea. Que el "salvador" de la humanidad fuera nombrado así desde su nacimiento es obviamente problemático.

Eusebio, por ejemplo, sugiere que el nombre Jesús debe haber sido alegórico. En otras palabras, como fue el caso de Cristo, Jesús debe haber sido identificado con su nombre *después* que quedara claro que él era, en efecto, el Salvador.

Eusebio sólo estaba señalando lo obvio. "Salvador Mesías" no era simplemente un nombre durante esta época, sino que además implicaba un título: cualquiera que pensara que había sido enviado por Dios para salvar a Judea podría reclamarlo. Desde la perspectiva de Tito, el verdadero "hijo de Dios" de Judea no podría haber sido ninguno de los aspirantes a judíos mesiánicos que le declararon la guerra a Roma. Solo podría haber sido él mismo.

Josefo anota que la lucha sobre quién era el Mesías Salvador de Judea fue la verdadera causa de la guerra entre los romanos y los judíos:

> Pero más que cualquier otra cosa, lo que los incitaba a la guerra fue un oráculo ambiguo también encontrado en sus escritos sagrados de que "Alrededor de ese tiempo, uno de su país llegaría a hacer el regente de todo el mundo habitado".

> Esto se transformó en significar que era uno de su propia gente, y muchos de los hombres sabios estuvieron confundidos en su interpretación. Este oráculo, sin embargo, en realidad significaba el gobierno de Vespasiano, quien fue proclamado emperador mientras estaba en Judea. [92]

Josefo no pudo haber señalado más claramente que los Césares Flavio se vieron a sí mismos como Mesías, o Cristos, de liderazgo mundial, predichos por las profecías del judaísmo. Pero este hecho requería preguntas. ¿Cómo

Tito pudo haber tomado el título de "Cristo" de los líderes mesiánicos con que luchaba? ¿Cómo Tito pudo haber conseguido que los rebeldes judíos le llamaran "Cristo"?

Descubrí como Tito logró esto durante mis esfuerzos para determinar si Jesús, como sus apóstoles, tendrían una identidad secreta. Descubrí una serie de acertijos dentro del Nuevo Testamento y *Las Guerras de los Judíos* que revelan no sólo que Tito Flavio fue el "Hijo del Hombre" predicho por Jesús, sino que fue el "Jesús" que interactuó con los discípulos al final del pasaje de los evangelios – en Juan 21. Puesto en forma simple, los acertijos revelan que Tito es el "Jesús" que el cristianismo, sin descubrirlo, ha reverenciado.

Estos acertijos también revelan el nombre del salvador judío que Tito capturó en el Monte de los Olivos y le robó el título de Cristo de Eleazar, quien fue satirizado como "Lázaro" dentro del Nuevo Testamento. Los acertijos fueron también diseñados para cambiar la trama del Nuevo Testamento desde una que ha sido una ayuda para la humanidad, a una que tal vez es la historia más viciosa escrita alguna vez.

El Cristo con quien Tito luchó realmente, Eleazar, fue una figura misteriosa sólo visible a través de las conexiones tipológicas incluyendo a los Eleazar en Josefo, y al personaje "Lázaro" en los Evangelios. El Eleazar histórico, fue ciertamente un Macabeo –hijo de Matías Macabeo, el patriarca del autoproclamado linaje mesiánico judío y quien orquestó la rebelión judía de su tiempo. De acuerdo con Josefo, Eleazar fue en realidad capturado en el Monte de los Olivos, aunque es posible que esa ubicación fuera elegida simplemente porque está conectada a la sátira de la "poda" que los romanos fueron creando, la cual analizaremos en mayor profundidad en este capítulo. Sin embargo, Eleazar no desapareció completamente luego de su captura y crucifixión. Una moneda sobre tal rebelión ha sido descubierta, que, de un lado, conmemoraba al líder rebelde "Simón" y, en el otro, a "Eleazar el sacerdote".

Para comenzar a mostrar lo que el puzle revela, es necesario explicar cómo el Nuevo Testamento interactúa con *Las Guerras de los Judíos* para descubrir el nombre del salvador judío, a quien Tito capturó en el Monte de los Olivos y ejecutó.

El nombre Eleazar significa "a quien Dios ayuda" en hebreo y es traducido como "Lázaro" en griego. El hecho de que el Nuevo Testamento diga que Jesús sacó a Lázaro de la muerte no nos da ninguna noción de que "Lázaro" pudiera ser el nombre del "Cristo" que Tito efectivamente ejecutó, es especialmente difícil de aceptar. Para llegar a esta conclusión, el lector debe reconocer una serie de paralelos entre Jesús y Eleazar y resolver una serie de acertijos. Solamente entonces podrá el lector descubrir el verdadero nombre del Mesías Judío. El autor requiere que el lector recuerde eventos vividos por un conjunto de distintos "Eleazar" para comprender este punto. En otras palabras, como ha sido realizado con los varios "Simones" y los endemoniados de Gadara, el autor está usando diferentes personajes que relaciona tipológicamente por un nombre compartido o por experiencias paralelas para crear un tema satírico singular. La obvia vaguedad de los paralelos entre Jesús y Eleazar nos va a llevar a una conexión que es de una claridad cristalina.

Una vez que hube comenzado el estudio para establecer la identidad de Jesús, advertí que hay paralelos entre él y una cantidad de personajes llamados Eleazar. Como muestro a continuación, personajes denominados "Lázaro" o "Eleazar" han tenido, se dice, atributos parecidos a Jesús por haber nacido en Galilea, al tener el poder de expulsar demonios, el de haber sido flagelado, el de haber sido acosado por altos sacerdotes, el de haber sobrevivido a la crucifixión, el haber tenido una tumba muy similar a la de Jesús, y por supuesto, el haberse levantado de entre los muertos.

Aunque yo vi las similitudes como poco comunes, su significado, si existiera alguno, era poco claro, hasta que develé dos adivinanzas cuya solución revela el nombre de un personaje innominado, con la designación de "Eleazar". Sabiendo que estos dos personajes innombrados fueron así llamados, se pone de manifiesto lo siguiente: "Eleazar" fue capturado en el Monte de los Olivos, sobrevivió a la crucifixión y era el hijo de María cuya carne fue comida como un cordero simbólico de Pascua. El cuadro general queda claro al agregarle estos específicos atributos de Jesús a aquellos mencionados previamente. El nombre de "Cristo' capturado en el Monte de los Olivos y ejecutado por los romanos fue Eleazar.

El siguiente pasaje de *Las Guerras de los Judíos* describe a un Eleazar que fue un "Galileo". El ser Galileo no es una designación poco común, el lector se va a dar cuenta que el Eleazar en el pasaje tiene otros paralelos con Jesús –su autosacrificio y los golpes sobre su cuerpo desnudo.

Y aquí un cierto judío parecía digno de nuestra relación y encomio; él era el hijo de Samás, y se llamaba Eleazar, y nació en Saab, en Galilea.

Este hombre tomó una piedra de un enorme tamaño, y la arrojó desde la pared sobre el ariete, y esto con una fuerza tan grande, que rompió la cabeza del motor. Luego saltó hacia abajo, y tomó la cabeza del ariete de en medio de ellos, y sin ninguna preocupación se la llevó hasta lo alto de la pared,

y todo esto mientras estaba de pie se lanzó contra todos sus enemigos. De ese modo, recibió golpes sobre su cuerpo desnudo.

Las Guerras de los Judíos, 3, 7, 229-231

El siguiente pasaje revela que "Eleazar", como Jesús, tiene el poder de espantar demonios. Es obviamente una historia ficticia y es por lo tanto interesante que Josefo diga que ocurrió un exorcismo en su presencia, y en la presencia de Vespasiano y sus hijos Tito y Domiciano. Sabiendo que "Eleazar" fue Jesús y que los endemoniados eran los rebeldes judíos, el verdadero significado de esta extraña historia se clarifica. Es una parodia sobre el poder de "Jesús" para quitarles a los rebeldes sus perversiones endemoniadas, es decir, su rebeldía. Hay que hacer notar que además se repite la idea, sacada de la historia de los endemoniados de Gadara, referida a que los demonios son incapaces de pasar a través del agua.

…porque he visto a un hombre de mi propio país cuyo nombre era Eleazar, liberando a la gente endemoniada en la presencia de Vespasiano y de sus hijos, y capitanes y la total multitud de soldados. La forma de la cura fue así:

Puso un anillo que tenía una raíz de una de esas clases mencionadas por Salomón en las narices de los endemoniados, luego de lo cual expulsó a los demonios a través de sus fosas nasales…

Y cuando Eleazar pudo persuadir y demostrar frente a los espectadores que tenía tal poder, colocó a cierta distancia una taza o cuenco lleno de agua, y le ordenó al demonio, mientras salía del hombre, que la volcara, y de este modo dejar a los espectadores supieran que había dejado al hombre… [93]

La cita anterior está relacionada con el siguiente pasaje de *Las Guerras de los Judíos* en relación con otra raíz mágica que podría espantar a los demonios. La historia toma lugar en un lugar llamado "Baara" donde un "tipo de ruda" también llamadas "Baara" crecía. Baara parece ser un juego de palabras para decir "hijo", bar recuerda la manera en la cual "Sicario" tal vez deliberadamente fue mal pronunciada como "Iscariote". El Nuevo Testamento y Josefo a menudo hacen bromas en relación con la identidad del "hijo". El pasaje además señala que esta mágica "ruda" "ha estado en el área desde los tiempos de Herodes, y probablemente habría durado más tiempo si no hubiera sido cortada por esos judíos". Esto indica que estamos hablando de una sola planta. Sin embargo, ¿cuál es ese tipo de planta que solo existe un ejemplar? En cualquier caso, ¿por qué Josefo se toma tanto tiempo en describir una planta que ya no existe?

Además, Josefo define en el pasaje lo que quiere decir con la palabra "demonios". Ellos son los "espíritus de los malvados", con eso apoyando la idea de que los "malvados" sicarios estaban poseídos por "demonios" y que eran los "espíritus inmundos" en los "demonios de Gadara". Así como la idea de que los demonios que Eleazar está exorcizando, en el pasaje de arriba, son rebeldes judíos.

Cuando los elementos del pasaje anterior en relación con la "raíz" mágica son vistos en forma grupal el cuadro aparece. El pasaje describe una sola planta que es llamada "hijo", la cual ha sido conocida desde el tiempo de Herodes y tiene un poder mágico para expulsar a los demonios. Este "hijo" habría durado más tiempo si no fuera porque "esos judíos" lo derribaron. ¿Qué otra cosa que una sátira de Jesús podría ser este pasaje? Como el pasaje contiene claros paralelos con el citado más arriba "Eleazar" quien además expulsa demonios utilizando una ruda mágica, fue escrito para conectar "Eleazar" con el otro hijo que exorciza demonios – es decir, Jesús.

> Ahora, dentro de este lugar, creció un tipo de ruda que merece nuestro asombro debido a su enormidad, porque no era de ninguna manera inferior que ninguna higuera en lo absoluto, ni en altura ni en grosor;
>
> y, el informe dice que ha perdurado desde los tiempos de Herodes y podría probablemente haber persistido por más tiempo, sino hubiera sido derribada por esos judíos que luego tomaron posesión del lugar.

Pero todavía en ese valle que incluye la ciudad del lado norte hay cierto lugar llamado Baara, que produce una raíz del mismo nombre que si mismo

… solo es valioso debido a una sola virtud que tiene, que si solamente se le lleva a las personas enfermas, rápidamente saca a esos llamados demonios, los cuales no son otros que espíritus malvados que entran dentro de los hombres que están vivos y los mata, salvo que ellos puedan obtener alguna ayuda en su contra.[94]

El pasaje anterior de *Las Guerras de los Judíos* describiendo las raíces mágicas de "Baara" es seguido inmediatamente por un pasaje relacionado con otro "Eleazar" de una familia "eminente". Este "Eleazar" es un paralelo transparente a Jesús, ya que sobrevivió tanto a la flagelación de su cuerpo desnudo y a la crucifixión.

…los romanos, cuando se toparon con los asedios externos contra sus orillas previeron su venida y estaban haciendo guardia cuando los recibieron;

Pero la resolución de este asedio no dependió de estas disputas, sino a un cierto accidente sorprendente, relacionado con lo que se hizo en este asedio, lo cual obligó a los judíos a entregar la ciudadela.

Había cierto joven entre los asediados, de gran audacia y muy activo de su mano, su nombre era Eleazar;

se destacó mucho en esas cargas, y alentó a los judíos a salir en gran número para impedir el levantamiento de las orillas, e hizo a los romanos una gran cantidad de daño cuando venían a pelear; manejó las cosas de tal manera que quienes lucharon hicieron sus ataques con facilidad, y regresaron sin peligro, y esto aun levantando él mismo la retaguardia.

Ahora sucedió que Eleazar, en cierto momento, cuando la batalla terminó y ambos bandos se separaron y se retiraron a casa, por desprecio del enemigo y pensando que ninguno de ellos comenzaría en ese momento la batalla nuevamente, permaneció fuera de las puertas y habló con los que estaban en la muralla, y su mente estaba totalmente concentrada en lo que decían.

Ahora, cierta persona que pertenecía al campamento romano, cuyo nombre era Rufus, de nacimiento egipcio, se topó con él de repente cuando nadie esperaba tal cosa, y se lo levantó acarreándolo con su propia armadura; mientras, entre tanto, aquellos que vieron esto desde el muro estaban tan asombrados que Rufus evitó su intervención y se llevó a Eleazar al campamento romano.

Entonces el general de los romanos ordenó que lo llevaran desnudo, lo pusieran ante la ciudad para que lo vieran y lo azotaran fuertemente ante sus ojos. En este triste accidente que le sucedió al joven, los judíos quedaron terriblemente confundidos, y la ciudad, con una sola voz, lo lamentó profundamente, y el duelo resultó mayor de lo que podría suponerse ante la calamidad de una sola persona.[95]

La siguiente parte del pasaje es notable en su descripción satírica de la racionalidad que llevo a la creación del cristianismo. Los romanos, viendo el amor que los rebeldes judíos tenían por su Mesías, decidieron usar esta conexión para su propia ventaja. Eso es, decidieron crear un mesías romano. Entonces este pasaje está directamente conectado con la historia de Jesús en el Nuevo Testamento, cuya captura ocurrió en el Monte de los Olivos.

Cuando Baso se dio cuenta de eso, comenzó a discurrir el uso una estratagema contra el enemigo, y estaba deseoso de agravar su dolor con el fin de prevalecer con ellos para entregar la ciudad para la preservación del hombre. Tampoco falló en su esperanza;

porque les ordenó que levantaran una cruz, como si fuera a colgar a Eleazar inmediatamente; la vista de esto ocasionó un dolor entre los que estaban en la ciudadela, y gimieron con vehemencia y gritaron que no podían soportar verlo así destruido.

Con lo cual Eleazar les rogó que no lo ignoraran, ahora iba a sufrir la muerte más miserable, y los exhortó a salvarse, cediendo al poder romano y la buena fortuna ya que todas las demás personas fueron conquistadas por ellos.

Estos hombres se conmovieron mucho con lo que dijo, habiendo también muchos dentro de la ciudad que intercedieron por él, porque era de una familia eminente y muy numerosa;

así que ahora se dejaron salir su pasión por conmiseración, contrario a su costumbre habitual. En consecuencia, enviaron inmediatamente ciertos mensajeros y trataron con los romanos para entregarles la ciudadela, y desearon que se les permitiera irse y llevar a Eleazar con ellos. Entonces los romanos y su general aceptaron estos términos... [96]

Otra conexión entre Jesús y Eleazar (Lázaro) ocurre en el Nuevo Testamento. Luego de describir la resurrección de Lázaro, el Evangelio de Juan señala que un alto sacerdote conspiró en contra de él. Este paralelo es transparente ya que ocurre dentro del mismo pasaje donde el alto sacerdote conspira en contra de Jesús.

Pero el alto sacerdote, conspiró para incluso ejecutar también a Lázaro. [97]

Por consecuencia, *Las Guerras de los Judíos* y el Nuevo Testamento describen personajes llamados "Eleazar" quienes tienen atributos característicos de Jesús: de haber nacido en Galilea, de tener el poder de expulsar a los demonios, de haber conspirado en contra de él por un Alto Sacerdote, de haber sido flagelado, de haber sobrevivido la crucifixión, y de haberse levantado entre los muertos. Los "Eleazar" son los únicos individuos dentro de este trabajo con tantos atributos de Jesús.

Sin embargo, para saber qué "Eleazar" es el verdadero Cristo, los autores de Josefo y del Nuevo Testamento, requieren que el lector primeramente pueda resolver dos rompecabezas. El primer rompecabezas revela que Eleazar fue capturado en el Monte de los Olivos. Para resolver el acertijo uno debe primero reconocer que el siguiente pasaje, en el cual Josefo da su versión de una captura en el Monte de los Olivos, es paralelo al pasaje de más arriba que describe un Eleazar flagelado y escapando a la muerte por crucifixión.

El siguiente es el texto completo de la descripción de Josefo de la captura en el Monte de los Olivos:

> Ahora, después que un día había sido interpuesto desde que los romanos subieron hasta la brecha, muchos de los sediciosos estaban tan presionados por el hambre, por el fracaso presente de sus estragos, que se unieron e hicieron un ataque en contra de los guardias romanos que estaban sobre el Monte de los Olivos...

> Los romanos fueron informados de este ataque con antelación, y, corriendo juntos desde los campamentos vecinos prontamente, les impidieron invadir su fortificación...

> y uno cuyo nombre era Pedáneo, perteneciente a un grupo de jinetes, cuando los judíos ya fueron golpeados y obligados a descender juntos al valle, espoleó su caballo en su flanco con gran vehemencia y atrapó a cierto joven que pertenecía al enemigo, de su tobillo mientras se escapaba corriendo;

> el hombre era, sin embargo, de un cuerpo robusto y con armadura; Pedáneo se inclinó tanto hacia abajo de su caballo, incluso mientras galopaba, y la fuerza de su mano derecha, y del resto de su cuerpo, fue tan grande como la habilidad que tenía para la equitación.

> Entonces este hombre aprovechó su presa, como un tesoro precioso, y lo llevó como cautivo al César; con lo cual Tito admiraba al hombre que se había apoderado del otro por su gran fuerza, y ordenó que el hombre que fue atrapado fuera castigado [con la muerte] por su intento contra la muralla romana. [98]

Este incidente tuvo lugar en el Monte de los Olivos, la ubicación que el Nuevo Testamento da para la captura de Jesús. Como he visto, el Nuevo Testamento y *Las Guerras de los Judíos* a menudo comparten eventos paralelos en los mismos lugares. He intentado analizar ambos pasajes para determinar si tal vez también estén relacionados.

Al principio advertí que hay un paralelo entre las capturas de ambos en el Monte de los Olivos en términos del tiempo relativo cuando ellos ocurren. La captura ocurrida en el Nuevo Testamento toma lugar inmediatamente cuando, frente a Jesús, el templo simbólico del Nuevo Testamento es destruido. La captura en el Monte de los Olivos en *Las Guerras de los Judíos* toma lugar, del mismo modo, inmediatamente antes de la destrucción del Templo. Sin embargo, mientras la identidad del hombre que fue capturado en el Monte de los Olivos del Nuevo Testamento es bien conocida, en la versión de Josefo el individuo capturado es descrito solo como "cierto joven".

Me puse a pensar de si sería posible, como he realizado con los Demonios de Gadara, conocer el nombre de este "cierto joven". Fue durante el intento para determinar este asunto que comprendí la forma como se ha usado el paralelismo entre el Nuevo Testamento y *Las Guerras de los Judíos* para identificar a sus personajes anónimos. Esto finalmente se hizo claro para mí.

Esta utilización del paralelismo proviene directamente de la Biblia hebrea y, en un sentido, su utilización debía ser esperada en el Nuevo Testamento. Del mismo modo que los autores del Nuevo Testamento tomaron prestados conceptos como el "Éxodo" el "cordero pascual" y el "Mesías", fue lógico para ellos reproducir la utilización de paralelos intertextuales también.

La Biblia hebrea fue estructurada como un todo orgánico y puede ser pensada como "una serie de círculos concéntricos con algunos anillos entrelazados", como Friedman lo ha dicho. [99] Por ejemplo, la Torá y el Libro de Joshua (el cual junto al Hexateuco) tienen una estructura literaria global de imagen especular, en el cual los temas principales de los libros desde el Génesis hasta el Éxodo 33 son reflejados en estructuras paralelas en los libros del Éxodo 34 hasta Joshua 24.

Los creadores de la Biblia hebrea también usan paralelos estructurales a un nivel micro. Por ejemplo, en la técnica conocida como composición *pedimental*, [100] dos pasajes que contienen numerosos paralelos se utilizan como un "marco" literario mediante la incorporación de un tercer pasaje central entre ellos -por ejemplo, el Levítico 18 y 20 crean tal "marco" para el pasaje central en Levítico 19. Las consecuencias de estas técnicas literarias tradicionales es que el lector judío no lee un texto en lo que se podría pensar de una manera racional, directa o lineal. Por el contrario, la lectura judía es intertextual.

El uso de frases similares, fórmulas, lugares, vestuario y así sucesivamente, son usadas para crear capas de significados asociados, como contraste, y para proveer continuidad y color. En algunos casos los autores crean lo que Robert Alter ha llamado "tipo de escenas" [101]. Entonces, por ejemplo, el sirviente de Abraham conociendo a una joven cerca de una noria es luego paralelado por Moisés cuando encuentra a una joven mujer en una noria. El lector entonces es invitado a contemplarlas similitudes, diferencias y continuidades.

En la literatura hebrea, estás relaciones tipológicas son aún una fuente abierta de especulación y debate. Para los romanos, esto tal vez parecía ser parte del misticismo bárbaro que provocó la revuelta zelota judía. Entonces los romanos "mejoraron" la naturaleza de sus paralelos en el Nuevo Testamento, desde los que encontrados dentro del canon hebreo hasta los que son muy precisos en su lógica y relación cronológica, y en las identidades que ellos revelan.

Los autores de los evangelios estaban muy conscientes de la tipología en la literatura hebrea y estaban, en efecto, enunciando que ellos podían producir una forma, en efecto, más perfecta y compleja que la original. Además, había una profunda ironía en los autores, requiriendo que los evangelios y *Las Guerras de los Judíos* fueran leídos en la tradición de la literatura judaica para poder descubrir que ellos habían creado un falso judaísmo.

La idea según la cual Josefo estaba utilizando paralelos tipológicos se me ocurrió leyendo la historia de Josefo respecto a la captura de un "cierto joven" anónimo, en el Monte de los Olivos, la cual es equivalente a otro pasaje dentro de *Las Guerras de los Judíos*, en el cual Eleazar es azotado y escapa a la crucifixión. Josefo identifica a estas dos historias siendo paralelas teniendo en cada pasaje una misma historia, con la única diferencia en la asignación del lugar y sobre "cierto joven" que no tiene nombre en la versión del Monte de los Olivos.

Para clarificar, presento la siguiente lista de paralelos entre estos dos pasajes:

- En cada uno, los judíos acosados están encerrados por una muralla.

- En cada uno, los judíos atacan la muralla cercada.

- En ambos casos, los romanos predicen el ataque.

- En cada uno, un judío es literalmente acarreado por un solo romano de una manera que es imposible físicamente.

- En ambos, el hombre que es raptado lleva armadura.

Dentro de los trabajos de Josefo hay miles de pasajes. Estos son los únicos dos que comparten estas características paralelas. Josefo por lo tanto informa al "lector perceptivo", que es un lector de buena memoria, que ambas historias son paralelas. Más aún, hay un simple punto lógico que los autores que el lector comprenda, siendo esto, ya que los pasajes son paralelos, el anónimo "cierto joven" quien es atrapado y llevado, debe tener el mismo nombre que el "un cierto joven" llamado Eleazar quien tiene la misma experiencia que el otro.

Los pasajes además son el comienzo de un tema satírico que Josefo y el Nuevo Testamento desarrollan en relación al Mesías, quien fue capturado en el Monte los Olivos. Este tema, al cual llamo la "raíz y las ramas", comienza con la última frase en el pasaje anterior de *Guerras de los judíos*. Nótese que el traductor (William Whiston) coloca paréntesis en las palabras que utiliza para describir el castigo del "cierto joven" anónimo capturado en el Monte de los Olivos "(con la muerte)".

Whiston uso este mecanismo para notificar el lector que estaba deliberadamente traduciendo mal las palabras griegas que escribió Josefo con el objeto de entregar lo que parece ser una lectura más coherente. Las palabras griegas que está traduciendo como [con la muerte], *kolasai*, *keleusas*, son traducidas literalmente como "comandadas para hacer podadas". "Podar" es, por supuesto, una palabra que mienta la actividad de jardinería. Por lo tanto, Tito no ordenó a "cierto joven" ser ejecutado, como una traducción de Whiston dice, sino ser "podado", una palabra usada bastante, con lógica, en el Monte de los Olivos. "*Kolasaï*" fue utilizada por el naturalista griego Teofrasto en el siglo cuarto A.N.E. para describir la poda como necesaria para cultivar plantas silvestres. Sus trabajos sobre las plantas a menudo fueron referenciados por individuos en la era de Tito tales como Plinio y Séneca, y específicamente usados en el proceso por el cual los olivos silvestres podrían ser transformados en cultivados.[102] Teofrasto fue el ancestro científico de *Pedanious Dioscorides*, el científico, y médico que acompañó a Tito a Judea y fue una parte fundamental en el tema de humor negro concerniente a la "raíz y las ramas".

Este uso de la palabra "podado" para describir la suerte de "cierto joven" es parte de amplio tema satírico dentro del Nuevo Testamento. Los líderes de la rebelión judía fueron utilizados como "árboles" históricos de donde el cristianismo fue "injertado". La descripción del cristianismo hecha por Pablo donde dice que ha sido injertado en el judaísmo, citada más abajo, es parte de esta "raíces y ramas" del tema. Nótese cuando Pablo señala que es un árbol de olivas en el que va a ser injertado – el olivo siendo, por supuesto, el "árbol" que será "podado" sobre el Monte de los Olivos.

> Porque si Dios no perdonó a las ramas naturales, a ti tampoco te eximirá.
>
> Mira, pues, la benignidad y la severidad de Dios; la severidad ciertamente para con los que cayeron, pero la benignidad para contigo, si permaneces en esa benignidad; pues de otra manera, tú también serás cortado.
>
> Y aun ellos, si no permanecen en incredulidad, serán injertados, pues poderoso es Dios para volverlos a injertar.
>
> Porque si tú fuiste cortado del que por naturaleza es olivo silvestre, y contra naturaleza fuiste injertado en el buen olivo, ¿cuánto más éstos, que son las ramas naturales, serán injertados en su propio olivo?
>
> Porque no quiero, hermanos, que ignoréis este misterio, para que no os tengáis por sensatos en vuestra propia opinión: que ha acontecido a Israel endurecimiento en parte, hasta que haya entrado la plenitud de los gentiles.
>
> Romanos 11:21-25

Josefo continuó con este tema vegetativo haciendo un chiste sombrío en relación con "prensando". Nótese que al comienzo de esta descripción de una captura en el Monte de los Olivos citada más arriba, Josefo dice que los judíos fueron "aprensados" por el hambre. Este uso de la palabra "prensa" hecha por Josefo, conecta satíricamente este pasaje al describir la captura en el Monte de los Olivos, con la captura en la versión del Nuevo Testamento del Monte de los Olivos. El jardín donde Jesús deambula mientras está en el Monte de los Olivos se llama Getsemaní, una palabra Aramea que es traducida normalmente como "prensa de aceitunas". Sin embargo, como Klausner señala, la palabra es "difícil" y puede también estar relacionada con el vino. *Bet-Shemanaya* es un nombre utilizado en el Talmud para describir una "sala con vino y aceite". [103]

> Y les dijo: Esto es mi sangre del pacto, que es derramada en favor de muchos.
>
> En verdad os digo que no beberé ya más del fruto de la vid, hasta aquel día cuando lo beba nuevo en el reino de Dios.
>
> Y después de cantar un himno, salieron hacia el monte de los Olivos.
>
> y llegaron a un lugar llamado Getsemaní: y le dijo a sus discípulos, "Siéntense aquí mientras yo debo rezar.
>
> Marcos 14:24-26

Hemos mostrado que al llamar "pan" Jesús a su cuerpo está ligando satíricamente al canibalismo que los cercados judíos rebeldes tuvieron que enfrentar. De la misma forma, la descripción de la pasión de Jesús en el jardín de Getsemaní es una sátira respecto a "dar de su sangre", la que describe como "vino".

> Diciendo: Padre, si quieres, aparta de mí esta copa; pero no se haga mi voluntad, sino la tuya.
>
> Y se le apareció un ángel del cielo para fortalecerle.
>
> Y estando en agonía, oraba más intensamente; y era su sudor como grandes gotas de sangre engrumecidas que caían sobre la tierra.
>
> Lucas 22:42-44

Nombrando al jardín "prensa de aceitunas", donde la transpiración de Jesús es comparada a gotas de sangre, es también parte del mismo tema satírico. Sin embargo, el pasaje en el Evangelio de Lucas, que contiene las imágenes humorísticas oscuras relacionadas con que las gotas de sangre que derrama Jesús son como el líquido que sale de las uvas o las aceitunas en la prensa, no se refiere al nombre del jardín. Esto debe ser recogido de la lectura de otras versiones sobre el Monte los Olivos en otros evangelios, en los cuales el nombre del jardín es Getsemaní.

La comedia burlona de los cuatro evangelios funciona en conjunto, con relación a la pasión de Jesús en Getsemaní, para mostrar que los evangelios no son cuatro testimonios separados de Jesús, sino, en cambio, piezas unificadas de literatura donde nada existe inadvertidamente. Todos los detalles aparentemente irrelevantes o contradictorios, tiene un propósito al nivel de la sátira.

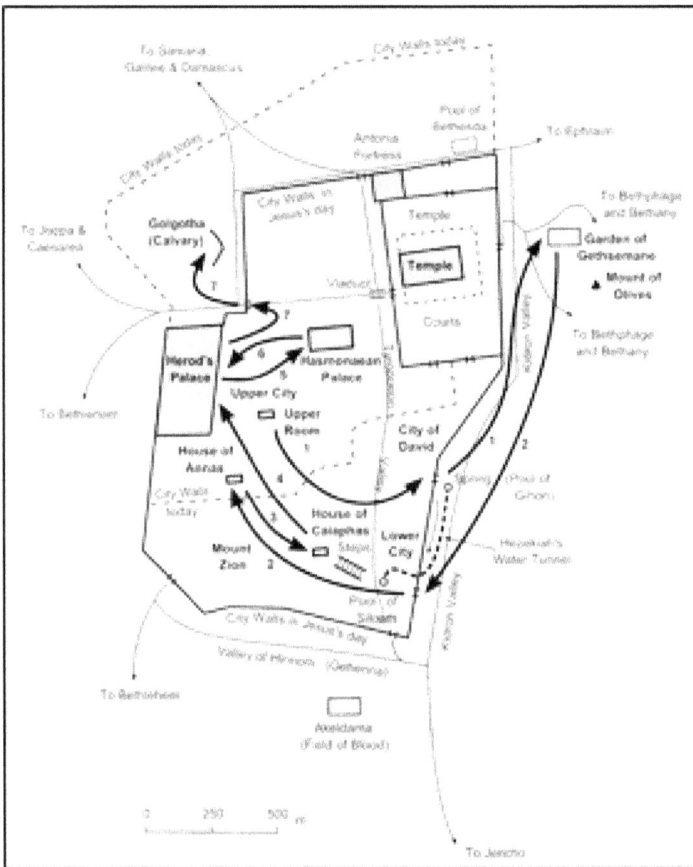

Desde este ángulo, los autores han manejado la comedia negra para evitar ser demasiado obvios colocando determinada palabra para una prensa de vino o aceitunas. Getsemaní, dentro de una versión de los Evangelios, y la imagen de la sangre goteando de Jesús en otra. Josefo luego expande el tema de humor negro en *Las Guerras de los Judíos* mediante la utilización de una jugarreta con la palabra "prensa" en esa historia del Monte de los Olivos.

Nuevamente, sólo los lectores suficientemente alertas para combinar los elementos de diferentes versiones de la misma historia pueden comprender el siniestro chiste. Tomemos nota que esta técnica es consistente completamente. Para comprender el humor sardónico de Lucas con relación a Getsemaní, el lector debe recordar otra versión de los Evangelios sobre la misma aventura. De la misma manera, los paralelos entre las dos narraciones, entre La*s Guerras de los Judíos* señalada más arriba, solo puede ser entendido por el lector cuya memoria es lo suficientemente clara para recordar la primera historia mientras lee la segunda. Los autores del Nuevo Testamento y de Josefo crearon lo que puede ser llamado la *primera prueba de inteligencia histórica*. La consecuencia de reprobar implica la creencia en un falso Dios.

Me gustaría hacer notar además que este tema vegetativo, con relación al mesías capturado en el jardín llamado prensa de aceitunas o de vino, podría haber sido una parodia de una metáfora hebrea grabada en el Tárgum, del Mesías destruyendo a los enemigos de Israel en una prensa. El Mesías falso de Roma, no aplastó a sus enemigos como "uvas en una prensa de vino", sino que, en su lugar, fue "prensado" el mismo.

Cuán encantador es el Rey Mesías, quien se levantará de la casa de Judá.

El ciñe sus lomos y sale a hacerle la guerra a aquellos que le odian,

matando reyes y gobernantes...

y enrojeciendo las montañas con la sangre de sus asesinatos.

Con su ropa empapada de sangre,

él es como uno que aplasta uvas en la prensa de vino. [104]

El tema de "las raíces y las ramas" que el Nuevo Testamento y Josefo crean, en relación con el Mesías, es verdaderamente claro. El "árbol de olivas" que es "podado" para que la cristiandad se "injerte allí" *accidentalmente* ocurre en el "Monte de los Olivos" en un jardín llamado "Getsemaní", una palabra que significa "prensa de aceitunas". En esta situación, los meros nombres y ubicaciones, nos demuestra el hecho que la historia es una comedia desdeñosa y no realmente historia.

Si los romanos, en efecto, capturaron a Eleazar, la "sucursal" mesiánica de los rebeldes judíos, en el Monte de los Olivos, esto habría sido una inspiración específica para este tema satírico. En el capítulo 8, mi análisis sobre este tema vegetativo concluye cuando Tito -llamado "jardinero" porque ha "podado" a Eleazar –"se injerta" dentro de la identidad e historia del Mesías judío y se transforma en "Jesús".

Voy a demostrar en el capítulo 8 que la "poda" de cierto joven, descrita tan bruscamente por Josefo, es el destino del verdadero Mesías y sobre la cual se basa el cristianismo.

Para continuar, la historia de la captura de Jesús en el Nuevo Testamento está ligada a la campaña de Tito también de otra manera. El Nuevo Testamento señala que Jesús fue capturado dentro del jardín llamado Getsemaní. En la versión de su captura, narrada en el Evangelio de Marcos, hay un personaje descrito solo como "cierto joven desnudo", quien, a diferencia de Jesús, pudo escapar de sus atacantes.

> Todos los días estaba frente a vosotros enseñando en el templo, y no me prendisteis;
>
> pero es así para que se cumplan las Escrituras. Entonces, todos le abandonaron y huyeron.
>
> Cierto joven le seguía, cubierto solamente con una sábana sobre su cuerpo desnudo, y le detienen.
>
> Pero él dejó en pos de sí la sábana y escapó desnudo.
>
> Condujeron a Jesús ante el sumo sacerdote, y se reúnen todos los principales sacerdotes, los ancianos y los escribas.
>
> Marcos 14: 49-53

La descripción de este hombre desnudo ha confundido a los académicos. ¿Por qué el autor interrumpió la narración de algo tan importante como la captura de Jesús para registrar un evento tan irrelevante como el escape de un personaje anónimo? Creo que estoy en condiciones de responder a esta pregunta y además de identificar a este personaje innominado.

La respuesta viene del hecho que había otro individuo "desnudo" que tuvo un escape paralelo de una banda de hombres armados en el mismo jardín. Este individuo es Tito Flavio. Otra vez, el Nuevo Testamento y Las Guerras de los Judíos, cada una describe un evento conceptualmente paralelo en el mismo espacio –"pescando" hombres en Genesaret, "demonios" en Gadara, un hijo de María cuya carne fue comida en Jerusalén, y, en el siguiente pasaje, un joven "desnudo" en el jardín afuera de la esquina noreste de Jerusalén que escapa de una banda de hombres armados.

> Ahora, mientras cabalgaba por el camino recto que conducía a la muralla de la ciudad, nadie aparecía por las puertas;

> pero cuando salió de ese camino, cuando descendió hacia la torre *Psephenus*, y condujo a la banda de jinetes oblicuamente, un inmenso número de judíos saltó repentinamente a las torres llamadas "Torres de las mujeres" por medio de la puerta que estaba frente a los monumentos de la reina Helena, e interceptaron su caballo;

> y parados directamente frente a quienes aún corrían por el camino, les impidieron unirse a los que habían rechazado el camino. También interceptaron a Tito, con algunos otros.

> Ahora era imposible para él avanzar, porque todos los lugares tenían trincheras excavadas en ellos desde la pared para preservar los jardines en derredor, y estaban llenos de jardines ubicados oblicuamente, y de muchos setos;

> y para volver con sus propios hombres, vio que también era imposible, debido a la multitud de enemigos que yacían entre ellos; muchos de los cuales no sabían que el rey estaba en peligro, pero supusieron que todavía estaba entre ellos. Entonces se dio cuenta de que su preservación se debía totalmente a su propio coraje, y dio la vuelta a su caballo, y

grito en voz alta a los que estaban a su alrededor para seguirlo, y corrió con violencia en medio de sus enemigos, para forzar su camino a través de ellos hasta sus propios hombres.

Y, por lo tanto, puedo principalmente aprender que tanto el éxito de las guerras como los peligros en los que se encuentran los reyes están bajo la providencia de Dios;

porque mientras se lanzaban tantos dardos a Tito, cuando no llevaba puesto el casco ni el peto (porque, como te dije, salió no a pelear, sino a ver la ciudad), ninguno tocó su cuerpo, sino que se hicieron a un lado sin lastimarlo; como si todos lo extrañaran a propósito, y solo hicieran un ruido al pasar junto a él.

Las Guerras de los Judíos, 5,2 54-61

Por lo tanto, el Nuevo Testamento y *Las Guerras de los Judíos* cada uno colocó a su rey en el mismo jardín para su encuentro con una banda de hombres armados. En el Nuevo Testamento Jesús parte del Monte de los Olivos, inmediatamente fuera de la orilla este de Jerusalén, y sube hacia el norte hacia Getsemaní, desde donde el Nuevo Testamento señala que él "fue un poco más lejos" [105]. En otras palabras, en la esquina noroeste de la ciudad hacia el monumento de la Reina Helena, a lo largo de la frontera norte de Jerusalén desde Oeste a Este.

Tómese nota de que, en su versión del asalto del jardín, Josefo pone al lector en conocimiento de que Tito estaba figurativamente "desnudo", esto es, no llevaba armadura, para crear un paralelo satírico con el "joven desnudo" que escapa del jardín en el Nuevo Testamento.

Como ocurrió con el puzle referido en la captura de Eleazar, el innombrado "hombre joven desnudo" en el Nuevo Testamento debiera tener el mismo nombre que el individuo nominado dentro de la historia paralela en *Las Guerras de los Judíos*. Por lo tanto, el "cierto joven" que escapa desnudo de sus perseguidores en el jardín en el Nuevo Testamento puede ser visto como un prototipo de Tito, el joven "desnudo" que escapa de sus perseguidores en el mismo jardín en *Guerras de los judíos*.

Por lo tanto, el Nuevo Testamento y Josefo describen dos asaltos que ocurren en jardines cercanos al Monte de los Olivos. Nótese la simetría conceptual -cada par de asaltos al Monte de los Olivos contiene un individuo "desnudo" que escapa y otro individuo que es capturado. El punto de estos asaltos paralelos en el Monte de los Olivos es para separar las identidades de estos dos "reyes", Jesús y Tito -en otras palabras, separar al "rey" que vive del que fue crucificado. Este paralelo es críticamente importante debido a que comienza el proceso mediante el cual la historia del Nuevo Testamento de Jesús opera como una anticipación de las historias de ambos "Hijos de Dios", descrito en *Las Guerras de los Judíos* -Eleazar (hijo del linaje mesiánico Macabeo) y Tito.

Tito en efecto es descrito por Josefo como rey cuando, en efecto, en ese momento es solamente el hijo del emperador.

> Y entonces podríamos principalmente aprender que, ambos, el éxito en la guerra y los peligros en que los reyes se encuentran, están bajo la providencia de Dios.

> *Las Guerras de los Judíos*, 5, 2, 60

Esta referencia a Tito como si fuera un rey, ha llamado la atención de académicos, quienes se han asombrado porque Josefo pudo haber cometido tan obvio error. Josefo, por supuesto, no había olvidado el título de Tito. En cambio, Josefo está haciendo un comentario con relación a cuál "rey", atacado en el jardín fuera de Jerusalén, goza del favor de Dios -Jesús, el Rey de los Judíos o Tito, el "rey" de los romanos.

Las Guerras de los Judíos y el Nuevo Testamento operan conjuntamente para indicar que, ya que el rey de los romanos escapó de sus atacantes en el jardín y el rey de los judíos no lo hizo, hay evidencia sobre cuál rey estaba "bajo la providencia de Dios". La frase de Josefo en el pasaje anterior, "los peligros a que se enfrentan los reyes" claramente se refiere a un evento que ocurre en el mismo jardín donde Jesús, el rey de los judíos, es capturado, y su uso del plural indica plenamente de que está hablando de más de un rey.

Al menos, es una coincidencia extraordinaria que Josefo elija este momento y ubicación para hacer un comentario editorial sobre cuál rey estaba bajo la "providencia de Dios".

Josefo parece que estuviera haciendo una marca respecto al valor relativo de la fe en lo divino y la fe en uno mismo, lo que probablemente significaba lo mismo para los Flavio, ya que ellos se veían a sí mismos como dioses. Esto queda en claro por medio de las distintas respuestas que Jesús y Tito dan respecto a las mismas situaciones. Ambos son reyes que han sido separados de sus aliados y asaltados por hombres armados en un jardín en las afueras de la frontera norte de Jerusalén. Jesús, es decir Eleazar, humildemente acepta el deseo de Dios. La reacción de Tito, sin embargo, fue la misma que la del joven hombre desnudo del Nuevo Testamento que reconoce que su "preservación se debe completamente a su propia valentía" y por lo tanto es apto para escapar de sus perseguidores. Josefo puede estar entregándonos una breve imagen dentro del verdadera creencia religiosa de los emperadores Flavio, la cual es confiar en uno mismo y no en la "providencia" de los dioses.

Voy ahora a analizar el acertijo referido a Eleazar, el cual revela la característica más significativa que comparte con Jesús. Es un rompecabezas que revela que Lázaro era el hijo de "María" cuya carne fue comida como un cordero de Pascua. Para resolver este acertijo, el lector debe primero combinar dos pasajes paralelos dentro del Nuevo testamento y luego combinar esa "historia combinada" con su contraparte paralela en Josefo. Mientras esto puede parecer complicado, los autores crearon un camino fácil para seguirlo. Como en el acertijo anterior, relacionado con "cierto joven" capturado en el Monte de los Olivos, el acertijo actual es acerca de determinar el nombre de un personaje anónimo. Nuevamente la respuesta es Eleazar.

El acertijo comienza con un pasaje del Evangelio de Lucas en el cual Jesús da consejo a Marta cuando ella está molesta porque su hermana María no la ayuda a servir la comida. Si las palabras de Jesús son interpretadas simbólicamente, parece estar diciendo que escuchar sus enseñanzas es más importante que servir o comer. Aunque aparentemente inocuo, el siguiente pasaje es el más importante en todo el Nuevo Testamento.

> Aconteció que yendo de camino, entró en una aldea; y una mujer llamada Marta le recibió en su casa.
>
> Ésta tenía una hermana que se llamaba María, la cual, sentándose a los pies de Jesús, oía su palabra.

> Pero Marta se preocupaba con muchos quehaceres, y acercándose, dijo: Señor, ¿no te importa que mi hermana me deje servir sola? Dile, pues, que me ayude.
>
> Respondiendo Jesús, le dijo: Marta, Marta, estás preocupada y acongojada con muchas cosas.
>
> Pero sólo una cosa es necesaria; y María ha escogido la parte buena, la cual no le será quitada.
>
> Lucas 10: 38-42

Como en el pasaje del Nuevo testamento referente a "cierto joven" que estaba desnudo en el Monte los Olivos, Lucas 10:38-42 está desconectado estratégicamente de la narrativa en ambas partes antes y después de ella. Los académicos han reconocido que este pasaje parece relacionado con otra historia con relación a servir comida encontrados en los Evangelios de Juan, el cual yo llamo "la fiesta de Lázaro". Durante esta "fiesta de Lázaro", Marta es descrita como si ella estuviera, al igual que en el pasaje de arriba, de Lucas, sirviendo la comida. La hermana de Marta, María, también está presente en esta fiesta, como su hermano Lázaro, a quien Jesús recientemente había resucitado. Sin embargo, si el pasaje del evangelio de Lucas es una pieza de la historia de Juan, ¿cómo pudo encontrar su camino para llegar a otro Evangelio?

Nuevamente, pasajes dentro del Nuevo testamento y *Las Guerras de los Judíos* que comparten paralelos deben ser leídos como literatura judía -es decir intertextualmente. Leídas de esta manera, desde esta perspectiva, estos pasajes paralelos crean una historia con un significado diferente con relación al significado que aparece en la superficie. El pasaje del evangelio de Lucas comparte paralelos con "la fiesta de Lázaro" que aparece en el evangelio de Juan. En ambos pasajes, las hermanas de Lázaro María y Marta están presentes, y Marta es descrita sirviendo la comida. Por lo tanto, estos pasajes pueden ser combinados de la siguiente manera:

> Seis días antes de la pascua, vino Jesús a Betania, donde estaba Lázaro, el que había estado muerto, y a quien había resucitado de los muertos.

Y le hicieron allí una cena; Marta servía, y Lázaro era uno de los que estaban sentados a la mesa con él.

Juan 12:2-3

En este punto, el pedazo de historia que ocurre en el Evangelio de Lucas puede ser conectado con este, sin dificultad.

Pero Marta se preocupaba con muchos quehaceres, y acercándose, dijo: Señor, ¿no te importa que mi hermana me deje servir sola? Dile, pues, que me ayude. Respondiendo Jesús, le dijo: Marta, Marta, estás preocupada y acongojada con muchas cosas. Pero sólo una cosa es necesaria; y María ha escogido la parte buena, la cual no le será quitada.

Lucas 10 40-42

Aunque combinar estos dos pasajes puede parecer trivial, el hecho que conecta la historia de Lázaro con la "buena porción" de María es crítica para resolver el acertijo sobre qué es, exactamente, la "buena porción" de María. ¿Está Jesús hablando metafóricamente aquí, o pueden ser sus palabras tomadas literalmente, como lo he demostrado que pueden serlo en la expresión "pescadores de hombres"? Pienso que, una vez más, aquellos que ven significado espiritual en las palabras de Jesús han sido tomados por tontos. Quien tiene una "porción fina", esto es, "que no le ha sido quitada" es bastante raro en literatura. Un personaje con el mismo nombre y atributos también se encuentra en *Las Guerras de los Judíos*, en el pasaje que describe a María comiéndose a su propio hijo, el cual he analizado anteriormente.

… la amenazaron que le cortarían la garganta inmediatamente si ella [María] no les mostraba qué comida había cocinado. Ella replicó que había separado una porción muy fina para ellos, y con todo descubrió lo que quedaba de su hijo… luego de lo cual los hombres salieron… y… dejaron el resto de la carne a la madre [106].

El pasaje de Josefo tiene un paralelo conceptual con Lucas 10:42. Pero el lector debe hacer más que una conexión lingüística para poder ver los paralelos entre los dos pasajes.

Nótese que las dos Marías son un ejemplo, por excelencia de que los paralelos conceptuales entre el Nuevo testamento y *Las Guerras de los Judíos* no pueden ser vistos a través de un método literal de análisis que los académicos han aplicados corrientemente en sus trabajos. La relación no fue creada mediante paralelos lingüísticos o gramaticales, sino mediante paralelos conceptuales. Los autores usan diferentes palabras e incluso diferentes lenguajes para crear sus relaciones tipológicas y requerir al lector que tenga la capacidad mental para reconocer los conceptos paralelos que los diferentes vocablos crean.

El pasaje de arriba de *Las Guerras de los Judíos* comparte cuatro abiertos paralelos con los pasajes del Nuevo Testamento en relación con Lázaro: una fina porción, el hecho que la porción no se la llevaron, un personaje llamado María, y un pariente llamado Eleazar (Lázaro).

Sin embargo, estos cuatro paralelos no son los únicos caminos con los cuales los pasajes son conectados. Como fue señalado anteriormente, el pasaje de Josefo fue describiendo "la" María cuya "buena porción no le fue requisada" además contiene un número de elementos que es análoga al simbólico Cordero de Pascua del Nuevo Testamento. Estos son: una madre llamada María que será "atravesada"; la casa de hisopo, un sacrificio, una de las instrucciones de Moisés en relación con el Cordero de Pascua, el comerse la carne del hijo que se transformará en el "refrán del mundo" y Jerusalén como el sitio del incidente.

Sumándole "la buena porción que no le fue requisada" a los paralelos previamente mencionados sobre el Cordero de Pascua, queda pendiente la pregunta de si el pasaje de Josefo "hijo de María cuya carne fue comida" y el Cordero de Pascua del Nuevo Testamento son parte de un sistema de comedia negra. Un rayo puede caer dos veces en el mismo lugar, pero no caer nueve veces en un pasaje de menos de dos páginas -un pasaje escrito por un miembro de la familia con tantas conexiones con el cristianismo.

Aunque al comienzo no comprendí las razones de los numerosos paralelos entre el "hijo de María cuya carne fue comida" en *Las Guerras de los Judíos*, y el Cordero de Pascua del Nuevo Testamento, su punto ahora es claro. Leídos intertextualmente, los pasajes indican que la "buena porción" que no se le requisó a María en el Nuevo Testamento, fue la misma "buena porción" que no fue requisada a la María en el pasaje de Josefo. Por lo tanto, la "buena porción" que fue servida en la fiesta de Lázaro fue carne humana. Pero, ¿de quién era esa carne? ¿Cuál era el nombre del hijo de María?

Los paralelos simplemente funcionan al revés para proveer la respuesta. El Lázaro descrito en el Nuevo testamento comparte atributos paralelos con el hijo innominado de María en *Las Guerras de los Judíos*. Ambos tienen parientes llamados "María", quienes dieron una "buena porción" que no fue requisada. Los autores, por lo tanto, "informan" al lector alerta que, ya que comparten atributos paralelos, el hijo innominado en *Las Guerras de los Judíos* tiene el mismo nombre que su contraparte en la historia paralela del Nuevo Testamento -es decir "Lázaro". El punto de la comedia negra es que la "buena porción" que María y Jesús disfrutan es la carne de Lázaro. Nótese el sombrío juego de palabras en el pasaje, "Le hicieron a él una cena".

La economía que el autor utiliza para crear el acertijo merece una nota. El pasaje dentro de *Las Guerras de los Judíos* identifica la naturaleza de "la buena porción" en un pasaje paralelo dentro del Nuevo Testamento, en tanto que el mismo pasaje en el Nuevo Testamento identifica al hijo anónimo de María en *Las Guerras de los Judíos*. Ambos pasajes también tienen un ejemplo sobre el tema relacionado con la profecía que circula constantemente dentro del Nuevo Testamento. No son solamente las abiertas profecías de Jesús que ocurren realmente en *Las Guerras de los Judíos*, sino todo lo señalado por el Nuevo Testamento "debe" ocurrir.

Tómese nota que, como la profecía anterior respecto a que María es "perforada", los dos pasajes son temporalmente lógicos. Las "profecías" de Jesús de que la fina porción no será requisada y, en efecto, Josefo anota que esta "profecía" efectivamente se cumplió.

Por supuesto que, tales "milagrosos cumplimientos" deben ser esperados. Jesús específicamente señaló que cada letra y cada "punto" gramático de la "ley" será cumplido.

No penséis que he venido para abrogar la ley o los profetas; no he venido para abrogar, sino para cumplir. Porque de cierto os digo que hasta que pasen el cielo y la tierra, ni una jota ni una tilde pasarán de ningún modo de la ley, hasta que todo se haya realizado.

Mateo 5:17-18

No son solamente obvias profecías, tal y como que el templo va a ser destruido, lo que ocurrió, por ejemplo, con la campaña de Tito. Virtualmente todo el ministerio de Jesús es un precursor profético. Ejemplo de esta técnica incluye a un hijo de María cuya carne fue comida; el hecho de que le digan a María que será "atravesada"; Jesús diciéndole a sus discípulos que se transformarán en "pescadores de hombres"; los endemoniados de Gadara diciéndole a Jesús "Has venido a atormentarnos antes del tiempo"; Simón siendo llamado "la piedra" sobre la cual la nueva iglesia será construida; la fina porción de María que no le van a requisar; un hombre desnudo que escapa de sus perseguidores en el jardín de Getsemaní; la lista de signos que Jesús señala deben ocurrir antes que el templo sea arrasado; tanto como que Simón sea condenado y Juan sea perdonado.

El hecho de que tantos aparentemente inocuas, aunque inusuales, narraciones del Nuevo Testamento referidas al futuro "ocurran" dentro de *Las Guerras de los Judíos* es tal vez la más simple de las pruebas que ambos trabajos fueron diseñados para ser leídos interactivamente. El recuento de Josefo de tantas de estas "ocultas" profecías del Nuevo Testamento no pudieron haber ocurrido por simple casualidad.

Visto así, cuál es la probabilidad del satírico "cumplimiento" no de solo de una sino de dos únicas profecías del Nuevo Testamento -María siendo "penetrada a través de su corazón" y su "fina porción no requisada" - ¿podría existir dentro de un pasaje que además contiene una sátira accidental en el Nuevo Testamento del Cordero de Pascua?

Un diseño ingenioso, una relación interactiva entre los dos trabajos también es mostrada por el hecho de que las declaraciones proféticas en el Nuevo Testamento ocurren en el mismo orden que en *Las Guerras de los judíos*. Claramente el propósito de este tema paródico es confirmar que debido a que su "ministerio" ha cumplido cada profecía predicha por los Evangelios, Tito es el Hijo del Hombre predicho por Jesús.

Volviendo al análisis del acertijo de Eleazar, la pregunta surge respecto a cómo la carne consumida en la fiesta de Lázaro pudo haber sido la carne del propio Lázaro, ya que se describe en el Nuevo Testamento como levantado de la muerte por Jesús y por estar "con" él durante la comida. Para responder a esta pregunta se requiere de una lectura cuidadosa del pasaje donde Jesús "levanta" a Lázaro, lo que ocurre inmediatamente antes de la fiesta de Lázaro, en el Evangelio de Juan. Presento el pasaje siguiente.

Estaba entonces enfermo uno llamado Lázaro, de Betania, la aldea de María y de Marta su hermana.

(María, cuyo hermano Lázaro estaba enfermo, fue la que ungió al Señor con perfume, y le enjugó los pies con sus cabellos.)

Enviaron, pues, las hermanas para decir a Jesús: Señor, mira, el que amas está enfermo.

Oyéndolo Jesús, dijo: Esta enfermedad no es para muerte, sino para la gloria de Dios, para que el Hijo de Dios sea glorificado por medio de ella.

Y amaba Jesús a Marta, a su hermana y a Lázaro.

Cuando oyó, pues, que estaba enfermo, se quedó dos días más en el lugar donde estaba.

Luego, después de esto, dijo a los discípulos: Vamos a Judea otra vez.

Le dijeron los discípulos: Rabí, ahora procuraban los judíos apedrearte, ¿y otra vez vas allá?

Respondió Jesús: ¿No son doce las horas del día? El que anda de día, no tropieza, porque ve la luz de este mundo;

pero el que anda de noche, tropieza, porque no hay luz en él.

Dicho esto, les dijo después: Nuestro amigo Lázaro se ha quedado dormido; mas voy para despertarle.

Dijeron entonces sus discípulos: Señor, si está dormido, sanará.

Pero Jesús se había referido a la muerte de Lázaro; y a ellos les pareció que hablaba del reposar del sueño.

Entonces Jesús les dijo abiertamente: Lázaro ha muerto; y me alegro por vosotros, de no haber estado allí, para que creáis; pero vayamos hasta él.

Dijo entonces Tomás, llamado Dídimo, a sus condiscípulos: Vamos también nosotros, para que muramos con él.

Vino, pues, Jesús, y halló que hacía ya cuatro días que Lázaro estaba en el sepulcro.

Betania estaba cerca de Jerusalén, como a quince estadios;

y muchos de los judíos habían venido a Marta y a María, para consolarlas por su hermano.

Entonces Marta, cuando oyó que Jesús venía, salió a su encuentro, mientras María se quedaba sentada en casa.

Y Marta dijo a Jesús: Señor, si hubieses estado aquí, mi hermano no habría muerto.

Mas también sé ahora que todo lo que pidas a Dios, Dios te lo dará.

Jesús le dijo: Tu hermano resucitará. Marta le dijo: Ya sé que resucitará en la resurrección, en el último día.

Le dijo Jesús: Yo soy la resurrección y la vida; el que cree en mí, aunque haya muerto, vivirá.

Y todo aquel que vive y cree en mí, no morirá eternamente. ¿Crees esto? Le dijo:

Sí, Señor; yo he creído que tú eres el Cristo, el Hijo de Dios, que has venido al mundo.

Habiendo dicho esto, fue y llamó a María su hermana, diciéndole en secreto: El Maestro está aquí y te llama.

Ella, en cuanto lo oyó, se levantó de prisa y vino a él.

Jesús todavía no había entrado en la aldea, sino que estaba en el lugar donde Marta había salido a recibirle.

Entonces los judíos que estaban en casa con ella y la consolaban, al ver que María se había levantado de prisa y había salido, la siguieron, diciendo: Va al sepulcro a llorar allí.

María, cuando llegó a donde estaba Jesús, al verle, se arrojó a sus pies, diciéndole: Señor, si hubieses estado aquí, no habría muerto mi hermano.

Jesús entonces, al verla llorando, y a los judíos que la acompañaban, también llorando, se estremeció interiormente y se conmovió, y dijo:

¿Dónde le habéis puesto? Le dijeron: Señor, ven y ve.

Jesús lloró. Dijeron entonces los judíos: Mirad cómo le amaba.

Y algunos de ellos dijeron: ¿No podía éste, que abrió los ojos del ciego, haber hecho también que Lázaro no muriera?

Jesús, profundamente conmovido otra vez, vino al sepulcro. Era una cueva, y tenía una piedra puesta encima.

Dijo Jesús: Quitad la piedra. Marta, la hermana del que había muerto, le dijo: Señor, hiede ya, porque es de cuatro días.

Jesús le dijo: ¿No te he dicho que si crees, verás la gloria de Dios?

Quitaron, pues, la piedra de donde había sido puesto el muerto. Y Jesús, alzando los ojos a lo alto, dijo: Padre, gracias te doy por haberme oído.

Yo sabía que siempre me oyes; pero lo dije por causa de la multitud que está alrededor, para que crean que tú me has enviado.

Y habiendo dicho esto, clamó a gran voz: ¡Lázaro, sal fuera! Y el que había muerto salió, atadas las manos y los pies con vendas, y el rostro envuelto en un sudario. Jesús les dijo: Desatadle, y dejadle ir.

Entonces muchos de los judíos que habían venido para acompañar a María, y vieron lo que hizo Jesús, creyeron en él.

Pero algunos de ellos fueron a los fariseos y les dijeron lo que Jesús había hecho.

Entonces los principales sacerdotes y los fariseos reunieron el sanedrín, y dijeron: ¿Qué hacemos? Porque este hombre hace muchas señales.

Si le dejamos así, todos creerán en él; y vendrán los romanos, y destruirán nuestro lugar santo y nuestra nación.

Juan 11:1-48

Nótese que en el pasaje Jesús deliberadamente espera dos días antes de comenzar la visita a Lázaro, por lo tanto, deja transcurrir un total de cuatro días antes de que él vaya la tumba, un punto que Marta menciona específicamente. Esto es diferente, por supuesto, del tiempo de la resurrección de Jesús que ocurre tres días después de su muerte. La diferencia entre la resurrección de Lázaro y de Jesús es significante. Durante esa época, los judíos pensaban que el espíritu irrevocablemente partía al cuarto día luego de la muerte de la persona. [107] Este es el motivo por el cual la resurrección de Jesús ocurre al *tercer* día luego de su muerte, dejando claro el significado del pasaje paralelo de la "buena porción". La resurrección de Lázaro es una broma cruel. Jesús meramente levanta el cuerpo de Lázaro de su tumba. Alguien que ha estado muerto por *cuatro* días no podría ser vuelto a la vida. Esto también explica porque Lázaro nunca habla luego que es "levantado" de su tumba. Los muertos no pueden hablar. Nótese además del hedor de la carne de Lázaro, en el cual paralela el hedor de la carne humana en el pasaje donde Josefo describe la "fina porción" de María. La profecía de Jesús concerniente a la carne del "Hijo del Hombre" ha, como siempre ocurrido, y su carne literalmente, no es comida simbólicamente.

El elemento de comedia negra, detrás de la creación de la tradición cristiana de comerse simbólicamente la carne del Mesías, es claro en las sátiras que involucran a "Lázaro" y "María". Los romanos crearon esta tradición cristiana para crea la impresión que el cuerpo de Eleazar ha sido canibalizado por su familia y seguidores. Comprendiendo esta triste *broma interna* también permite al lector comprender el próximo capítulo -siendo este, que la tumba donde se pensaba yacía el Mesías estaba vacía porque el cuerpo había sido comido.

Incluso si esta interpretación no fuera correcta, es posible que la afirmación de que sus seguidores se comieron al Mesías es simplemente una ficción creada por los romanos para denigrar al movimiento mesiánico judío. Debo hacer notar, sin embargo, que el Talmud señala que el canibalismo fue prevalente durante los sitios romanos Y que tanto Suetonio como Josefo confirman que tuvo lugar durante el cerco de Jerusalén. La familia mesiánica y su círculo interior, a la cual Josefo describe como los últimos bastiones, pudieran bien haberse involucrado en esta situación. Si esto en efecto ocurrió y fue descubierto por los romanos, el evento proveyó la sórdida inspiración para la creación de un Mesías cristiano que ofrece su carne a sus seguidores. En cualquier caso, el sistema satírico creado por el Nuevo Testamento y *Las Guerras de los Judíos* no deja en claro que el canibalismo sufrido por los judíos mesiánicos cercados fuera de la base del concepto cristiano donde un Mesías ofrece hasta su carne.

Conociendo que el innombrado "cierto joven" que fue "podado" en el pasaje del Monte de los Olivos fue llamado "Eleazar", como el nombre del hijo innombrado de María en *Guerras de los judíos*, completa un cuadro combinado de "Eleazar". Josefo y el Nuevo Testamento "señalan" que Eleazar podía expulsar demonios, era un hijo de María, su carne fue comida como un sacrificio de Pascua, fue capturado en el Monte de los Olivos, fue desnudado y flagelado, fue perseguido por los altos sacerdotes, milagrosamente escapó la muerte por crucifixión, y se "levantó" de la muerte. Más adelante, en el próximo capítulo voy a mostrar que tanto Lázaro como Jesús, además tienen tumbas paralelas. Las tumbas acontecen en el mismo lugar y en el mismo tiempo, a ambos se le removieron las puertas de piedra y dejaron las mismas ropas funerarias abandonadas.

Tanto a Eleazar, como a Simón y Juan, los romanos les robaron sus identidades. Eleazar fue el "Cristo" histórico capturado en el Monte de los Olivos y se "levantó" de entre los muertos. Como era solo humano, sin embargo, Eleazar no pudo volver a la vida.

Nótese el impacto que este análisis tiene en la historicidad de "Jesús Cristo". ¿Se habrá basado el personaje del Nuevo Testamento en un individuo real? Considerando que los apóstoles Juan y Simón fueron basados en personajes históricos, ¿será posible que Jesús también?

Estoy seguro, sin embargo, que, si incluso el personaje de "Jesús" del Nuevo Testamento se hubiera basado en un individuo histórico, virtualmente no dice nada y ninguno de los eventos de su ministerio son recogidos en el Nuevo Testamento. Los autores del Nuevo testamento crearon el diálogo del personaje y su ministerio en orden de crear un verdadero profeta, uno que "correctamente" presagiara eventos de la triunfante campaña de Tito. Jesús, por ejemplo, no profetizó a sus discípulos transformándose en "pescadores de hombres" o "comiendo su carne". Ni vio a sus contemporáneos como una "generación malvada" o promovía entre ellos que "tornarán la otra mejilla". Como sus "Apóstoles" Simón y Juan, el verdadero "Salvador Mesías" habría estado en completo acuerdo con el movimiento mesiánico que luchó en contra de Roma. Habría sido un Zelote militarista.

En el tiempo en que el Nuevo Testamento estaba siendo creado, los eventos de 30 E.C. habían ocurrido hace más de 40 años y tenían poca o ninguna importancia para sus autores. Su enfoque fue solamente el triunfo de Tito en la recientemente terminada guerra en contra de los judíos. El "Salvador" que ellos crearon fue una fantasía romana, una figura literaria que usaron para castigar a la "generación malvada" para configurar su sátira referida al Mesías que Tito ha "podado" -Eleazar. Si hubiera existido un líder mesiánico llamado Jesús en contra de las autoridades romanas alrededor del año 30 E.C. todo lo que se ve de él en el Nuevo Testamento es su nombre.

Si Eleazar fue el Mesías capturado en el Monte de los Olivos, ¿quién fue entonces el individuo que fue confundido con Jesús siguiendo su "resurrección"? En el próximo capítulo voy a exponer el método mediante el cual el Nuevo Testamento y *Las Guerras de los Judíos* revelan la identidad del verdadero "Jesús" de la cristiandad: el "jardinero"

CAPÍTULO 7

EL MISTERIO DE LA TUMBA DESOCUPADA

Como ha sido notado por numerosos académicos, cada uno de los cuatro evangelios ofrece un tiempo distinto para la visita de la tumba de Jesús, aunque todos están de acuerdo que el personaje denominado María Magdalena es el primer visitante. Los cuatro evangelios además se contradicen entre ellos en relación de si María Magdalena estaba sola cuando ella llega a la tumba por primera vez, y respecto a cuántos individuos hay dentro o fuera de la tumba cuando ella llega. Debido a que ya había reparado en que no hay nada inadvertido en los Evangelios, me pregunté sobre el propósito de estas contradicciones. Mis intentos de responder a esta pregunta me llevaron a descubrir otra manera más lógica para comprender las historias de la resurrección en el Nuevo Testamento que ninguna que haya escuchado previamente: las cuatro versiones crean una historia que deben ser leídas intertextualmente. Manteniendo presente la antigua tradición hebrea de leer su literatura intertextualmente, es congruente que los romanos usaran esta técnica para su sátira.

El acertijo es ingenioso porque permite al lector sin criterio crítico, que puede aceptar las contradicciones, llegar a la conclusión de que en efecto Jesús en realidad se levantó de entre los muertos. Mientras que el lector que lee críticamente y utiliza la lógica, el *cognoscente*, verá que la tumba está vacía. Esta lectura resuelve todas las contradicciones entre las historias de los cuatro Evangelios y revela que Jesús no se levantó de entre los muertos. En cambio, María Magdalena simplemente confunde la tumba vacía de Lázaro con la tumba de Jesús. Este error entonces gatilla una comedia de equivocaciones durante la cual los discípulos se confunden unos a otros con ángeles y de este modo se engañan a sí mismos en la creencia que su Mesías se levantó de los muertos. Esta historia compuesta además completa el desdeñoso chiste que discutí en el capítulo anterior -ya que el verdadero Mesías, Lázaro, al ser comido, su tumba estaba por lo tanto vacía. Comprender esta historia combinada es bastante fácil, se requiere solo que el lector piense lógicamente.

Las descripciones de los cuatro evangelios respecto de quiénes visitan la vacía tumba de Jesús, y cuándo, están citados a continuación:

MATEO

Pasado el sábado, al amanecer del primer día de la semana, vinieron María la Magdalena y la otra María, a ver el sepulcro.

Y hubo un gran terremoto; porque un ángel del Señor, descendiendo del cielo y llegando, removió la piedra, y se sentó sobre ella.

Su aspecto era como un relámpago, y su vestido blanco como la nieve.

Y de miedo de él los guardias temblaron y se quedaron como muertos.

Mas el ángel, dirigiéndose a las mujeres, les dijo: Dejad de temer vosotras; porque yo sé que buscáis a Jesús, el que fue crucificado.

No está aquí, pues ha resucitado, como dijo. Venid, ved el lugar donde yacía el Señor.

E id pronto y decid a sus discípulos que ha resucitado de los muertos, y he aquí que va delante de vosotros a Galilea; allí le veréis. He aquí que os lo he dicho. Entonces ellas, saliendo a toda prisa del sepulcro con temor y gran gozo, fueron corriendo a dar las nuevas a sus discípulos.

Mateo 28:1-8

MARCOS

Pasado el sábado, María la Magdalena, María la madre de Jacobo, y Salomé compraron especias aromáticas para ir a embalsamarle.

Y muy de madrugada, el primer día de la semana, llegan al sepulcro cuando había salido el sol.

Y se decían unas a otras: ¿Quién nos hará rodar la piedra de la entrada del sepulcro?

Pero alzando los ojos, observan que la piedra ha sido ya retirada; y eso que era grande en demasía.

Y entrando en el sepulcro, vieron a un joven sentado en el lado derecho, vestido con una túnica blanca, y quedaron atónitas de espanto.

Pero él les dice: Dejad de asustaros. Estáis buscando a Jesús Nazareno, el crucificado; ha resucitado; no está aquí; mirad el lugar donde le pusieron. Pero id, decid a sus discípulos y a Pedro: Va delante de vosotros a Galilea; allí le veréis, conforme os dijo.

Ellas salieron y huyeron del sepulcro, pues se había apoderado de ellas un gran temblor y espanto; y no dijeron nada a nadie, porque tenían miedo.

Marcos 16:1-8

LUCAS

El primer día de la semana, muy de mañana, vinieron al sepulcro, trayendo las especias aromáticas que habían preparado; y algunas otras mujeres con ellas.

Y hallaron que había sido retirada la piedra del sepulcro;

y entrando, no hallaron el cuerpo del Señor Jesús.

Aconteció que estando ellas perplejas por esto, he aquí que se pararon junto a ellas dos varones con vestiduras resplandecientes;

y al llenarse ellas de miedo, y bajar el rostro a tierra, les dijeron ellos: ¿Por qué buscáis entre los muertos al que vive?

No está aquí, sino que ha resucitado. Recordad cómo os habló cuando aún estaba en Galilea,

diciendo: Es necesario que el Hijo del Hombre sea entregado en manos de hombres pecadores, y que sea crucificado, y resucite al tercer día.

Entonces ellas se acordaron de sus palabras,

y volviendo del sepulcro, refirieron todas estas cosas a los once, y a todos los demás.

Eran María Magdalena, y Juana, y María madre de Jacobo, y las demás con ellas, quienes dijeron estas cosas a los apóstoles.

Mas a ellos les parecían locura las palabras de ellas, y no las creían.

Pero Pedro se levantó, y corrió al sepulcro; y asomándose adentro, vio las vendas de amortajar puestas allí solas, y se fue a casa asombrado de lo que había sucedido.

Y he aquí que dos de ellos iban caminando el mismo día a una aldea llamada Emaús, que estaba a sesenta estadios de Jerusalén. E iban hablando entre sí de todas aquellas cosas que habían acontecido.

Sucedió que mientras hablaban y discutían entre sí, Jesús mismo se acercó, y se puso a caminar con ellos.

Mas los ojos de ellos estaban velados, para que no le conociesen. Y les dijo: ¿Qué discusiones son éstas que tenéis entre vosotros mientras camináis, y por qué estáis tristes?

Respondiendo uno de ellos, que se llamaba Cleofas, le dijo: ¿Eres tú el único forastero en Jerusalén que no te has enterado de las cosas que en ella han acontecido en estos días?

Entonces él les dijo: ¿Qué cosas? Y ellos le dijeron: De Jesús nazareno, que fue un profeta, poderoso en obra y en palabra delante de Dios y de todo el pueblo; y cómo le entregaron los principales sacerdotes, así como nuestros gobernantes, a sentencia de muerte, y le crucificaron.

Pero nosotros esperábamos que él era el que iba a redimir a Israel; ciertamente, y además de todo esto, hoy es ya el tercer día desde que esto ha acontecido.

Y también nos han asombrado unas mujeres de entre nosotros, las que de madrugada fueron al sepulcro; y como no hallaron su cuerpo, vinieron diciendo que también habían visto visión de ángeles, los cuales dicen que él vive.

Y fueron algunos de los nuestros al sepulcro, y lo hallaron tal como las mujeres habían dicho, pero a él no le vieron.

Lucas 24:1-24

JUAN

El primer día de la semana, María Magdalena fue de madrugada, siendo aún oscuro, al sepulcro; y vio quitada la piedra del sepulcro.

Entonces corrió, y fue a Simón Pedro y al otro discípulo, aquel al que amaba Jesús, y les dijo: Se han llevado del sepulcro al Señor, y no sabemos dónde le han puesto.

Salieron, pues, Pedro y el otro discípulo, y fueron al sepulcro.

Corrían los dos juntos; pero el otro discípulo corrió más aprisa que Pedro, y llegó primero al sepulcro.

Y bajándose a mirar, vio los lienzos colocados en el suelo, pero no entró. Luego llegó Simón Pedro tras él, y entró en el sepulcro, y vio los lienzos colocados en el suelo,

y el sudario, que había estado sobre la cabeza de Jesús, no puesto con los lienzos, sino enrollado en un lugar aparte.

Entonces entró también el otro discípulo, que había venido primero al sepulcro; y vio, y creyó.

Porque aún no habían entendido la Escritura, que era menester que él resucitase de los muertos.

Y volvieron los discípulos a los suyos.

Pero María estaba fuera llorando junto al sepulcro; y mientras lloraba, se inclinó para mirar dentro del sepulcro;

y vio a dos ángeles con vestiduras blancas, que estaban sentados el uno a la cabecera, y el otro a los pies,

donde el cuerpo de Jesús había sido colocado.

Y le dijeron: Mujer, ¿por qué lloras? Les dijo: Porque se han llevado a mi Señor, y no sé dónde le han puesto.

Dicho esto, se volvió, y vio a Jesús que estaba allí; mas no sabía que era Jesús.

Jesús le dijo: Mujer, ¿por qué lloras? ¿A quién buscas? Ella, pensando que era el hortelano, le dijo: Señor, si tú lo has llevado, dime dónde lo has puesto, y yo lo llevaré.

Juan 20:1-15

Mi análisis revela que estas cuatro versiones fueron creadas para ser leídas como una historia singular. Esta historia combinada está dividida en dos mitades. Una mitad consiste en la visita de la tumba descrita en el Evangelio de Juan. La otra consiste en las visitas a la tumba descritas en los otros tres Evangelios. En la historia combinada, los individuos descritos en el Evangelio de Juan encuentran a los individuos descritos en los otros tres Evangelios y, en sus estados emocionales, los diferentes grupos confunden a los otros por ángeles. Esta comedia de equivocaciones causa que los visitantes de la tumba vacía crean erróneamente que su Mesías se ha levantado de entre los muertos.

Para ver cómo las cuatro versiones se combinan para formar una historia continua, es necesario primeramente reconocer que el Nuevo Testamento ubica las versiones contradictorias dentro de un flujo temporal de eventos, y que cada versión entras este flujo compartido en diferentes puntos.

La posición del sol en el cielo posiciona a cada versión de la historia en un orden secuencial. La versión de Juan es la que comienza más temprano y los eventos progresan en el orden de Mateo, Marcos y finalmente Lucas.

Esto puede ser determinado de la siguiente manera:

En Juan, la primera visita ocurre mientras todavía "está oscuro".

En Mateo, la primera visita ocurre cuando el sol "se está levantando". El autor específicamente usa el modo en presente.

Lucas y Marcos usan las palabras griegas *proi* [108] y *bathus* [109]. Ambas significan "temprano en la mañana"; sin embargo en Marcos el superlativo *lian* [110] que significa "extremadamente" o "inconmensurable", es usada en conjunto con *proi*. Nótese más abajo que en Marcos el sol se había elevado cuando la visita ocurre, por lo tanto, poniendo en cuestión la extraña expresión "el más temprano momento en la mañana luego que el sol ha salido". Por lo tanto, la versión de Marcos comienza después de la versión de Mateo y antes que la de Lucas.

A continuación, están los pasajes relacionados en el griego original con sus traducciones al castellano.

Juan 20:1   th de {Pero en}mia {primer [día]} twn {del} sabbatwn {semana} maría {María} h {la} magdalhnh {Magdalena} ercetai {viene} prwi {temprano} skotiaV {oscuro} eti {todavía} oushV {todavía} eiV {a} to {la} mnhmeion {tumba} kai {y} blepei {ve} ton {la} liqon {piedra} hrmenon {sacada} ek {de} tou {la} mnhmeiou {tumba}.

Mateo 28:1   oye de {Ahora tarde} sabbatwn th {en Sabado} epifwskoush {mientras el sol salía}.

Marcos 16:2   kai {y} lian {extremadamente} prwi {temprano en la mañana} thV {pero en}miaV {primer día} sabbatwn {de la semana} ercontai {vinieron} epi {a} to {la} mnhmeion {tumba} anateilantoV {habiendo salido} tou {el} hliou {sol}.

Lucas 24:1   th de {Pero en} mia {primer [día]} twn {del} sabbatwn orqrou {semana} baqeoV {temprano en la mañana} hiqon {vinieron} epi {a} to {la} mnhma {tumba}.

La posición relativa del sol indica que las cuatro visitas no ocurren simultáneamente, sino que dentro de una secuencia en el mismo día y en diferentes momentos una de otra. La primera visita es la que fue dada en Juan porque María Magdalena visita la tumba de Jesús en la oscuridad, mientras quiere las otras tres visitas ocurren o durante o después de la salida del sol.

> El primer día de la semana, María Magdalena fue de madrugada, siendo aún oscuro, al sepulcro; y vio quitada la piedra del sepulcro.
>
> Juan 20:1

El hecho de si María Magdalena está descrita como estando *en la oscuridad* no solamente establece que este es el comienzo de la historia combinada, es además el comienzo de la sátira. En la oscuridad, María ve una tumba que se le ha removido la piedra. Por supuesto, en la oscuridad es fácil de confundirse acerca de cuál es la tumba, especialmente si existe *otra* tumba cercana que tampoco cuenta con la piedra que protege la entrada. En efecto, el evangelio de Juan describe exactamente esa tumba. La tumba de Lázaro.

> Jesús, profundamente conmovido otra vez, vino al sepulcro. Era una cueva, y tenía una piedra puesta encima. Dijo Jesús: Quitad la piedra.
>
> Juan 11:38-39

Es importante hacer notar que en el Nuevo Testamento, la "resurrección" de Lázaro ocurre en la misma semana del entierro de Jesús y en la misma ubicación general. Betania, el pueblo donde Lázaro vivía, estaba ubicado en las afueras de Jerusalén en el Monte de los Olivos. El Nuevo Testamento además señala que Lázaro dejó abandonada su ropa funeraria y un sudario, una prenda funeraria usadas para cubrir la cara del cuerpo, exactamente como se encontrada en la tumba de Jesús.

> Y el que había muerto salió, atadas las manos y los pies con vendas, y el rostro envuelto en un sudario. Jesús les dijo: Desatadle, y dejadle ir.
>
> Juan 11:44

Me parece que estos hechos, aunque no tengan significado teológico, están incluidos en el Nuevo Testamento para permitir al lector atento comprender que a la tumba de Lázaro se le ha removido su piedra, está adyacente a la tumba de Jesús, está vacía al mismo tiempo que Jesús fue sepultado, y tiene las mismas ropas funerarias adentro como las descubiertas en la tumba de Jesús. En otras palabras, los detalles indican que la tumba de Lázaro es paralela a la tumba de Jesús.

Continuando con la versión de la visita a la tumba del evangelio de Juan, María Magdalena entonces informa a "Simón Pedro" y "al otro discípulo" a quien Jesús "amaba", queriendo decir el apóstol Juan, que la tumba de Jesús ya no tenía la piedra. Sin embargo, nótese aquí que no es "Simón Pedro" sino "Pedro" y el "otro discípulo" luego descrito corriendo hacia la tumba. El otro "discípulo" llega primero pero no entra a la tumba.

> Entonces corrió, y fue a Simón Pedro y al otro discípulo, aquel al que amaba Jesús, y les dijo: Se han llevado del sepulcro al Señor, y no sabemos dónde le han puesto.
>
> Salieron, pues, Pedro y el otro discípulo, y fueron al sepulcro. Corrían los dos juntos; pero el otro discípulo corrió más aprisa que Pedro, y llegó primero al sepulcro.
>
> Juan 20 2-4

De esta manera el autor, al incluir pequeños detalles de la carrera entre Pedro y el otro discípulo, crea un momento donde hay un individuo en el exterior de la tumba, porque, por alguna razón, luego de ganar a Pedro para llegar a la tumba, el otro discípulo no entra a ella, sino que simplemente mira hacia adentro. Sin embargo, nótese que inspecciona el interior de la tumba, con lo cual está consciente, mientras todavía está en la parte exterior de la tumba, que Jesús ha "resucitado".

> Y bajándose a mirar, vio los lienzos colocados en el suelo, pero no entró.
>
> Juan 20:5

El autor de Juan ahora señala que hay un periodo de tiempo en el cual una persona, "Simón Pedro", está solo en la tumba porque el otro discípulo prefiere esperar afuera.

> Luego llegó Simón Pedro tras él, y entró en el sepulcro, y vio los lienzos colocados en el suelo,
>
> y el sudario, que había estado sobre la cabeza de Jesús, no puesto con los lienzos, sino enrollado en un lugar aparte.
>
> Juan 20:6-7

En este momento, no es "Pedro", sino "Simón Pedro" quien llega y él es la primera persona que efectivamente entra en la tumba y, una vez adentro, "ve las ropas de lino tiradas" y el *sudario*, en tres líneas consecutivas. El sudario es una ropa funeraria utilizada por los romanos - no por los judíos.

Luego, los autores ofrecen otro detalle extraño, cuando el otro discípulo eventualmente entra, creando un espacio de tiempo cuando los dos hombres están solos en la tumba.

> Entonces entró también el otro discípulo, que había venido primero al sepulcro; y vio, y creyó.
>
> Juan 20:8

En este momento Simón Pedro y Juan regresan a casa.

> Y volvieron los discípulos a los suyos.
>
> Juan: 20:10

Entonces, en el Evangelio de Juan, las secuencias de eventos cuando Simón Pedro y Juan visitan la tumba vacía es la siguiente:

Primero, un individuo fuera de la tumba.

Segundo, un individuo dentro de la tumba.

Tercero, dos individuos dentro de la tumba.

Al utilizar la línea del tiempo establecida por la posición relativa del sol, la secuencia de eventos, el número y ubicación de los "ángeles" que están dentro o fuera de la tumba, y quiénes saludan a los visitantes en Mateo, Marco y Lucas es como sigue:

Primero: un individuo afuera de la tumba. (Mateo)

Segundo, un individuo dentro de la tumba. (Marcos)

Tercero, dos individuos dentro de la tumba. (Lucas)

Obviamente, la secuencia de eventos en Juan es la misma que la secuencia de encuentros con "ángeles" en los otros tres evangelios. La línea del tiempo muestra la posición relativa del sol, coloca a Simón Pedro y al otro discípulo en el tiempo y lugar preciso, y en el mismo número, como los primeros tres encuentros con los "ángeles" descritos en los evangelios.

Sin embargo, existe aún otro encuentro con "ángeles" descritos en el Nuevo Testamento. En el Evangelio de Juan luego cuando Simón Pedro y Juan regresan a casa, un personaje llamado María esta descrito estando de pie llorando fuera de la tumba. Ella se agacha y ve dos "ángeles" dentro del sepulcro. Luego ella se da vuelta y encuentra a Jesús situado en la parte exterior de la tumba.

> Pero María estaba fuera llorando junto al sepulcro; y mientras lloraba, se inclinó para mirar dentro del sepulcro;
>
> y vio a dos ángeles con vestiduras blancas, que estaban sentados el uno a la cabecera, y el otro a los pies, donde el cuerpo de Jesús había sido colocado.

Y le dijeron: Mujer, ¿por qué lloras? Les dijo: Porque se han llevado a mi Señor, y no sé dónde le han puesto.

Dicho esto, se volvió, y vio a Jesús que estaba allí; mas no sabía que era Jesús.

Juan 20:11-14

Si, como estoy sugiriendo, Simón Pedro y Juan son los "ángeles" que los seguidores de Cristo encontraron en las visitas a la tumba descritas por Mateo, Marcos y Lucas, entonces ¿quiénes son los ángeles que María encuentra en el pasaje de más arriba? El Evangelio de Lucas anota que ciertos hombres fueron a la tumba luego de haberles sido dicho por "cierta mujer de nuestro grupo" que la tumba de Jesús estaba vacía y que ellos vieron "ángeles".

Y también nos han asombrado unas mujeres de entre nosotros, las que de madrugada fueron al sepulcro;

y como no hallaron su cuerpo, vinieron diciendo que también habían visto visión de ángeles, los cuales dicen que él vive.

Y fueron algunos de los nuestros al sepulcro, y lo hallaron tal como las mujeres habían dicho, pero a él no le vieron.

Lucas 24:22-24

El autor de Lucas, por alguna razón, incluye el detalle referido a que los hombres que fueron a la tumba lo hicieron solo luego de la visita de una mujer que había visto *ángeles*. Nótese el uso del plural. Solo en la visita *final* a la tumba, en Lucas, el grupo encuentra más de un ángel. Por lo tanto, la visita a la tumba descrita en Lucas pudo haber ocurrido solo luego de que Simón Pedro y Juan, "los ángeles", que los primeros tres grupos encuentran, han vuelto a casa. Esta secuencia de eventos encaja perfectamente con los detalles descritos en el Evangelio de Lucas.

Nótese que el plural "esos" es también usado para describir el número de hombres que van a la tumba. Este hecho es también esencial, ya que *la* María descrita en el encuentro final ve *dos* ángeles. Además, el Evangelio de Lucas, señala que esos hombres "no vieron" a Jesús, lo que se correlaciona con el hecho de que los ángeles vistos por María están *dentro* de la tumba, mientras que María encuentra a Jesús *fuera* de la tumba. El autor revela estos hechos al incluir el detalle aparentemente irrelevante de que María tiene que mirar dentro de la tumba para ver a los ángeles.

Por lo tanto, cuando las cuatro versiones de las visitas a la tumba de Jesús se combinan dentro de una secuencia se genera una versión perfectamente lógica. Así es como interpreto esta historia combinada, María Magdalena en la "oscuridad" (la palabra precisa en el Evangelio de Juan puede también significar "ignorancia religiosa"), no encuentra la tumba de Jesús sino la de Lázaro. Los ángeles que encuentran los visitantes en la tumba son en realidad Simón Pedro y Juan en los primeros tres encuentros, y son los hombres descritos en el Evangelio de Lucas. Jesús no se levanta de entre los muertos, sus discípulos simplemente se engañan a sí mismos al creer que lo hace.

Nótese que esta interpretación hace coherentes *todos* los extraños detalles de la "carrera" entre "Simón Pedro" y el otro discípulo, tanto como su extraño comportamiento mientras están en la tumba. Por ejemplo, explica no solamente porque el otro discípulo no entra a la tumba cuando recién llega, sino que además explica porque él mira la tumba desde afuera. Estos detalles le permiten estar solo fuera de tumba cuando el primer grupo llega y además para estar consciente de que Jesús ha resucitado; entonces está capacitado para propagar estas noticias a través del grupo que lo encuentra. También explica por qué *la* María en el Evangelio de Juan ve a los "ángeles" adentro de la tumba y encuentra a Jesús afuera. Todos los detalles aparentemente irrelevantes incluidos en las cuatro versiones de las visitas a la tumba son necesarios para construir perfectamente una secuencia lógica de estos eventos en la historia combinada.

Este hecho -que, de las cinco versiones, sólo la versión combinada es lógica- es otro ejemplo de lo que veo como la "verdad" del "Nuevo Testamento". Esto es, sus autores no quisieron que el lector alerta los tomara seriamente. Las personas que piensan lógicamente y sentido del humor fueron referidas, al menos eventualmente, para comprender este nivel cómico.

El significado de la historia combinada es claro. Por ejemplo, ¿qué pasaría si en nuestros días cuatro grupos dijeran que vieron "ángeles" cerca de una cueva el mismo día y en la siguiente secuencia?

El primer grupo encuentra un "ángel" fuera de la cueva.

El próximo grupo encuentra un "ángel" dentro de la cueva.

Luego el tercer grupo encuentra dos "ángeles" dentro de la cueva.

Finalmente, un individuo encuentra dos "ángeles" dentro de la cueva.

Aunque pocos podrían creer tales historias, si luego fuera descubierto que otros individuos han estado dentro y fuera de la cueva *al mismo tiempo, y en el mismo número y secuencia*, luego tales historias de ver "ángeles" sería universalmente comprendidas como el producto de sobreexcitadas imaginaciones.

Desde mi punto de vista, el único significado posible de la historia combinada es que los discípulos se identifican, por confusión, como "ángeles", y por lo tanto, pasan el error de María Magdalena de uno a otro hasta que todos llegan a creer que Jesús había resucitado. Entonces, la única pregunta que resta está referida a si la historia combinada fue creada intencionalmente. Yo creo que los autores del Nuevo Testamento dejaron una pista para responder a esta pregunta.

Si tal historia combinada fue creada intencionalmente, fue el producto de un individuo singular o de un grupo. Los cuatro Evangelios, por otra parte, se presentan como el producto de cuatro separados autores. La probabilidad que cuatro autores pudieran accidentalmente anotar las declaraciones necesarias para crear una historia combinada puede ser en efecto calculada. La probabilidad resultante demuestra que la historia combinada no fue el producto accidental de cuatro autores por separado, sino que fue creada deliberadamente.

A primear vista, la perfecta sincronía que existe en la historia combinada pareciera no decir nada extraordinario. Después de todo, está hecha de solo cuatro elementos -siendo estos la posición del sol, los visitantes mirando o no mirando dentro de la tumba, ya sea cero, uno o dos personajes estando presentes, y el encuentro ocurrido ya sea dentro o fuera de la tumba. Sin embargo, cuando uno determina la probabilidad de cualquier secuencia particular, la extensión de la secuencia puede ser más importante que los inusuales eventos individuales que aparecen en ella.

Pienso que los autores del Nuevo Testamento estaban conscientes de este principio, y lo usan aquí como una forma de comunicarle al lector educado que la historia combinada es la verdadera interpretación de la historia de la resurrección de Jesús. La verdad es comunicada utilizando un lenguaje matemático en vez que un lenguaje verbal, de este modo no podría haber sido vista por los ignorantes.

Si Tito designó al Nuevo Testamento como receptáculo para mostrar satíricamente que él mismo era "Jesús", Tito habría deseado que hubiese alguna forma de confirmar que esta dimensión satírica era la correcta. Los romanos con su crudo sistema numérico no podían practicar ninguna matemática de alto nivel, sin embargo, eran grandes apostadores y conocían los puntos de ventaja muy bien. Entonces, los autores se aseguraron de que las posibilidades de las historias combinadas. siendo creadas accidentalmente, fueran capaces de ser calculadas y discretas como para que una persona astuta las tomara seriamente.

Para clarificar cómo las posibilidades de la historia combinada pueden ser calculadas, he dedicado las versiones de los cuatro evangelios de la primera visita a la tumba de Jesús en una versión irreverentemente cómica combinada, en la cual todos los elementos de las cuatro historias se ensamblan juntos sin contradicción.

> El primer día de la semana llega temprano María Magdalena, cuando estaba oscuro, al sepulcro, y ve que la piedra se quita del sepulcro.
>
> Entonces ella corre, y va donde Simón Pedro, y al otro discípulo, a quien Jesús amaba, y les dice: "Han sacado al Señor del sepulcro, y no sabemos dónde lo han puesto".
>
> Pedro salió, y ese otro discípulo, y vino al sepulcro.
>
> Así que corrieron los dos juntos: y el otro discípulo superó a Pedro, y llegó primero al sepulcro. Y agachándose, y mirando hacia adentro, vio la ropa de lino tirada, pero no entró. [112]

Entonces, el autor de Juan ha creado un momento episódico donde hay un solo individuo fuera de la tumba. En Mateo también existe un momento así, el cual ocurre en un segundo momento dentro de la secuencia temporal, cuando se dice que el sol está "saliendo".

Pasado el sábado, al amanecer del primer día de la semana, vinieron María la Magdalena y la otra María, a ver el sepulcro.

Y hubo un gran terremoto; porque un ángel del Señor, descendiendo del cielo y llegando, removió la piedra, y se sentó sobre ella.

Mateo 28:1-2

La palabra griega, *seísmos*, traducida en el pasaje anterior como "terremoto" es usada más comúnmente para indicar un zarandeo o una conmoción [113]. Dentro de la interpretación satírica simplemente describe el movimiento del suelo causado por la carrera de los discípulos.

Su aspecto era como un relámpago, y su vestido blanco como la nieve.

Y de miedo de él los guardias temblaron y se quedaron como muertos.

Mas el ángel, dirigiéndose a las mujeres, les dijo: Dejad de temer vosotras; porque yo sé que buscáis a Jesús, el que fue crucificado.

No está aquí, pues ha resucitado, como dijo. Venid, ved el lugar donde yacía el Señor.

E id pronto y decid a sus discípulos que ha resucitado de los muertos, y he aquí que va delante de vosotros a Galilea; allí le veréis. He aquí que os lo he dicho. Entonces ellas, saliendo a toda prisa del sepulcro con temor y gran gozo, fueron corriendo a dar las nuevas a sus discípulos.

Y mientras iban a dar las nuevas a los discípulos,

Mateo 28:3-8

El autor luego señala que Simón Pedro, no Pedro, llegó a la tumba.

Luego llegó Simón Pedro tras él, y entró en el sepulcro, y vio los lienzos colocados en el suelo,

20:6-7

Nótese que el "otro discípulo" no se dirige a la tumba sino que Simón Pedro es quien lo hace, creando un período donde hay un solo visitante.

y el sudario, que había estado sobre la cabeza de Jesús, no puesto con los lienzos, sino enrollado en un lugar aparte.

20: 7

Y muy de madrugada, el primer día de la semana, llegan al sepulcro cuando había salido el sol.

Marcos 16:2

Este grupo de mujeres encuentra a un solo hombre (Simón Pedro), quien les cuenta que Jesús ha resucitado.

Y entrando en el sepulcro, vieron a un joven sentado en el lado derecho, vestido con una túnica blanca, y quedaron atónitas de espanto.

Pero él les dice: Dejad de asustaros. Estáis buscando a Jesús Nazareno, el crucificado; ha resucitado; no está aquí; mirad el lugar donde le pusieron.

Pero id, decid a sus discípulos y a Pedro: Va delante de vosotros a Galilea; allí le veréis, conforme os dijo.

Marcos 16:5-7

Entonces, un individuo en la tumba le dice a las mujeres "que le diga a sus discípulos "y específicamente que le diga a 'Pedro', que Jesús 'va delante de ti'" rumbo a Galilea. Nótese que esta es otra oportunidad binaria. Si el "ángel" hubiera instruido a las mujeres que le dijeran a "Simón Pedro" y no a "Pedro", entonces la conexión lógica entre la versión en Juan y las otras tres serían destruidas.

En otras palabras, dentro de la versión combinada de la historia el individuo sólo puede ser "Simón Pedro" y sería contradictorio entonces para este instruir a los discípulos que lleven un mensaje para sí mismo. Sin embargo, si "Simón Pedro" y "Pedro" son individuos diferentes, no es contradictorio para Simón Pedro enviarle un mensaje "Pedro". El autor provee dos métodos por los cuales un lector lógico puede conocer que "Simón Pedro" y "Pedro" son personajes diferentes.

Un método que el autor usa para revelar que "Pedro" y "Simón Pedro" son individuos diferentes, es leyendo la versión de la visita a la tumba dada en Marcos, donde un "joven" solo pide al grupo de mujeres decirle a "Pedro" que Jesús ha "resucitado"; ahora, ocurre *más tarde* durante el día que, en la versión de la visita a la tumba dada por Juan, la primera persona en entrar a la tumba es "Simón Pedro". Estos hechos crean la siguiente progresión lógica:

En el Evangelio de Juan, que es el que comienza más temprano, "Simón Pedro" es la primera persona en entrar a la tumba.

El "joven" en la tumba le dice a María Magdalena que le diga a "Pedro" que Jesús ha resucitado, mostrando que "Pedro" no he estado todavía en la tumba. Por lo tanto "Simón Pedro" no puede ser "Pedro".

El lector lógico identificará al único individuo, a quien el grupo encuentra en la tumba, como la única persona descrita por estar sola en la tumba, siendo éste "Simón Pedro".

Además, en el Evangelio de Lucas, el personaje llamado "Pedro" no va al interior de la tumba cuando él llega al principio, sino que solamente mira dentro de ella; mientras que, en el Evangelio de Juan, el personaje llamado "Simón Pedro" entra en la tumba cuando llega. El lector tiene una opción: por un lado, acepta una imposibilidad física, que un individuo tanto entre y no entre a la tumba, o reconocer que "Pedro" y "Simón Pedro" son, en efecto, personajes diferentes. Como muestro a continuación, este es el mismo método que el autor utiliza para revelar que "María Magdalena" es el nombre de más de un personaje.

Continuando con el análisis de la versión combinada, una vez habiendo partido el grupo que vino a ungir a Jesús, el "otro discípulo" entonces entra a la tumba. En este momento hay dos hombres dentro de la tumba.

> Entonces entró también el otro discípulo, que había venido primero al sepulcro; y vio, y creyó.
>
> Juan 20:8

Otro grupo de mujeres aparece y encuentran a dos hombres dentro de la tumba, "Simón Pedro" y "otro discípulo".

> El primer día de la semana, muy de mañana, vinieron al sepulcro, trayendo las especies aromáticas que habían preparado; y algunas otras mujeres con ellas.
>
> Y hallaron que había sido retirada la piedra del sepulcro; y entrando, no hallaron el cuerpo del Señor Jesús.
>
> Aconteció que estando ellas perplejas por esto, he aquí que se pararon junto a ellas dos varones con vestiduras resplandecientes;
>
> y al llenarse ellas de miedo, y bajar el rostro a tierra, les dijeron ellos: ¿Por qué buscáis entre los muertos al que vive?
>
> Lucas 24:1-5

Los seguidores de Jesús, que visitaron la tumba vacía, son confundidos y luego el malentendido sobre que Jesús se había levantado de entre los muertos se esparció entre los otros discípulos. Nótese cómo el autor nos deja la idea de que los visitantes de la tumba son irracionales mediante sus descripciones de sus emociones y comportamientos. Son representados como corriendo locamente, "asustados", "llorando", "perplejos", "temblando" y "agachando" su cabeza hacia la tierra. Dentro de la corte Flavia, estos comportamientos habrían sido reacciones y emociones de los judíos mesiánicos, quienes, desde su perspectiva romana, eran locos religiosos quienes se habían engañado a sí mismos creyendo que los muertos pudieran resucitar.

EL AVATAR DEL CÉSAR

Habiendo terminado de saludar a los tres grupos de visitantes, Simón Pedro y Juan entonces vuelven a casa.

> Y volvieron los discípulos a los suyos.
>
> Juan 20:10

> Pero María estaba fuera llorando junto al sepulcro; y mientras lloraba, se inclinó para mirar dentro del sepulcro;
>
> y vio a dos ángeles con vestiduras blancas, que estaban sentados el uno a la cabecera, y el otro a los pies, donde el cuerpo de Jesús había sido colocado.
>
> Y le dijeron: Mujer, ¿por qué lloras? Les dijo: Porque se han llevado a mi Señor, y no sé dónde le han puesto.
>
> Dicho esto, se volvió, y vio a Jesús que estaba allí; mas no sabía que era Jesús.
>
> Juan 20:11-14

Los "ángeles" (plural) que María encuentra en el párrafo anterior, son "lógicamente", los hombres (plural), descritos en Lucas, que van a la tumba *luego* de haber sido informados que Jesús ha resucitado por un grupo de mujeres que habían visto "ángeles". Nótese a continuación que los hombres no ven a Jesús, coincidiendo con el hecho de que María no se encuentra con Jesús dentro de la tumba sino fuera de la misma.

> Y también nos han asombrado unas mujeres de entre nosotros, las que de madrugada fueron al sepulcro; y como no hallaron su cuerpo, vinieron diciendo que también habían visto visión de ángeles, los cuales dicen que él vive. Y fueron algunos de los nuestros al sepulcro, y lo hallaron tal como las mujeres habían dicho, pero a él no le vieron.
>
> Lucas 24:22-24

Es, en consecuencia, posible crear una historia combinada de las cuatro diferentes versiones de la primera visita a la tumba de Jesús, la cual crea un significado diferente de la lectura de cada versión individual, sin presentar contradicción. Ninguna de las declaraciones de hechos que crea esta trama contradice a ninguna otra en la historia combinada. La historia combinada es lógica, mientras que las diferentes versiones son contradictorias. El ingenio de los autores merece ser notado. Su rompecabezas es construido, de tal manera, para que los lectores que son ilógicos crean que el pasaje indica que Jesús se levantó de entre los muertos, mientras que aquellos que son lógicos verán que los pasajes desfilan como en una comedia de equivocaciones.

Aún más, los autores han hecho esto deliberadamente posible para incrementar la probabilidad de que el ensamble perfecto entre la secuencia de eventos dentro del Evangelio de Juan y los otros tres evangelios haya ocurrido accidentalmente. Esto puede ser hecho mediante el uso de lo que llamo "cadena de multiplicación", que los romanos, siendo ávidos apostadores, habrían podido conocer para usar en el cálculo de sus probabilidades. La cadena de multiplicaciones es, en efecto, el método usado, por ejemplo, para asegurarse que las máquinas tragamonedas rindan ganancias a sus propietarios. Si la máquina tragamonedas paga 1000 a uno, al desplegar cinco cerezas en fila, la posibilidad de esta ocurrencia debe ser menor de 1000 a uno para que la máquina pueda dar ganancias. Para crear la impresión de que cinco cerezas son "posibles", esas máquinas mostrarán la aparición el deseado símbolo en ranuras individuales relativamente a menudo, digamos una vez cada tres tiradas. Sin embargo, una de las ranuras mostrará el símbolo raramente, digamos uno en 100 tiradas. Entonces, la cadena de multiplicación para determinar las posibilidades de que aparezcan cinco cerezas en tal máquina sería: 3x3x3x3x100, lo cual le da al apostador 1 *posibilidad* en 9.100 para ganar el premio de 1000 a 1 de la lotería.

Y cuatro autores diferentes, cada uno, ha creado diferentes versiones de la primera visita a la tumba, con lo cual cada autor accidentalmente ha anotado hechos diferentes. Por ejemplo, en el evangelio de Juan, el autor señala que la primera visita ocurre estando oscuro. Mientras que en Lucas el autor anota que el sol se ha levantado antes de que María Magdalena llegara a la tumba. Sin embargo, para que la historia combinada tenga una secuencia y temporalidad perfectamente lógica, el autor del Evangelio de Juan solo puede seleccionar la posición del sol que indica que su versión comienza más temprano, la cual tiene solo una posibilidad de cuatro para poder hacerlo. De la misma forma, cada uno de los autores de los otros tres evangelios tiene una posibilidad en cuatro de describir accidentalmente su "primera visita" ocurriendo en el próximo punto dentro de la secuencia. Por lo tanto, la posibilidad de que los cuatro distintos autores describan accidentalmente sus versiones, comenzando con Juan, luego con Mateo, siguiendo con Marcos y finalmente por Lucas, es de 4x4x4x4, es decir, una posibilidad en 256.

Nótese que los cuatro autores no tienen en cuenta esta secuencia, reflejando una tradición compartida, ya que la secuencia es creada por las *diferencias* de entre las cuatro versiones, no sus similitudes. Una tradición compartida, en todo caso, haría menos probable que los cuatro autores dieran un tiempo *diferente* para la primera visita. Una tradición compartida es, por lo tanto, improbable como una explicación para la relación lógica entre cualquiera de los elementos dentro de la secuencia, ya que el encaje lógico es creado por los hechos *disímiles* que los cuatro evangelios usan para describir la primera visita. Al ser combinadas estas declaraciones contradictorias de hechos, se crea un perfecto encaje lógico entre los eventos del Evangelio de Juan y los otros tres evangelios; por lo tanto, su relación no puede ser explicada con la simple sugerencia que los cuatro diferentes autores pudieron haber tenido una fuente común.

Recordar que, si incluso un solo factor dentro de las cuatro versiones fuera distinto de lo que es, este hecho destruiría la secuencia lógica entre el Evangelio de Juan y los otros tres evangelios. Por ejemplo, si el autor de Mateo, el evangelio en el cual la posición del sol indica que sus visitantes han venido directamente luego que Juan, hubiese registrado que los primeros visitantes no encontraron a nadie sino a dos ángeles, entonces, la historia combinada sería contradictoria. Esto se produce porque esta descripción no sería consistente de la hecha por Juan, la cual señala que un discípulo fue quien llegó primero. Por lo tanto, la probabilidad de que el autor de Mateo accidentalmente anotara que los primeros visitantes encontraron solo a un ángel y no, como hemos visto en los otros evangelios, dos o ninguno, es una posibilidad en tres. Y esa posibilidad se transforma en un elemento en la "cadena de multiplicaciones" para la completa secuencia de eventos.

Las siguientes son las declaraciones de hechos que cuatro autores distintos habrían escrito accidentalmente para producir la perfecta secuencia de eventos entre el Evangelio de Juan y los otros tres evangelios.

He utilizado la menor probabilidad para cada evento registrada por cada autor específico -por ejemplo, eventos 4 y 5 siguientes, donde el autor de Juan menciona que el discípulo miró dentro de la tumba vacía pero no entró. Puede argumentarse que la posibilidad de este detalle, irrelevante incluso de ser mencionada en este punto, tiene una probabilidad mucho más alta que una posibilidad sobre dos. Sin embargo, solo advierto una posibilidad binaria, esto es, el autor podría o anotar lo que hizo el discípulo, o no mirar dentro.

1) El sol debe indicar que "María" viene primero a la tumba en la versión dada por el Evangelio de Juan. Una posibilidad en tres.

2) María no debe encontrar ningún ángel durante su primera visita a la tumba en el evangelio de Juan. Una posibilidad en tres.

3) El otro discípulo debe alcanzar la tumba primero, no Pedro. Una posibilidad en dos.

4) El otro discípulo no debe entrar. Una posibilidad en dos.

5) El discípulo debe mirar adentro. Una posibilidad en dos.

6) Simón Pedro, no Pedro o el otro discípulo, debe ser quien llega segundo a la tumba. Una posibilidad en tres.

7) Él debe entrar solo. Una posibilidad en dos.

8) El otro discípulo debe ir a la tumba luego que Simón Pedro. Una posibilidad en dos.

9) El sol debe indicar que "María" llega segunda a la tumba en la versión dada en el evangelio de Mateo. Una posibilidad en cuatro.

10) El grupo descrito en Mateo debe encontrar un ángel. Una posibilidad en tres.

11) El ángel en Mateo debe estar fuera de la tumba. Una posibilidad en dos.

12) El sol debe indicar que "María" llegar a la tumba después en la versión dada en el Evangelio de Marcos. Una posibilidad en cuatro.

13) El grupo de Mateo debe encontrar un ángel. Una posibilidad en tres.

14) El grupo de Mateo debe encontrar al ángel dentro de la tumba. Una posibilidad en dos.

15) El sol debe indicar que "María" llega a la tumba última en la versión dada en el Evangelio de Lucas. Una posibilidad en cuatro.

16) El grupo descrito el Lucas debe descubrir a los ángeles dentro de la tumba. Una posibilidad en dos.

17) Este grupo debe encontrar dos ángeles. Una posibilidad en tres.

18) El ángel debe requerir que "Pedro", y no "Simón Pedro", sea informado. Una posibilidad en dos.

19) "La" María que se para afuera llorando en Juan, debe encontrar dos "ángeles", porque el plural es usado en Lucas para describir "esos" que van a la tumba. Una posibilidad en dos.

20) Los ángeles que María avista deben estar dentro de la tumba, porque aquellos son quienes van a la tumba en Lucas, y son descritos como que no vieron a Jesús. Una posibilidad en dos.

Entonces, la cadena de multiplicaciones para determinar la probabilidad que cuatro autores distintos pudieran anotar por coincidencia todos estos datos seria: 4x3x2x2x2x3x2x2x4x3x2x4x3x2x4x2x3x2, lo cual hace un total de una posibilidad en 254.803.968.

Esto demuestra que los cuatro diferentes autores no crean una historia combinada por casualidad y fue, por lo tanto, intencionalmente construida. Esta prueba es tan concluyente como, por ejemplo, las probabilidades del ADN que son utilizadas en nuestros días para comparar la sangre dejada en la escena del crimen con la sangre de un sospechoso. En efecto, las probabilidades del ADN son determinadas usando un criterio similar al descrito anteriormente.

Mi teoría también es sólida en el sentido de que es tan fácil de *refutarla*. En otras palabras, especialistas en probabilidad pueden fácilmente demostrar cualquier error en mis premisas y conclusión. En efecto, cualquier lector curioso puede simplemente retrotraer mis pasos y llegar a un juicio independiente.

Si la versión combinada de las cuatro historias no ha sido obvia para los académicos, se debe a que las contradicciones dentro de los cuatro pasajes han sido diseñadas para esconder la versión combinada. Estas contradicciones deben ser resueltas antes de que uno pueda fácilmente ver la versión satírica que los cuatro pasajes crean. Los autores estaban, en efecto, pidiendo que el lector fuera lógico antes de permitirle ver la verdad.

Además de las contradicciones involucrando a "Simón Pedro" y "Pedro", mencionadas más arriba, todas las claras contradicciones entre las cuatro diferentes versiones de la primera visita a la tumba de Jesús envuelven a un personaje llamado María Magdalena. Dentro de las cuatro versiones de la historia se dice que ella llega a la tumba en cuatro diferentes momentos y con diferentes personas, de haber tocado y no tocado a Jesús, y de haberle dicho y no dicho a los discípulos que la tumba estaba vacía -todas posibilidades lógicas.

Sin embargo, si el personaje femenino en las cuatro versiones de la visita a la tumba no fuera, llamadas en todas, María Magdalena, sino que a cada una le hubieran dado un nombre diferente, digamos María, Ruth, Esther y Elizabeth, entonces estas contradicciones no existirían y la relación satírica entre la versión de Juan, donde dos discípulos entran hasta la tumba, y en las otras versiones, donde los visitantes encuentran "ángeles", habría sido visible. En efecto, como los lectores pueden comprobarlo por sí mismos, la versión cómica se volvería demasiado evidente y el cristianismo tal vez no sería una religión mundial en nuestros días. Por lo tanto, la mera viabilidad del cristianismo puede ser que depende de la noción de que todos los personajes llamados "María Magdalena", en el Nuevo Testamento, son la misma persona.

Ahora bien, no es posible que todas las "Marías Magdalenas" en los cuatro evangelios sean la misma persona. Los autores crearon dos métodos que permiten a cualquier lector lógico poder determinar esto. Primero, como se ha hecho notar anteriormente, es imposible físicamente para una sola "María Magdalena" hacer todas las cosas atribuidas a ella en las cuatro historias. María Magdalena no puede "primero" visitar la tumba en diferentes momentos. Ella no puede decirle a Simón Pedro que la tumba ha perdido su roca de enterada y al mismo tiempo ir llegando con especies para ungir a Jesús. Además, en cada una de las primeras visitas que María Magdalena hace a la tumba está con diferentes individuos, otra imposibilidad física.

Además, la María Magdalena del Evangelio de Marcos, a quien se le dice "que le diga a Pedro" que Jesús ha resucitado, afirma que no le ha dicho a nadie. Sin embargo, la María Magdalena en Lucas y Marcos, efectivamente le dice a los discípulos que Jesús ha resucitado, por lo tanto, lógicamente ninguna puede ser la análoga "María Magdalena" en Marcos. De la misma manera, la María Magdalena en Juan no puede ser la María Magdalena en Mateo, porque a la María en Juan no se le permite tocar Jesús, mientras que en Mateo ella es descrita como aferrándose a sus pies. Por lo tanto, un lector racional debe concluir que cada María Magdalena es un personaje diferente. [114]

El lector ilógico -esto es, quien toma al Nuevo Testamento "seriamente" y por lo tanto ve a Jesús como divino- debe aceptar las contradicciones que crean las cuatro versiones de la primera visita a la tumba de Jesús. Tal lector acepta que María Magdalena primero visita la tumba en diferentes momentos y con diferentes personas, que ella toca y no toca a Jesús, y que ella al mismo tiempo dice y no dice a los discípulos que Jesús ha resucitado. Los autores de los Evangelios podrían haber creído que tal lector merece, y tal vez incluso necesita, a "Jesús".

Para el lector lógico, quien comprende que cada "María Magdalena" *debe* ser un personaje separado, estas contradicciones quedan resueltas. Las contradicciones con relación al tiempo de la primera visita, al número diferente de personas en el grupo que visita la tumba "primero", así como los "ángeles" que los diferentes grupos encuentran cerca de la tumba, son todos resueltos por esta simple revelación. También las contradicciones de María Magdalena de tocar y no tocar a Jesús, y de decirle y no decirle a los discípulos de Jesús que ha resucitado. Esta sola idea permite la verdad, esto es, la visión combinada para ser vista.

Además "María Magdalena" como "Jesús Cristo" pueden además ser vistos como un título, no sólo como unos seres humanos específicos. María Magdalena significa simplemente María de Magdala, una ciudad en Galilea. Desde la perspectiva romana, cualquier mujer rebelde -eso es cualquier "María"- de Magdala sería una María Magdalena.

Lo que los autores deseaban es que el lector lógico comprenda simplemente que el mismo nombre puede ser dado a más de una persona. Los autores del Nuevo Testamento construyeron el acertijo de la tumba vacía, de tal manera que su solución, el darse cuenta de que más de un solo personaje ha sido referido con el mismo nombre, es también la solución para comprender el Nuevo Testamento en sí mismo. Puede haber más de una María Magdalena y, por lo tanto, también más de un Jesús.

La noción según la cual el Nuevo Testamento se refiere a más de un individuo como "Jesús", aunque pareciera difícil de creer, es en realidad la única manera de resolver los hechos contradictorios contenidos en tales escritos. En efecto, como sucede con "María Magdalena", los autores de los cuatro Evangelios hacen lógicamente imposible para los *Jesuses* ser destinatarios de la misma persona. Como ya lo he demostrado, lógica, memoria y humor, son los prerrequisitos que los autores del Nuevo Testamento requieren de un lector para comprender la verdad. Una forma mediante la cual el Nuevo Testamento revela que existe más de un solo "Jesús" es mediante las diferentes genealogías para los *Jesuses* en Mateo y Lucas. Ya que no hay nada inadvertido dentro del Nuevo Testamento, dos diferentes genealogías van a indicar, por supuesto, dos diferentes individuos. Del mismo modo, el Jesús que es crucificado en el evangelio de Juan no podría ser el Jesús crucificado en cualquiera de los Evangelios Sinópticos, porque él es crucificado un día antes de Pascua, mientras todos los otros *Jesuses* son crucificados el día de Pascua mismo. Además, cada uno de los *Jesuses* en los cuatro testamentos tiene un grupo de discípulos con nombres levemente diferentes. Y, por supuesto, en ninguna parte de los evangelios hay una descripción física de Jesús.

Una de las razones que explican por qué el elemento satírico de los numerosos Jesús no ha sido notado anteriormente, es que en la historia de la cristiandad temprana un redactor hizo un cambio editorial al nombre de un personaje del Nuevo Testamento conocido hoy día como Barrabás. Barrabás es una palabra compuesta echa de la palabra hebrea *bar* (hijo) y *abba* (padre), que también se puede decir "hijo del padre". Mientras el personaje es conocido hoy día simplemente como Barrabás, este no fue su nombre en la versión del Nuevo Testamento en la cual los eruditos de la Iglesia primitiva estaban familiarizados. Conocemos por Orígenes (c. 250 E.C.) y otros [115] que las versiones del Nuevo Testamento con que ellos estaban familiarizados se referían a este personaje no como Barrabás, sino como Jesús Barrabás.

Orígenes escribió sobre su preocupación referida al hecho de que el nombre del criminal con quien Jesús estaba encarcelado era "Jesús Barrabás", esto es Jesús, el Hijo del Padre. Aunque él no percibió el nombre como satírico, sintió intuitivamente que había algo extraño con el compañero de celda de Jesús teniendo un nombre tan parecido al suyo propio. Esta preocupación fue evidentemente compartida por oficiales de la iglesia posteriores porque todas las copias existentes del Nuevo Testamento (Sinaiticus, Alexandrinus, Vaticanus) se refieren a este personaje solo como Barrabás. Sin embargo, basado en la moderna academia, tanto la Biblia inglesa como la Versión Académica [116] han decidido reconocerle a Jesús Barrabás como nombre de este personaje en sus traducciones.

En tales traducciones, el propósito del personaje llamado Jesús Barrabás se hace claro. El Nuevo Testamento es abiertamente claro señalando que existe más de un solo "Jesús". Nótese el humor en la declaración hecha por Pilato a continuación: "Por lo tanto lo castigaré y lo liberaré". La manera en que la gramática es estructurada, la comedia sarcástica se transforma al punto de que es imposible saber a qué "Jesús" Pilato se está refiriendo cuando dice "lo".

Nótese además que, cuando estaban en la tumba vacía, los judíos son caracterizados como siendo altamente emocionales. El humor humillante deriva de la idea que en tal estado no pueden distinguir un "Jesús" del otro.

> Pero toda la multitud dio voces a una, diciendo: ¡Fuera con ése, y suéltanos a Barrabás!
>
> El cual había sido echado en la cárcel por sedición ocurrida en la ciudad, y por un homicidio.
>
> Les habló otra vez Pilato, queriendo soltar a Jesús; pero ellos persistían en dar voces, diciendo: ¡Crucifícale, crucifícale!
>
> Él les dijo por tercera vez: ¿Pues qué mal ha hecho éste? Ningún delito digno de muerte he hallado en él; le castigaré, pues, y le soltaré.
>
> Mas ellos instaban a grandes voces, pidiendo que fuese crucificado. Y las voces de ellos y de los principales sacerdotes prevalecieron. Entonces Pilato sentenció que sus demandas fueran otorgadas;
>
> Lucas 23:18-24

En cada uno de los evangelios, luego de la "resurrección", los discípulos son descritos como encontrando a un personaje llamado Jesús. Sin embargo, los muertos no pueden retornar a la vida. Los autores de los evangelios están continuando simplemente el irónico chiste que comienza cuando los discípulos se confunden unos a otros, pensando que son ángeles en la tumba vacía de Lázaro. Cada evangelio revela satíricamente que el individuo que los discípulos ponderan como el Mesías resurrecto es diferente del que fue crucificado, diciendo repetidamente que no podían reconocer al Jesús resurrecto. Los pasajes relacionados con este tema van a continuación.

Y cuando le vieron, le adoraron; pero algunos dudaban.

Mateo 28:17

Entonces, espantados y atemorizados, creían ver un espíritu.

Marcos 16:12

Entonces, espantados y atemorizados, creían ver un espíritu.

Lucas 24:37

Sucedió que mientras hablaban y discutían entre sí, Jesús mismo se acercó, y se puso a caminar con ellos. Mas los ojos de ellos estaban velados, para que no le conociesen.

Lucas 24:15-16

Cuando ya iba amaneciendo, se presentó Jesús en la playa; mas los discípulos no sabían que era Jesús.

Juan 21:4

En Juan 20:15, abajo consignado, María Magdalena también no puede reconocer a Jesús y lo confunde con un "jardinero". Este pasaje es parte del elemento de "raíz y rama" del humor burlón que se centra en Tito "podando" al mesías judío Eleazar, quien fue "llevado" al Monte de los Olivos.

Este episodio es el clímax profético y satírico del Nuevo Testamento. Es el momento en que "predice" a Tito cambiándose con el Mesías judío - el que en efecto ocurre en Juan 21. Esto es cuando, luego de matar a "Jesús", Tito comienza a ser el Jesús de la cristiandad. Cualquier lector que sea capaz de comprender la siguiente "profecía" referida a Tito, ha esencialmente resuelto el problema central del acertijo del Nuevo Testamento y de *Las Guerras de los Judíos*.

Nótese la brillante ironía cuando María confunde al Mesías por un "jardinero" y le consulta si este "se lo ha llevado". Esto es exactamente lo que le ocurrió a Eleazar, quien es llevado por un "jardinero" al Monte de los Olivos. Los autores han hecho que María confunda al individuo con un jardinero porque esto crea una predicción satírica de lo que en realidad ha ocurrido. La verdad es una imagen especular de la superficie de la narración. Mientras Jesús es confundido por un jardinero que "no se ha llevado al Mesías", Tito se transforma en el "jardinero" que está siendo confundido con Jesús y quien se lleva al merecías.

> Jesús le dijo: Mujer, ¿por qué lloras? ¿A quién buscas? Ella, pensando que era el hortelano, le dijo: Señor, si tú lo has llevado, dime dónde lo has puesto, y yo lo llevaré.
>
> Jesús le dijo: ¡María! Volviéndose ella, le dijo: ¡Rabuní! (que quiere decir, Maestro).
>
> Juan 20:15-16

El siguiente pasaje de *Las Guerras de los Judíos* revela por qué Tito encuentra necesario crear una religión de adoración a él sin que sus miembros lo sepan. El problema de Tito es que los Sicarios rehúsan llamarlo señor, incluso después de ser torturados. Para encontrarle una salida a está porfía, Tito simplemente se transforma en el Mesías judío. El último chiste cruel de la cristiandad es que esta equivocación genera que los judíos llamaran al César como su señor sin que ellos lo sepan. El pasaje además contiene otro elemento del cristianismo evidentemente robado del movimiento sicario, y es que los miembros disfrutan del ser torturados al rehusar renunciar a su fe.

… (Los Sicarios) cuyo coraje, o si debiéramos llamarlo locura, o dureza en sus opiniones, todos quedaron asombrados.

Porque cuando se les sometió a todo tipo de tormentos y vejaciones de sus cuerpos que podían idearse, no pudieron lograr que ninguno de ellos cumpliera hasta el punto de confesar, o parecer confesar, que César era su señor; pero conservaron su propia opinión, a pesar de toda la angustia a la que fueron traídos, como si recibieran estos tormentos y el fuego mismo con cuerpos insensibles al dolor y con un alma que de alguna manera se regocijó dentro de ellos.

Pero lo que más sorprendió a los espectadores fue el coraje de los niños; porque ninguno de estos niños fue vencido por estos tormentos, como para nombrar al César como su señor. Hasta ahora, la fuerza del coraje [del alma] prevalece sobre la debilidad del cuerpo.[117]

Las Guerras de los Judíos, 7

El intercambio de Tito con Jesús ocurre en Juan 21. El capítulo comienza con Jesús viniendo al mar de Galilea en la mañana, donde "se mostró" a sus discípulos. Los discípulos son descritos como incapaces de reconocer a Jesús desde el pequeño bote donde han pasado la noche. Jesús los instruye de "tirar la red", luego de lo cual ellos atrapan una "multitud de peces". Siendo informados de que él es "el Señor", Simón nada hasta la orilla donde, junto con los discípulos, come "pan" y "pescados" con Jesús, quien luego profetiza que Simón va a ser ejecutado, aunque Juan va a escapar de la muerte.

Después de esto, Jesús se manifestó otra vez a sus discípulos junto al mar de Tiberias; y se manifestó de esta manera:

Estaban juntos Simón Pedro, Tomás llamado el Mellizo, Nataniel el de Caná de Galilea, los hijos de Zebedeo, y otros dos de sus discípulos.

Simón Pedro les dijo: Voy a pescar. Ellos le dijeron: Vamos nosotros también contigo. Fueron, y entraron en una barca; y aquella noche no pescaron nada.

Cuando ya iba amaneciendo, se presentó Jesús en la playa; mas los discípulos no sabían que era Jesús. Y les dijo: Hijitos, ¿tenéis algo de comer? Le respondieron: No.

Él les dijo: Echad la red a la derecha de la barca, y hallaréis. Entonces la echaron, y ya no la podían sacar, por la gran cantidad de peces.

Entonces aquel discípulo a quien Jesús amaba dijo a Pedro: ¡Es el Señor! Simón Pedro, cuando oyó que era el Señor, se ciñó la ropa (porque se había despojado de ella), y se echó al mar.

Y los otros discípulos vinieron con la barca, arrastrando la red de peces, pues no distaban de tierra sino como doscientos codos.

Al descender a tierra, vieron unas brasas puestas, y un pez encima de ellas, y pan.

Jesús les dijo: Traed de los peces que acabáis de pescar.

Subió Simón Pedro, y sacó la red a tierra, llena de grandes peces, ciento cincuenta y tres; y aun siendo tantos, no se rompió la red.

Les dijo Jesús: Venid, comed. Y ninguno de los discípulos se atrevía a preguntarle: ¿Tú, quién eres?, sabiendo que era el Señor.

Vino, pues, Jesús, y tomó el pan y les dio, y asimismo del pescado.

Ésta era ya la tercera vez que Jesús se manifestaba a sus discípulos, después de haber resucitado de los muertos.

Juan 21:1-14

Esta historia de los discípulos "pescando" comparte un número de paralelos con un pasaje, discutido previamente, de *Las Guerras de los Judíos* que describe a los romanos pescando a los judíos como peces en el Mar de Galilea. En ese pasaje Josefo describe una banda de rebeldes liderada por Jesús, el hijo de Chafat.

Este Jesús conduce un ataque en contra de los romanos. Como respuesta, Vespasiano ordena a Tito tomar un grupo y atacar a Jesús y su banda. Antes de la batalla, Tito da un discurso donde describe la batalla que emprende como su "comienzo". Luego ataca a los judíos con sus tropas y los derrota. Algunos de los judíos, sin embargo, se escapan en sus botes al Mar de Galilea (Josefo describe estos botes como "pequeños"), donde ellos pasan la noche. En la mañana, Tito ordena a sus tropas construir botes para atacar a los judíos. En la consiguiente batalla, los romanos atrapan a los judíos como si fueran peces. Luego de la batalla, Josefo describe la hediondez emanada de los cuerpos muertos de los judíos. [118]

La siguiente lista es presentada para clarificar los paralelos entre la batalla marítima de Josefo y el pasaje en Juan 21:

- Ambos pasajes describen a los seguidores de "Jesús", quienes pasaron la noche en un pequeño bote.

- Ambos pasajes describen una pesca que ocurre a la mañana siguiente.

- Cada pasaje ocurre en el Mar de Galilea (Tiberias).

- Jesús y Tito comparten la previamente notada colección de paralelos en Juan 21, involucrando la condena de "Simón" y salvando a "Juan".

Los paralelos funcionan para dar un significado tipológico y satírico a Juan 21, uno que el lector está en condiciones de advertir en este punto. En efecto, si Jesús dijera a sus discípulos que "tomen una red" y se transformen en "pescadores de hombres", en Juan 21, entonces, la relación satírica entre ese pasaje y la descripción de Josefo de la batalla en el mar se transforma en demasiado obvia para ser pasada por alto. El hecho de que Jesús haga esta profecía pronto en su ministerio, no hace que sus implicaciones sean menos claras -particularmente a la luz del hecho de que el grupo que instruye para tirar la red en Juan 21 contiene a Simón, Jaime y Juan, las mismas personas quienes él ha predicho, de ahora en adelante, se transformarán en "pescadores de hombres".

Nuevamente, los autores del Nuevo Testamento están probando la memoria del lector. Solo un lector de buena memoria recordará que Simón y los "hijos de Zebedeo" son aquellos que Jesús ha predicho se

257

transformarán "de ahora en adelante" en "pescadores de hombres". Solo ese lector recordará que Jesús hizo sus profecías con relación a "pescar hombres" mientras estaba parado en la playa donde Tito se detiene y sus soldados capturan a los judíos como peces.

Nótese que el autor indica solo que los eventos de Juan 21 tomaron lugar "luego de esas cosas" -esto es, luego de la crucifixión de Jesús. En otras palabras, los eventos de Juan 21 podrían haber ocurrido en cualquier momento siguiendo la crucifixión y *pueden* ser entendidos como siendo contemporáneos con los eventos del pasaje de "pesca" paralelo en *Las Guerras de los Judíos*. Con un astuto mecanismo, los autores unifican los marcos temporales entre los Evangelios y *Las Guerras de los Judíos*. Juan 21 es creado para ser comprendido tanto como, un evento en la vida de un Mesías judío hacia el año 30 E.C. y una descripción, aunque satírica, de la batalla marítima de Tito contra el Movimiento Mesiánico de los pescadores de Galilea. El pasaje puede ser leído de dos maneras, como el final de la historia de un salvador de Israel, o como el comienzo de la historia de otro.

En relación con los distintos Evangelios que forman el rompecabezas de la tumba vacía, Juan 21 y el "pasaje de la pesca" de *Las Guerras de los Judíos* han sido diseñados para ser interactivos. Y, nuevamente, esa interacción crea una historia diferente del aparentemente benigna que aparece en la superficie. Juan 21 interactúa con el pasaje de la "pesca" de Josefo para crear una sátira indicando que los confundidos seguidores de Jesús confunden a Tito con el Señor.

El "Jesús" que siguieron –"Jesús", el hijo de Chafat, la cabeza principal de la banda de ladrones"- no está en la playa porque Tito le ha muerte. Josefo anota su muerte en el pasaje, diciendo que: "Tito ha matado a los autores de esta revuelta", claramente indicando a Jesús.

Por lo tanto, el "Jesús" que los discípulos siguen ya no existe y confunden a Tito por su Señor –"Jesús se paró en la orilla; aunque aún los discípulos no sabían que era Jesús". Así engañados, los discípulos luego siguen las órdenes de Tito, ayudando a los romanos a capturar a los judíos rebeldes que nadaban en el Mar Tiberio "arrojando sus redes". La sátira es una sinopsis perfecta del objetivo verdadero de la cristiandad, el cual es "convertir" a los seguidores del Mesías Judío en seguidores de Cesar, sin que se den cuenta.

Habiendo alcanzado ese objetivo, Tito, el "Señor", luego se sienta con sus nuevos discípulos a tomar un desayuno de "pan" y "pescado". Las palabras "pan" y "pescado" son, como lo he mostrado, utilizadas como sinónimo de la carne humana en el Nuevo Testamento.

Nótese el sarcasmo del autor. Los discípulos no preguntan su nombre -lo que mostraría que su nombre era Tito - sino que "saben" que él es el "Señor".

> Les dijo Jesús: Venid, comed. Y ninguno de los discípulos se atrevía a preguntarle: ¿Tú, quién eres?, sabiendo que era el Señor.
>
> Vino, pues, Jesús, y tomó el pan y les dio, y asimismo del pescado.
>
> Ésta era ya la tercera vez que Jesús se manifestaba a sus discípulos, después de haber resucitado de los muertos.
>
> Juan 21:12-14

La interacción del Nuevo Testamento con *Las Guerras de los Judíos* identifica al "Pez" que Tito sirvió a sus nuevos discípulos en Juan 21 como los "putrefactos" cuerpos de los "peces" capturados por los romanos durante la batalla mencionada anteriormente. Este olor putrefacto de los "peces" en la playa, paralela el hedor registrado en otros pasajes de canibalismo -la tumba de Lázaro en el Nuevo Testamento y el hijo de María en *Guerras de los judíos*.

> Y un hedor terrible, y una visión muy triste había en los días siguientes sobre ese país; porque en cuanto a las costas, estaban llenos de naufragios y de cadáveres todos hinchados; y cuando los cuerpos muertos fueron inflamados por el sol y se pudrieron, corrompieron el aire.
>
> *Las Guerra de los Judíos* 3, 10, 530

Y se ha identificado en el Nuevo Testamento el "pan" que los discípulos comen. Es la carne del Mesías que se ha "levantado de entre los muertos".

Nótese cuán claro es el próximo pasaje -aparentemente declaraciones simbólicas de Jesús, las cuales llevan a una comedia negra cuando el significado es leído literalmente.

> Yo soy el pan vivo que descendió del cielo; si alguien come de este pan, vivirá para siempre; y el pan que yo daré es mi carne, la cual yo daré por la vida del mundo.
>
> Entonces los judíos contendían entre sí, diciendo: ¿Cómo puede éste darnos a comer su carne? Jesús les dijo: De cierto, de cierto os digo: Si no coméis la carne del Hijo del Hombre, y bebéis su sangre, no tenéis vida en vosotros.
>
> El que come mi carne y bebe mi sangre, tiene vida eterna; y yo le resucitaré en el último día.
>
> Juan 6:51-54

Para dejar en claro que los discípulos se están engullendo el cuerpo del "Hijo del hombre", Juan 21 señala que esta "es la tercera vez que Jesús se muestra a sus discípulos luego de haber resucitado". El autor está incluyendo estos detalles, en este momento, porque el "Jesús" que en realidad "se levantó de entre los muertos" fue Lázaro, quien "se mostró" a los discípulos dos veces antes, primero, en la "resurrección" y luego, nuevamente, en el "banquete de Lázaro". Los discípulos han sido satirizados como comiendo, sin quererlo, del cuerpo del Mesías. El chiste referido al "pan", en Juan 21, es que están comiendo de la misma "barra" comida durante el "banquete de Lázaro" de más arriba.

Habría que hacer notar las implicaciones del análisis anterior para el sacramento de la Comunión. Sugiere que los romanos crearon deliberadamente este rito como un chiste cruel para los cristianos.

En cualquier caso, el desdeñoso humor que los romanos crearon en relación con el canibalismo de los judíos mesiánicos emana, evidentemente, de la ironía de lo que ellos vieron en el pueblo con tan estrictas leyes para la dieta, comiendo incluso carne humana podrida. La ironía de los judíos -gente demasiado fastidiosa para comer cerdo- comer carne humana, habría sido ampliamente comprendido dentro de la clase Patricia cuando *Las*

Guerras de los Judíos fue escrita. Juvenal, sátiro latino, por ejemplo, se refería a esta práctica sin proveer ningún contexto.

> Algunos, cuyo destino ha sido tener un sábado que teme a los padres, no adoran más que las nubes y el numen de los cielos, y no ven diferencia entre la carne de cerdo y los humanos desde que sus padres se abstuvieron del cerdo.[119]

Los dos "Jesuses" (Tito y Jesús el Hijo de Chafat) que están en la playa cuando los romanos pescaron judíos en el Mar de Galilea, son simplemente los últimos Jesuses en otra vuelta satírica. Todos estos "Jesuses" encontrados después de la resurrección son individuos diferentes. Como lo han hecho con las diferentes "Marías Magdalenas", los autores incluyen detalles en apariencia irrelevantes en cada evangelio, que vuelven lógicamente imposible que sean el mismo individuo luego de la "resurrección".

En Mateo, el Jesús encontrado por sus discípulos no asciende al cielo, pero en cambio le dice a sus seguidores "Estoy con ustedes siempre". En Marcos, sin embargo, Jesús es descrito como ascendiendo al cielo, de la misma manera que en el Evangelio de Lucas. Aunque estas dos historias de ascensiones parecen ser idénticas, en efecto, toman lugar en sitios diferentes. Los autores revelan esto en un temprano pasaje en Marcos (Marcos 14:28). Este pasaje indica que Jesús se va a encontrar con sus discípulos en Galilea -obviamente algunos días después de su resurrección- mientras que la "Ascensión" en Lucas ocurre fuera de Jerusalén y el mismo día de su resurrección. Finalmente, el Jesús en Juan se encuentra con una diferente cantidad que discípulos siguiendo la resurrección, un diferente número de veces, y en un lugar distinto al que mencionan los otros evangelios.

Los autores de los evangelios diseñaron su creación para que fuera perfectamente lógica. Cuando dos eventos parecen contradecirse, el lector necesita reconocer que está leyendo incorrectamente. Es decir que está haciendo las suposiciones incorrectas. En este caso, la suposición incorrecta es que todos los "Jesuses" de los evangelios son la misma persona. Cambiando esa perspectiva hace que los evangelios se transformen en "verdaderos" -esto es sin contradicciones.

Sin embargo, ¿a quién encuentran los discípulos en las conclusiones de Mateo, Marcos y Lucas si no es al Jesús crucificado? Justamente cuando los autores han identificado la tumba vacía descubierta por María Magdalena -con su piedra "removida"- antes que la encuentre en la oscuridad, los autores ya le han dado al lector esta información. El Jesús representado en la conclusión de cada Evangelio Sinóptico es el Jesús que Pilato a liberado recientemente: Jesús Barrabás.

Como el golpe de final de la comedia negra creada por el Nuevo Testamento, cada evangelio finaliza con un diferente individuo como su Jesús. Por supuesto, el Jesús final es quien ha sido descrito en Juan 21, cuyo final es representado en los evangelios. Ese Jesús es Tito, el verdadero hijo de Dios, adorado ahora por la cristiandad adora.

Sospecho que la manada de "Jesuses" vagando alrededor de las conclusiones de los cuatro evangelios son un chiste irónico que reflejan el hecho de que habían numerosos individuos señalando quiénes eran los mesías en ese tiempo, un hecho registrado tanto en el Nuevo testamento Como en *Las Guerras de los Judíos*. Los autores del Nuevo Testamento están tal vez sarcásticamente diciendo que, ya que hay ya tantos "Mesías" o "Cristos", no hay ninguna razón por la cual Tito no pudiera ser uno también.

Finalmente, una pregunta que me parece interesante dilucidar es si los autores intentaron presentar la "versión combinada" de la visita a la tumba vacía y la revelación de que Jesús no se levantó de entre los muertos como una declaración filosófica abogando por la razón por sobre el misticismo religioso.

El lector debe resolver esas contradicciones lógicas; si fallan hoy, el castigo consiste en creer en un falso Dios.

Es posible que los autores de los evangelios crearon estas aparentes contradicciones como una suerte de herramienta educacional escondida en la narrativa sobre Jesús. Los autores pudieron haber deseado que sus lectores trabajarán las varias contradicciones lógicas del texto con el objeto de poder desarrollar su habilidad de razonamiento y, por lo tanto, hacer posible que pensaran fuera de las supersticiones religiosas. Pudieron haber deseado que los evangelios fueran visto por la posteridad como una contribución al desarrollo de la razón.

Capítulo 8

La nueva raíz y ramas

Habiendo mostrado los métodos que los romanos utilizaron satíricamente para comunicar la verdadera historia de su lucha con los judíos mesiánicos, ahora les quiero presentar el más complejo de sus trabajos. El lector reconocerá que, de lo ya abordado, muchos pasajes construyen una sátira. Estos elementos separados fueron designados para hacer conectados entre sí para crear una historia intertextual de mayores proporciones.

Me refiero a esta sátira como "la nueva raíz y ramas". Es un enorme aparato literario que va entre los evangelios y los tres libros de Josefo. Debido a que se extiende sobre varios otros libros, es difícil de descubrir, pero, como lo hecho notar más arriba, este aparato literario no es poco usual en la literatura hebrea. Es, por ejemplo, parecido a la manera en la cual la saga de Abraham es continuada en el Libro de Samuel y en el Libro de los Reyes. A través de una serie de distintos pasajes, un personaje termina siendo asociado con otro personaje a través de actos paralelos, ubicaciones y por medio de un lenguaje parecido.

El propósito de esta sátira en particular es para documentar que la "raíz" y "ramas" del linaje mesiánico judío ha sido destruido y que el linaje romano ha sido "injertado" en su lugar. El sistema satírico en realidad comienza en el Libro de Malaquías, el último libro del Antiguo Testamento. *Malaquías* significa "mi mensajero" en hebreo y fue usado como un epíteto del profeta Elías. Esto se debe a que en la literatura judaica fue predicho que el mesías sería precedido por la aparición Elías, quien actuaría como mensajero de su venida.

He aquí que yo os enviaré al profeta Elías, antes que venga el día grande y terrible de Jehová.

Malaquías 4:5

Este pasaje final, en el Libro de Malaquías, predice el porvenir desastroso para los "malvados", uno que los dejará destruidos por el fuego y sin ninguna ni "raíz" ni "rama".

Porque he aquí que está para llegar aquel día, ardiente como un horno; y todos los soberbios y todos los que hacen maldad serán como el rastrojo; aquel día que está para llegar los abrasará, dice Jehová de los ejércitos, y no les dejará ni raíz ni rama.

Malaquías 4:1

Josefo claramente señala en la primera parte de su profecía, concerniente a los seres "malvados", que serán "quemados", aconteció así durante la Guerra con los romanos. Él también registra que la segunda parte la profecía -esa que dice que no serán dejados ni con "raíces" ni con "ramas"- también se cumplió durante la campaña de Tito, aunque no tan abiertamente. Para comprender que los "malvados", es decir los rebeldes mesiánicos, serían dejados sin "raíces" ni "ramas", el lector tiene que comprender tal vez la sátira más compleja que se haya escrito nunca.

Como se ha notado anteriormente, "raíz" y "rama" eran metáforas judías usadas para denotar el linaje mesiánico. Por ejemplo, el Génesis Florilegio dice:

...hasta que el Mesías de la Corrección, la Rama de David viene, porque para él y su semilla fue dado el Pacto del Reino de su gente...[120]

En los Manuscritos del Mar Muerto, esta raíz y rama de la imaginación mesiánica son una continuación de su uso por el profeta Isaías concerniente a la venida del mesías. Otro fragmento de los Manuscritos muestra lo anterior:

> Isaías el profeta… Lo más grueso del bosque será talado con
> un hacha y el Líbano caerá por medio de uno poderoso. Un
> asta se levantará de la raíz del *jesé*, {y} una planta de sus raíces
> dará fruto… a la Rama de David.[121]

Los autores del Nuevo Testamento continúan la metáfora de la raíz y la rama mesiánica, aunque con una perspectiva completamente diferente. Dentro del Nuevo testamento, la imaginería de la raíz y las ramas es presentada en un contexto de ser transformada dentro de un linaje diferente -el linaje del nuevo mesías. Las "ramas" son descritas como siendo "podadas" o siendo "injertadas". Jesús predice -haciendo eco al libro de Malaquías- que esas "ramas" que no "acatan" el nuevo judaísmo que él trae, serán "incendiados".

> El que en mí no permanece, es echado fuera como el pámpano,
> y se seca; y los recogen, y los echan en el fuego, y arden.

> Juan 15:6

Josefo construye en la imaginería *de la raíz y las ramas* del Nuevo Testamento mediante el establecimiento de una serie de paralelos relacionados. Como hemos visto a menudo, estos paralelos contienen misterios que revelan los nombres de personajes anónimos. Y en cada caso el nombre del innombrado es Eleazar. Mi interpretación de tales paralelos es que Eleazar fue el nombre del individuo que los rebeldes mesiánicos consideraban como la "raíz" prevista en la profecía judaica. Juzgando por la sátira, este individuo pudo haber existido como líder espiritual de la rebelión.

Como en el caso con todos los pasajes tipológicos, la sátira de la raíz y ramas puede ser reconocida determinando el orden temporal en el cual los eventos ocurren, incluso si son descritos en diferentes libros. Está la misma técnica requerida para resolver "el misterio de la tumba vacía", explorado más arriba, donde el lector tiene que ordenar los cuatro textos de las tumbas vacías en orden cronológico para comprender la historia combinada de los textos que crea. Josefo provee al lector con un claro camino para esta comprensión temporal.

Las otras claves para reconocer la sátira son las mismas que han sido usadas en el Nuevo Testamento y *Las Guerras de los Judíos*. Éstas son posiciones y conceptos paralelos. Más aún, algunos de los principios de las ciencias romanas de botánica y medicina homeopática son usados en la sátira de la raíz y las ramas. La medicina romana consideraba que lo que no enferma a alguien podría algunas veces curarlo. Por ejemplo, un tratamiento para la mordida de un escorpión se solucionaba aplicando un escorpión machacado sobre la herida. La botánica romana consideraba que una planta híbrida y más domesticada resultaría al introducir especímenes domesticados dentro de una colonia de plantas silvestres.

Pedáneos Dioscórides, el médico jefe y botánico que acompañaba a Vespasiano y Tito en Judea, conocía ambos principios. Son elementos claves en la sátira de "la raíz y las ramas".

Pedáneos era famoso con razón por haber documentado, por primera vez, el uso de la anestesia y el uso también de la terapia del primer choque eléctrico (utilizando anguilas eléctricas para generar la corriente). También él escribió un libro de texto sobre botánica que se transformó en la base para la botánica moderna, e identificó 200 raíces de plantas medicinales –"muchas raíces muy útiles", como él lo puso- que no habían sido previamente conocidas por la ciencia médica. Como uno de los más importantes líderes científicos de Roma, Pedáneos habría aconsejado a Tito lo que Josefo llamaba "la ciencia útil" [122] de expulsar demonios de gente evidentemente insana.

Uno de los elementos de la sátira de la raíz y las ramas es la extraña planta que Josefo llama ruda, que tiene una raíz que se llama "Baara". Esta raíz, "Baara", serviría para eliminar demonios, definidos por Josefo como "espíritu de los malvados".

Es significativo que Josefo mencione una plantada llamada ruda, ya que la ruda es una de las plantas sobre las que Pedáneos estudio y escribió. En su libro de texto *Sobre el herbalismo*, Pedáneos explica los peligros de la ruda de montaña, y de los beneficios de la ruda de jardín o domesticada, la que crece cerca de las higueras y que sería usada con seguridad para tinturas e infusiones.

La técnica de jardín de Pedáneos es, esencialmente, el corazón de la estrategia romana de pacificación documentada en la sátira de la raíz y las ramas: los romanos intentaron "domesticar" a los judíos mediante la poda de la raíz de su demoníaca maldad, el Mesías Eleazar, para luego injertar en la raíz a Jesús, quien tiene el poder de disipar a los demonios.

Una cita de Tito, registrada por el escritor cristiano del siglo cuarto Sulpcius Severus, menciona la importancia de la "raíz" para judíos y cristianos.

> Se ha dicho que Tito convocó a un consejo y deliberó si debiera destruir tan magnífico templo… Tito mismo dijo que la destrucción del templo era de primera necesidad para poder deshacerse de una manera más completa de las religiones de los judíos y cristianos porque ellos urgieron que estas religiones, aunque hostiles entre ellas, sin embargo, crecieron desde las mismas fuentes; los cristianos han crecido de los judíos; si la raíz fuera destruida el grupo perecería fácilmente (Christianos ex Iudaeis exitisse radice sublata stirpem facile perituram).

Para comenzar el análisis, voy a hacer notar primeramente los elementos del Nuevo Testamento que son usados en la sátira de la raíz y las ramas. Estos conceptos emanan de las profecías mesiánicas "la raíz de Jesé" y la "rama de David" en el Viejo Testamento y en los Manuscritos del Mar Muerto. Elementos sobre la raíz y las ramas en el Nuevo Testamento:

- El linaje mesiánico es descrito como siendo "podado"
- Hay una predicción que dice que el linaje Mesiánico va a ser injertado en él.
- La captura de Jesús ocurre en el Monte de los Olivos
- Hay tres crucificados pero uno sobrevive
- José de Arimatea baja de la cruz al sobreviviente.

El análisis continúa presentando los pasajes de cada elemento que componen la sátira a su vez.

El siguiente pasaje toma lugar en la fortaleza de Herodes. Ocurre antes el sitio de Jerusalén y cuenta la historia de un Eleazar, que como su homónimo en Masada, se suicida.

Para clarificar, presento la siguiente lista de conceptos dentro del pasaje que son elementos de una sátira mayor:

UBICACIÓN: Tekoa y Herodiana

1. Eleazar

2. Acampando en Tekoa

3. Rehúsan rendirse

4. Suicidio

> Tampoco tardó Simón en volver de nuevo con violencia a su país. Cuando acampó en su campamento en cierto pueblo llamado Tekoa, y envió a Eleazar, uno de sus compañeros, a quienes mantenían la guarnición en Herodiana, y para persuadirlos de que le entregaran esa fortaleza.

> La guarnición recibió a este hombre fácilmente, mientras que ellos no sabían nada de lo que había sucedido; pero tan pronto como habló de la rendición del lugar, cayeron sobre él con sus espadas desenvainadas, hasta que descubrió que no tenía lugar para huir, cuando se arrojó desde la pared hacia el valle debajo; entonces murió de inmediato...

> *Las Guerras de los Judíos*, 4, 9.

El siguiente pasaje también es parte de la sátira. El lector debiera reconocerlo como el pasaje que analicé en el capítulo 6, el cual me llevó comprender que el nombre del Mesías capturado en el Monte de los Olivos era Eleazar. Uno de los elementos que hace a la santidad de la raíz y las ramas tan difícil de comprender es que utiliza las soluciones de los acertijos como componentes. En otras palabras, el lector debe primero resolver el problema, que revela que "cierto joven" capturado en el Monte los Olivos se llamaba Eleazar, para poder moverse en la historia y ver incluso una historia mayor, donde la captura de Eleazar es parte de ella.

Para clarificar, presentó la siguiente lista de elementos dentro del historia que son parte de la sátira:

UBICACIÓN: *Monte de los Olivos*

1. Eleazar.
2. Pedáneos (Médico).
3. Pedáneos sostiene colgando a Eleazar de su mano "mientras lo arrebata".
4. La captura ocurre en el Monte de los Olivos.
5. Eleazar es ordenado ser "podado".

> Muchos de los sediciosos estaban tan presionados por la hambruna...por el fracaso actual de sus estragos, que se unieron e hicieron un ataque contra los guardias romanos que estaban en el Monte de los Olivos.
>
> Pero los romanos fueron informados de su llegada para atacarlos de antemano...
>
> y uno cuyo nombre era Pedáneo, perteneciente a un grupo de jinetes, cuando los judíos ya fueron golpeados y obligados a descender juntos al valle, espoleó su caballo en su flanco con gran vehemencia, y atrapó el tobillo de cierto joven que pertenecía al enemigo, mientras corría;
>
> el hombre era, sin embargo, de un cuerpo robusto y portaba armadura; Pedáneo se inclinó tanto hacia abajo de su caballo, incluso mientras galopaba, y la fuerza de su mano derecha y del resto de su cuerpo fue tan grande como también la habilidad que tenía en la equitación.
>
> Entonces este hombre aprovechó de su presa, como un tesoro precioso, y la llevó como su cautivo al César; con lo cual Tito admiraba al hombre que se había apoderado del otro por su gran fuerza, y ordenó que el hombre que fue atrapado fuera castigado [con la muerte] por su tentativa contra la muralla romana.[123]

Las Guerras de los Judíos, 6, 2.

El siguiente pasaje es uno de los más importantes en los trabajos de Josefo, porque en éste escribe su versión paralela de la crucifixión de Jesús en el Nuevo Testamento. Ocurre luego del sitio de Jerusalén, pero antes del pasaje que describe la captura y liberación de Eleazar en Macares. Su ubicación temporal en relación con los otros eventos de la sátira es crucial, y para hacerlo más difícil de ver, el evento es registrado en la autobiografía de Josefo, y no en *Las Guerras de los Judíos*. Sin embargo, Josefo efectivamente previó -para el lector alerta- una manera para comprenderlo, cuando su escena de la crucifixión ocurre en relación a los otros eventos en la sátira. Él lo hace emitiendo la declaración "además, cuando la ciudad de Jerusalén fue tomada por la fuerza, fui enviado por Tito", lo que indica que tal evento ocurrió luego de la captura de "cierto joven" en el Monte los Olivos por Pedáneos, pero antes del sitio de Macaero, el cual ocurre luego de que Tito dejara Judea.

Esta ubicación relativa es también crucialmente importante para la totalidad de la secuencia paralela entre el ministerio de Jesús y la campaña de Tito. En otras palabras, como en el Nuevo Testamento, "tres son crucificados, uno sobrevive" el episodio ocurre luego de la captura en el Monte de los Olivos, pero antes de la condena de Simón y la libertad de Juan, que Tito conoce a través de una carta luego que ya ha partido de Jerusalén. [124]

La siguiente lista contiene los elementos que han sido usados en la sátira de "la raíz y las ramas", describiendo a tres judíos crucificados de los cuales uno sobrevive en Tekoa.

UBICACIÓN: *Tekoa*

1. Tres son crucificados pero uno sobrevive.

2. José Bar Matías baja al sobreviviente de la cruz.

3. Campamento acampado en Tekoa.

4. El médico.

Además, cuando la ciudad de Jerusalén fue tomada por la fuerza…

fui enviado por Tito Cesar … a cierto pueblo llamado Tekoa, con el objeto de determinar si este lugar se prestaba para levantar un campamento; cuando regresé divisé muchos cautivos crucificados, y recordé a tres de ellos como antiguos conocidos. Yo estaba muy triste al ver esto y fui con lágrimas en mis ojos a ver a Tito, y les hablé de ellos; entonces él,

inmediatamente, dio órdenes para que los bajaran, y que los cuidaran muy bien con el objeto de que pudieran recuperarse; sin embargo, dos de ellos murieron en las manos del médico, mientras que el tercero se recobró.

Vida de Flavio Josefo, 75, 417, 420-421

Siguiendo el retorno de Tito a Roma, Josefo describe un valle cercano a la fortaleza de macabeo donde "la raíz mágica", que podía espantar a los demonios, crecía. La siguiente lista contiene los elementos de ese pasaje que son utilizados en la sátira.

UBICACIÓN: Baara

1. Una raíz que puede espantar a los demonios
2. El hecho que esta raíz deba ser colgada debajo de la mano de sus captores mientras "es llevada"

Ahora, dentro de este lugar, crecía una especie de ruda que merece nuestra maravilla por su amplitud, ya que no era inferior a ninguna higuera, ni en altura ni en grosor;

y el informe es que había durado desde los tiempos de Herodes, y probablemente habría durado mucho más, si no hubiera sido cortada por aquellos judíos que tomaron posesión del lugar después.

Pero aún en ese valle, que abarca la ciudad en el lado norte, hay un cierto lugar llamado Baara que produce una raíz del mismo nombre,

su color es similar al de la llama y en las tardes envía cierto rayo como un relámpago. No es fácil de tomar para quienes lo intenten, pero se aleja de sus manos, ni cederá para ser tomada en silencio, hasta que se vierta sobre ella la orina de una mujer o su sangre menstrual;

no, incluso entonces es una muerte segura para aquellos que la tocan, a menos que alguien tome y cuelgue la raíz de su mano y se la lleve.

También se puede tomar de otra manera, sin peligro, que es así: se cava una zanja a su alrededor, hasta que la parte oculta de la raíz sea muy pequeña,

luego atan a un perro y cuando el perro se esfuerza por seguir a quien lo ató, esta raíz se arranca fácilmente, pero el perro muere inmediatamente, como si fuera el hombre que se llevara la planta; ni después de esto se necesita que nadie tenga miedo de tomarla en sus manos.

Sin embargo, después de todos estos dolores para obtenerla, es valiosa solo debido a una virtud que tiene solo si se administra a personas enfermas, porque aleja rápidamente a los llamados demonios, que no son otros que los espíritus malvados que entran en hombres que están vivos y los matan, a menos que puedan obtener ayuda contra ellos. [125]

Inmediatamente después de la descripción de la raíz mágica, Josefo describe otro incidente involucrando a Eleazar en una de las fortalezas de Herodes, Macaeros, donde crece una "raíz mágica" que puede espantar a los demonios. La próxima lista contiene los elementos de ese pasaje que son utilizados en la sátira.

UBICACIÓN: Macareos

1. Fuerte Herodiano
2. Eleazar
3. Eleazar es llevado con su armadura
4. Eleazar sobrevive a la crucifixión

Ahora, una cierta persona que pertenecía al campamento romano, cuyo cojo era Rufus, de nacimiento egipcio, se topó con él de repente cuando nadie esperaba tal cosa, y se lo llevó con su propia armadura; mientras tanto, aquellos que lo vieron desde el muro estaban tan asombrados que Rufus evitó su ayuda y llevó a Eleazar al campamento romano.

Entonces el general de los romanos ordenó que lo llevaran desnudo, lo pusieran ante la ciudad para que lo vieran y lo azotaran fuertemente ante sus ojos. En este triste accidente que le sucedió al joven, los judíos quedaron terriblemente confundidos, y la ciudad, con una sola voz, lo lamentó profundamente, y el duelo resultó mayor de lo que podría suponerse ante la calamidad de una sola persona.

Cuando Baso se dio cuenta de eso, comenzó a pensar en usar una estratagema contra el enemigo, y estaba deseoso de agravar su dolor a fin de prevalecer frente a ellos para entregar la ciudad para la preservación de ese hombre. Tampoco falló en su esperanza,

porque les ordenó que levantaran una cruz, como si fueran a colgar a Eleazar inmediatamente. La vista de esto ocasionó un dolor inmenso entre los que estaban en la ciudadela, y gruñeron vehementemente y gritaron que no podían soportar verlo así destruido.

Con lo cual Eleazar les rogó que no lo ignoraran, que ahora iba a sufrir la muerte más miserable, y los exhortó a salvarse, cediendo al poder romano y la buena fortuna, ya que ahora habían conquistado a todas las demás personas.

Estos hombres se conmovieron mucho con lo que dijo, habiendo también muchos dentro de la ciudad que intercedieron por él, porque era de una familia eminente y muy numerosa;

así que ahora cedieron a su pasión por la compasión, contrario a su costumbre habitual. En consecuencia, enviaron inmediatamente ciertos mensajeros, y trataron con los romanos para entregarles la ciudadela, y desearon que se les permitiera irse y llevar a Eleazar con ellos.

Entonces los romanos aceptaron sus términos generales...
Baso pensó que debía cumplir el pacto que había hecho
con los que se habían rendido a la ciudadela, los dejó ir y
les devolvió a Eleazar. [126]

La famosa descripción del cerco de Masada también es parte de este
tema satírico. Sus elementos son:

1. Fuerte Herodiano

2. Eleazar

3. No rendirse lleva al suicidio

...Esta fortaleza se llamaba Masada.

Fue una vez Eleazar un hombre potente, y el comandante
de los Sicarios, quienes lo habían aprovechado. Él era un
descendiente de ese Judas que había conseguido abundancia
para los judíos, como lo hemos relatado anteriormente, de
no someterse a los impuestos cuando Cireneos fue enviado a
Judea para hacer uno...

Las Guerra de los Judíos, 7,8

Finalmente, Josefo registra su última historia sobre "Eleazar"; esta vez
él está domiciliado en Roma. Aunque incluida en las *Antigüedades de los
judíos*, podemos estar seguros de que el evento ocurrió en Roma porque
Josefo señala que el evento ocurrió en la presencia de los hijos de Vespasiano
-nótese el plural. Considerando que Domiciano no viajó a Judea, este hecho
establece que el evento ocurrió después de que Tito retornara a Roma. En el
pasaje, Eleazar está utilizando una raíz mágica para remover demonios de
los cautivos. Los elementos dentro de la sátira son:

1. Eleazar

2. La raíz mágica

3. Los demonios no pueden pasar a través del agua.

…porque he visto a cierto hombre de mi propio país, cuyo nombre fue Eleazar, liberando a la gente que estaba endemoniada en la presencia de Vespasiano y sus hijos, y sus capitanes, y toda la multitud de sus soldados. La forma de la cura fue como sigue:

Él puso una raíz en un anillo que tenía, del tipo que menciona Salomón, en la nariz de un poseído, luego de lo cual le sacó el demonio por sus narices…

Y cuando Eleazar pudo persuadir y demostrarle a sus espectadores que tenían tal poder, colocó una taza o cuenco lleno de agua, luego se alejó un poco de la taza y ordenó al demonio, cuando salía del hombre, que la volcara, y por lo tanto permitir a los espectadores que supieran que había dejado al hombre…[127]

Para comenzar la interpretación de la sátira de la raíz y las ramas, hay que destacar que cada uno de los pasajes anteriores involucra a un personaje llamado "Eleazar". En los pasajes que ocurren en Herodiano, Macareo, Masada y Roma, Josefo nombra al personaje abiertamente. En el caso de "el joven" que fue "llevado" al Monte los Olivos, anteriormente ya he expuesto el puzle que lleva a esta conclusión. El hombre crucificado que sobrevive en Tekoa y la "raíz mágica" de Baara son sólo parte de sistema satírico que involucra a Eleazar. Este es un ejemplo del mismo motivo que he discutido previamente en relación con los diferentes Marías y Simones. En otras palabras, todos los *Eleazares* son parte de un elemento satírico singular.

Los pasajes funcionan juntos para crear una historia que describe la captura romana de la raíz mesiánica de los judíos -Eleazar- y luego su "poda" y transformación en Jesús, el removedor de demonios y Mesías pro-romano.

El paralelo que indica que Eleazar es la "raíz" es bastante abierto. El lector debe recordar el método por el cual Josefo señala que alguien puede capturar Baara, la raíz mágica - esto es el "Hijo"- sin que lo maten "… se produce una cierta muerte para aquellos que la tocan, salvo que alguien la tomé y la cuelgue invertida al tomarla con su mano al llevársela".

Este es el preciso, e increíble método, usado por Pedáneos para atrapar a Eleazar en el Monte de los Olivos:

> …tanto Pedáneos se dobló hacia abajo de su caballo… y tan grande fue su fuerza de su mano derecha… Entonces, este hombre tomó ventaja de su presa, como sobre un tesoro precioso, y se lo llevó como un cautivo para Cesar.

Nótense los paralelos "abajo", "mano" y "llevárselo".

Como la descripción hecha de la raíz mágica, la absurda descripción de la captura de Pedáneos de "cierto joven" en el Monte de los Olivos le pide demasiado a la lógica. Este mecanismo literario alerta al lector que las historias no son historias literales y, que, por lo tanto, debieran mirarse a partir de otro tipo de significado. En esta instancia, los métodos paralelos por los cuales son capturados identifican, metafóricamente, que Eleazar es como Baara, una "raíz" peligrosa. Esta identificación además es facilitada por el nombre de la raíz -Baara- que significa "hijo". Además, la captura satírica del Mesías judío por Pedáneos, que es la raíz de los rebeldes mesiánicos, contribuye al tema satírico general y al ingenio. Debido a Pedáneos era el especialista romano en raíces más importante, habría sido, por supuesto, el elegido para manejar esa tarea tan peligrosa.

El significado de la historia de la "raíz mágica" de Baara dentro de la sátira de la raíz y las ramas es fácil de comprender. Documenta la existencia de una "raíz" metafórica que tiene el poder extirpar demonios -obviamente el poder de Jesús en el Nuevo Testamento, el único individuo en la historia con tal poder. Los romanos injertarían la raíz para dispersar a los demonios en Eleazar, luego de haberlo "podado", de esta manera transformando la "raíz" que había infectado a tantos con un espíritu demoníaco en una que tiene el poder de remover demonios.

Los paralelos además indican que el individuo que sobrevivió a su crucifixión en Tekoa era el Mesías. Este individuo habría sido un "Cristo", porque como otros de su "tipo" en el Nuevo Testamento, fue el único sobreviviente de tres hombres crucificados. Ambos deben estar entre los pocos individuos que han sobrevivido a la crucifixión en toda la historia.

Además, "José de Arimatea" realizó gestiones para que ambos sobrevivientes fueran bajados de la cruz. Esto quiere decir que los apellidos de ambos *Josés* "José Bar Matías" y "José de Arimatea"- son similares homofónicamente. "Arimatea" es un juego obvio con el apellido de Josefo, y "Bar Matías" es bastante similar al Iscariote/Sicario. Ambos son juegos de palabras anotados anteriormente. El Evangelio de Barnabas, un Evangelio no canónico de la Edad Media, ni siquiera se preocupa de este juego de palabras y señala que el nombre del individuo que bajó a Jesús de la cruz fue "José de Arimatea". "José de Arimatea" es también definido por Josefo como el "tipo" Bar Matías, por la descripción de su trabajo-consejero. (Lucas 23:50).

El individuo que sobrevivió la crucifixión en Tekoa está además conectado con el Eleazar capturado en el Monte de los Olivos por el médico Pedáneos. En este caso, Josefo señala que este médico le salvó la vida. Pedáneos fue el médico que acompañó a Tito a Judea y, por lo tanto, tiene que haber sido el médico en Tekoa. Finalmente, el Eleazar que se suicidó en la fortaleza Herodiana acampó en Tekoa previamente, y por lo tanto ha respondido a la pregunta que Josefo hizo sobre si Tekoa era "un buen lugar para acampar".

El nombre del lugar donde ocurrió la crucifixión -Tekoa- es también parte del sistema satírico. Tekoa o *Theo Coeus*, es el nombre del dios romano del intelecto cuestionador. Allí estaba, como le había ordenado Tito, "podado" y como Pablo lo describe "injertado en" con una nueva "raíz", y entonces fue transformado en un Mesías considerado racional por los romanos.

Conociendo que la "raíz mágica" fue llamada Eleazar, visto como el hombre que sobrevivió la crucifixión en Tekoa, y conociendo la secuencia temporal en los cuales estos eventos tuvieron lugar, permite al lector percibir la sátira creada cuando todos los pasajes se ven en su conjunto.

El Eleazar capturado por Pedáneos en el Monte de los Olivos es llevado a Tekoa, donde es "colgado de un árbol" -esto es crucificado- y como Tito ha ordenado, "podado". El médico y botánico Pedáneos luego injerta la raíz mágica de Baara o "hijo" en él. Este proceso transforma a Eleazar de una "raíz" que causa que los judíos estén poseídos por un espíritu demoníaco de una "raíz" que espanta a los demonios. Eleazar se ha transformado en Jesús.

Una vez que Eleazar ha sido podado satíricamente, e injertado en Tekoa, "es retornado" a los judíos en Macareo. De esta manera, los romanos introducen simbólicamente una planta "domada" o "domesticada", planta dentro de un campo de otras silvestres, para reducir el salvajismo de las próximas generaciones. De notarse es el hecho que, en este punto, la sátira lleva la historia de Jesús más allá de la trama de los Evangelios y comienza a describir la implementación del cristianismo por los romanos. Esta introducción satírica del Jesús "domesticado" toma lugar en el pasaje que inmediatamente sigue a la descripción de la "raíz mágica". En ese pasaje, el general romano Baso intenta que los judíos dentro de la fortaleza Herodiana se rindan con la amenaza de crucificar a Eleazar frente a ellos. Aquellos judíos que "aceptan estos términos" se les permite seguir con vida, y Baso entonces restaura a "Eleazar" -obviamente el Eleazar "que han acarreado" en el Monte de los Olivos y tratado por el médico en Tekoa- para ellos, y siguieron su camino. En otras palabras, se permite vivir a los judíos que aceptaron al domado Mesías y sus doctrinas pro-romanas.

Sin embargo, en Masada otro Eleazar, un Eleazar paralelo al del fuerte Herodiano, se niega a rendirse y se suicida. El punto es que el rechazó de la rendición y la aceptación del nuevo judaísmo es fundamental para su suicidio. Con esta muerte de Eleazar, Josefo al mismo tiempo están acabando con la "raíz y las ramas" del linaje Macabeo por lo que no podrá competir en contra del "domesticado" linaje mesiánico recientemente establecido por Roma.

Josefo concluye la sátira de la "raíz y las ramas" con la descripción de todavía otro Eleazar, uno que realiza exorcismos en Roma. Este Eleazar utiliza la "raíz mágica" para sacarle los demonios a los cautivos, claramente aludiendo una captura de judíos mesiánicos. Esta imagen representa una victoria total para el acercamiento "homeopático" romano sobre el problema de la "raíz" mesiánica que causaba que los judíos estuvieran poseídos por los "demonios".

La "raíz" que causaba a los judíos rebeldes estar infectados ha sido domesticada por Pedáneos y puede ser entonces utilizada para curarlos de la enfermedad que les produjo. Esta imagen significa el cumplimiento de la profecía de Malaquías -que prevé que los malvados serán privados de sus "raíces y sus ramas" - y la conclusión de la sátira que comienza en el Nuevo Testamente en relación a la "raíz".

Aún más, el pasaje concluye el tema de la comedia negra relacionándolo con la inhabilidad de los demonios de pasar a través del agua, tema que comienza con los demonios del pasaje de Gadara, mencionado anteriormente, y termina con los espíritus demoniacos golpeando el contenedor lleno de agua mientras van saliendo y dejando a los prisioneros. Estos prisioneros fueron los 2000 rebeldes que fueron capturados en Gadara. Al estar poseídos por el demonio, no pudieron pasar por el agua y, por lo tanto, no se ahogaron. En la medida que los demonios los van dejando, concluye el chiste cruel al derramar el agua del contenedor.

El pasaje es también la última descripción de Josefo del Cristo domesticado que los romanos crearon y, a partir de la cual, nos entrega su visión del futuro. Josefo está en Roma trabajando para la familia imperial, calmando la rebelión, tal cual como ha sido en los últimos dos mil años.

Capítulo 9

Hasta que se cumpla

Y mostrado los elementos del ministerio de Jesús, al ser visto en su conjunto, puede ser como un profético bosquejo de la campaña militar de Tito a través de Judea. En efecto, el Nuevo Testamento y *Las Guerras de los Judíos* crean un número de otras profecías incumplidas que puede ser vista como parte del sistema satírico. Un buen número de las profecías escatológicas están presentes en Mateo 21 al 25.

Voy a comenzar el análisis de la relación entre las profecías de destrucción del Nuevo Testamento y la campaña de Tito al citar primeramente un pasaje de *Las Guerras de los Judíos*. El pasaje contiene un número de paralelos con el Nuevo Testamento que son famosos históricamente; también una o dos ironías de Jesús en el Nuevo Testamento concertadas como "sujeta libros" alrededor de la descripción de Josefo de la destrucción del templo. El otro de estos dos satíricos "sujeta libros", es el pasaje describiendo al hijo de María cuya carne fue comida, lo que he discutido anteriormente. Debido a que Jesús usó el "templo" como una designación propia, y al comparar su destrucción a la destrucción del templo, al yuxtaponer estas dos sátiras con la destrucción del templo, es atrevido.

Las dos sátiras de Jesús literalmente "tocan" el capítulo que describe la destrucción del templo. En la traducción de Whiston de *Las Guerras de los Judíos*, la cual he utilizado a través de este trabajo, hay solo 11 páginas de texto entre el pasaje donde "el hijo de María cuya carne fue comida" y el pasaje que contiene referencias al personaje que me referí anteriormente como "el Jesús que se queja". Este Jesús que se queja es una clara sátira del Jesús del Nuevo Testamento fue el mismo registrado por Josefo como uno de los "signos" que precedieron a la destrucción del templo.

El signo registrado por Josefo referido a la destrucción de Jerusalén causó que muchos estudiosos tempranos de la Iglesia creyeran que los signos que Jesús previo en Mateo 23:24 llegaron a ocurrir. Los paralelos que existen entre los signos de la lista de Jesús y de Josefo han sido conocidos desde el comienzo de la cristiandad. Como Hipólito escribió (alrededor de 200 E.C.):

> ¿Qué entonces? ¿Estas cosas no han ocurrido? No son las cosas anunciadas para su cumplimiento? No es Judea, su país, desolado? No es el lugar sagrado quemado con fuego? ¿No se han demolido sus murallas? ¿No han sido destruidas sus ciudades? ¿ No son extraños de su tierra, quienes la devoran? ¿No son los romanos quienes gobiernan el país?

Los paralelos entre las dos listas de signos parecieran ser demasiado precisas para haber ocurrido por mera coincidencia. Estoy de acuerdo, sin embargo, con la creencia de Hipólito en que fueron el resultado de causas sobrenaturales. Quisiera señalar que en cualquier momento cuando dos documentos tienen similitudes demasiado precisas para haber sido producidos por casualidad, la prudencia requiere que ambos documentos provengan de la misma fuente. Esta teoría debiera ser mantenida hasta que otra explicación demuestre ser más factible. En cualquier caso, el siguiente pasaje de *Las Guerras los Judíos* y el Nuevo Testamento son un ejemplo, por *excelencia*, de las relaciones que tantos académicos han señalado entre estos dos trabajos. Lo que Jesús predice, Josefo lo registra como se hubiera pasado.

LIBRO 6   CAPITULO 5
LA GRAN ANGUSTIA QUE LOS JUDIOS SUFRIERON SOBRE LA LUCHA DE LA CASA SAGRADA.

CONCERNIENTE A UN FALSO PROFETA, Y LOS SIGNOS QUE PRECEDIERON A ESTA DESTRUCCION.

Mientras la casa sagrada estaba en llamas, se saqueó todo lo que vino a la mano, y diez mil de los que fueron atrapados fueron asesinados; ni hubo una compasión por ninguna edad, ni reverencia a la gravedad, sino que los niños, los viejos, las personas profanas y los sacerdotes fueron asesinados de la misma manera; de modo que esta guerra rodeó a todo tipo de hombres y los llevó a la destrucción, y también a aquellos que suplicaban por sus vidas, como aquellos que se defendieron luchando.

La llama también fue llevada lejos, e hizo un eco, junto con los gemidos de aquellos que fueron asesinados; y debido a que esta colina era alta, y las obras en el templo eran muy grandes, uno hubiera pensado que toda la ciudad había estado en llamas. Tampoco se puede imaginar algo más grande o terrible que este ruido;

porque hubo un grito inmediato de las legiones romanas que marchaban juntas, y un triste clamor de los sediciosos que ahora estaban rodeados de fuego y espada. Las personas que también quedaron arriba fueron golpeadas contra el enemigo, y bajo una gran consternación, e hicieron tristes gemidos por la calamidad en que se encontraban;

la multitud que también estaba en la ciudad se unió en esta protesta con los que estaban en la colina. Y, además, muchos de los que estaban cansados por la hambruna, y con la boca casi cerrada, cuando vieron el fuego de la casa santa, ejercieron su mayor fuerza, y volvieron a gemir y gritar: Perea también devolvió el eco, así como las montañas alrededor [de la ciudad] y aumentó la fuerza de todo el ruido.

Sin embargo, la miseria en sí misma era más terrible que este desorden; porque uno hubiera pensado que la colina misma, sobre la cual se encontraba el templo, estaba hirviendo, llena de fuego en cada parte de ella, que la sangre era más grande en cantidad que el fuego, y los que fueron asesinados en número más que los que los mataron;

porque el suelo no parecía visible por los cadáveres que yacían sobre él; pero los soldados pasaron por encima de montones de esos cuerpos, mientras corrían sobre ellos, huyendo de ellos.

Y ahora era que la multitud de los ladrones fueron expulsados [del patio interior del templo por los romanos], y tuvieron mucho trabajo para entrar al patio exterior, y de allí a la ciudad, mientras que el resto de la población huyó al claustro de ese patio exterior.

En cuanto a los sacerdotes, algunos de ellos sacaron de la casa sagrada las púas que estaban sobre ella, con sus bases, que estaban hechas de plomo, y les dispararon a los romanos en lugar de dardos.

Pero luego, al no ganar nada al hacerlo, y cuando el fuego estalló sobre ellos, se retiraron a la pared que tenía ocho codos de ancho, y allí se demoraron;

sin embargo, dos eran eminencias entre ellos, que podrían haberse salvado yendo a los romanos o haber soportado el coraje y haber hecho fortuna con los demás, se arrojaron al fuego y se quemaron junto con la casa sagrada; se llamaban Meiro, hijo de Belgas, y José, hijo de Daleo.

Y ahora los romanos, juzgando que era en vano perdonar lo que había alrededor de la casa sagrada, quemaron todos esos lugares, como también los restos de los claustros y las puertas, excepto dos; una en el lado este y la otra en el sur; ambas que, sin embargo, fueron quemadas después.

También incendiaron las cámaras del tesoro en las que había una inmensa cantidad de dinero, y una inmensa cantidad de prendas de vestir, y otros bienes preciosos allí depositados;

y, para decirlo todo en pocas palabras, allí era donde se acumulaban todas las riquezas de los judíos, mientras que los ricos allí se habían construido cámaras [para contener tales muebles].

Los soldados también llegaron al resto de los claustros que se encontraban en el [patio exterior] del templo, donde las mujeres y los niños, y una gran multitud mixta de personas, huyeron, en número de unos seis mil.

Pero antes de que César determinara algo acerca de estas personas, o diera a los comandantes cualquier orden relacionada con ellos, los soldados estaban tan furiosos que prendieron fuego a ese claustro; por lo que sucedió que algunos de estos fueron destruidos arrojándose de cabeza y otros fueron quemados en los propios claustros. Tampoco ninguno de ellos escapó con su vida.

Un falso profeta fue la ocasión de la destrucción de estas personas, quien había hecho una proclamación pública en la ciudad ese mismo día, que Dios les ordenó que subieran al templo, y que allí deberían recibir señales milagrosas de su liberación.

Ahora había una gran cantidad de falsos profetas sometidos por los tiranos para imponer al pueblo, que les denunciaba esto, que debían esperar la liberación de Dios; y esto fue para evitar que desertasen, y que pudieran ser alentados por el miedo y el cuidado por tales esperanzas.

Ahora un hombre que está en la adversidad cumple fácilmente con tales promesas; porque cuando tal seductor le hace creer que será liberado de esas miserias que lo oprimen, entonces es que el paciente está lleno de esperanzas de tal liberación.

Así fueron persuadidos los miserables por estos engañadores, y como el desmentía a Dios mismo; aunque no asistieron ni dieron crédito a las señales que eran tan evidentes y que tan claramente predecían su futura desolación, pero, como los hombres enamorados, sin ojos para ver ni mentes para considerar, no consideraron las denuncias que Dios les hizo a ellos.

Por lo tanto, había una estrella que se parecía a una espada, que se alzaba sobre la ciudad, y un cometa, que continuó durante todo un año.

Así también antes de la rebelión de los judíos, y antes de las conmociones que precedieron a la guerra, cuando el pueblo venía en grandes multitudes a la fiesta de los panes sin levadura, el octavo día del mes Xandikos, [Nisán] y en la novena hora de la noche una luz tan grande brilló alrededor del altar y de la casa santa que parecía ser brillante durante el día; que duró media hora.

Esta luz parecía ser una buena señal para los no hábiles, pero fue interpretada por los sagrados escribas como para presagiar los eventos que siguieron inmediatamente después.

En la misma fiesta también, una novilla, cuando fue conducida por el sumo sacerdote para ser sacrificada, dio a luz un cordero en medio del templo.

Además, la puerta oriental del templo interior [corte del] templo, que era de bronce y muy pesado, había sido cerrada con dificultad por veinte hombres, y descansaba sobre una base armada con hierro y tenía pernos sujetos. Muy profundo en el firme suelo, que estaba allí hecho de una piedra entera, se vio abierta por sí sola alrededor de la sexta hora de la noche.

Ahora, los que vigilaban el templo vinieron corriendo al capitán del templo y se lo contaron; quien luego subió allí, y no sin gran dificultad pudo cerrar la puerta nuevamente.

Esto también le pareció a los vulgares un prodigio muy feliz, como si Dios les hubiera abierto la puerta de la felicidad. Pero los hombres de instrucción lo entendieron, que la seguridad de su casa sagrada se disolvió por sí misma, y que la puerta se abrió para la ventaja de sus enemigos.

Así que estos declararon públicamente que la señal presagiaba la desolación que se avecinaba sobre ellos. Además de esto, unos días después de esa fiesta, en el vigésimo día del mes Artemisios, [Jyar], apareció un cierto fenómeno prodigioso e increíble: supongo que la descripción de esto sería una fábula, si no estuviera relacionado por aquellos que lo vieron,

y no fueron los eventos que siguieron de una naturaleza tan considerable como para merecer tales señales; porque, antes de la puesta de sol, se veían carros y tropas de soldados con sus armaduras corriendo entre las nubes y alrededor de las ciudades.

Además, en esa fiesta que llamamos Pentecostés, ya que los sacerdotes iban de noche al interior del [patio del templo], como era su costumbre, para realizar sus ministraciones sagradas, dijeron que, en primer lugar, sintieron un temblor, y escucharon un gran ruido,

y después de eso escucharon un sonido como de una gran multitud, diciendo: "Salgamos de aquí".

En este punto del pasaje de Josefo comienza su descripción del personaje a que me refiero como *Jesús-que-se-lamenta*.

Pero, lo que es aún más terrible, había un Jesús, el hijo de Anano, un esposo plebeyo que cuatro años antes de que comenzara la guerra, y en un momento en que la ciudad estaba en una paz y prosperidad muy grande, llegó a esa fiesta en la que es costumbre que cada uno haga tabernáculos para Dios en el templo,

de pronto comenzó a decir en voz alta: "Una voz del este, una voz del oeste, una voz de los cuatro vientos, ¡una voz contra Jerusalén y la casa santa, una voz contra los novios y las novias, y una voz contra todo este pueblo! " Este era su grito, mientras iba de día y de noche, en todos los carriles de la ciudad.

Sin embargo, algunos de los más eminentes de la población tuvieron gran indignación ante este grave anuncio suyo, y alzaron al hombre y le dieron una gran cantidad de azotes severos; sin embargo, él no dijo nada por sí mismo, o algo peculiar para aquellos que lo castigaron, sino que continuó con las mismas palabras que él decía antes.

Entonces, nuestros gobernantes, suponiendo, como resultó ser el caso, que se trataba de una especie de furia divina en el hombre, lo llevaron al procurador romano,

donde fue azotado hasta que sus huesos quedaron al descubierto; sin embargo, no suplicó ni derramó lágrimas, pero al volver la voz al tono más lamentable posible, a cada golpe del látigo su respuesta fue: "¡Ay, ay de Jerusalén!"

Y cuando Albinos (porque era nuestro procurador) le preguntó: ¿Quién era? ¿Y de dónde vino? ¿Y por qué pronunció esas palabras? No respondió de ninguna manera a lo que dijo, pero aun así no dejó de lado su melancólica canción, hasta que Albinos lo consideró un loco y lo despidió.

Ahora, durante todo el tiempo que pasó antes de que comenzara la guerra, este hombre no se acercó a ninguno de los ciudadanos, ni fue visto por ellos mientras era azotado; pero todos los días pronunciaba estas lamentables palabras, como si fuera su voto premeditado: "¡Ay, ay de Jerusalén!"

Tampoco dio malas palabras a ninguno de los que lo golpearon todos los días, ni buenas palabras a los que le dieron comida; pero esta fue su respuesta a todos los hombres, y de hecho nada más que un melancólico presagio de lo que estaba por venir.

Este grito suyo fue aún más fuerte en los festivales; y continuó esta canción durante siete años y cinco meses, sin volverse ronco o cansado, hasta el mismo momento en que vio su presagio cumplido en nuestro sitio, cuando cesó;

porque mientras daba vueltas sobre la pared, gritó con su mayor fuerza: "¡Ay, ay de la ciudad, del pueblo y de la casa santa!" Y justo cuando añadió, al final, "¡Ay, ay de mí también!" salió una piedra de uno de los motores, lo hirió y lo mató de inmediato; y mientras pronunciaba los mismos presagios, dejó el fantasma.

Ahora, si alguien considera estas cosas, descubrirá que Dios cuida a la humanidad y, por todos los medios posibles, muestra a nuestra raza lo que es para su preservación; pero que los hombres perezcan por esas miserias que ellos mismos traen loca y voluntariamente sobre ellos;

porque los judíos, al demoler la torre de Antonia, habían hecho su templo de cuatro cuadrados, mientras que al mismo tiempo lo tenían escrito en sus oráculos sagrados, "Que entonces deberían tomar su ciudad, así como su casa sagrada, una vez que su templo se convierta en cuatro cuadrados ".

Pero ahora, lo que más los empujó a emprender esta guerra, fue un oráculo ambiguo que también se encontró en sus escritos sagrados, como "en ese momento, uno de su país debería convertirse en gobernador de la tierra habitable".

Los judíos consideraron que esta predicción les pertenecía en particular, y muchos de los sabios fueron engañados en su determinación. Ahora este oráculo ciertamente denota el gobierno de Vespasiano, quien fue nombrado emperador en Judea.

Sin embargo, no es posible que los hombres eviten el destino, aunque lo vean de antemano.

Pero estos hombres interpretaron algunas de estas señales según su propio placer, y algunas de ellas las despreciaron por completo, hasta que se demostró su locura, tanto por la toma de su ciudad como por su propia destrucción.[128]

En Mateo 23 y 24 Jesús expresa lo que ha sido denominado su visión escatológica y apocalíptica. En efecto, el pasaje completo no parece ser nada más que una "profecía" de eventos y detalles que han ocurrido durante la destrucción de Jerusalén hecha por Tito, todo lo cual puede ser encontrado en el pasaje de Josefo anterior en donde se describe el evento. El pasaje del Nuevo Testamento, que consigno a continuación, contiene como Jesús mismo lo describe, los signos que indican que el "Hijo del Hombre" ha venido a destruir Jerusalén.

Cuando Jesús salió del templo, y mientras iba de camino, se acercaron sus discípulos para mostrarle los edificios del templo.

Él respondió y les dijo: ¿Veis todo esto? De cierto os digo, que no quedará aquí piedra sobre piedra, que no sea derribada.

Y estando él sentado en el Monte de los Olivos, los discípulos se le acercaron aparte, diciendo: Dinos, ¿cuándo sucederán estas cosas, y cuál será la señal de tu venida, y del final de esta época?

Respondiendo Jesús, les dijo: Mirad que nadie os engañe. Porque vendrán muchos en mi nombre, diciendo: Yo soy el Cristo; y engañarán a muchos.

Oiréis hablar de guerras y de rumores de guerras; mirad que no os alarméis, porque es necesario que todo eso acontezca; pero aún no es el fin.

Porque se levantará nación contra nación, y reino contra reino; y habrá hambres, epidemias, y terremotos en diferentes lugares.

Mas todo esto será el principio de dolores.

Entonces os entregarán a tribulación, y os matarán, y seréis aborrecidos de todas las gentes por causa de mi nombre.

Muchos tropezarán entonces, y se entregarán unos a otros, y unos a otros se aborrecerán.

Y muchos falsos profetas se levantarán, y engañarán a muchos;

y debido al aumento de la iniquidad, se enfriará el amor de la mayoría.

Mas el que persevere hasta el fin, éste será salvo.

Y será predicado este evangelio del reino en todo el mundo, para testimonio a todas las naciones; y entonces vendrá el fin.

Por tanto, cuando veáis en el lugar santo la abominación de la desolación, anunciada por medio del profeta Daniel (el que lea, entienda), entonces los que estén en Judea, huyan a los montes.

El que esté en la azotea, no descienda para tomar nada de su casa;

y el que esté en el campo, no vuelva atrás para tomar su capa.

Mas ¡ay de las que en aquellos días estén encintas, y de las que estén criando!

Orad para que vuestra huida no sea en invierno ni en sábado; porque habrá entonces gran tribulación, cual no la ha habido desde el principio del mundo hasta ahora, ni la habrá jamás.

Y si aquellos días no fuesen acortados, no se salvaría nadie; mas por causa de los escogidos, aquellos días serán acortados.

Entonces, si alguno os dice: Mirad, aquí está el Cristo, o mirad, allí está, no lo creáis.

Porque se levantarán falsos Cristos, y falsos profetas, y harán grandes señales y prodigios, hasta el punto de engañar, si fuera posible, aun a los escogidos.

Mirad que os lo he predicho.

Así que si os dicen: Mirad, está en el desierto, no salgáis; o mirad, está en las habitaciones interiores, no lo creáis.

Porque así como el relámpago sale del oriente y brilla hasta el occidente, así será también la venida del Hijo del Hombre. Dondequiera que esté el cadáver, allí se juntarán las águilas.

E inmediatamente después de la tribulación de aquellos días, el sol se oscurecerá, y la luna no dará su resplandor, y las estrellas caerán del cielo, y las potencias de los cielos serán sacudidas.

Entonces aparecerá la señal del Hijo del Hombre en el cielo; y entonces harán duelo todas las tribus de la tierra, y verán al Hijo del Hombre viniendo sobre las nubes del cielo, con poder y gran gloria.

Y enviará sus ángeles con gran voz de trompeta, y reunirán a sus escogidos, de los cuatro vientos, desde un extremo del cielo hasta el otro.

De la higuera aprended la parábola: Cuando ya su rama se ha puesto tierna, y brotan las hojas, sabéis que el verano está cerca.

Así también vosotros, cuando veáis todas estas cosas, conoced que él está cerca, a las puertas.

De cierto os digo, que no pasará esta generación hasta que todo esto acontezca.

El cielo y la tierra pasarán, pero mis palabras no pasarán.

Pero de aquel día y de aquella hora nadie sabe, ni aun los ángeles del cielo, sino sólo mi Padre.

Mas como en los días de Noé, así será la venida del Hijo del Hombre.

Porque como en los días antes del diluvio estaban comiendo y bebiendo, casándose y dándose en matrimonio, hasta el día en que Noé entró en el arca,

y no se dieron cuenta hasta que vino el diluvio y se los llevó a todos, así será también la venida del Hijo del Hombre.

Entonces estarán dos en el campo; el uno será tomado, y el otro será dejado.

Dos mujeres estarán moliendo en un molino; la una será tomada, y la otra será dejada.

Velad, pues, porque no sabéis a qué hora ha de venir vuestro Señor.

Y comprended aquello de que si el padre de familia supiese a qué hora iba a venir el ladrón, velaría y no dejaría que horadasen su casa.

Por tanto, también vosotros estad preparados; porque el Hijo del Hombre vendrá a la hora que no penséis. [129]

He dividido mi análisis del pasaje anterior en varias partes. Primero, me enfocaré en los paralelos entre el Jesús lamentándose y el Jesús del Nuevo Testamento. Hay numerosos paralelos entre en Jesús escatológico de Mateo 23:24 y el Jesús tragicómico descrito en el pasaje de Josefo, al cual me refiero como el Jesús que se lamenta. Yo creo que el trabajo de Josefo crea intencionalmente una sátira del Jesús del Nuevo Testamento al incorporar, al Jesús que se lamenta, frases, ideas y experiencias -y obviamente mediante su nombre compartido. Ellos son también paralelos en otra manera muy importante. Cada uno visibiliza una lista de signos que predicen la inevitable caída de Jerusalén. Esta lista incluye un número de frases y conceptos que son idénticos. Por ejemplo, el Jesús del Nuevo Testamento señala:

> Porque así como el relámpago sale del oriente y brilla hasta el occidente, así será también la venida del Hijo del Hombre.
>
> Y enviará sus ángeles con gran voz de trompeta, y reunirán a sus escogidos, de los cuatro vientos, desde un extremo del cielo hasta el otro.
>
> Mateo: 27:31

> Entonces se verá que el reino de los Cielos es como diez damas de honor que tomaron sus antorchas y salieron a encontrarse con el novio y la novia.
>
> Mateo 25:1

El Jesús que se lamenta también habla del "Este" y "Oeste" de los "cuatro vientos" y de las "damas de honor y de "novios". Nótese que el lenguaje ha sido usado en la misma secuencia en ambos trabajos:

> ...de repente comenzó a llorar en voz alta: "¡Una voz del este, una voz del oeste, una voz de los cuatro vientos, una voz contra Jerusalén y la casa santa, una voz contra los novios y las novias, y una voz contra toda esta gente!"
>
> *Las Guerras de los Judíos*, 6, 5, 301

El lamento de Jesús claramente predice la destrucción del templo cuando dice "una voz en contra de la casa sagrada". El Jesús del Nuevo Testamento hace la misma predicción.

> Cuando Jesús salió del templo, y mientras iba de camino, se acercaron sus discípulos para mostrarle los edificios del templo.
>
> Él respondió y les dijo: ¿Veis todo esto? De cierto os digo, que no quedará aquí piedra sobre piedra, que no sea derribada.
>
> Mateo 24: 1-2

El Jesús del Nuevo Testamento utiliza la palabra "ay" ocho veces durante su discurso en Mateo 23. El Jesús, en el pasaje de Josefo de más arriba, quien aparentemente satiriza al Jesús del Nuevo Testamento, repite también constantemente la palabra "ay".

> ¡Ay de vosotros, guías ciegos!
>
> Mateo 23:16

Y de los pasajes en Josefo:

> ¡Ay, ay a la ciudad nuevamente, y a la gente, y a la casa sagrada!
>
> *Las Guerras de los Judíos*, 6, 5, 309

Ambos *Jesuses* están utilizando la palabra "Ay" para escribir el desastre que vendrá contra los habitantes de Jerusalén cuando el "Hijo" regrese. El Jesús del Nuevo Testamento prevé el desastre que va a ocurrir cuando regrese el "Hijo de Dios", mientras el Jesús que dice "Ay" de Josefo, también predice esta ocurrencia con la venida del "Hijo de Dios", siendo este, Tito.

Sabiendo que Mateo 23 y 24 simplemente dividen un discurso, entonces los paralelos entre estos capítulos y la descripción de Josefo de los signos, que preceden a la destrucción del templo, deben tomarse unificadamente.

La sátira está construida, incluso más inteligentemente, cuando Josefo anota que el Jesús que se lamenta tiene una experiencia pasional muy similar a la que tuvo el Jesús del Nuevo Testamento. Como el Jesús de Nuevo Testamento, el Jesús que se lamenta es tomado por "eminentes judíos" al procurador romano, donde es azotado hasta que sus huesos le quedan al descubierto. Como en el Nuevo Testamento, Jesús es descrito como un hombre con furia divina.

Josefo conecta su Jesús lamentoso con el Jesús del Nuevo Testamento por la fecha de su muerte. Josefo le permite al lector calcular esta fecha diciendo que en el tiempo en el cual el Jesús que se lamenta comenzó sus lamentaciones fue "cuatro años antes que la guerra comenzara" y que continuó diciéndolo, sin ponerse ronco, "por siete años y cinco meses".

Como ha sido notado por Eisenman, estas fechas indican que el Jesús que se lamenta murió para la Pascua de el año 70 E.C. [130] Esto es precisamente una "generación" de 40 años desde el comienzo del ministerio de Jesús en el Nuevo Testamento -quien predijo que sus profecías serían cumplidas dentro de 40 años. Jesús Ben Anano es otro torcido cumplimiento de una profecía del Nuevo Testamento.

Finalmente, la comedia completamente increíble, aunque muy negra, termina diciendo que Jesús, en Josefo, está relacionado con el tema satírico del Nuevo Testamento sobre las "piedras".

Este grito suyo fue el más fuerte en los festivales; y continuó esta cancioncilla durante siete años y cinco meses, sin volverse ronco o cansado, hasta el mismo momento en que vio su presagio cumplido cuando nuestro asedio cesó;

porque mientras daba vueltas sobre la pared, gritó con su mayor fuerza: "¡Ay, ay de la ciudad otra vez, del pueblo y de la casa santa!" Y justo como añadió al final, "¡Ay, ay de mí también!" salió una piedra de uno de los motores, lo hirió y lo mató de inmediato; y mientras pronunciaba los mismos presagios, abandonó al fantasma.

Las Guerras de los Judíos, 6, 5

En el evangelio de Mateo, Jesús señala que el templo de Jerusalén será destruido. A él, entonces, se le pregunta que signos van a anunciar la destrucción. Jesús responde con una lista de signos que van a ocurrir antes de la venida del "Hijo del Hombre", el individuo cuya visita traerá la destrucción.

Josefo también da una lista de signos que, como lo narra, en realidad precedió a la destrucción del templo. Cuando estas dos listas de signos son comparadas una cantidad de paralelos emergen.

El primer paralelo es casi demasiado obvio para ser notado -la ubicación y tema de ambos pasajes. Ambos describen una actividad dentro y alrededor del templo de Jerusalén y ambos tienen que ver con su destrucción. Incluso más, ambos, Jesús y Josefo, claramente declaran que van a revelar los signos que precederán a la inminente destrucción del Templo de Jerusalén.

Así, el título del capítulo en *Las Guerras de los Judíos* dice:

EL GRAN SUFRIMIENTO QUE LOS JUDIOS TUVIERON ANTE LA CONFLAGRACIÓN DE LA CASA SAGRADA. CONCERNIENTE A UN FALSO PROFETA, Y LOS SIGNOS QUE PRECEDIERON A ESA DESTRUCCION.

Al comienzo de Mateo 24, a Jesús se le hace la siguiente pregunta:

> Y estando él sentado en el monte de los Olivos, los discípulos se le acercaron aparte, diciendo: Dinos, ¿cuándo sucederán estas cosas, y cuál será la señal de tu venida, y del final de esta época?

Mateo 24: 3

La visión apocalíptica de Jesús es entonces paralela al título de su capítulo:

... SIGNOS QUE PRECEDEN LA DESTRUCCIÓN.

Ambos grupos de signos están, entonces, relacionados a la anunciada destrucción del Templo. Jesús señala que estos signos además anunciarán la venida del "Hijo del Hombre" y el comienzo de la "tribulación" durante la cual el templo será destruido. Josefo anota que signos muy similares, en efecto, ocurrieron un poco antes de la destrucción del templo.

Para clarificar, iré a través de la lista de signos que Jesús previó y luego presentaré los signos paralelos que Josefo describió, como efectivamente ocurrieron.

El Jesús del Nuevo Testamento ve falsos profetas levantándose y liderando a la gente por un mal camino.

> Respondiendo Jesús, les dijo: Mirad que nadie os engañe.
>
> Porque vendrán muchos en mi nombre, diciendo: Yo soy el Cristo; y engañarán a muchos. Y muchos falsos profetas se levantarán, y engañarán a muchos...
>
> Mateo 24: 4,5,11

Esto "va a ocurrir" en el pasaje de Josefo :

> Un falso profeta fue la ocasión de la destrucción de estas personas, quienes habían hecho una proclamación pública en la ciudad ese mismo día, diciendo que Dios les ordenó que subieran al templo, y que allí deberían recibir señales milagrosas de su liberación. Ahora había una gran cantidad de falsos profetas sometidos por los tiranos para imponer a la gente, que les denunciaba esto, que debían esperar la liberación de Dios...

Jesús describe la ruta que el Hijo del Hombre tomaría.

> Así como el rayo destella en el Este y se ve hacia el Oeste, así será la Venida del Hijo del Hombre.

Esta fue la dirección de la marcha del ejército romano cuando entraron a Judea por el Este ejerciendo su conquista hacia el Oeste.

Como en Daniel [Daniel 7:13], el Jesús del Nuevo Testamento ve un signo del Hijo del Hombre en el cielo, presagiando que la destrucción es inminente: "Uno como como el Hijo del Hombre viniendo con las nubes del cielo"!

En Josefo, leemos un efectivo signo en las nubes presagiando la inminente destrucción de Jerusalén.

> …antes de la puesta del sol, carros y tropas de soldados en sus armaduras fueron visto corriendo entre las nubes…

El paralelo entre el signo de "los carros y tropas… entre las nubes" dado por Josefo, y el "signo del Hijo del Hombre en el cielo" dado por Jesús, es problemático para el cristianismo. Si uno acepta, como los hicieron los académicos primitivos del cristianismo, los signos que Jesús da en Mateo ocurrieron que con los signos que registra Josefo, entonces es difícil de contradecir que Jesús se estaba refiriendo a Tito como "el Hijo del Hombre", carros y tropas siendo más bien sinónimos con los líderes del ejército romano que con sabios religiosos. Este paralelo es tan claro como cualquiera de los otros paralelos entre los signos que predice Jesús en Mateo 23 y 24 y los signos que Josefo da en *Las Guerras de los Judíos*. Intentar de excluirlos constituiría un alegato especial. De interés es el hecho que, en el Arco de Tito en Roma, hay un relieve representando ambos, la Consagración de Tito y la conquista de Jerusalén, el cual lo muestra siendo llevado por un águila entremedio de las nubes.

Otros estudiosos han notado la conexión, entre Jesús y Tito, que el signo de Josefo crea en relación a los carros y las tropas. El teólogo del siglo XVIII, Reland, escribió sobre este signo en particular que:

> …muchos verán un misterio aquí, como si el significado fuera que el hijo de Dios vino ahora para tomar ventaja de los pecados de la nación judía…

Reland simplemente estaba señalando lo obvio. Debido a que las profecías escatológicas de Jesús se relacionaban solamente con la destrucción de Judea por los romanos, aparecen imaginándolo como viniendo "a la cabeza del ejército romano". Debido a que Tito era la cabeza del ejército que destruyó Jerusalén, el paralelo que crea este signo entre él y Jesús parece claro.

Continuando con la lista de signos, en el Nuevo Testamento Jesús predice "ay" para las mujeres que están amamantando a un bebé.

> Mas ¡ay de las que en aquellos días estén encintas, y de las que estén criando!
>
> Mateo 24:19

Josefo muestra que esto también ocurrió.

> Luego intentó una cosa muy antinatural; y agarrando a su hijo, que era un niño que le chupaba el pecho, dijo: "¡Oh, infame miserable! ¿para quién te guardaré en esta guerra, esta hambruna y esta sedición?
>
> ... Tan pronto como ella dijo esto, mató a su hijo, lo asó y se comió la mitad de él ...

Jesús presagia "hambrunas y terremotos" como signos de la destrucción que acecha. En el pasaje de arriba de Josefo, los sacerdotes "sintieron un graznido" cuando ellos intentaron hacer sus ministerios. Josefo describe "numerosos que fueron destruidos por el hambre".

En Mateo 24, Jesús señala:

> El que esté en la azotea, no descienda para tomar nada de su casa; y el que esté en el campo, no vuelva atrás para tomar su capa.

En el próximo pasaje, Josefo registra que este signo "ocurrió":

Y ahora los romanos, juzgando que era en vano perdonar lo que había alrededor de la casa santa,

prendieron fuego a ese claustro; por lo que sucedió que algunos de estos fueron destruidos arrojándose de cabeza y otros fueron quemados en los propios claustros. Tampoco ninguno de ellos escapó con vida.

Un falso profeta fue la ocasión de la destrucción de estas personas, quien había hecho una proclamación pública en la ciudad ese mismo día, que Dios les ordenó que subieran al templo, y que allí deberían recibir señales milagrosas de su liberación.

También incendiaron las cámaras del tesoro, en las que había una inmensa cantidad de dinero y una inmensa cantidad de prendas...

Jesús señala:

Pero estén seguros de esto, que si el jefe de la casa conociera la hora cuando el ladrón iba a venir, se habría mantenido despierto, y no habría permitido que entraran en su casa.

En *Las Guerras de los Judíos*, Josefo utiliza la palabra "ladrones" para describir a los rebeldes judíos:

Y ahora fue que la multitud de los ladrones fueron expulsados [del patio interior del templo por los romanos], y tuvieron mucho trabajo para entrar al patio exterior, y de allí a la ciudad, mientras que el resto de la población huyó al claustro de ese patio exterior...

Jesús literalmente le da fecha al "final de la época" que está profetizando:

Les digo en solemne verdad que la presente generación ciertamente no expirará sin que todas estas cosas hayan tenido lugar.

Los judíos en el siglo I sostenían que una generación duraba cuarenta años. Consecuentemente, la generación a la que Jesús se estaba refiriendo solo puede ser la que cuarenta años después se rebeló en contra de Roma. Entonces, todas las profecías de Jesús fueron elementos previstos de la guerra por venir. La siguiente cita, subraya esta idea.

…Donde haya un cuerpo muerto, habrán águilas volando juntas…

Considerando que el águila era un símbolo del ejército romano, la idea detrás del pasaje también está clara. Numerosos académicos han entendido este pasaje en el sentido que indica que Jesús está prediciendo la reunión de los soldados romanos entre los cuerpos del templo destruido. Como escribió Albert Barnes en su *Comentario sobre Mateo* en 1832.

Este versículo está conectado con el precedente por la palabra "para", lo que implica que esta es una razón de lo que se dice allí: que el Hijo del Hombre ciertamente vendría a destruir la ciudad, y que vendría repentinamente. El significado es que él vendrá, por medio de los ejércitos romanos, tan ciertamente, tan repentina e inesperadamente como bandadas enteras de buitres y águilas, aunque sin ser vistas antes, verán supresa desde una gran distancia y de repente se reunirían en multitudes a su alrededor... Tan entusiasta es su visión como para representar a los ejércitos romanos, aunque a una distancia inmensa, espiando, por así decirlo, Jerusalén, un cadáver podrido, y apresurándose en multitudes para destruirlo.

El Nuevo Testamento deja claro que Jesús ha visto el futuro y que está advirtiéndole a los judíos qué deben hacer para evitar la "tribulación".

Porque se levantarán falsos Cristos, y falsos profetas, y harán grandes señales y prodigios, hasta el punto de engañar, si fuera posible, aun a los escogidos. Mirad que os lo he predicho.

Mateo 24:25

Josefo en un patrón que ya debiera ser conocido para el lector a estas alturas, señala:

Ahora, si alguien considera estas cosas, descubrirá que Dios cuida a la humanidad, y por todos los medios posibles le muestra a nuestra raza lo que es para su preservación; pero esos hombres mueren por esas miserias que ellos mismos traen loca y voluntariamente sobre ellos…

Como con todas las profecías de Jesús, su lista de signos opera en dos niveles. En la superficie, habrían demostrado, a los tempranos deseducados cristianos convertidos, la divinidad de Jesús. Potenciales conversos habrían mostrado las profecías de Cristo en el Nuevo Testamento y luego la realización de cada una de las profecías en *Las Guerras de los Judíos* -el profeta oficial corroborado por la historia oficial. Esto habría "probado" la divinidad de Cristo, porque él pudo ver el futuro, y simultáneamente justificar la destrucción de Jerusalén por los romanos, porque queda "probado" que ha sido predicho por Dios. A un nivel satírico, sin embargo, las dos listas de signos son obviamente claves de la real identidad del Hijo del Hombre -Tito Flavio.

Hago notar otro paralelo entre las profecías escatológicas de Jesús y *Las Guerras de los Judíos* que está relacionada con este tema. Jesús, en Mateo 24, señala:

…porque habrá entonces gran tribulación, cual no la ha habido desde el principio del mundo hasta ahora, ni la habrá jamás.

Mateo 24:21

Josefo anota que esto también ocurrió.

> …las desgracias de todos los hombres, desde el comienzo del mundo, si pudieran ser comparadas a estas de los judíos, no son tan importantes como lo fueron… [131]

Hay otro paralelo entre los signos de Mateo 23 y los signos de Josefo. Los voy a analizar separadamente debido a su particular naturaleza sarcástica. Este paralelo por mucho tiempo a confundido a los académicos. La confusión se debe a que no han sido entendido, ambos, como un chiste interno y como otro de los paralelos entre el ministerio de Jesús y la campaña de Tito, los cuales fueron creados para dar sus dos historias las mismas características generales.

En los Evangelios, Jesús dice:

> ¡Serpientes, engendros de víboras! ¿Cómo escaparéis de la condenación del infierno?
>
> Por tanto, he aquí que yo os envío profetas, sabios y escribas; y de ellos, a unos mataréis y crucificaréis, y a otros azotaréis en vuestras sinagogas, y perseguiréis de ciudad en ciudad;
>
> para que venga sobre vosotros toda la sangre justa derramada sobre la tierra, desde la sangre de Abel el justo hasta la sangre de Zacarías hijo de Barquías, a quién matasteis entre el templo y el altar.
>
> De cierto os digo que todo esto vendrá sobre esta generación.
>
> Mateo 23:33-36

En *Las Guerras de los Judíos* Josefo escribe:

> Y ahora estos fanáticos e idumeos estaban cansados de matar hombres, por lo que tenían la insolencia de establecer tribunales y juzgados ficticios para ese propósito; y como

pretendían matar a Zacarías, hijo de Baruch, uno de los ciudadanos más eminentes, lo que los indispuso contra él fue ese odio a la maldad y el amor a la libertad que era tan eminente en él: Ahora, los setenta jueces presentaron su veredicto de que la persona acusada no era culpable, ya que eligió morir con él en lugar de dejar que su muerte fuera puesta en sus puertas. Entonces surgió un gran clamor de los fanáticos sobre su absolución, y todos se indignaron ante los jueces por no entender que la autoridad que les fue dada no era más que una broma. Entonces dos de los más audaces cayeron sobre Zacarías en el centro del templo y lo mataron; y cuando cayó muerto, bromearon y le dijeron: "Tú también tienes nuestro veredicto, y esto te demostrará una absolución más segura que la otra".

Como he señalado, Mateo 24 es la continuación del mismo discurso que Jesús comienza en Mateo 23. Jesús deja el templo, donde el diálogo de Mateo 23 ocurre, y luego continua este discurso en (Mateo 24) fuera del templo. Entonces, el paralelo entre Zacarías, hijo de Barquías y Zacarías, hijo de Baruch, ambos asesinados en el Templo, debieran ser entendidos como estando en el mismo nivel profético que Jesús da en Mateo 24 y *Las Guerras de los Judíos*. Estamos en terreno sólido cuando comprendemos que lo precedente es otro ejemplo de Jesús "viendo" algo en el futuro ya documentado por Josefo.

Sin embargo, hay un problema al aceptar que ese paralelo pertenece al mismo grupo de las famosas profecías escatológicas de Jesús. El personaje al que se refiere Jesús no aparece en su futuro, sino en su pasado. El profeta Zacarías, hijo de Barquías, es un personaje del Viejo Testamento, entonces ¿cómo Jesús puede anunciarlo en el futuro? Más aún, ¿cómo Josefo entonces registra que Jesús estaba en lo cierto cuando la muerte de Zacarías ocurrió en el 70 E.C., juntamente con las otras profecías vistas por Jesús en Mateo 23 y 24?

Incluyo el fascinante comentario de Whiston sobre tal pasaje de Josefo. Él estaba consciente del paralelo entre Zacarías en Josefo y el Zacarías del Nuevo Testamento; sin embargo, tuvo un problema con las implicaciones.

Algunos estudiosos están listos para suponer que este "Zacarías, el hijo de Baruch", el más injustamente asesinado por los judíos en el templo, era la misma persona que "Zacarías el hijo de Barquías", a quien nuestro Salvador dice que los judíos "lo asesinaron entre el templo y el altar" Mateo 23:35. Esto es de algún modo una extraña exposición, ya que Zacarías, el profeta, fue realmente "el hijo de Barquías" y "el nieto de Ido", Zacarías 1:1; y como hoy murió, no tenemos otra narración que la que tenemos frente a nuestro ensayo de Mateo: mientras que "Zacarías" era "hijo de Baruch". Debido a que la matanza ya había ocurrido cuando nuestro Salvador dijo estas palabras, los judíos ya lo habían matado; mientras que este crimen de "Zacarías hijo de Baruch", en Josefo, ocurrió cerca de 34 años después. Y debido a que la muerte fue producida "entre el templo y el altar", en el sitio de los sacerdotes, que es una de las partes más sagradas y remotas de todo el templo; mientras que esto aconteció, en palabras de Josefo, en la mitad del templo, pero mucho más probablemente en la corte de Israel (no hemos tenido ninguna intimidad de que los elotes en este tiempo hayan profanado la corte de los sacerdotes. Ver B.V ch.1 sec. 2). Ni creo que nuestro Josefo, quien siempre insiste en la particular sacralidad del lugar más escondido y de la casa sagrada que estaba allí, habría omitido tal material agravamiento de esta bárbara muerte, por ser perpetrada en un lugar tan sagrado si hubiera sido el verdadero lugar donde ocurrió el evento.[133]

Así, Whiston intenta explicar el complicado paralelo argumentando que el crimen de Zacarías en Josefo no pudo ser el evento profetizado por Jesús debido a:

1. Zacarías, el profeta, murió antes del nacimiento de Jesús.

2. Barquías y Baruch, son palabras distintas.

3. La "mitad del templo" no está ubicado "entre el templo y el altar".

El primer punto de Whiston es irrelevante. El segundo ignora los muchos pequeños cambios en ortografía entre las mismas palabras entre Josefo y el Nuevo Testamento. Por ejemplo, un tipo de pescado del Mar de Galilea es deletreado "Coracin" en Josefo y "Chora'zin" en el Nuevo

Testamento. Un tercer punto, relacionado con las posibles diferencias en la ubicación de los crímenes, es contradictorio en su aceptación de otros paralelos entre los mismos pasajes del Nuevo Testamento y Josefo como evidencia de la divinidad de Cristo.

Más aún, es obvio que la profecía de Jesús sobre "Zacarías el hijo de Barquía, a quien tu asesinaste entre el santuario y el altar" [134] habría sido interpretado por un deseducado converso a la cristiandad del siglo primero, como que efectivamente ocurrieron, por el pasaje de Josefo que apunta "entonces dos de los más fuertes cayeron sobre Zacarías (el hijo de Baruch) en el medio del templo y lo asesinaron".

Josefo y el Nuevo Testamento consistentemente evitan paralelos literales distantes por un grado. En el capítulo 13, voy a discutir que Jesús habla de "abominación de desolación" mientras que Josefo se refiere al "final del sacrificio diario", cuando ambas expresiones se refieren a la misma cosa. Alguien a quien le lean ambos trabajos podría hacer la conexión entre los "diferentes" términos y así llegar a la conclusión de que Jesús ha podido ver en el futuro. Utilizando la técnica de cambiar los nombres, los autores del Nuevo Testamento y Josefo ingeniosamente esconden el hecho, para las masas sin educación, para las cual el cristianismo fue inventado, y que de la misma fuente creo ambos trabajos. Como he mostrado anteriormente, Simón se transforma en Pedro, y Juan se transforma en "el discípulo que Jesús amaba", etc.

Ambos pasajes citados más arriba, en relación con Zacarías, utilizan esta técnica. Jesús utiliza la expresión "entre el santuario y el altar", mientras Josefo utiliza la expresión "en el medio del templo". Jesús habla de "Zacarías el hijo de Barquías", mientras que Josefo se refiere a "Zacarías el hijo de Baruch". Palabras diferentes, nuevamente, se refieren al mismo concepto.

Ya que todas las profecías escatológicas de Jesús pasaron en el mismo capítulo de *las Guerras de los judíos*, ¿no es más lógico pensar que las historias de Zacarías son otro ejemplo de este grupo de profecías cumplidas?

Sin embargo, seguir esta línea de pensamiento fue imposible para Whiston [135]. Para hacerlo, tendría que haber aceptado el hecho de que tanto Jesús como Josefo estaban equivocados porque cada uno "vio" algo que no pudo haber pasado en el año 70 de nuestra era común. Para Whiston, Jesús no podía equivocarse, por definición, porque era Dios. De la misma manera, para Whiston, como con muchos académicos cristianos, Josefo no pudo haberse equivocado porque su historia registra la Obra de Dios.

Esta es una evidencia del poder de la combinación de ambos trabajos. La creencia que vinieron desde dos fuentes diferentes que crean el efecto de manifestar los sobrenatural, lo que es lo mismo que decir, el poder profético de Jesús. El Nuevo Testamento revela al verdadero "Hijo de Dios", porque las predicciones de Cristo se cumplen. Un "historiador" las registra. Las historias de Josefo deben ser precisas porque ellas registran los trabajos de Dios. Jesús predice los eventos que Josefo presencia.

El intelecto de Whiston es incapaz de analizar la verdad que está frente sus ojos debido a la divinidad que "demuestran" esos dos trabajos. Si alguien le hubiera sugerido a Whiston que la historia de Zacarías, en Josefo, y la predicción de Cristo concerniente a Zacarías en el Nuevo Testamento se combinan para formar una broma cínica, él no habría podido comprender tal humor.

Por supuesto, los pasajes habrían sido perversamente divertidos para un intelectual de la corte Flavia -uno que estuviera familiarizado con el Antiguo Testamento y, por lo tanto, comprendiera el humor entre ambos pasajes. Jesús, en el medio de una serie de predicciones, describe algo que ya ha ocurrido. Josefo entonces lo "registra" como si hubiera ocurrido por segunda vez en el futuro. Una parodia absurda comparable con el cuerpo de Jesús siendo golpeado por una piedra hasta matarlo. Imaginemos a alguien hoy día que, afirmando que puede ver el futuro, predice eventos que van a pasar en el próximo siglo. Al final de la lista, tal persona dice que Alemania va a perder la Segunda Guerra Mundial. La comedia es ridícula.

Hay varios puntos. Primero, la explicación más directa, sin ser sobrenatural, es que la misma fuente produjo tanto el pasaje "Zacarías el hijo de Barquías" del Nuevo Testamento, como el de "Zacarías el hijo de Baruch" en Josefo. Es imposible que dos autores distintos pudieran haber escrito un paralelo tan próximo simplemente por accidente.

Además, el pasaje funciona conjuntamente para crear una pieza humorística, otro ejemplo del Nuevo Testamento y *Las Guerras de los Judíos* produciendo un efecto satírico cuando se leen conjuntamente.

En relación con Zacarías, el pasaje del Nuevo Testamento es también notable debido en que nos da un momento en el tiempo cuando "estas cosas vendrán sobre esta generación". En otras palabras, Jesús está prediciendo exactamente cuándo va a ocurrir la tribulación de la "generación malvada" -esto es, directamente luego de la muerte Zacarías. David Brown escribió en 1858:

> ¿No nos dice esto, tan plenamente como las palabras pueden, que toda la profecía significó la destrucción de Jerusalén? Hay sólo una manera de dejar esto a un lado, pero cuán forzado es, debe, yo creo, aparecer en cualquier mente abierta. Es al traducir, no "esta generación" … sino "esta nación no perecerá": en otras palabras, ¡la nación judía sobrevivirá todas las cosas aquí predichas! Nada sino alguna necesidad especial, saliendo de su visión de la profecía, podría haber llevado a tantos hombres sensibles a poner este barniz sobre las palabras de nuestro Señor. Solo pruebe su efecto que producen sobre el perfecto anuncio paralelo en el capítulo precedente: ""llénanos y luego mide a tus padres ... Por lo que he aquí, te he enviado profetas, y hombres sabios y escribas: y a algunos de ellos ustedes matan y crucifican y a algunos de ellos los azotan en sus sinagogas y los persiguen de una ciudad a otra … que sobre ustedes caerá todo el baño de sangre justa sobre la tierra, de la sangre del justo Abel hasta la sangre de Zacarías, a quien ustedes mataron entre el templo y el altar. Verdaderamente les digo, todas estas cosas vendrán sobre esta generación" … (Mateo 23: 34-36). ¿No se refiere aquí el Señor entonces, a la existente generación de los israelitas? Más allá de todas las preguntas que él hace: ¿y si es así, que puede ser más llano que ese significado en el pasaje ante nosotros? [136]

Brown arguye que el contexto en que Jesús utiliza la palabra "generación", en el pasaje de Zacarías, prueba que Jesús se refiere a los eventos del año 70 E.C. No podría estar más de acuerdo. Cuando Jesús dice que los judíos han sido malvados "desde la sangre del justo Abel hasta la sangre de Zacarías", y que esta generación se llenará con la medida de sus padres, un converso del siglo I a la cristiandad habría entendido que él estaba "prediciendo" la destrucción de los judíos en el 70 E.C. En realidad, ¿qué otra interpretación a las palabras de Jesús sería posible hacer?

Además, al darle "la sangre de Zacarías" como punto final de la maldad de los judíos, Jesús está diciendo claramente que ocurrirá un evento "antes de que la generación malvada" se *llenará* en su "tribulación". Jesús está claramente predicando que la sangre de Zacarías será derramada inmediatamente antes de la destrucción de los judíos por los romanos.

Este paralelo temporal, en que ambos Jesús y Josefo "vieron" a Zacarías ser asesinado por la "generación malvada" inmediatamente antes de la destrucción del templo, es de gran importancia. Al colocar la destrucción de Zacarías inmediatamente antes de la destrucción del templo, los autores del Nuevo Testamento y de *Las Guerras de los Judíos*, crean otro de los "hitos", eventos conceptualmente paralelos, que acontecen en la misma secuencia.

La última "profecía cumplida" que quisiera analizar del discurso apocalíptico de Jesús en Mateo, es la que hace en relación con una "piedra" que va a pulverizarse. En el pasaje, Jesús además predice que a otra nación, obviamente Roma, se le dará el "Reino de Dios".

Jesús les dijo: ¿Nunca leísteis en las Escrituras:

La piedra que los constructores rechazaron,

Se ha convertido en piedra angular.

El Señor es quien ha hecho esto,

Y es cosa maravillosa a nuestros ojos?

Por tanto os digo que el reino de Dios os será quitado, y será dado a una nación que produzca los frutos de él.

Y el que caiga sobre esta piedra será quebrantado; y sobre quien ella caiga, le desmenuzará.

Mateo 21:42-44

En la traducción de Whiston de *Las Guerras de los Judíos*, publicada por J.M. Dent en 1915, he encontrado el más extraordinario retruécano sobre la "piedra" que se ha "triturado". Primero está el pasaje como lo leí originalmente (en una traducción más reciente). Esta es la traducción dada en la versión más moderna al inglés de Josefo:

… las catapultas, que todas las legiones han preparado para ello, fueron increíblemente bien dispuestas, pero aún algo más extraordinario pertenecía a la décima legión; aquellos que lanzaban dardos y lanzaban piedras eran más fuertes y grandes que el resto, por lo cual no solamente pudieron repeler a los judíos de sus excursiones, sino que incluso sacaron a los que estaban sobre las murallas.

Ahora las piedras que fueron elegidas tenían el peso de un talento (33 kg.) y fueron acarreadas por dos furlones (1 furlón 200 metros) y más allá. El volado que daban era imposible de ser sostenido por un largo trecho, no solo para quienes estuvieron primero en el camino, sino que también para aquellos que más allá.

Por el lado de los judíos, al principio miraron venir las piedras, porque era de color blanco, y podían no solo ser percibidas por el gran sonido que producían, sino que podían también ser vistas por su resplandor;

de acuerdo al vigilante que se sentaba sobre las torres, les avisaba cuando la catapulta era lanzada y la piedra salía de ella, y gritaba en su propio idioma, LA PIEDRA QUE VIENE, entonces aquellos que estaban en su camino corrían y se tiraban al suelo; por sus medios y su protección, de este modo protegiéndose, la piedra caía al suelo y no causaba daño.

Pero los romanos idearon una forma para prevenirlo, ennegreciendo la piedra, la que entonces podía apuntarlos con éxito, cuando la piedra no era percibida venir, como lo había sido hasta entonces, pudo destruir a muchos de ellos de un solo disparo.

A pesar de todo, los judíos bajo toda esta angustia, no permitieron que los romanos levantaran sus bancos en silencio, sino que trabajaron astuta y audazmente y los repelieron día y noche. [137]

En la traducción de 1915 hecha por Dent, este pasaje es diferente. "LA PIEDRA QUE VIENE" fue traducida como "EL HIJO QUE VIENE". Para determinar la base de esta discrepancia revisé el pasaje de las más antiguas versiones griegas de *Las Guerras de los Judíos*. Todas muestran la frase de "ho huios erchetai", "huios" siendo la palabra griega para "hijo". Traductores modernos han sustituido arbitrariamente la palabra que Josefo intentaba utilizar aquí (piedra), rehusando traducir la verdadera palabra griega que aparecen en los manuscritos más antiguos. Esto es interesante porque la palabra *petros*, que los académicos han elegido traducir como "piedra", en ninguna forma es parecida lingüísticamente a la palabra *huios*, "hijo", que en realidad es encontrada en el pasaje.

Whiston estaba consciente de que la palabra original de la frase es "huios". En su traducción de Josefo, dejó una nota a pie de página en la cual trata de explicar cómo ocurrió que todos los trabajos antiguos que el usó para la traducción habían usado la palabra griega *huios* por hijo. Su explicación es fascinante en el sentido de que es un ejemplo de disonancia cognitiva que él y otros académicos han usado para evitar ver lo que es correcto en frente de ellos. Whiston admite que el único lenguaje en el cual "piedra" e "hijo" pudieron haber sido confundidos uno por el otro, el hebreo, no es la lengua en la cual Josefo escribió *Las Guerras de los Judíos*. También argumenta que traducciones alternativas -flecha o dardo- son "alteraciones conjeturales sin base". Por lo tanto, él no tiene más alternativa que aceptar la palabra como fue escrita -esto es "HIJO". Sin embargo, este autor no quiere hacer esto tampoco, dejándolo sin ninguna explicación.

¿Cuál debería ser el significado de esta señal o lema, cuando los vigilantes vieron una piedra que salía del motor, "La piedra viene", o qué error existe en la lectura, no puedo decirlo? Los MSS., Tanto griegos como latinos, todos están de acuerdo en esta lectura; y no puedo aprobar ninguna alteración conjetural infundada del texto de "ro" a "lop", que no sea el hijo o una piedra, sino que venga la flecha o el dardo; como lo hizo el Dr. Hudson y no fue corregido por Havercamp. Si Josefo hubiera escrito incluso su primera edición de estos libros de la guerra en hebreo puro, o si los judíos hubieran usado el hebreo puro en Jerusalén, la palabra hebrea para un hijo es así para una piedra, ben y eben, que tal corrección podría haber sido admitida más fácilmente. Pero Josefo escribió su edición anterior para el uso de los judíos más allá del Éufrates, y así escribió en el idioma caldeo, como lo hizo en esta segunda edición en el idioma griego; y bar era la palabra caldea para hijo, en lugar del hebreo ben, y se usaba no solo en Caldea, etc., sino también en Judea, como nos informa el Nuevo Testamento. Dio nos dice que los mismos romanos en Roma pronunciaron el nombre de Simón, hijo de Giora, Bar Poras para Bar Gioras, como conocemos por Xifilino , p. 217. Reland se entiende, "que muchos buscarán aquí un misterio, como si el significado fuera, que el Hijo de Dios vino ahora para vengarse de los pecados de la nación judía". Lo cual es la verdad del asunto, pero difícilmente lo que los judíos podrían significar ahora; a menos que sea para burlarse de las amenazas de Cristo tan a menudo hechas, que vendría a la cabeza del ejército romano para su destrucción. Pero incluso esta interpretación tiene un grado de probabilidad muy pequeño. [138]

Whiston menciona a un académico del siglo XVII y la interpretación de la frase realizada por el teólogo Reland. Es una comprensión muy directa y basada, por supuesto, en la palabra "HIJO", siendo la palabra que escribió Josefo. Reland comprendió que la frase se relaciona de la venida del Hijo de Dios descrita en el Nuevo Testamento. Luego, el próximo comentario de Whiston –"el cual es en efecto la verdad del hecho, pero difícilmente lo que los judíos podrían ahora significar; salvo posiblemente como una manera de burlarse de las amenazas que Cristo hizo tan a menudo, en que el vendría a la cabeza del ejército romano para su destrucción" -está entonces en concordancia con mi pensamiento; incluso no necesita casi ninguna clarificación. Whiston está específicamente tomando la posición que estoy arguyendo, que las profecías de Cristo relacionadas con la guerra venidera entre los romanos y los judíos, y que el "Hijo de Dios" lideraría el ejército romano. Es un pequeño paso hasta llegar a la posición de que todas las advertencias de Jesús en relación con la venida del Hijo de Dios, que traerá destrucción con su presencia, están indicando en realidad al hijo de Dios que era la cabeza del ejército romano: Tito.

También es fascinante darse cuenta cuán efectivo y largo ha sido el antisemitismo creado por el Nuevo Testamento. Nótese que Whiston evalúa la destrucción de los judíos como siendo una venganza bastante apropiada por haber destruido al Salvador. Es fácil de imaginar cómo tal perspectiva habría afectado sus relaciones diarias con los judíos. Por lo tanto, si Roma efectivamente creó el cristianismo para inspirar antisemitismo, su invención ciertamente ha pasado la prueba del tiempo. Todavía está funcionando miles de años después de su creación.

Para demostrar la importancia de la declaración, el editor de Josefo ha puesto con mayúsculas todas las letras de la frase "El HIJO QUE VIENE". El editor de Josefo ha identificado la importancia del pasaje de la misma manera que ha identificado la frase *casa de hisopo*, en el pasaje del "Hijo de María" citado anteriormente, al escribir esa frase en cursiva.

El punto en el cual Josefo inserta un retruécano ayuda a hacer su significado más claro. El pasaje está ubicado al inicio del asalto romano a Jerusalén, el momento exacto en el tiempo cuando el hijo efectivamente "VIENE" a destruir Jerusalén.

Además, es poco probable que alguien hubiera sonado la alarma de un proyectil con tal pausada frase. "Viniendo" es todo lo que un soldado contemporáneo dice antes que llegue a la cubierta. "LA PIEDRA QUE VIENE" es una frase demasiada larga para decir cuando los milisegundos importan. Esta idea se hace incluso más evidente en el griego original -*ho petros erchetai* no es una expresión que naturalmente nos vendría a la mente cuando una enorme piedra está aplastando a alguien.

La substitución de "piedra" por "hijo" en realidad continúa otro concepto satírico en el Nuevo Testamento, siendo "piedra" otra de las importantes auto-designaciones que utiliza Jesús. Jesús se compara con una piedra, una que al golpear se "romperá completamente". En otras palabras, está diciendo que "El Hijo de Dios" es una "piedra" que destruirá a quienes lo rechacen, obviamente refiriéndose de los judíos. Jesús señala esto específicamente dentro del contexto del uso de la fuerza de Roma. Esto es, por supuesto, el mismo concepto satírico presentado anteriormente, donde Josefo registra que un "Hijo", que es en efecto una "piedra", ha pulverizado a los judíos.

Coma las otras designaciones irónicas de Jesús (pescador de hombres, pan viviente, agua viviente), con "piedra", la ubicación física donde Jesús utiliza la expresión es parte de la broma. Él se denomina "piedra" rechazada por los constructores (queriendo decir los judíos), los que "pulverizarán completamente" a aquellos sobre donde caiga, en el preciso lugar donde Josefo señala que las piedras realmente cayeron sobre los judíos durante la Guerra con Roma.

En el pasaje anterior donde "Jesús dice Ay", Josefo continua su tema satírico diciendo que Jesús es una piedra que se va a "pulverizar". El Jesús que se lamenta es matado cuando comienza el cerco romano de Jerusalén. Josefo anota estas humorísticas últimas palabras de Jesús.

> "¡Ay, ay de la ciudad otra vez, y de la gente, y de la casa santa!"
> Y justo cuando añadió al final, "¡Ay, ay de mí también!"
> salió una piedra de uno de los motores, lo hirió y lo mató de
> inmediato; y mientras pronunciaba los mismos presagios, hizo
> que el fantasma se fuera. [139]

Es claro que un residente de la Corte Flavia habría encontrado divertido el humor de cada una de las designaciones debido a la *ubicación* donde fueron pronunciadas. Imagínate a un patricio con una copia de los testamentos en los 80 E.C., sabiendo lo que las catapultas de las guerras romanas han hecho contra los defensores judíos de Jerusalén, al leer sobre un Mesías que, mientras está parado bajo las murallas de la ciudad, se llama así mismo "piedra" y amenaza con caer y aplastar completamente a los judíos. Para tal individuo, el humor mordaz habría sido obvio.

¿Podría Jesús, por pura casualidad, haberse dado a sí mismo tantos nombres en los precisos lugares para ser objeto de burla por parte de los patricios?

Al ser vistos como un todo, los paralelos entre estos dos pasajes y la sátira que ellos crean parecen ser demasiado precisos para haber ocurrido por mera casualidad. Las opciones son, por un lado, estar de acuerdo con Eusebio cuando escribe:

Corresponde agregar a estos recuentos las vérdaderas predicciones de nuestro Salvador en las cuales predijo estos precisos eventos. Sus palabras son como siguen: ¡Ay de las que están preñadas y de los que maman en aquellos días! Sino recen para que su lucha no sea en el invierno, o en el sábado; porque habrá una gran tribulación, como no ha habido desde el comienzo del tiempo hasta ahora, no, ni nunca habrá". Estas cosas tomaron lugar … de acuerdo con las profecías de nuestro señor y Salvador Jesús Cristo, quién por poder divino las vio de antemano como si estuvieran ya presentes. [140]

… O aceptar la idea de que la misma fuente produjo ambos: el Nuevo Testamento y *Las Guerras de los Judíos*.

Capítulo 10

Los autores del Nuevo Testamento

Josefo concluye *LasGuerras de los Judíos* con una serie de pasajes que, me parece, son sátiras del apóstol Pablo y al mismo tiempo identifican a los inventores del cristianismo. Se me ocurrió que habría sido lógico para los autores haber concluido su trabajo con un pasaje que los identificara -bastante en consonancia con el espíritu de la jugarreta maliciosa que corre por toda su composición.

Presento el primero de estos pasajes más abajo. Este pasaje describe a un grupo de Sicarios que se escaparon a Egipto. Una vez allí, se encontraron repudiados por la "reputación de los judíos" que informaron a los romanos de su presencia en Egipto. Los Sicarios fueron capturados y luego torturados en un intento de "hacerlos confesar que el César era su Señor", lo que se rehusaron a hacer. Sus niños también rehusaron llamar "al César como su Señor", a pesar de que ellos también fueron torturados. Por lo tanto, este pasaje presenta claramente un problema sin resolver para Tito: cómo hacer para que los rebeldes judíos lo llamen "Señor".

> Cuando Masada fue tomada, el general dejó una guarnición en la fortaleza para conservarla y él mismo se fue a Cesárea;
>
> porque ahora no quedaban enemigos en el país, pero todo fue derrocado por una guerra tan larga. Sin embargo, ¿esta guerra permitió disturbios y trastornos peligrosos incluso en lugares muy alejados de Judea;
>
> porque aun así sucedió que muchos judíos fueron asesinados en Alejandría, Egipto;

ya que tantos Sicarios como pudieron llegar allí, fuera de las guerras sediciosas en Judea, no se contentaron con haberse salvado a sí mismos, sino que deben comprometerse a hacer nuevos disturbios, y persuadieron a muchos de los que los entretuvieron para atestiguar su libertad, para estimar que los romanos no son mejores que ellos mismos y mirar a Dios como su único Señor y Maestro. Pero cuando parte de los judíos de renombre se opusieron, mataron a algunos de ellos, y con los otros fueron muy apremiantes en sus exhortaciones a la revuelta de los romanos;

pero cuando los principales hombres del Senado vieron a qué locura habían llegado, pensaron que ya no era seguro pasarlos por alto. Entonces reunieron a todos los judíos en una asamblea, y acusaron de locura de los Sicarios, y demostraron que habían sido los autores de todos los males que les habían sobrevenido.

Dijeron también que "estos hombres se habían escapado ahora de Judea sin tener ninguna esperanza segura de escapar, porque tan pronto como se conozcan, pronto serán destruidos por los romanos, vienen aquí y nos llenan de esas calamidades que les pertenecen, mientras que no hemos participado con ellos en ninguno de sus pecados."

"En consecuencia, exhortaron a la multitud a tener cuidado para que no fueran destruidos por sus medios y se disculparan con los romanos por lo que habían hecho, entregándoles a estos hombres,

quienes, al enterarse así del gran peligro en que se encontraban, cumplieron con lo propuesto y corrieron con gran violencia sobre los Sicarios y se apoderaron de ellos;

y de hecho, seiscientos de ellos fueron capturados de inmediato; pero en cuanto a todos los que huyeron a Egipto y al Tebas egipcio, no pasó mucho tiempo antes de que fueran atrapados también, y traídos de vuelta,

cuyo coraje, o si deberíamos llamarlo locura, o dureza en sus opiniones, asombraron a todos.

Porque cuando se les aplicó todo tipo de tormentos y vejaciones que podían idearse contra sus cuerpos, no pudieron lograr que ninguno de ellos cumpliera hasta el punto de confesar, o parecer confesar, que César era su señor; pero conservaron su propia opinión, a pesar de toda la angustia a la que fueron sometidos, como si recibieran estos tormentos y el fuego mismo como cuerpos insensibles al dolor y con un alma que de alguna manera se regocijaba con ellos.

Pero lo que más sorprendió a los espectadores fue el coraje de los niños; porque ninguno de estos niños fue vencido por estos tormentos, como para nombrar a César como su señor. Hasta ahora, la fuerza del coraje [del alma] prevalece sobre la debilidad del cuerpo.

Las Guerras de los Judíos, 7, 10, 1

El engaño más fundamental de la cristiandad es que mediante el reemplazo del "Dios" e "Hijo de Dios" con "hijo de dios" y un "dios", que eran emperadores romanos, sería posible llevar a los seguidores de esta nueva religión a que "llamen Cesar a su señor", sin que lo supieran. El pasaje anterior explica por qué Tito inventó el cristianismo. Ni siquiera la tortura haría que los sicarios le llamaran "Señor". Por lo tanto, tuvieron que ser engañados para que lo hicieran.

Continuando con el pasaje:

Ahora Lupus gobernó Alejandría y envió al César la noticia de esta conmoción,

quien sospechaba de la mente inquieta de los judíos por innovar, y temiendo de que pudieran volver a reunirse y persuadir a otros para que se unieran a ellos, le ordenó a Lupus que demoliera el templo judío que estaba en la región llamada Betzal.

Y estaba en Egipto, que fue construido y tuvo su denominación a partir de la ocasión siguiente:

Onías, el hijo de Simón, uno de los sumos sacerdotes judíos, huyó de Antíoco, el rey de Siria, cuando hizo la guerra con los judíos y llegó a Alejandría; y como Tolomeo lo recibió muy amablemente, por odio a Antíoco, le aseguró que si cumplía con su propuesta ayudaría a todos los judíos; y cuando el rey accedió a hacer todo lo que pudo, le pidió que le diera permiso para construir un templo en algún lugar de Egipto y adorar a Dios según las costumbres de su propio país; porque los judíos estarían mucho más preparados para luchar contra Antíoco, que había arrasado el templo en Jerusalén, y luego vendrían donde él con mayor buena voluntad; y que, al otorgarles la libertad de conciencia, muchos de ellos vendrían donde él. [141]

El pasaje continúa con la descripción de "el templo judío, el que estaba en la región llamada Betzal, y se localizaba en Egipto". Josefo en una digresión, señala despreocupadamente que el templo es el que había imaginado 600 años atrás por el profeta Isaías. Este es otro ejemplo de Josefo manipulando la profecía judía para coincidir con la campaña de Tito.

Entonces Ptolomeo cumplió con sus propuestas y le dio un lugar a ciento ochenta *estadios*[(1)] distantes de Memphis. Que Nomos se llamaba Nomos de Heliópolis, donde Onías construyó una fortaleza y un templo, no como el de Jerusalén, sino como una torre. Lo construyó con grandes piedras hasta la altura de sesenta codos; hizo la estructura del altar en imitación a la de nuestro propio país, y de la misma manera adornada con regalos, excepto la fabricación del candelabro, ya que no hizo un candelabro, pero tenía una lámpara [única] martillada de una pieza de oro que iluminaba el lugar con sus rayos, y que colgaba de una cadena de oro; pero todo el templo estaba rodeado por una pared de ladrillos quemados, aunque tenía puertas de piedra. El rey también le dio un país grande para obtener ingresos en dinero, y para que ambos sacerdotes pudieran tener una provisión abundante para ellos, y que Dios pudiera tener una gran abundancia de las cosas que eran necesarias para su adoración.

Sin embargo, Onías no hizo esto por una disposición sobria, sino que tenía la intención de lidiar con los judíos en Jerusalén,

---

1 "Estadios" es una unidad de medida que equivale a 1/8 de milla o a 220 yardas. Nota del traductor.

y no podía olvidar la indignación que tenía por haber sido desterrado de allí. En consecuencia, pensó que al construir este templo alejaría una gran cantidad desde ellos, para sí mismo.

También había una cierta predicción antigua hecha por [un profeta] cuyo nombre era Isaías, unos seiscientos años antes, de que este templo debía ser construido por un hombre que era judío en Egipto. Y esta es la historia de la construcción de ese templo.

Las Guerras de los Judíos 7, 10,3

La profecía a que se refiere Josefo se narra en Isaías 19:18-25. Josefo claramente está intentando que el "astuto lector" comprenda que los eventos que describe en el pasaje demuestren que la profecía de Isaías "ha llegado a pasar". En el pasaje anterior, en paralelo a la profecía de Isaías, Josefo describe "una ciudad de destrucción en la tierra de Egipto", siendo esta Alejandría. Josefo nuevamente hace un paralelo con Isaías, describiendo el templo con forma de "pilares". Además, las condiciones políticas de la región en este tiempo pueden ser vistas claramente como las imaginadas en la profecía de Isaías, en que había una "una calzada que salía de Egipto hasta Asiria". Lo que significa que Israel era ahora una "calzada" entre Egipto y Asiria, lo que se transformó en una conexión geográfica con el Imperio Romano. Esta idea queda especialmente clara cuando uno considera que las tres legiones romanas que participaron en la destrucción de Jerusalén estaban en la XV Legión Apolinares en Alejandría (Egipto), en la V Macedónica y en la Legión X Fretensis acantonada en Siria.

De este modo, Josefo parece estar en lo correcto al decir que "se ha cumplido" la profecía de Isaías al enunciar los eventos que describe en este pasaje. El lector se dará cuenta, sin embargo, que la profecía de Isaías es también mesiánica. Esta señala que el señor deberá enviar un "salvador" que "golpeará" y "sanará". El pasaje también se refiere a que el señor debiera ser conocido en Egipto y que Israel debiera ser "la herencia el Señor".

No puede haber ninguna duda respecto a quién señala Josefo como el Salvador que Isaías refiere en su profecía. En efecto, a estas alturas de la historia, el único individuo que pudo haber sido el Salvador previsto por el texto de Isaías, es Tito. Solo Tito podría decir que él tiene a Israel como herencia.

Cesar, (Tito)… ordenó que toda Judea fuera expuesta a la venta porque no encontró ninguna ciudad allí, sino que reservó el país para sí mismo. [142]

Por lo tanto, Josefo está señalando que Tito es el Salvador, el Mesías, por su contención tácita de que la profecía de Isaías "se ha realizado". La profecía de Isaías que Josefo utiliza para identificar a Tito como Salvador es la siguiente:

En aquel tiempo habrá cinco ciudades en la tierra de Egipto que hablen la lengua de Canaán, y que juren por Jehová de los ejércitos; una será llamada la ciudad de destrucción.

En aquel tiempo habrá un altar para Jehová en medio de la tierra de Egipto, y un monumento al Señor junto a su frontera.

Y será por señal y por testimonio a Jehová de los ejércitos en la tierra de Egipto; porque clamarán al Señor a causa de sus opresores, y él les enviará un salvador y quién las entregará.

Y el Señor será conocido de Egipto, y los de Egipto conocerán al Señor en aquel día, y harán sacrificio y oblación; y harán votos a Jehová, y los cumplirán.

Y herirá Jehová a Egipto; herirá y sanará, y se convertirán a Jehová, y les será propicio y los sanará.

En aquel tiempo habrá una calzada de Egipto a Asiria, y asirios entrarán en Egipto, y egipcios en Asiria;

y los egipcios adorarán con los asirios al Señor. En aquel tiempo Israel será tercero con Egipto y con Asiria para bendición en medio de la tierra;

porque Jehová de los ejércitos los bendecirá diciendo: Bendito el pueblo mío Egipto, y el asirio obra de mis manos, e Israel mi heredad.

Isaías 19: 18-25

La "calzada que sale de Egipto" a que Josefo está aludiendo para evocar la visión de Isaías, es el "cumplimiento" de otra profecía del Nuevo Testamento, la "carretera" del Señor. Esta carretera es predicha por Juan el Bautista, quien cita otro pasaje de Isaías:

> Voz que clama: En el desierto, preparad el camino a Jehová; enderezad calzada en la soledad a nuestro Dios.
>
> Isaías 40:3

Aunque la afirmación de Juan el Bautista sobre hacer un "camino a Jehová" ha sido siempre vistas como imaginando a Jesús, el pasaje de Isaías que Juan está nombrando indica que "el camino" solo existirá luego de que "la guerra haya terminado"; por lo tanto, el "Señor" de quién Juan Bautista está hablando no podría ser otro que Tito.

> Consolad, consolad a mi pueblo, dice vuestro Dios. Hablad al corazón de Jerusalén; decidle a voces que su tiempo de servicio duro es ya cumplido, que su pecado es perdonado; que ha recibido de la mano de Jehová el doble por todos sus pecados. Voz que clama: En el desierto, preparad el camino a Jehová; enderezad calzada en la soledad a nuestro Dios.
>
> Isaías 40 1-3

La narración de Josefo, luego continua y, en una secuencia paralela a la del Nuevo Testamento, introduce a Pablo, "Paulino", en el mismo lugar que el Nuevo Testamento introduce a su Pablo. Este Pablo, como su contraparte en el Nuevo Testamento, tiene un impacto en el judaísmo. Josefo señala que él ha dejado al templo judío "completamente inaccesible". Yo veo el pasaje describiendo a "Paulino" como una obvia parodia del apóstol Pablo.

> Y ahora Lupus, el gobernador de Alejandría, al recibir la carta de César, vino al templo y sacó algunas de las donaciones dedicadas al mismo, y cerró el templo.
>
> Y cuando Lupus murió un poco después, Paulino lo sucedió. Este hombre no dejó ninguna de esas donaciones allí, y

amenazó severamente a los sacerdotes si no las sacaban a todas; ni tampoco permitió que los que deseaban adorar a Dios se acercaran a todo el lugar sagrado;

pero cuando cerró las puertas, lo hizo completamente inaccesible, de tal manera que ya no quedaban los más pequeños pasos de ninguna adoración Divina que había estado en ese lugar.

Ahora, la duración del tiempo, desde la construcción de este templo hasta que se cerró de nuevo, fue de trescientos cuarenta y tres años.

Las Guerras de los Judíos, 7, 10, 433-436

PASAJES PARALELOS SOBRE PABLO

JOSEFO	HECHOS
Luego, Pablo(ino) lo prosiguió. Este hombre no dejó ninguna de esas donaciones allí, y amenazó severamente a los sacerdotes si no los sacaban a todos; ni tampoco permitió a los que deseaban adorar a Dios tato como para al lugar sagrado; pero cuando <u>cerró las puertas</u>, lo hizo completamente inaccesible. (*Las Guerras de los Judíos*, 7, 10, 434-435)	Pero pasados algunos años, vine a hacer limosnas a mi nación y a presentar ofrendas. (Hechos 24:17) Éste es el hombre que por todas partes enseña a todos contra el pueblo, la ley y este lugar; y además de esto, ha metido a griegos en el templo, y ha profanado este santo lugar. Porque antes habían visto con él en la ciudad a Trófimo, de Éfeso, a quien pensaban que Pablo había metido en el templo. Así que toda la ciudad se alborotó, y se agolpó el pueblo; y apoderándose de Pablo, le arrastraron fuera del templo, e inmediatamente cerraron las puertas. (Hechos 21:28-30)

Esta parodia de Pablo es interesante porque sugiere la pregunta de cuándo las diferentes partes del Nuevo Testamento fueron escritas. Aunque es posible que hubiese versiones más tempranas del Nuevo Testamento, en algún momento los Cuatro Evangelios fueron unificados en el contemporáneo y satírico de hoy. Alguien con control editorial manipuló el Nuevo Testamento y *Las Guerras de los Judíos* dentro de un alineamiento entre uno y el otro. En este sentido, la colección completa de los Cuatro Evangelios debió haber sido escritas al mismo tiempo.

Otra pregunta que este análisis conduce es, ¿quién mantuvo el control del producto final? Los autores, habiendo colocado veladas revelaciones sobre el origen real de la religión en los cuatro Evangelios, tuvieron que idear algún método para asegurarse de que estas revelaciones no fueran editadas por redactores posteriores. Por ejemplo, si una de las declaraciones de hechos, en las diferentes versiones de la resurrección de Jesús fueron cambiadas u omitidas, entonces la historia combinada perdería su lógica. El mismo problema, entonces, existiría en la otra mitad del sistema satírico, los trabajos de Josefo.

Josefo concluye *Las Guerras de los Judíos* con una extraña historia de "**Nataniel**", uno de los sicarios, y un "Catulo", gobernador romano que hace una falsa acusación en contra de Josefo, tanto como "Berenice" y "Alejandro" por comenzar las "innovaciones" de Nataniel. Innovación es la palabra que utiliza Josefo para describir la secta religiosa de los Sicarios, porque era una nueva versión, o "innovación" del judaísmo. En efecto, los tres fueron falsamente acusados de la creación de una nueva secta judaica.

Nataniel fue claramente un individuo mesiánico que, como Jesús, se ganó el favor de los pobres al mostrarles "signos y apariciones". Al ser Nataniel el nombre de uno de los cinco hijos de Matías Macabeo, este es otro ejemplo de la conexión que Josefo hace entre la familia y los Sicarios. También hay una lógica satírica cuando Josefo trata con "Nataniel" en este punto de *Las Guerras de los Judíos*. Como ya ha "tratado" con los otros cuatro hijos de Matías Macabeo -Eleazar, Simón, Judas y Juan-, ahora Josefo concluye su trabajo con la destrucción del último "Nataniel".

LIBRO 7, CAPITULO 11
-CONCERNIENTE A NATANIEL, UNO DE LOS SICARIOS, QUE AGITÓ LA SEDICIÓN EN CIRENE Y FUE UN FALSO ACUSADOR [DE LOS INOCENTES]

Y ahora la locura de los Sicarios, como una enfermedad, llegó hasta las ciudades de Cirene;

porque Nataniel, una persona vil, y comerciando con un tejedor, llegó hasta allí y prevaleció con un número no muy pequeño de los más pobres para escucharlo; también los condujo al desierto, prometiéndoles que les mostraría signos y apariciones.

Y en cuanto a los otros judíos de Cirene, les ocultó su astucia y les hizo trucos; pero aquellos de mayor dignidad informaron a Catulo, el gobernador de la Pentápolis libia, de su marcha al desierto y de los preparativos que había hecho para ello.

Entonces envió tras él a jinetes y lacayos, y los venció fácilmente, porque eran hombres desarmados; de estos muchos fueron asesinados en la lucha, pero algunos fueron tomados vivos y llevados a Catulo.

En cuanto a Nataniel, el jefe de este complot huyó en ese momento; pero después de una búsqueda grande y muy diligente, que se hizo por todo el país para encontrarlo, fue finalmente capturado. Y cuando lo llevaron donde Catulo, ideó una forma por la cual escapó del castigo, y le ofreció una ocasión a Catulo de hacer muchas fechorías;

porque acusó falsamente a los hombres más ricos entre los judíos, y dijo que le habían hecho hacer lo que hizo.

Ahora Catulo aceptó fácilmente estas calumnias, y agravó mucho las cosas, e hizo exclamaciones trágicas, de que también se suponía que él había tenido una injerencia al final de la guerra judía.

Pero lo que era aún más difícil, no solo le dio demasiado crédito a sus historias, sino que le enseñó a los Sicarios a acusar a los hombres falsamente.

Le pidió a Nataniel, por lo tanto, que nombrara a un Alejandro, un judío (con quien había tenido una pelea antes, y abiertamente profesó que lo odiaba). También consiguió que nombrara a su esposa Barnice, que estaba preocupada por él. A estos dos Catulo ordenó que fueran ejecutados en primer lugar, y después de ellos, causó la muerte de todos los judíos ricos y poderosos, siendo no menos de tres mil.

Esto pensó que podría hacerlo con seguridad, porque confiscó sus efectos y los agregó a los ingresos de César.

No, de hecho, para que ningún judío que viviera en otro lugar lo condenara por su villanía, extendió aún más sus falsas acusaciones y persuadió a Nataniel, y a algunos otros que fueron atrapados con él de presentar una acusación de intentos de innovación contra los judíos que fueron gente muy conocida tanto en Alejandría como en Roma.

Uno de ellos, contra quien se acusaba esta traicionera acusación, fue Josefo, el escritor de estos libros.

Sin embargo, este complot, así ideado por Catulo, no tuvo éxito según sus deseos; porque, aunque él mismo vino a Roma, y trajo a Nataniel y a sus compañeros juntos con él amarrados, pensó que no debería haber hecho más inquisiciones sobre esas mentiras que fueron forjadas bajo su gobierno, o por sus medios;

sin embargo, Vespasiano sospechó del asunto e hizo una investigación para saber hasta qué punto era cierta. Y cuando entendió que la acusación contra los judíos era injusta, los libró de los crímenes que se les imputaban, y esto debido a la preocupación de Tito por el asunto, y le dio un merecido castigo a Nataniel; porque primero fue atormentado y luego quemado vivo.

Pero en cuanto a Catulo, los emperadores fueron tan amables con él que no fue condenado severamente en este momento; sin embargo, no pasó mucho tiempo antes de que cayera en un moquillo complicado y casi incurable, y muriera miserablemente. No solo estaba afligido en el cuerpo, sino que el desorden en su mente era más pesado sobre él;

porque estaba terriblemente perturbado y continuamente gritaba que veía los fantasmas de aquellos a quienes había matado frente a él. Donde ya no pudo contenerse a si mismo, y saltó de la cama, como si ambos, tormentos y fuego, hubieran sido traídos para él.

Entonces su moquillo empeoró mucho y peor continuamente, y sus entrañas estaban tan corroídas que se cayeron de su cuerpo, y en esa condición murió. Así se convirtió en una instancia tan grande de la Divina Providencia como siempre, y demostró que Dios castiga a los hombres malvados. [143]

El pasaje crea un acertijo que utiliza la técnica del cambio de nombre encontrada en el *Decio Mundus*, rompecabezas (el que será analizado en el próximo capítulo) para identificar a los creadores del cristianismo. Ellos son los individuos falsamente acusados por Catulo -Josefo, Berenice y Alejandro. Los inventores del cristianismo han firmado su trabajo, es bueno decirlo, en el lugar correcto – al final de la historia.

Me parece que "Barnice" y "Alejandro" son fácilmente identificados como Barnice, la querida de Tito y tal vez Marcos Alejandro, quien en efecto fue el esposo de Barnice, pero que murió antes de la guerra en Judea. O su hermano, Tiberio Alejandro, el Jefe de Estado Mayor, judío de Tito, durante el cerco de Jerusalén. Estos individuos tenían el conocimiento técnico del judaísmo y la perspectiva ética necesaria para la creación del cristianismo. El Nuevo Testamento, continuando con sus paralelos con *Las Guerras de los Judíos*, menciona en el libro de Hechos a ambos, tanto a Alejandro, [144] que la mayoría de los académicos piensa que es Tiberio Alejandro, como Barnice.

Para reconocer que un acertijo existe, el lector debe, nuevamente, reconocer los paralelos -en este caso, que Catulo y Judas, quien identifica a Jesús, comparten un número de atributos.

El paralelo más obvio de los dos es que Catulo muere de la misma manera improbable -desconocida a la ciencia médica- como Judas. Esto es, "sus mismas entrañas…se salieron de su cuerpo". Este es un paralelo exacto a la muerte de Judas.

> Este, pues, con el salario de su iniquidad, adquirió un campo,
> y cayendo de cabeza, se reventó por la mitad, y todas sus
> entrañas se derramaron. [145]

La descripción de las entrañas de Judas saliéndose no ocurre en los Evangelios, sino en los Hechos. El evento está en el Nuevo Testamento, para mantener los paralelos con el evento en *Las Guerras de los Judíos*. Los paralelos de "las entrañas derramadas" crean otra profecía en el Ministerio de Jesús que es cumplida en la campaña de Tito.

Judas y Catulo también se asemejan en que ambos en sus acusaciones envuelven a un individuo mesiánico, y ninguna de estas acusaciones es cierta. Josefo, Barnice y Alejandro ciertamente no iniciaron una religión, o "innovación", dirigida por un miembro mesiánico de los sicarios. Ellos habían establecido precisamente la opuesta forma de innovación. Jesús es, sin duda, famoso por haber sido inocente. Él no fue ciertamente el tipo del líder militar sicario que Poncio Pilatos habría tenido que crucificar. En efecto, Jesús fue exactamente lo opuesto a ese tipo de individuo.

La técnica, que establece la existencia de un acertijo que necesitas ser resuelto, es la misma usada a través del Nuevo testamento y *Las Guerras de los Judíos* -es decir, usando paralelismos. Es este el caso del acertijo Decio Mundus que veremos en el siguiente capítulo, con paralelismos poco comunes entre los personajes, invita al lector a encontrar una explicación. Pero, para resolver el acertijo creado por los paralelismos, el lector debe salirse fuera de la narrativa superficial para ver otra perspectiva. El lector requiere de relacionarse con el texto desde una perspectiva amplia en vez de una perspectiva estrecha y debe estar preparado para pensar lo "impensable", para buscar una solución que está fuera del flujo de información proveída por la narrativa superficial.

Quisiera hacer notar que el sistema satírico que une el Nuevo Testamento y *Las Guerras de los Judíos* puede ser visto como un ejercicio en la expansión de la mente, en el sentido de que, para resolver los acertijos, el lector requiere pensar "fuera de la caja", por así decirlo. Los autores estaban enfatizando que la perspectiva angosta que los Sicarios Zelotes mantuvieron sobre algunos pocos pergaminos era una forma limitada e imprecisa forma de pensar. Los autores parece que estuvieran sugiriendo que la verdad puede ser acreditada solo observando todos los lados de un problema. Por lo tanto, es posible que hayan diseñado el Nuevo Testamento como una herramienta para inspirar intelectualmente a los rebeldes mesiánicos. Si esas fueron las intenciones de los autores, solo se suma a la increíble naturaleza del trabajo, la cual es tal vez más increíble cuando es vista como una herramienta psicológica particular en vez de una visión religiosa histórica mundial.

FALSO	VERDADERO
Judas acusa falsamente a Jesús de ser el espía de los Sicarios.	Judas acusa verdaderamente a Nataniel de ser el Mesías de los Sicarios.
DERRAME DE ENTRAÑAS	IMPENSABLE
Catulo acusa falsamente a Barnice, Alejandro y Josefo de poner a Nataniel como Falso Mesías.	Catulo de verdad acusa a Barnice, Alejandro y Josefo de poner a Jesús como un falso Mesías.
DERRAME DE ENTRAÑAS	IMPENSABLE
FALSO	VERDADERO

El acertijo que explica los paralelos entre Judas y Catulo está designado para tornar ambas historias de fábulas, que relatan lo que es falso, en fábulas que cuentan lo que es cierto.

Para resolver el problema, el lector debe simplemente hacer lo que Decio Mundus recomienda, en el próximo capítulo y "valorar no este negocio de nombres". Para crear la "verdad", simplemente reemplaza los nombres de los mesías. De este modo, si Judas hubiera llamado "Nataniel" (Jonathan en la versión inglesa) al Mesías que debía ser crucificado, y Catulo ha acusado a Josefo, Barnice, Alejandro "por haber puesto -a Jesús- por lo que hizo", ambos pasajes serían transformados en la verdad. Nataniel fue un líder mesiánico Sicario, quien, desde la perspectiva de los romanos, merecía ser crucificado, y Jesús ha "sido puesto por lo que hizo" es decir, fue creado por -Josefo, Barnice y Alejandro.

El hecho de que "Alejandro", que participó en el evento, sea descrito como el marido de Barnice, nos ayuda a comprender este punto sutil. Debido a que Alejandro había muerto antes de que la guerra estallara, no son Josefo, Barnice, ni su difunto marido, quienes están siendo identificados aquí. Son las familias de estos individuos quienes crearon los Evangelios -los Flavio, los Herodes y los Alejandro.

Voy a hacer notar nuevamente que los autores del Nuevo Testamento parecen estar diciendo que uno no puede conocer la verdad mientras uno no considere más de un libro o manuscrito (rollo), esto es, a menos que uno lea intertextualmente.

En este caso, Hechos y *Las Guerras de los Judíos* crean los paralelismos. Sospecho que los autores están siendo críticos de los Zelotes Sicarios, quienes creen que pueden saber la verdad con un muy limitado número de documentos. Los autores están presentando un ejemplo de la vida real sobre la falta de precisión que ocurre cuando los lectores no son capaces de ver más allá de la simple narrativa que está enfrente de ellos.

Josefo concluye *Las Guerras de los Judíos* con el siguiente párrafo. Él insistía que había escrito la verdad "después de la manera cómo se manejó esta guerra de los romanos contra los judíos".

> Y aquí pondremos fin a nuestra historia en la que prometíamos entregar lo mismo con toda precisión, a quienes quieran comprender después de la manera como se manejó esta guerra de los romanos contra los judíos.
>
> De cualquier historia, cuán bueno es el estilo, debe dejarse a la determinación de los lectores; pero en cuanto a su acuerdo con los hechos, no dudaré en decir, y audazmente, esa verdad ha sido a lo que solo he apuntado en toda su composición.[146]

Josefo, como el Apóstol Pablo, recuerda al lector una y otra vez que él está escribiendo la "verdad". Tal vez ésta es una de las razones por las que los autores del Nuevo Testamento y los trabajos de Josefo crearon un sistema elaborado por medio del cual su autoría de la cristiandad puede ser conocida. No quisieron que, en el futuro, quienes descubrieran la verdad algún día pensaran en ellos como embusteros.

Capítulo 11

El enigma de *Decio Mundus*

Me parece que los Flavio no esperaban que gente sofisticada como ellos tomaran al cristianismo, su invención, como un asunto serio. Josefo describe a los individuos que fomentaban la rebelión en Judea como "esclavos" y "basura". Estos son los individuos que Roma había visto como susceptibles de encantamiento por el judaísmo militante. Fue para este grupo, *hoi polloi*, que ellos crearon la religión.

Esta es la razón por la cual los autores del Nuevo Testamento y Josefo se sintieron libres de poner en su creación los enigmas e ironías que "informaban" al lector educado del verdadero origen de la religión. No creyeron que las masas -los esclavos sin educación y los campesinos para los cuales el cristianismo fue construido- pudieran comprender estos logogrifos, un criterio que fue probado estar en lo correcto. Sin embargo, ellos ciertamente querían que los rompecabezas fueran resueltos eventualmente. Solo entonces los grandes logros de Tito -esto es transformarse asimismo en "Jesús"– podrían ser apreciados.

Mi interpretación de los próximos pasajes es que crearon un rompecabezas cuya solución muestra como los acertijos en el Nuevo Testamento pueden ser resueltos. El enigma en sí mismo es bastante simple de resolver, la única dificultad consiste en que hay que reconocer la existencia del problema.

Hay tres "piezas" en el acertijo. Una de ellas es el *Testimonium Flavianum*, el cual es el nombre que los académicos le han dado a la única, muy breve, descripción de "Cristo". Las otras dos "piezas" del rompecabezas son las dos historias que inmediatamente siguen al *Testimonium*.

Hasta ahora, los eruditos no han reconocido que el *Testimonium*, y las dos historias que lo siguen crean el misterio, simplemente porque no han podido ver que las tres historias fueron creadas como una construcción interrelacionada -esto es, fueron creadas en relación directa entre unas y otras. Una vez que está propuesta es comprendida, se hace claro que forman un problema cuya solución también es bastante obvia.

A continuación, presentó el *Testimonium* y dos singulares historias que lo complementan:

Ahora esta vez había cerca de Jesús, un hombre sabio, si es adecuado llamarlo hombre; porque él era un hacedor de obras maravillosas, un maestro de hombres que reciben la verdad con placer. Atrajo a él a muchos de los judíos y muchos de los gentiles. Él era [el] Cristo.

Y cuando Pilatos, por sugerencia de los hombres principales entre nosotros, lo condenó a la cruz, los que lo amaron al principio no lo abandonaron; porque se les apareció vivo nuevamente al tercer día; como los profetas divinos habían predicho estas y otras diez mil cosas maravillosas acerca de él. Y la tribu de los cristianos, llamada así por él, no fue extinguida en este día.

Casi al mismo tiempo, otra triste calamidad puso a los judíos en desorden, y sucedieron ciertas prácticas vergonzosas en el templo de Isis que estaba en Roma. Ahora informaré primero del intento malvado sobre el templo de Isis, y luego informaré de los asuntos judíos.

Había en Roma una mujer que se llamaba Paulina; una que, debido a la dignidad de sus antepasados, y por la conducta regular de una vida virtuosa, tenía una gran reputación: también era muy rica; y aunque era de un semblante hermoso, y en esa flor de su edad en la que las mujeres son las más alegres, llevó una vida de gran modestia. Estaba casada con Saturnino, uno que era completamente responsable de ella y contaba con un excelente carácter.

Decio Mundus se enamoró de esta mujer, que era un hombre muy elevado en la Orden Ecuestre; pero como ella era demasiado digna para ser atrapada por los regalos, y ya los había rechazado, aunque habían sido enviados en gran abundancia, él estaba aún más inflamado de amor por ella, por lo que prometió darle doscientos mil áticos dracmas para el alojamiento de una noche;

y cuando esto no causaba ningún efecto sobre ella, y no pudo soportar esta desgracia en sus amores, pensando que era la mejor manera de morir era de hambre por falta de comida, debido a la triste negativa de Paulina; y decidió consigo mismo morir de esa manera, y continuó con su propósito en consecuencia.

Ahora Mundus tenía una mujer liberada, que había sido liberada por su padre, cuyo nombre era Ide, una persona hábil en todo tipo de engaños. Esta mujer estaba muy afligida por la resolución del joven de suicidarse, [porque no ocultó sus intenciones de destruirse a sí misma de los demás], y acercándose a él, lo alentó con sus palabras y lo hizo esperar, por algunas promesas que ella le hizo, que él podría obtener una noche de alojamiento con Paulina;

y cuando escuchó alegremente su súplica, ella dijo que no quería más de cincuenta mil dracmas para atrapar a la mujer. Entonces, cuando alentó al joven y obtuvo todo el dinero que necesitaba, no tomó los mismos métodos que había usado antes, porque percibió que la mujer no debía ser tentada por el dinero; pero como sabía que estaba muy entregada a la adoración de la diosa Isis, ideó la siguiente estratagema:

Acudió a algunos de los sacerdotes de Isis, y con las seguridades más fuertes [de ocultamiento], los persuadió con palabras, pero principalmente con la oferta de dinero, de veinticinco mil dracmas en la mano, y mucho más cuando la cosa había tomado efecto; y les contó la pasión del joven, y los convenció de usar todos los medios posibles para engañar a la mujer.

Entonces fueron atraídos a prometer que lo harían, por esa gran suma de oro que iban a conseguir. En consecuencia, el mayor de ellos fue inmediatamente a ver a Paulina; y después de su admisión, quiso hablar con ella solas. Cuando se lo concedieron, él le dijo que había sido enviado por el dios Anubis, que se había enamorado de ella, y le ordenó que fuera con él.

Ante esto, tomó el mensaje con mucha amabilidad, se valoró mucho por esta condescendencia de Anubis y le dijo a su esposo que le había enviado un mensaje, y que debía cenar y acostarse con Anubis; así que aceptó su aceptación de la oferta, como totalmente satisfecho con la castidad de su esposa.

En consecuencia, ella fue al templo, y después de haber cenado allí, ya a la hora de dormir, el sacerdote cerró las puertas del templo, cuando, en la parte sagrada, también se apagaron las luces. Entonces Mundus saltó, [porque estaba escondido allí], y no dejó de disfrutarla, que estuvo a su servicio toda la noche, como si fuera él dios;

y cuando él se fue, antes de que los sacerdotes que no sabían nada de esta estratagema se agitaran, Paulina llegó temprano a ver a su marido y le contó cómo se le había aparecido el dios Anubis. Entre sus amigos, también, ella declaró lo valioso de este favor,

quienes en parte no creyeron la cosa cuando reflexionaron sobre su naturaleza, y en parte se sorprendieron de que no fingieran no creerla, cuando consideraron la modestia y la dignidad de la persona.

Pero ahora, al tercer día, después de lo que se había hecho, Mundus se encontró con Paulina y le dijo: "No, Paulina, me has salvado doscientos mil dracmas, una suma que podrías haber agregado a tu propia familia, pero no me has fallado". Estas a mi servicio de la manera que te invité. En cuanto a los reproches que le has puesto a Mundus, *no valoro el negocio de los nombres*; pero me alegro del placer que coseché por lo que hice, mientras tomaba para mí el nombre de Anubis".

Cuando hubo dicho esto, se marchó. Pero ahora ella comenzó a darse cuenta de la aspereza de lo que había hecho, y rasgó sus prendas, y le contó a su esposo la horrible naturaleza de esta malvada estratagema, y le rogó que no dejara de ayudarla en este caso. Entonces le narró el hecho al Emperador;

con lo cual Tiberio investigó a fondo el asunto al examinar a los sacerdotes sobre el tema, y ordenó que fueran crucificados, así como a Ide, que fue la ocasión de su perdición, y que había ideado todo el asunto, que era tan perjudicial para la mujer. También demolió el templo de Isis y ordenó que su estatua fuera arrojada al río Tíber;

mientras que solo desterró a Mundus, pero no le hizo más, porque suponía que el crimen que había cometido se había cometido por la pasión del amor. Y estas fueron las circunstancias relacionadas con el templo de Isis y las heridas ocasionadas por sus sacerdotes. Ahora vuelvo a la relación de lo que sucedió esta vez con los judíos en Roma, como les dije anteriormente que haría.

Había un hombre que era judío, pero había sido expulsado de su propio país por una acusación en su contra por transgredir sus leyes, y por el temor de que fuera castigado por lo mismo; pero en todos los aspectos era un hombre malvado. Él, que entonces vivía en Roma, profesaba instruir a los hombres en la sabiduría de las leyes de Moisés.

También consiguió a otros tres hombres, completamente del mismo carácter suyo, para ser sus socios. Estos hombres persuadieron a Fulvia, una mujer de gran dignidad, y una que había abrazado la religión judía, para enviar púrpura y oro al templo en Jerusalén; y cuando los obtuvieron, los emplearon para sus propios usos, y gastaron el dinero ellos mismos, por lo que al principio se lo requirieron a ella.
Con lo cual Tiberio, a quien Saturnino le había informado al respecto, el esposo de Fulvia, que deseaba que se hiciera una investigación al respecto, ordenó que todos los judíos fueran expulsados de Roma;

en ese momento los cónsules enumeraron a cuatro mil hombres y los enviaron a la isla Cerdeña; pero castigó a un mayor número de ellos, que no estaban dispuestos a convertirse en soldados, por mantener las leyes de sus antepasados. Así fueron desterrados estos judíos de la ciudad por la maldad de cuatro hombres. [152].

En primer lugar, es necesario hacer notar que las dos historias que siguen al *Testimonium* son extrañamente tangenciales a la narración en la que Josefo se ha estado implicando hasta este punto, la cual describe la actividad militar de Poncio Pilatos en Judea. Ambos resaltan debido a su ubicación, Roma, tanto como por su substancia obscena y ligera.

Josefo está aquí utilizando una estructura literaria judía poco común denominada "composición pedimental", en la cual los diferentes pasajes forman columnas de un templo. Josefo utiliza un tipo particular de composición pedimental en el cual tres pilares forman el templo literario. [153] Las dos columnas de los lados son pequeñas; ambas concernientes con asuntos relacionados con los judíos, y la columna del lado izquierdo, un famoso pasaje acerca de Cristo. Desafortunadamente, los académicos se han enfocado en el pasaje izquierdo, mientras han ignorado la composición literaria completa y también la estructura retórica que los conecta, lo cual indica que el foco de atención debiera estar en la columna central.

Fue otro brillante golpe de Josefo el utilizar una estructura literaria con forma de templo para describir una narración de un templo. Esta estructura pedimental, enfocada en un pasaje central, similarmente es utilizada en el Libro Levítico donde los capítulos 18 y 20 conforman las columnas laterales y el capítulo 19 forma la columna central del templo literario.

Además, hay un asunto dentro de las historias que es verificablemente falso. El templo de Isis no fue destruido durante esta era, un hecho del cual Josefo estaba también consciente. Él escribió que Vespasiano y Tito habían pasado la noche antes de la celebración del fin de la Guerra Judaica en el Templo de Isis. [154] Lo anterior me lleva a cuestionar el porqué Josefo conscientemente apunta una obvia parodia de la historia.

Para comenzar este análisis, quisiera anotar algunas ideas sobre el nombre del protagonista en la primera y más larga historia, *Decio Mundus*. Mundus es la palabra Latina para "mundo", o "tierra". El nombre Decio Mundus, me parece es un retruécano con Decio Mus, un nombre dado a ambos, el padre y el hijo quienes fueron dos de los mayores héroes militares romanos. Ambos, padre e hijo, fueron "devotos" (*devotio*). El *devotio* fue un ritual religioso del ejército romano que se ofrecía a todos los dioses conocidos y desconocidos de Roma e incluía a los de los enemigos. Uno de los propósitos era inducir a los dioses enemigos para que se pusieran al lado romano del conflicto. Como lo he mencionado, los romanos pensaban que ellos tenían inspiración divina para conquistar. Al comienzo del primer siglo de nuestra era, Roma tenía 400 años de guerra combatiendo y conquistando no sólo a sus enemigos, sino que a los dioses de sus enemigos. La *devotio* era una técnica para neutralizar a los dioses enemigos.

En el ritual romano, en conjunto con las legiones de los enemigos se "harían devotos" de los dioses. En efecto, un romano se sacrificaría para el bien del resto. Por lo tanto, Decio Mus se ofreció a sí mismo como ofrenda de sacrificio para los dioses; aceptando entregar su vida para que los dioses lo llevarán a él y a sus enemigos al inframundo.

> Al principio, ambos ejércitos lucharon con igual fuerza y determinación. Posteriormente, los lanceros romanos del ala izquierda, sin poder sobrellevar el asalto violento de los latinos, se retiraron detrás de los príncipes. En este estado de inquietud, el cónsul Decio grita en voz alta a Marco Valerio: "Valerio, necesitamos la ayuda de los dioses. Ven, como pontífice público del pueblo romano, díctame las palabras en las que puedo entregarme (devoto) para salvar las legiones".

> "Janus, Júpiter, padre Marte, Quirino, Belona, vosotros Lares, Dioses Nuevos, Dioses nativos indigentes, divinidades bajo cuyo poder estamos nosotros y nuestros enemigos, y tú también divina Manes, te oro, te reverencio. Le pido su favor, que le otorgue prósperamente fuerza y victoria al pueblo romano, a los quirites, y que pueda afectar a los enemigos del pueblo romano, a los ciudadanos, con terror, consternación y muerte. He expresado en palabras, así que dedico las legiones y auxiliares del enemigo, junto a mí, a las Divinas Manes y a la Tierra".

> Para aquellos que lo observaban en ambos ejércitos, les parecía algo horrible y sobrehumano, como si hubiera sido

enviado desde el cielo para expiar y aplacar toda la ira de los dioses y evitar la destrucción de su pueblo y provocarla en sus enemigos. Todo el temor y el terror que llevaba con él arrojó a las primeras filas de los latinos a la confusión que pronto se extendió por todo el ejército. Esto era más evidente, porque dondequiera que lo llevara su caballo estaban paralizados como si fueran golpeados por alguna estrella asesina de la muerte; pero cuando cayó, abrumado por los dardos, las cohortes latinas, en un estado de perfecta consternación, huyeron del lugar y dejaron un gran espacio despejado. Los romanos, por otro lado, liberados de todos los temores religiosos, siguieron adelante. [155]

El famoso auto sacrificio de Decio Mus, que paralela al de Jesús, fue realizado para "liberar a todos los romanos del miedo a todas las religiones". Para conseguir esto, él ofreció su vida tanto a los dioses de los romanos como (a los Quirites) y a los dioses de los enemigos. Esta técnica intentaba "apaciguar" a los dioses enemigos de Roma y por lo tanto liberar a los romanos de la preocupación respecto de si estos dioses darían asistencia divina a sus enemigos. Nótese que Decio además apelaba a "nuevos dioses". Sospecho que Decio "Mundus" o Decio "Mundo" habría sido comprendido por los patricios como un retruécano para recordarnos a Decio Mus a escala mundial, mostrando las intenciones globales de los romanos de su nueva religión. Este juego de palabras, para mostrar una escala mayor para Decio Mus, es enfatizado por el hecho de que "mus" significa ratón en latín. Si un dramaturgo crea un personaje llamado Napoleón Mundo, ¿a qué personaje en la historia estaría satirizando? Decio fue tal vez el más famoso héroe militar romano y los patricios estaban conscientes de su utilización. Por ejemplo, el satirista romano Juvenal, que escribió durante la era Flavia, ensalzó con brillantez la valentía de Decio Mus. Juvenal claramente comprendió que la audiencia conocía a Decio y su *devotio*, cuando se refiere a ambos sin necesidad de dar ninguna explicación.

En la historia de Josefo, el autor escribe que Decio Mundus "ha tomado la resolución de suicidarse, (porque no escondió sus intenciones de destruirse de otras personas)". Decio Mundus es, por lo tanto, un paralelismo tanto de Decio Mus y Jesús en el sentido de que ninguno de ellos escondió sus intenciones de autodestruirse. Josefo ha puesto esta idea entre paréntesis, minimizando la importancia de ello. Esta revelación deja más clara la conexión entre Decio Mundus y Decio Mus.

Además, establece un paralelismo entre Decio Mundus y Jesús. Este paralelo es claro porque Jesús se apartó de su camino para hacer a la gente consciente de su próximo autosacrificio.

> Y sucedió que, cuando Jesús terminó de hablar todas estas cosas, dijo a sus discípulos: Sabéis que dentro de dos días se celebra la pascua, y el Hijo del Hombre será entregado para ser crucificado.
>
> Mateo 26:1-2

El siguiente pasaje del Evangelio de Juan conecta el autosacrificio de Jesús con la devotio de Decio Mus. Nótese que Caifás, el sacerdote que luego supervisa la crucifixión de Jesús, señala que *un hombre debiera morir por su gente, y que la nación completa no debiera perecer*. Ésta es la mera definición de devotio a una escala mundial.

> Entonces los principales sacerdotes y los fariseos reunieron el sanedrín, y dijeron: ¿Qué hacemos? Porque este hombre hace muchos milagros.
>
> Si le dejamos así, todos creerán en él; y vendrán los romanos, y destruirán nuestro lugar santo y nuestra nación.
>
> Entonces Caifás, uno de ellos, que era sumo sacerdote aquel año, les dijo: Vosotros no sabéis nada;
>
> ni os dais cuenta de que nos conviene que un solo hombre muera por el pueblo, y no que toda la nación perezca.
>
> Esto no lo dijo por sí mismo, sino que como era el sumo sacerdote aquel año, profetizó que Jesús iba a morir por la nación;
>
> y no solamente por la nación, sino también para congregar en uno a los hijos de Dios que estaban dispersos.
>
> Juan 11:47-52

Desde la perspectiva Flavia, el auto sacrificio de Jesús se parece mucho a la *devotio*. La religión que Jesús estableció con su muerte ciertamente contribuyó a neutralizar al judaísmo mesiánico y militarista contra los que los Flavio lucharon. En efecto, para los Flavio, mientras que el sacrificio de Decio Mus había solamente ayudado a salvar una legión romana, el sacrificio de Jesús puede decirse que ha ayudado a salvar a la totalidad del mundo romano (*mundus*).

Un punto histórico interesante sobre esta línea de pensamiento es que mientras Jesús es ciertamente creado para ser comprendido como un Mesías que fue predicho por Daniel que sería "cortado", el verdadero significado detrás del auto sacrificio de Jesús pudiera no estar en el judaísmo, como ha sido creído universalmente, sino en un rito de la religión romana, visto como una parodia de *devotio*.

Independientemente de que esta conjetura sobre el significado paranoico del nombre de Decio Mus sea correcta, es el caso que "Decio" es el nombre del más renombrado auto sacrificado, el nombre de un héroe, de una historia que directamente sigue al *Testimonium* en la descripción de Josefo, del sacrificio más famoso de la historia de Roma. Voy a mostrar a continuación que Decio Mundus y Jesús comparten además un paralelo más profundo y único.

La clave más clara que Josefo ofrece para informarnos que estamos embarcados en un acertijo es que ambas, la historia de Decio y Paulina, y la historia de Fulvia, poseen la misma trama. Como he demostrado, los paralelos entre el Nuevo Testamento y *Las Guerras de los Judíos* son significativos. En ambas historias, sacerdotes corruptos engañan a una mujer "digna" y en ambas historias la debilidad de la mujer es explotada en términos religiosos. Además, no solamente ambas historias tienen la misma trama, sino que contienen una cantidad de elementos que son intercambiables. Ambas mujeres son dignas y son engañadas y tienen maridos que se llaman Saturnino. Ambos maridos llamados "Saturnino" recién han conocido al Emperador Tiberio, a quien cada marido va a reclamar sobre lo que se le ha hecho a su esposa. En ambas historias, entre otros castigos, Tiberio entonces "destierra" a uno o más de los perpetradores.

Josefo también ofrece otros comentarios para ayudar al lector a reconocer que estas dos historias deben ser comprendidas en forma paralela y, por lo tanto, de manera intercambiable. En primer lugar, él invierte el orden en su descripción de estas.

> Alrededor del mismo tiempo también otra triste calamidad dejó a los judíos en desorden, y algunas vergonzosas prácticas ocurrieron en el Templo de Isis que había en Roma. Primero, voy a hacer notar ahora el maligno intento realizado respecto al Templo de Isis y luego haré un recuento de los asuntos de los judíos.

Además, al principio de la tercera historia, Josefo señala estar retornando de un episodio sobre los judíos "en Roma", como lo ha señalado "formalmente".

> Ahora regreso a la relación de lo ocurrido alrededor de este tiempo con los judíos en Roma, como formalmente he dicho que haría.

Sin embargo, fueron "las prácticas vergonzosas en el Templo de Isis" las que Josefo señaló previamente que habían ocurrido "en Roma", no el episodio acontecido a los judíos. Josefo no menciona dónde ocurrió la "triste calamidad [que] puso a los judíos en desorden". Josefo finalmente los menciona en una historia relacionada con la persecución de Poncio Pilatos en Judea. Josefo parece estar tratando ambas historias como si fueran intercambiables. Al hacerlo, continua la extraña "lógica" que existe entre ellos, ya que las únicas diferencias significativas están en los *nombres* en algunos de los elementos de ellas.

También es notable que Paulina "comenzó a tomarle sentido a lo grotesco que había hecho, y desgarró sus vestidos". El desgarro de los vestidos es una expresión de luto bien conocida y es en efecto requerida por la ley judía en ciertas circunstancias. En el Evangelio de Marcos, por ejemplo, el Alto Sacerdote destroza las vestiduras de Jesús cuando, al interrogarlo, este le dice que es "El Hijo del Hombre". Hace esto porque en el Sanedrín se dice que un juez que escuche palabras blasfemas debe proceder de esta manera. El Talmud recolecta diez "tristes accidentes" por los cuales los judíos son instruidos de romper sus vestiduras. Josefo además registra numerosas ocasiones en sus historias donde los judíos desgarran sus ropas con una expresión de luto. En consecuencia, ¿por qué Paulina, un miembro del culto de Isis, es quien desgarra sus prendas y no Fulvia, la judía, cuando ella tuvo la misma experiencia?

Hay otra clave, un paralelo que conecta el *Testimonium* con la historia de Decio Mundus. Es uno de los paralelos más significativos que presentaré al lector en este trabajo. El *Testimonium* describe la resurrección de Jesús, señalando que él "apareció frente a ellos vivo nuevamente en el tercer día". Decio Mundus también se le apareció también a Paulina en el tercer día. Hay, por supuesto, una diferencia. Mientras Jesús aparece *en el tercer día* para mostrar que él es divino, Decio aparece en el *tercer día* para decir que no lo es.

Es muy poco probable que algo tan inverosímil como "las declaraciones divinas del tercer día" terminaran reunidas una al lado de la otra solamente por coincidencia. El *Testimonium* es el único documento que contiene información aparte del Nuevo Testamento (en el siglo I) de la vida de Jesús. La probabilidad que una estructura especularmente opuesta a la Resurrección de Jesús, un evento único en la literatura, pueda ocurrir por pura casualidad en el párrafo siguiente, a la única documentación histórica que existe, me parece demasiado improbable para siquiera considerarlo.

En efecto, en toda la literatura, estas son las únicas dos historias, al menos de las que yo estoy consciente, que describen a alguien volviendo "el tercer día" para proclamarse que es y no es Dios. La única explicación sensata es que el paralelo opuesto y especular, ha sido, por alguna razón, colocado deliberadamente al lado del *Testimonium*.

Otra conexión entre Decio y Jesús es el hecho que Anubis, el Dios que Decio pretende encarnar, es un dios con muchos paralelos a Cristo. Anubis, como Cristo, es hijo de Dios, dentro del culto de Isis esto es referido como el "Niño Real". De acuerdo con algunos egiptólogos, Anubis es un dios que retorna de la muerte. El culto de Isis en realidad celebra su muerte en manos de Set y también su siguiente resurrección (antes Osiris había tomado su posición). El mito de la resurrección de Anubis también contiene, como la de Jesús, un fuerte de mensaje escatológico.

Cada una de las tres narraciones se describen como ocurriendo "casi al mismo tiempo", lo que las conecta unas a otras temporalmente. Mientras que es muy difícil afirmar que los eventos ocurrieron alrededor del mismo tiempo, Josefo conecta la historia de Fulvia con el *Testimonium* de una manera incluso más particular. En el siguiente pasaje, escribe:

Había un hombre judío, pero que había sido llevado fuera de su propio país por una acusación hecha de haber violado las leyes, y por miedo, él estaba castigado por lo mismo; pero en todos los sentidos un hombre malvado. Él, entonces, viviendo en Roma, profesó instruir a los hombres en la sabiduría de la Ley de Moisés.

Existe un individuo conocido que era judío y que fue expulsado desde su propio país y tenía acusaciones en su contra por transgredir las leyes de los judíos. También tenía temor al castigo por estas transgresiones y es sabido que había vivido en Roma e instruido a los hombres en su comprensión de las Leyes de Moisés. El personaje es, por supuesto, el Apóstol Pablo.

Pero cuando estaban por cumplirse los siete días, unos judíos de Asia, al verle en el templo, alborotaron a toda la multitud y le echaron mano, dando voces: ¡Varones israelitas, ayudadnos!

"Éste es el hombre que por todas partes enseña a todos contra el pueblo, la ley y este lugar...";

así que toda la ciudad se alborotó, y se agolpó el pueblo; y apoderándose de Pablo, le arrastraron fuera del templo, e inmediatamente cerraron las puertas.

Y procurando matar a Pablo, se le avisó al tribuno de la compañía que toda la ciudad de Jerusalén estaba alborotada.

Éste, envió inmediatamente soldados y centuriones y bajó corriendo hacia ellos. Y cuando ellos vieron al tribuno y a los soldados, dejaron de golpear a Pablo.

Cuando Pablo subió las escaleras, tuvo que ser acarreado por los soldados debido a la violencia de la multitud...

... "Pero yo, no he hallando que ha hecho ninguna cosa digna de muerte, y como él mismo apeló al César, he determinado enviarle a Roma.[156]

Que el hombre malvado en la historia de Fulvia puede ser visto como una sátira de Pablo, parece ser difícil de disputar. [157] Josefo conecta la historia de Fulvia al *Testimonium* aún de otra manera más.

> Estos hombres persuadieron a Fulvia, una mujer de gran dignidad, y una que ha abrazado la religión judía, para enviar púrpura y oro al Templo de Jerusalén...

Púrpura era el color de los reyes en el Siglo I. Enviar púrpura al Templo de Jerusalén sugiere que la artimaña que utiliza el sacerdote malvado para engañar a Fulvia, de alguna manera incluye a un rey o a una persona de un rango real entre los judíos. Tal vez uno que sea religioso, como también secular. Debido a que Josefo ha indicado que este evento pasa "alrededor del mismo tiempo" en que vivió Jesucristo, él sería al menos un candidato para ser considerado como de estirpe real. Visto que la referencia al púrpura ocurre en la misma página que el *Testimonium*, la única descripción histórica de Jesús, ¿qué otro "rey de los judíos" puede venirnos a la mente?

> Y salió Jesús, llevando la corona de espinas y el manto púrpura. Pilato les dijo: ¡He aquí el hombre!
>
> Entonces comenzaron a marchar hacia él diciéndole con una voz burlona, "Viva, Rey de los Judíos"!
>
> Juan 19: 5,3

Todas las "claves" de arriba funcionan conjuntamente para sugerir que alguna relación existe entre estas tres historias. Por ejemplo, el *Testimonium* parece relacionarse a la historia de Decio porque comparten las declaraciones de la divinidad del Tercer día. De la misma manera, la historia de Fulvia debe estar relacionada a la historia de Decio porque comparten la misma trama, el nombre de ambos maridos, etc. Los elementos paralelos e intercambiables dentro de estas tres historias muestran que el autor ha establecido deliberadamente algún tipo de relación entre ellos que no es obvia en la superficie, un problema que el lector debe tratar de "resolver". En otras palabras, las tres historias son un rompecabezas. "Una vez que las tres historias son vistas como un solo problema, la solución se hace obvia. Josefo en realidad hace que Decio Mundus verbalice la solución del rompecabezas dentro de la sátira:

> … no valorar el asunto de los nombres…

Decio no valoraba el "asunto de los nombres" y se puso el nombre Anubis. Para resolver el rompecabezas de Decio, el lector sólo necesita hacer lo mismo.

Para resolver el acertijo, el lector debe simplemente cambiar los nombres de los personajes y las religiones que Josefo haya identificado como paralelas, entonces mientras las historias sean las mismas, los nombres de los personajes serán otros. Esta técnica es utilizada en todo el Nuevo Testamento y *Las Guerras de los Judíos*. El nombre de un personaje de una historia es un personaje en otra historia paralela.

En la historia de Decio Mundus, simplemente intercambiar el nombre Paulina, que es un miembro del culto de Isis, por Fulvia de la tercera historia, que es un miembro de la religión judía. Nótese que Josefo nos ha mostrado, en realidad, que estos dos personajes son intercambiables. Ambas mujeres han tenido una experiencia con sacerdotes infames, ambas tienen esposos con el mismo nombre, ambos esposos apelan a Tiberio, ambas comparten la cualidad de dignidad.

Josefo además ha indicado que el culto de Isis y la religión judía son intercambiables mediante la inversión deliberada en cuanto a cuál historia se dice primero y cuál religión había "en Roma".

El lector puede ahora reemplazar el nombre del personaje "Decio Mundus" con "Cristo" de la primera historia, el *Testimonium*. Nuevamente, Josefo ha mostrado que los nombres son intercambiables por medio de los atributos paralelos de estos dos personajes. Ambos pretenden ser dioses, ambos hacen revelaciones respecto a su divinidad *en el tercer día*; y ambos han hecho declaraciones públicas de que van a sacrificarse a sí mismos.

La nueva historia de Decio Mundus, creada mediante el intercambio de nombres de los personajes y religiones que Josefo ha identificado como intercambiables, puede ser resumida de la siguiente manera.

Decio Mundus, un romano, desea a Fulvia, una judía de clase alta, a quien no pudo seducir ni con dinero. Sabiendo que su debilidad es su religión, él soborna a sacerdotes corruptos para convencerla que él es el Cristo, para que así él "pueda aprovecharse". Al tercer día, él reaparece para decirle que no es realmente el Mesías pero que, a pesar de ello, recibió placer al pretender ser Dios. Los judíos luego son desterrados y el Templo destruido.

En tanto que esta nueva la historia es todavía una sátira, es una cuyo significado puede ser comprendido. La interpretación que yo ofrezco es la siguiente:

Roma desea a Judea pero no puede intentarlo con dinero debido a las estrictas convicciones religiosas de su gente. Por lo tanto, un romano engaña a los Zelotes judíos en la creencia de que él es el Cristo. La paga a sacerdotes corruptos para que lo ayuden a llevar a cabo su plan. Los autores del cristianismo "disfrutan" la experiencia de pretender ser el Mesías.

El judío anónimo de la historia final que "profesa instruir a los hombres en el conocimiento de las leyes de Moisés" es identificado como Pablo en la descripción paralela en Hechos 21-25, señalados más arriba. Josefo además asiste al lector en esta identificación al comenzar el paralelismo de las historias con descripciones de los géneros de "Paulina" y "el judío en Roma". Una vez que lector reconoce que las historias han sido diseñadas para poseer elementos intercambiables, no es difícil de ver que, al intercambiar géneros, Paulina puede llegar a ser Pablo, lo cual clarifica completamente la identidad del "judío en Roma".

La historia creada al resolverse el acertijo revela como César se burló de los judíos al hacer que lo llamaran "Señor" sin que lo supieran, simplemente mediante el intercambio de su nombre con el de Jesús -el gran secreto de la cristiandad. Además, revela la llave para comprender la historia satírica dentro del Nuevo Testamento -un personaje puede tomar cualquier otro nombre, las historias que comparten paralelos pueden ser combinadas para crear otras historias, y un personaje anónimo en un pasaje tendrá el mismo nombre de un personaje en un pasaje paralelo.

Mientras que el problema es simple, la idea técnica detrás de esto es ingeniosa. La historia que emerge cuando el lector invierte a los personajes y las religiones intercambiables puede ser leída literalmente como un evento histórico que Josefo registró. Por lo tanto, Josefo es riguroso cuando recuerda al lector, tan a menudo, que ha escrito "la verdad".

La nueva historia de Decio Mundus, creada mediante el intercambio de los nombres encontrados en las tres historias, cabe naturalmente dentro de la historia que Josefo está narrando. Se conecta con los pasajes anteriores en el sentido que tienen que ver con la reacción de los judíos frente a las efigies del César en Jerusalén, y el esfuerzo de conseguir el favor de los judíos. Las historias que el reemplaza no se conectan con los pasajes anteriores a ellas, son incoherentes, y tienen un sentido de fantasía. Josefo ha, como nos recuerda tan a menudo, escrito la verdad -la verdad sencillamente estaba contenida en el rompecabezas.

El propósito central del rompecabezas fue mostrar el método por el cual las verdaderas identidades de los personajes en *El Nuevo Testamento* y *Las Guerras de los judíos* pueden ser descubiertas, lo que implica sencillamente combinar las historias que contienen los paralelos. Esta técnica revela la identidad de "cierto joven" capturado en el Monte de los Olivos, el hijo anónimo de María cuya carne fue comida, los apóstoles Simón, Juan y finalmente el mismo Jesús. También hay que destacar que la seducción de Paulina por Decio ocurre "en la oscuridad", como cuando María Magdalena confunde la tumba de Lázaro con la tumba de Jesús, descrita previamente.

El *Testimonium* es encontrado en la *Antigüedad de los Judíos*, el segundo trabajo de historia escrito por Josefo, escrito a propósito durante el reino del hermano de Tito, Domiciano.

Si el cristianismo fue creado por los Flavio para que el César fuera secretamente el Mesías, entonces Domiciano pudo haberse visto a sí mismo como "Jesús" una vez que se transformó en Emperador luego de la muerte de Tito. La obsesión de Domiciano con su divinidad es bien conocida. Exigió, por ejemplo, que fuera nombrado por el Senado Romano como "Maestro y Dios". Entonces Domiciano, mientras supervisaba la producción de *Antigüedad de los Judíos*, pudo haber sido la base para el personaje Decio Mundus.

Esta conjetura se apoya en un interesante paralelo entre episodios en la vida de Domiciano y Decio Mundus. Los Flavio derrocaron a Vitelo, el último de los emperadores de la dinastía Julio-Claudio, con una batalla que tuvo lugar en Roma en el 69 E.C. Durante la batalla Domiciano quedó atrapado detrás de las líneas enemigas. Para escapar, se puso una máscara de Anubis, tal como lo hace Decio Mundus pretendiendo ser un sacerdote de Isis.

También de interés es el pasaje de la historia de Decio Mundus sobre el personaje llamado "Ide".

…también como Ide, quien fue la ocasión de su perdición…

El antiguo calendario romano celebraba el Ides[2] del mes los 15 de marzo, mayo, julio y octubre. En los otros meses los Ides ocurren los trece. Nisán, el cual se superpone a marzo y abril, es corrientemente traducida como abril. Josefo fecha la Pascua para el 14 de Nisán.

> Como ahora la guerra en el extranjero cesó por un tiempo, la sedición interna fue revivida;
>
> y en la fiesta de los panes sin levadura, que ahora venía siendo el día catorce del mes Xandikos, [Nisán], cuando se cree que los judíos fueron liberados por primera vez de los egipcios...[158]

Sugiero que la frase "la *ocasión* de su perdición" es un retruécano para referirse a las Ideas de Nisán, la fecha de la crucifixión de Jesús como es registrada en el Evangelio de Juan, el cual es el Evangelio que Josefo utiliza para conectar fechas de su historia a la crucifixión –la fecha de la "perdición".

De cualquier manera, mi interpretación de las tres historias resuelve numerosas preguntas largamente pendientes acerca de cómo se relacionan unas con otras. Esta historia resuelve todos los numerosos elementos dentro de las tres historias que han sido vistos por los académicos como misteriosos. Además, esta interpretación resuelve el largo debate sobre cómo las tres historias se relacionan con los pasajes que están inmediatamente antes y a continuación de ellas.

La primera frase en la historia de Decio Mundus señala que "otra triste calamidad lanzó a los judíos al desorden". "Desorden" en griego (*thorubeo*) también aparece en los primeros dos pasajes del capítulo, que preceden inmediatamente al *Testimonium*. Al comenzar con la referencia de "otro desorden", la historia de Decio Mundus pareciera que estuviera ignorando el *Testimonium*. Este hecho ha llevado a algunos eruditos a sospechar que

---

2 Ides (calendario), un día en el calendario romano que cayó aproximadamente a mediados de mes. En marzo, mayo, julio y octubre era el día 15 del mes; en otros meses fue el 13

el *Testimonium* haya sido insertado dentro de Antigüedades por redactores cristianos posteriores;

> G.A. Wells, en *El Mito de Jesús*, argumenta este punto de la siguiente manera:

> La palabra (desorden) conecta esta introducción de 4 (la historia de Decio Mundus) con los "escándalos" especificados en 1 y 2. Por lo tanto el 3 -el pasaje acerca de Jesús- ocurre en un contexto que tiene que ver con un escándalo que trae peligro y mala suerte para los judíos. Ese 4 sigue inmediatamente luego del 2 es obvio por las palabras de apertura de 4 –"Otra calamidad". No hay ninguna referencia posible a 3.

El argumento de Wells es una de varias maneras en la cual los académicos han tratado de explicar la extraña posición del *Testimonium*. En este caso, Wells sugiere dos razones para sospechar que el *Testimonium* fue insertado por redactores cristianos posteriores entre la historia de Decio y el pasaje precedente referido a Pilatos. Su primer argumento es que debido a que la palabra "desorden" acontece en pasajes 1 y 2 y no es encontrado en el pasaje 3 del capítulo del *Testimonium*, pero reaparece en el pasaje 4, esto sugiere que este pasaje debiera venir después del pasaje 2. Wells además argumenta que la expresión "otra calamidad", la cual comienza en el pasaje 4, no puede estar refiriéndose al *Testimonium*, ya que para eso debiera originalmente haber seguido al pasaje 2, el cual en efecto describe una calamidad.

Muchos académicos han notado esta aparente falta de continuidad entre el *Testimonium* y el capítulo que la contiene. H. San Juan Thackeray, en su trabajo de 1929 sobre Josefo, argumenta, como Wells, que la falta de continuidad en el tema del "desorden" le sugiere que redactores posteriores crearon e insertaron el *Testimonium* para ajustar la historia de acuerdo con su fe. Thackeray concluye que el argumento de que el *Testimonium* fue inserto por redactores, "tiene mucho peso".

Académicos como Thackeray y Wells han visto erradamente esta falta de continuidad entre el *Testimonium* y las dos historias que lo siguen, y el resto de la historia de Josefo, simplemente porque no han podido reconocer que las tres historias solo pudieron haber sido creadas en relación directa unas a otras, y como consecuencia, no son historias independientes.

Es ilógico argumentar que el *Testimonium* fue insertado dentro de Antigüedades Judías por redactores cristianos posteriores colocándola por casualidad entre las historias de los "desórdenes" de Pilatos y la historia de Decio Mundus. Esto se debe a que un argumento de ese tipo se basa únicamente respecto al espacio percibido en continuidad con el tema de los "desórdenes", e ignora la continuidad creada por las apariciones del paralelo del "tercer-día" en Jesús y Decio. Ya que los disturbios eran comunes en los trabajos de Josefo mientras que las declaraciones del tercer-día en relación con la divinidad son únicas en literatura, este paralelo es claramente más importante. Conecta el *Testimonium* con la historia de Decio de una manera mucho más consistente que la carencia de la palabra "desorden" en el *Testimonium* sugiere una desconexión.

Por lo tanto, las tres historias deben haber sido creadas conjuntamente. En consecuencia, esta pequeña cadena lógica tiene consecuencias mayores de las mencionadas porque, además, demuestra un propósito para su creación conjunta. Esta última interpretación pareciera ser la única posible.

Es ventajoso listar los aspectos problemáticos o simplemente incoherentes de estas tres historias que resuelve esta interpretación para demostrar cuánto poder explicativo contiene.

La primera resolución a un "problema" que quiero exponer es la manera artificial en la cual el *Testimonium*, y las dos historias que lo siguen, calzan dentro de la narración de la historia de Josefo, referido al problema de la falta de continuidad que Wells y Thackeray comentaron anteriormente. Para clarificar al lector la naturaleza de tal discontinuidad, les presento la siguiente secuencia:

18:35	Pilatos llega a Judea para abolir las leyes judías.
18:55-59	Pilatos introduce imágenes imperiales en el templo, causando un "tumulto".

18:60-62	Pilatos trata de construir un acueducto, causando otro "tumulto".
18:63-64	Aparece el *Testimonium*.
18:65-80	Aparece la historia de Decio Mundus.
18:81-84	Aparece la historia de Fulvia.
18:85-87	Pilatos tiene una confrontación con los Samaritanos
18:88-89	Pilatos es sacado como procurador.

Al ver la secuencia de eventos de esta manera, es fácil comprender cómo eruditos del nivel de Wells y Thackeray han pensado que editores posteriores insertaron el *Testimonium*. La narración histórica tanto antes como después del *Testimonium* se refiere exclusivamente a Pilatos. Nótese, sin embargo, que las historias de Decio y Fulvia también son notorias. Ninguna de las historias en su "conjunto" discuten la actividad de Roma en Judea, el tema de los pasajes aledaños. La interpretación del rompecabezas que les presento resuelve esta falta de continuidad en la narración de Josefo. Además, la sátira revelada por esta solución calza perfectamente dentro del flujo de la narración.

Esta interpretación también resuelve las aparentemente inapropiadas palabras de apertura de la historia de Decio, "Otra calamidad". Como lo he mencionado anteriormente, muchos académicos han creído que esta frase no podría relacionarse con el *Testimonium* ni con Jesús. Sin embargo, dentro del contexto de mi explicación, la posición de la frase crea un perfecto, aunque irónico sentido. Los romanos inventaron el cristianismo con el propósito expreso de llevar calamidad a los judíos y lanzarlos al desorden. Los lectores recordarán cómo en el pasaje del "Hijo de María", María utiliza la palabra "calamidad" para describir el efecto de que su hijo, llegando a ser "una palabra para el mundo" tendrá entre los judíos.

> Venga; sé tú mi comida, y ponte furioso en contra de estos sediciosos delincuentes, y un sinónimo para el mundo, que es todo lo que ahora quiere finalizar para completar las calamidades de nosotros los judíos.

Los tres pasajes que arman el rompecabezas están conectados a los dos pasajes que preceden al *Testimonium* de otra manera. Los primeros dos pasajes del capítulo de cinco pasajes cortos señalan satíricamente las razones por las cuales los Flavio inventaron el cristianismo, tanto como el hecho de que al inventar la religión, los romanos estaban, en efecto, dominando al movimiento Sicario. A continuación, están ambos pasajes.

1. Pero ahora Pilato, el procurador de Judea, llevó al ejército de Cesárea a Jerusalén para llevar sus alojamientos de invierno allí, con el fin de abolir las leyes judías. Entonces introdujo las efigies de César, que estaban sobre las insignias, y las trajo a la ciudad; considerando que nuestra ley nos prohíbe la creación de imágenes;

por lo cual los antiguos procuradores solían hacer su entrada a la ciudad con enseñas que no tenían esos adornos. Pilato fue el primero que trajo esas imágenes a Jerusalén, y las colocó allí; que se hizo sin el conocimiento de la gente porque se hizo en la noche;

pero tan pronto como lo supieron, vinieron en multitud a Cesárea e intercedieron con Pilatos muchos días para que él eliminara las imágenes; y cuando no iba a aceptar sus solicitudes, ya que tendrían la posibilidad de herir a César, mientras perseveraban en su solicitud, al sexto día ordenó a sus soldados tener sus armas en privado, mientras él venía y se sentaba a su juicio. Asiento, que estaba tan preparado en el lugar abierto de la ciudad, que ocultó al ejército que estaba listo para oprimirlos;

y cuando los judíos lo volvieron a solicitar, dio una señal a los soldados para que los encerraran y los amenazó con que su castigo no fuera menos que la muerte inmediata, a menos que dejaran de molestarlo y se fueran a casa.

Pero se arrojaron al suelo, desnudaron el cuello y dijeron que tomarían su muerte de buena gana, en lugar de que se transgrediera la sabiduría de sus leyes; sobre lo cual Pilatos se vio profundamente afectado con su firme resolución de mantener sus leyes inviolables, y actualmente ordenó que las imágenes fueran llevadas de regreso de Jerusalén a Cesárea.

2. Pero Pilatos se comprometió a traer una corriente de agua a Jerusalén, y lo hizo con el dinero sagrado, y dedujo el origen de la corriente de la distancia de doscientos estadios. Sin embargo, los judíos no estaban contentos con lo que se había hecho con esta agua; y muchas decenas de miles de personas se reunieron e hicieron un clamor contra Pilatos e insistieron en que debía dejar ese diseño. Algunos de ellos también usaron reproches y lo insultaron, como suele hacer una multitud de personas.

Así que vistió a un gran número de sus soldados con su hábito, quienes llevaban dagas debajo de sus vestimentas y los enviaron a un lugar donde pudieran rodearlos. Entonces ordenó a los judíos que se fueran; pero audazmente comenzaron a reprocharlo, él les dio entonces a los soldados la señal que se había acordado previamente;

quien les dio golpes mucho mayores que los que Pilatos les había ordenado, e igualmente castigó a los que eran tumultuosos y a los que no; ni les perdonaron en lo más mínimo: y como las personas estaban desarmadas y fueron atrapadas por hombres preparados para lo que estaban haciendo, hubo un gran número de asesinados por este medio, y otros huyeron heridos. Y así se puso fin a esta sedición. [159]

Ambos pasajes satíricamente confirman la premisa completa en relación al cristianismo. Los judíos no adorarían a los emperadores romanos y no podían ser sacudidos por la violencia; por lo tanto, Roma fue forzada a "transformarse" en el movimiento Sicario. La descripción satírica de los romanos transformándose en Sicarios esta descrita más arriba en la frase:

Así que vistió a un gran número de sus soldados con su hábito, quienes llevaban dagas debajo de sus vestimentas.

Los individuos cuyo "hábito" incluía "dagas bajo sus vestimentas" eran, por supuesto, los Sicarios.

Y cuando se unieron a sí mismos, muchos de los Sicarios, que se amontonaban entre las personas más débiles, (ese era el nombre de los ladrones que tenían bajo sus senos espadas llamadas Sicae)... [160]

El efecto del cristianismo también es registrado dentro de la sátira. Su efecto era terminar la rebelión.

Entonces a la sedición se le puso fin.

Al determinar la validez de una teoría es útil considerar cuánto "poder explicativo" ésta posee. La siguiente lista demuestra precisamente cuántas adivinanzas esta interpretación es capaz de resolver.

- Resuelve la percibida confusión de Josefo, sobre cual religión estaba "en Roma".

- Resuelve por qué Paulina es del culto de Isis, y no Fulvia.

- Resuelve por qué Josefo anotó que el Templo de Isis fue destruido, aunque él estaba consciente de que esa destrucción no había ocurrido.

- Resuelve por qué las mujeres en historias diferentes tienen esposos con el nombre "Saturnios" quienes conocían al Emperador Tiberio.

- Resuelve por qué la historia de Decio y la historia de Fulvia tienen el mismo argumento.

- Resuelve por qué un personaje tiene un nombre tan extraño como "Decio Mundus".

- Resuelve por qué un personaje tiene el nombre inusual de "Ide".

- Resuelve el uso paralelo en *Testimonium* y en la historia de Decio, de la expresión "recibido con placer".

- Resuelve el paralelismo poco común entre el malvado judío de la historia de Fulvia y el apóstol Pablo.

- Explica por qué Decio Mundus no ocultó su resolución de matarse.

- Y aún más importante, esta explicación permite percibir como "las declaraciones del tercer día sobre la divinidad" en el texto literario aparecen ubicadas una al lado de la otra.

Hay incluso otro paralelismo en la historia de Decio Mundus y el *Testimonium*. Un paralelo solo aparente cuando uno lee los pasajes en el griego original. En el *Testimonium*, Jesús es descrito como un preceptor de gentes que "aceptan la verdad con placer". La palabra griega que Josefo utiliza para placer es "hedone", la raíz de la palabra castellana "hedonismo". Los académicos se han confundido con el uso de la palabra "hedone" aquí. Hedone generalmente denota placer sensual o malicioso, y "aceptar la verdad con hedone" es un concepto extraño. La frase que Josefo escribió en griego podría también ser traducida como "recibieron la verdad con un placer malicioso".

El verbo que Josefo utiliza en esta frase es *dechomenon*, que significa recibir, la frase en griego que dice *hedonei talethe dechomenon*. En la historia de Decio Mundus, Decio también recibe algo con "placer sensual". Decio recibe la idea que Ide trama para que pueda seducir a Paulina con placer sensual -*hedone*, la lectura en griego *dechomenou ten hiketeian hedonei*.

El mismo verbo, *dechomenou* (que significa aceptar o recibir), es utilizado con *hedone* en el *Testimonium*. Esto crea aún otro paralelo entre el y la historia de Decio. Basado en el contexto provisto por la historia de Decio, una conjetura lógica es que esta combinación de verbo/ sustantivo crea una expresión "ser jodido". No he podido comprobar, sin embargo, esta conjetura con otro ejemplo del griego clásico.

Hedone es también utilizada de una manera interesante con otra palabra. Josefo concluye su prefacio a *Las Guerras de los Judíos* con el siguiente texto:

> Tauta panta perilabon en hepta bibliois kai medemian tois epistamenois ta pragmata kai paratuchousi toi polemoi katalipon e mempseos aphormen e kategorias, tois ge ten aletheian agaposin, alla me pros hedonen anegrapsa.
>
> Poiesomai de tauten tes exegeseos archen, hen kai ton kephalaion epoiesamen. [161]

La traducción de Whiston al inglés es la siguiente:

He comprendido todas estas cosas en siete libros, y no he dejado ocasión para reclamar o acusar. He comprendido todas estas cosas en siete libros, y no he dejado ninguna ocasión para quejas o acusaciones de quienes hayan conocido esta guerra; y lo he escrito por el bien de aquellos que aman la verdad, pero no para aquellos que se complacen [con relaciones ficticias]. Y comenzaré mi recuento de estas cosas con lo que llamo mi primer capítulo.

La razón por la que Whiston pone paréntesis en la frase "se complacen [con relaciones ficticias]" fue para alertar al lector que la traducción es imprecisa. Las palabras griegas que Josefo utiliza aquí, *hedonen anegrapsa*, no significan *"se complacen con relaciones ficticias"*, sino que en cambio *por favor con registrarse*. Al usar la conexión con una persona, como aquí, la palabra madre *anagrapho*, significa registrarse o anotar los nombres. Whiston arbitrariamente insertó la frase [con relaciones ficticias] en su traducción porque piensa que esta es la idea que trató de articular Josefo. Una traducción de la frase diría lo siguiente:

…y lo he escrito por el bien de aquellos que aman la verdad, pero no para aquellos con nombres registrados.

Mientras que Whiston encontró la traducción incoherente, desde mi perspectiva tiene un sentido claro, ya que la técnica usada por los autores del Nuevo Testamento y los trabajos de Josefo para transformar al judaísmo en cristianismo, fue la transposición o la "des-registración" de los nombres. Decio se transformó en Anubis, y Tito se transforma en Jesús. Ninguno valora mucho "este asunto de los nombres". Las aparentes "incoherencias" de Josefo son muy significativas y se deben traducir exactamente como fueron escritas.

Capítulo 12

El padre y el hijo de Dios

> Todas las cosas me fueron entregadas por mi Padre; y nadie conoce perfectamente al Hijo, sino el Padre, y ninguno conoce perfectamente al Padre, sino el Hijo, y aquel a quien el Hijo resuelva revelarlo.
>
> Mateo 11:27

Las profecías del Juicio Final de Jesús fueron dirigidas en contra de la "generación malvada" de judíos que se revelaban en contra de Roma. Por lo tanto, esta amenazante "segunda venida" estaba prediciendo la destrucción del año 70 E.C. de Jerusalén. Esta fue la manera de comprenderlo de la mayoría de los teólogos cristianos hasta este siglo, y todavía es la manera como los cristianos Preteristas comprenden estas profecías. Un teólogo del siglo XVII, Reland, entendió el asalto romano a Jerusalén, de esta manera.

> [El] "Hijo de Dios vino ahora para tomar venganza de los pecados de la nación judía".

Su contemporáneo, William Whiston, fue aún más específico. Él comprendió que las palabras de Jesús indicaban que "el vendría a la cabeza del ejército romano para destruirlos". [162]

Estoy en completo acuerdo con Roland y Whiston. Todo el ministerio de Jesús se trata de la próxima guerra con Roma y fue diseñado para establecer a Jesús como el precursor de Tito. Por lo tanto, la relación entre Jesús y "el Padre" referido a través de los Evangelios se erige como un precursor de la relación entre Tito y su padre, el emperador y dios Vespasiano.

Todos los diálogos que describen la relación de Jesús con el Padre utilizan un juego de palabras cómico que, en efecto, describen la relación de Tito con su verdadero padre, Vespasiano. Apoyando esta premisa, es el hecho de que todas las descripciones de Jesús sobre su relación con su padre mencionan que Padre e hijo poseen identidades secretas conocidas solamente por ellos.

> Mas yo tengo mayor testimonio que el de Juan; porque las obras que el Padre me dio para que las llevase a cabo, las mismas obras que yo hago, dan testimonio de mí, de que el Padre me ha enviado.
>
> Juan 5:36

> Yo soy el que doy testimonio de mí mismo, y el Padre que me envió da también testimonio de mí. Ellos le dijeron: ¿Dónde está tu Padre? Respondió Jesús: Ni a mí me conocéis, ni a mi Padre; si a mí me conocieseis, también a mi Padre conoceríais.
>
> Juan 8:18-19

En Mateo, Jesús también habla de una identidad secreta conocida solamente por él y su padre.

> Yo soy el que doy testimonio de mí mismo, y el Padre que me envió da también testimonio de mí. Ellos le dijeron: ¿Dónde está tu Padre? Respondió Jesús: Ni a mí me conocéis, ni a mi Padre; si a mí me conocieseis, también a mi Padre conoceríais.
>
> Mateo 11: 25-27

En el Evangelio de Juan, Jesús otra vez discute su relación con su Padre. Nuevamente la discusión toma lugar dentro del contexto de una identidad escondida. En esta ocasión, sus interrogadores están tratando de determinar si Jesús está pretendiendo ser el Mesías. Teólogos cristianos han hecho numerosos esfuerzos para explicar el significado de Jesús aquí. Mi explicación es que esta es una revelación donde Jesús es "dios" y no "Dios".

Mi Padre que me las dio, es mayor que todos, y nadie las puede arrebatar de la mano de mi Padre.

Yo y el Padre somos una sola cosa.

Entonces los judíos volvieron a tomar piedras para apedrearle.

Jesús les respondió: Muchas buenas obras os he mostrado de mi Padre; ¿por cuál de ellas me vais a apedrear?

Le respondieron los judíos, diciendo: No te queremos apedrear por ninguna obra buena, sino por la blasfemia; porque tú, siendo hombre, te haces Dios a ti mismo.

Jesús les respondió: ¿No está escrito en vuestra ley: ¿Yo digo, ustedes son dioses?

Si llamo dioses a quienes vino la palabra de Dios (y la Escritura no puede ser quebrantada),

Ustedes dicen de él a quién el Padre consagró y envió a este mundo: "Tú estas blasfemando", porque he dicho que soy el Hijo de Dios?

Si no puedo hacer las obras de mi Padre, entonces no me creáis.

Mas si las hago, aunque no me creáis a mí, creed a las obras, para que conozcáis y creáis que el Padre está en mí, y yo en el Padre.

Juan 10: 29-38

Si el diálogo de Jesús es, como lo sugiero, una salida satírica para describir a Tito y su Padre, el dios Vespasiano, entonces el pasaje anterior tiene perfecto sentido.

Es notable que Tito sea la única persona, además de Jesús, a quien se refiere el Nuevo Testamento con la expresión "viniendo de".

Pero Dios, que consuela a los abatidos, nos consoló con la visita de Tito; y no sólo con su visita, [163]

Un "Tito" es descrito en las letras Paulinas como el "verdadero hijo". A Tito mi propio verdadero hijo en nuestra fe común.

Tito 1-4

Cuando Vespasiano murió en el año 79, Tito lo sucedió como emperador. Entre sus primeras órdenes fue la deificación de su padre. No era una tarea rutinaria, ya que Vespasiano vendría a ser el primer emperador deificado que no pertenecía a la dinastía Julio-Claudio para tener tanta honra. Pero era importante porque la deificación de Vespasiano rompería la cadena de sucesión divina mantenida por la línea de Claudio desde Julio César y de este modo ayudar a asegurar un futuro imperial para la familia Flavia.

Para que los Vespasiano fueran transformados en *diuus*, se requería del decreto del Senado Romano. Era una costumbre romana que la investidura de *diuus* esté a cargo del Senado. A través de los años, el Senado había rechazado a muchos aspirantes al título. Por lo tanto, Tito necesitaba demostrar de algún modo que la vida de Vespasiano era la vida de un dios. Durante este mismo tiempo, pareciera que Tito estuvo envuelto en la creación de una burocracia a través de todo el Imperio para administrar el culto a Vespasiano, una vez que fuera establecido.

A pesar del hecho de que la *consecrato* sería de gran importancia para Tito, no ocurrió hasta seis meses después de su muerte. Este intervalo entre la muerte de un emperador y su *consecrato* [164] fue un tiempo inusualmente largo. Pienso que fue en ese tiempo que el Nuevo Testamento fue creado. El largo del intervalo se debió al hecho de que durante este período Tito creó no solo una sino dos religiones que adoraban a su padre como un dios, tanto como la pieza que acompaña al Nuevo Testamento Guerras de los judíos

Como las profecías de Jesús ocurrieron durante *Las Guerras de los Judíos*, estas prueban que Dios ha sancionado los eventos que predijo. Esto es exactamente lo que Tito estaba tratando de demostrar al Senado Romano -que los eventos de la vida de su padre, ciertamente incluyendo la conquista de Judea, prueban que era divino y que merece que sea decretado como *diuus*. Al mirarlo desde esta perspectiva, resultan obvias las similitudes entre el cristianismo y el culto a Vespasiano.

Cuando Tito dispuso que su padre fuera declarado Dios, "deificó" los eventos de la vida Vespasiano. Entonces, todas las profecías de Jesús, en relación con la rabia de Dios en contra de Judea, fluyen sin contradicción dentro del culto a Vespasiano. De hecho, los Evangelios podrían haber sido presentados al Senado Romano como "prueba" de la absurda premisa de que la vida de Vespasiano fue la de un dios.

Para ver esto más claramente, simplemente sustraiga el judaísmo y Judea del Nuevo Testamento. ¿Qué pasaría, al tratar de convencer al Senado Romano que ciertos eventos de la vida de su padre prueban de que él era divino, ha señalado que el profeta ha deambulado a través de Italia en el año 30 E.C. prediciendo que dos dioses romanos, el padre y el hijo, un día destruirían la "generación malvada" de judíos quienes se rebelaron en contra de Roma y con ellos el Templo de Jerusalén? Cada miembro del senado habría comprendido que los dioses que este profeta *italiano* había "predicho" eran Vespasiano y Tito. Por supuesto que ningún senador romano habría sido tan cándido para creer tal historia. Emplazando al profeta en Judea no haría de estas profecías que tuvieran un carácter más auténtico, pero el cristianismo no fue creado para audiencias sofisticadas

Las historias de Josefo, las cuales profetizaron que Vespasiano sería el regente mundial predicho por las profecías mesiánicas, del mismo modo brindaron soporte para la deificación de Vespasiano. El Nuevo Testamento y *Las Guerras de los Judíos* prueban que la destrucción de Judea fue un acto de Dios -la misma premisa absurda concebida por el culto de Vespasiano.

Cuando alineamos el Nuevo Testamento con *Las Guerras de los Judíos*, emerge un cuadro claro. Jesús predijo que "El hijo del hombre" rodearía a Jerusalén con una muralla y destruiría su templo y les llevaría tribulación a la "generación malvada" que se había rebelado en contra de Roma. En efecto, un hombre tiene precisamente esas características. Un hombre que era "hijo de dios" y que sus seguidores "pescaron hombres" en Genesaret. Un hombre que rodeo Jerusalén con una muralla y destruyó el templo de Jerusalén. Un hombre que llevó la tribulación que Jesús había predicho sobre la "generación malvada" y que luego finaliza su "ministerio" mediante la condena de Simón y perdonando a Juan. Ese hombre es Tito Flavio.

Solo un hombre en este momento histórico tenía el poder de establecer una religión. Al mismo tiempo que la primera verdadera aparición del cristianismo surge, un hombre es conocido por haber establecido una religión que, como el cristianismo, mantuvo que la destrucción de Jerusalén y su templo era el trabajo de dios. El hombre fue Tito Flavio.

Téngase presente que nadie tiene una motivación tan poderosa como Tito para encontrar un método económico de contener al judaísmo militante, que implicaba para Roma tanto gasto para controlarlo.

Finalmente, solo un familiar, aparte de Jesús, es asociado con el origen del cristianismo. Es la familia de Tito Flavio. Si incluso uno ignora la tradición de que Flavio Clemente fue el primer Papa, tanto como todas las otras tradiciones Flavia conectadas con el origen del cristianismo, la inscripción que nombra a Flavia Domitila como la fundadora del más antiguo cementerio para los cristianos en Roma, todavía existe en la actualidad. Si uno ignora incluso esto, las obras de Flavio Josefo bastarían para confirmar la conexión Flavia con el origen del cristianismo. Las obras de Josefo, falsifican deliberadamente la historia para proveer apoyo al dogma cristiano. Y quien haya sido, o lo que haya sido, Josefo fue un Flavio adoptado.

En relación con la pregunta sobre quién conoció al judaísmo lo suficiente bien para crear el cristianismo, esta información tenía abundante suministro, incluso con el pequeño círculo de conocidos confidentes de Tito. La amante de Tito, Berenice, aunque Herodiana, tenía ancestros Macabeos y reivindicaba que había sido judía. Aunque los judíos del Movimiento Mesiánico no habrían visto su perspectiva religiosa como judía, ella claramente era conocedora del judaísmo de su tiempo y podría haber contribuido a la creación de los Evangelios.

Tiberio Alejandro fue otro individuo, dentro del íntimo círculo de Tito, que conocía lo suficiente de judaísmo para supervisar la producción del Nuevo Testamento. Tiberio era el sobrino del famoso filósofo judío Filo, y Vespasiano lo tenía en tanta consideración que lo hizo Jefe de Estado Mayor de Tito durante el cerco de Jerusalén.

Aunque judío, Tiberio Alejandro fue un caballero romano moralmente capaz de ordenar la muerte de miles de su raza para mantener la paz romana. Cuando los judíos de Alejandría "creaban disturbios", Tiberio ordenaba a las tropas romanas no solo matar a los subversivos, sino también saquear y quemar su gueto también. Josefo anota que "cincuenta mil cuerpos se amontonaron". Tiberio, en su rol de Jefe de Estado Mayor de Tito en el cerco de Jerusalén y la subsecuente matanza y la esclavización de los judíos allí, mostró una servil obediencia a Roma. Habría sido necesario para alguien de descendencia judía que creó una religión que fue inventada para oprimir a su propia gente. Su perspectiva religiosa fue romanizada hasta tal punto que ni siquiera fue monoteísta. A menudo utiliza la palabra "dioses". Josefo, hay que recordar, también se define como judío, y puso de manifiesto la relación estrecha de Tiberio con los Flavio.

> ...como también llegó Tiberio Alejandro, que era un amigo suyo, el más valioso, tanto por su buena voluntad hacia él como por su prudencia. Anteriormente había sido gobernador de Alejandría,
>
> pero ahora se lo consideraba digno de ser general del ejército [bajo Tito]. La razón de esto fue que el primero en alentar a Vespasiano para aceptar su nuevo dominio muy recientemente, y se unió a él con gran fidelidad, cuando las cosas eran inciertas, y la fortuna aún no lo había declarado. También siguió a Tito como consejero, muy útil para él en esta guerra, tanto por su edad como por su habilidad en tales asuntos. [165]

Para esos individuos, que eran completamente esclavos a los Flavio y quienes veían al judaísmo mesiánico como una amenaza a sus intereses financieros, ofrecían información para construir una versión del judaísmo que estuviera alineado con Roma habría sido automático.

Una de las principales causas de la guerra entre los romanos y los judíos fue la resistencia de los judíos de adorar a los emperadores romanos como dioses. Aunque el resto del imperio lo hizo, los judíos no llamaban "Señor" al César. Como lo he señalado, la decepción más cruel del cristianismo es reemplazar al Dios judío y al hijo de Dios, con emperadores romanos, engañando a los judíos llamando al César "Señor" sin que lo supieran. El cristianismo robó las identidades del Dios del judaísmo y su hijo Mesías, tanto como los de Juan y Simón, los líderes de la rebelión mesiánica. Sus identidades fueron dadas a Vespasiano y Tito y a los "Apóstoles Cristianos", Juan y Simón. Estos personajes disfrazados fueron combinados con otros símbolos de la conquista romana, la cruz de la crucifixión, y la "carne del Mesías", para crear una religión que ambas absorben y ridiculizan al movimiento mesiánico.

Este fue el triunfo más importante de la familia imperial. Este oscuro concepto cómico de cambiar identidades está a tal nivel presente que el Nuevo Testamento y las obras de Josefo combinadas son un rompecabezas que su solución produce la verdadera identidad de sus personajes. ¿Por qué fue necesario crear este vasto rompecabezas literario? Porque era el único método por el cual Tito podría crear una religión que resolvía el problema del rechazo de los judíos de aceptar al Emperador Romano como Dios, y de hacer consciente a la posteridad de que él fue quien produjo este rompecabezas literario.

> Pero lo que más sorprendió a los espectadores fue el coraje de los niños; porque ninguno de estos niños fue vencido por estos tormentos, como para nombrar a César como su señor. Hasta ahora, la fuerza del coraje [del alma] prevalece sobre la debilidad del cuerpo. [166]

Los autores del cristianismo pensaron que sus rompecabezas serían resueltos eventualmente y que el completo triunfo de Tito sería eventualmente revelado. Es esta una triste tarea que ha tenido que emprender este autor.

Sospecho que el cristianismo, como versión paródica del culto imperial, fue por primera vez insertado en áreas de Judea para servir como una barrera teológica para detener la divulgación del judaísmo militarista. La religión floreció en el siglo IV, y Flavio Constantino vio un enorme potencial en el cristianismo decretándola religión del Estado. Esta religión, entonces, se transformó en un profiláctico para todas las potenciales rebeliones de esclavos a través de todo el imperio.

Para hacer del culto lo más eficientemente posible en la promoción de sus intereses, sus inventores tuvieron en su satírico Mesías un promotor del pacifismo y estoicismo, por lo cual los cristianos aprenderían a subsumir su rebeldía para encontrar santidad en su subordinación. Esta combinación entre teología cristiana y el poder del Imperio fue tan efectiva que mantuvo a la civilización europea congelada por 1000 años, a través de la Edad Media.

Una organización burocrática romana llamada *Commune Asiae*, una institución que administraba el culto imperial en Asia, probablemente habría supervisado la implementación original del cristianismo. Notablemente todas las siete "iglesias de Asia" mencionadas en Revelación 1:11 eran conocidas por tener agencias de la *Commune* localizadas entre ellos. Cinco de estas siete ciudades eran centros de festivales de este culto imperial, los que se realizaban cada cinco años. En estas ciudades habría sido posible observar dos versiones del culto imperial, uno para los ciudadanos romanos y otra para los "esclavos y escoria" vistos como susceptibles de atraer al Mesías.

El rompecabezas de Decio Mundus descrito anteriormente indica que los "sacerdotes malvados" aceptaban dinero para construir congregaciones para el nuevo judaísmo. Luego de la destrucción del templo, algunos de los 18.000 sacerdotes que habían trabajado previamente allá estaban, presumiblemente, todavía vivos y habrían necesitado buscar nuevos empleos. Los primeros sacerdotes cristianos pudieron haber sido contratados a partir del remanente del enorme grupo que alguna vez fueron ministros del ahora templo destruido.

Como fuere que estos hechos hayan ocurrido, la versión romana del judaísmo fue introducida a las masas por un grupo de "sacerdotes malvados" empleados por los Flavio para predicar los "Evangelios" -una palabra que significa, técnicamente, "buenas nuevas para la victoria militar". Es muy probable que las primeras personas que escucharon la historia de Jesús hayan sido esclavos, cuyos patrones simplemente les ordenaban que atendieran los servicios. Luego de un tiempo algunos comenzaron a creer, luego muchos.

Capítulo 13

El uso que Josefo hizo del Libro de Daniel

Hasta aquí, he expuesto al lector los paralelos, alegorías y rompecabezas que existen dentro del Nuevo Testamento y las obras de Josefo, para indicar que la familia Flavia creó el cristianismo. Sin embargo, el lector puede tomar un camino alternativo para llegar hasta esta comprensión, utilizando solamente el significado literal de las palabras de estos trabajos.

Como lo he señalado anteriormente, las obras de Josefo proveen apoyo para la doctrina religiosa del cristianismo. Escritores cristianos tempranos mantuvieron que los paralelos entre las profecías de Jesús y las historias de Josefo prueban que Jesús era capaz de predecir el futuro. Por otra parte, además de simplemente registrar que las profecías de Jesús han ocurrido, Josefo falsifica las fechas de los eventos que describe en *Las Guerras de los Judíos*. Josefo hace esto para que la secuencia de eventos parezca "probar" que las profecías de Daniel acontecieron dentro del primer siglo de la Era común y que Jesús es el hijo de Dios que Daniel previó.

El siguiente pasaje de San Agustín ejemplifica la creencia de los tempranos Padres de la Iglesia de que la destrucción de Jerusalén del 70 E.C. cumplía simultáneamente las profecías de Daniel y de Jesús.

> Lucas, para mostrar que la abominación mencionada por Daniel toma lugar cuando Jerusalén es capturada, recuerda estas palabras del Señor dentro del mismo contexto: Cuando ustedes vean a Jerusalén rodeada por un ejército, sepan entonces que la desolación del mismo está por venir. Lucas da

testimonio muy claramente de que la profecía de Daniel fue cumplida cuando Jerusalén fue destruida. [167].

No es muy conocido en nuestros días que Josefo falsificara las fechas de los eventos en *Las Guerras de los Judíos*, de este modo ese trabajo suyo sería visto como el cumplimiento de las profecías de Daniel. Esto es notable porque constantemente Josefo recuerda a sus lectores que está haciendo precisamente esto.

>...Y así fue como esto ocurrió, que nuestra nación sufrió estas cosas bajo Antíoco Epífanes, de acuerdo con la visión de Daniel, y lo que escribió hace muchos años que llegó a acontecer. De la misma manera Daniel además escribió con relación al gobierno romano, y que nuestro país será desolado por ellos.
>
>Todas estas cosas fueron dejadas por escrito por este hombre, como Dios se los había mostrado...[168]

El pasaje anterior no podría expresar la proposición más claramente. Josefo está demandando que los eventos que escribe en su trabajo son parte del cumplimiento de las profecías de Daniel. Él comparte esta manera de ver los acontecimientos con Jesús, quien además pensaba que las profecías de Daniel previeron la destrucción de Jerusalén en el año 70.

Las profecías de Daniel predijeron eventos que se transmitieron por cinco siglos. Predijeron que hacia el final del período del Mesías, quién sería el hijo de Dios, aparecería y luego sería eliminado. Este corte del Mesías es seguido luego por la destrucción de Jerusalén. Por lo tanto, para demostrar que la guerra entre los romanos y los judíos es la que Daniel vaticinó, Josefo comienza alineando su historia con esas profecías años antes de los eventos del siglo I E.C. Josefo comienza *Las Guerras de los Judíos* con un pasaje que describe el asalto a Jerusalén de Antíoco Epífanes, el que ocurrió aproximadamente 200 años antes del nacimiento de Cristo. Josefo indica claramente que el asalto fue un evento dentro del continuo profético de Daniel -específicamente, la desolación, que Daniel predice en 7:13 - 8:14. Él hace esto con una frase que solo se encuentra en el Libro de

Daniel, "el final del sacrificio diario", y al documentar la cantidad de tiempo durante el cual el sacrificio diario fue detenido, "tres años y seis meses". Al utilizar estas frases, Josefo está llanamente diciendo que las profecías de Daniel están siendo cumplidas. Esta posición no puede ser disputada, porque Josefo mismo escribe el pasaje, de más arriba, en el sentido de que "nuestra nación sufrió estas cosas bajo Antíoco Epífanes, de acuerdo a la profecía de Daniel".

Mientras que el pasaje siguiente puede parecer inocuo, es en efecto la "prueba" ofrecida por Josefo de que el continuo profético de Daniel estaba ocurriendo y, por lo tanto, el siglo I E.C. vería tanto a un Mesías que sería eliminado y la destrucción de Jerusalén. Nótese el uso que Josefo hace de la frase "tres años y seis meses".

> Al mismo tiempo que Antíoco, que se llamaba Epífanes, tuvo una disputa con sexto Ptolomeo sobre su derecho a todo el país de Siria, una gran sedición cayó entre los hombres de poder en Judea, y tuvieron una disputa sobre la obtención del gobierno; mientras que cada uno de los que eran dignos no podía soportar estar sujeto a sus iguales. Sin embargo, Onías, uno de los sumos sacerdotes, obtuvo una buena posición y echó a los hijos de Tobías fuera de la ciudad, quienes huyeron rumbo a Antíoco y les rogaron que los usaran como sus líderes y que hicieran una expedición a Judea. El rey, dispuesto a ello de antemano, cumplió con ellos, y se encontró con un gran ejército judío, y tomó su ciudad por la fuerza, y mató a una gran multitud de los que favorecían a Ptolomeo, y envió a sus soldados a saquearlos sin piedad. También estropeó el templo y puso fin a la práctica constante de ofrecer un sacrificio diario de expiación durante tres años y seis meses. [169].

Al comenzar su obra con esta descripción, Josefo está, en efecto, señalando que todos los eventos dentro del continuo profético de Daniel llegaran a ocurrir dentro del período que cubren sus historias. Esto es porque una vez que uno conecta un evento a un punto del continuum profético de Daniel, no habrá donde detenerse hasta que todas las profecías en su continuum hayan ocurrido.

La eliminación del Mesías que predijo Daniel es uno de esos eventos. Por lo tanto, aunque Jesús no es mencionado en *Las Guerras de los Judíos*, Josefo estaba al tanto de que si la destrucción de Jerusalén profetizada por Daniel ocurría en el año 70 E.C., el Mecías predicho por Daniel, habría vivido y luego habría sido "cortado" temprano en el siglo I. Josefo, en efecto, está apoyando la reivindicación de que Jesús existe y que es el Mesías que ha profetizado Daniel, con la primera frase de su obra.

Luego de ser establecido el continuum de las profecías de Daniel, con el asalto de Antíoco Epífanes a Jerusalén, Josefo luego registra que en el año 70 E.C. un evento que concluye las profecías de Daniel. Lo hace al "documentar", una vez más, que la secuencia temporal entre los eventos relativos durante la guerra iguala a la conclusión profetizada por Daniel, utilizando términos encontrados exclusivamente en el Libro de Daniel.

El lector comprenderá que en ninguno de los ejemplos que presento, Josefo trata de representar ciertos eventos como ocurriendo en fechas específicas. No había un sistema en el siglo I que pudiera determinar precisamente fechas sobre las cuales las profecías de Daniel pudieran ser conectadas. De cualquier manera, las profecías de Daniel son tan vagas que desafían una especificidad temporal. Las únicas certidumbres sobre ellas es que utiliza la palabra "semanas" para referirse a siete años, no siete días, y que esta visión abarca un espacio de 490 años.

Josefo guía sus lectores para alcanzar sus conclusiones deseadas, utilizando palabras y frases tales como "desolación" y "final del sacrificio diario", esperando que el lector esté familiarizado con ellas por Daniel y más concretamente, simplemente al señalar que las profecías de Daniel estaban siendo cumplidas. Aún más, Josefo además fecha ciertos eventos en su historia con fragmentos de tiempo precisos *relativos unos con otros*, creando la impresión de que eran parte de las profecías de Daniel.

Josefo anotó que los eventos relacionados fueron distanciados por tres años y medio (media semana) o siete años (una semana). La extensión de la guerra duró siete años y "el final del sacrificio" duró tres años y medio desde su comienzo.

Téngase presente que Josefo no solo estaba inventando una religión; también estaba inventando una secuencia temporal dentro de la cual la religión es contenida. Ninguna de la cronología del siglo I, por la cual nosotros nos orientamos en nuestros días, existió hasta que el autor (es) de los trabajos de Josefo lo crearon. Debido a que efectivamente Josefo estaba creando literalmente la historia y también el tiempo, Josefo estaba libre de situar los eventos, en su línea sucesoria, de la manera que él quisiera. Su registro de la perfecta alineación de los eventos en las secuencias temporales predichas por Daniel, puede implicar que haya sido testigo directo de los eventos de un fenómeno sobrenatural, o una deliberada falsificación.

En la actualidad hay desacuerdo entre los académicos sobre toda la cronología que Josefo ofrece en *Las Guerras de los Judíos* [170]. Por ejemplo, Josefo da una fecha más tardía que Suetonio [171] y Dio respecto a cuando Vespasiano comenzó a prepararse para la guerra civil en Roma que lo llevó a ser emperador. Es probable que Josefo haya hecho esto para apoyar el argumento que Vespasiano no estaba ansioso de transformarse en emperador. Este "arreglo" del tiempo de Josefo para crear la propaganda Flavia es exactamente la misma técnica que utilizó para crear la correlación entre la campaña Flavia en Judea y las Profecías de Daniel.

Aunque no es necesario que el lector esté completamente al tanto sobre las arcanas profecías y el sistema de fechas de Daniel para entender este análisis, alguna información es ventajosa.

Daniel presentó una serie de tribulaciones para los judíos, durante las cuales varios desastres acontecerían. Dentro de este período, Daniel predijo que un Mesías, al que se refiere como el hijo de Dios, será eliminado. El período duraría 490 años, las "siete veces siete semanas" previstas por Daniel. Varias mitades de semanas, períodos de tres años y medio, ocurrirían dentro de semanas específicas.

> Setenta semanas están determinadas sobre tu pueblo, y sobre tu santa ciudad para acabar con las prevaricaciones y poner fin al pecado, y expiar la iniquidad, para traer la justicia perdurable, y sellar la visión y la profecía, y ungir al Santo de los santos.[172]

Cuando Josefo alinea los eventos del siglo I con las profecías de Daniel, está creando un contexto histórico que incluye al hijo de Dios, el Mesías. No hay otra posible interpretación.

Conoce, pues, y entiende que, desde la salida de la orden para restaurar y edificar a Jerusalén hasta el Mesías Príncipe, habrá siete semanas, y sesenta y dos semanas; se volverá a edificar la plaza y el muro, pero esto en tiempos angustiosos. [173]

Y después de las sesenta y dos semanas se quitará la vida al Mesías, y no por sí mismo; y el pueblo de un príncipe que ha de venir destruirá la ciudad y el santuario; y su fin será en una inundación, y hasta el fin de la guerra durarán las devastaciones. [174]

Daniel predice una guerra que durará una semana (siete años). A la mitad de esta semana (tres años y medio después de su comienzo) "el sacrificio diario" va a terminar y la "abominación y desolación", también predichas por Jesús, ocurrirá.

Y hará que se concierte un pacto con muchos por una semana; a la mitad de la semana hará cesar el sacrificio y la ofrenda; y en el ala del templo estará la abominación horrible, hasta que la ruina decretada se derrame sobre el desolador. [175]

Comprendiendo estos pocos elementos, el lector podrá apreciar que el pasaje siguiente de *Las Guerras de los Judíos* debe comprenderse, sin duda, como una demostración de la correlación entre las profecías de Daniel y la historia que Josefo está describiendo. La "falla del sacrificio diario", tres años y medio desde el comienzo de la guerra, es un concepto tan único y preciso que no permite otra interpretación. Aún más, este pasaje debe estar describiendo la "abominación y desolación" que Jesús ha profetizado en el Nuevo Testamento, un tema que voy a desarrollar en profundidad.

El pasaje es el más importante en las obras de Josefo ya que revelan la técnica de fechado que estaba intentando de crear. He incluido el pasaje completo porque contiene varios puntos centrales para mi teoría. El pasaje comienza con Tito trayendo a Josefo hasta los muros de Jerusalén para informarles a los rebeldes judíos, en su propia lengua, la preocupación de Tito sobre el final de los "sacrificios diarios" para Dios. El pasaje deja completamente en claro que Josefo comprende que las profecías de Daniel están siendo cumplidas. Nótese que Josefo no está dando descripciones de segunda -o tercera mano- que pudieran sugerir esto. Josefo se cita a sí mismo.

> Y ahora Tito dio órdenes a sus soldados de desenterrar los cimientos de la torre de Antonia y prepararle un pasaje listo para que subiera su ejército;
>
> mientras él mismo le había traído a Josefo (porque le habían informado que ese mismo día, que era el decimoséptimo día de Panemus, [Tamuz,] el sacrificio llamado "el sacrificio diario" había fallado y no se le había ofrecido a Dios, por falta de hombres para ofrecerlo, y que la gente estaba gravemente preocupada por eso),
>
> y le ordenó que le dijera a Juan las mismas cosas que había dicho antes, que podría venir si tenía alguna inclinación maliciosa por pelear. Saldría con tantos hombres como quisiera, para enfrentarse, sin el peligro de destruir su ciudad o templo; pero que deseaba no contaminar el templo ni ofender a Dios. Que él podría, si quisiera, ofrecer los sacrificios que ahora fueron descontinuados por cualquiera de los judíos a quienes debía expulsar.
>
> Ante esto, Josefo se paró en un lugar donde podía ser escuchado, no solo por Juan, sino por muchos más, y luego declaró lo que César había dejado a su cargo, y esto en idioma hebreo.
>
> Entonces él les rogó fervientemente para que perdonaran su propia ciudad, para evitar ese fuego que estaba listo para apoderarse del templo, y ofrecer sus sacrificios habituales a Dios en él.
>
> Ante estas palabras suyas, se observó una gran tristeza y silencio entre la gente. Pero el tirano mismo arrojó muchos reproches a Josefo, además de imprecaciones; y finalmente añadió que nunca temió la toma de la ciudad, porque era la ciudad de Dios.

A lo que Josefo dijo así en voz alta, en respuesta: "¡Para estar seguros de que han mantenido esta ciudad maravillosamente pura por el amor de Dios; el templo también continúa completamente sin contaminar! ¡Tampoco has sido culpable de la impiedad aliada contra él por cuya ayuda anhelas! ¡Él todavía recibe sus sacrificios acostumbrados!

¡Vil desgracia que eres! Si alguien te privara de tu comida diaria, lo estimarías como un enemigo para ti; pero anhelas tener a ese Dios como tu partidario en esta guerra a quien tú te has privado de su culto eterno; y tú imputas esos pecados a los romanos, que hasta este momento se preocupan de que se cumplan nuestras leyes, ¡y casi obligas a que estos sacrificios se sigan ofreciendo a Dios, que por tus medios han sido interrumpidos!

¿Quién está allí que pueda evitar los gemidos y las lamentaciones por el sorprendente cambio que se está haciendo en esta ciudad? Ya que los extranjeros y los enemigos ahora corrigen esa impiedad que has ocasionado; mientras que tú, que eres judío y fuiste educado en nuestras leyes, el arte se convierte en un enemigo mayor para ellos que para los demás. [176]

Josefo, en este punto, está intentando torcer al judaísmo en contra de sí mismo. Trata de convencer a "Juan", el líder rebelde, con la sabiduría del "arrepentimiento". Esto nos recuerda a Jesús. Para hacer esto, menciona a *Jechoniah*, un antiguo rey de los judíos que se rindió ante los babilonios, en vez de arriesgar que le destruyeran el templo, acto por el cual los judíos lo reverenciaron siempre. Nótese además que Josefo le está hablando directamente a Juan, el líder rebelde, que constituyó la base del personaje del Nuevo Testamento, el apóstol Juan.

Josefo, en efecto, está utilizando las concepciones religiosas judías para llevarlos a su rendición, o como dijo Jesucristo, para "poner la otra mejilla"

Pero, aun así, Juan nunca es deshonroso arrepentirse y enmendar lo que se ha hecho mal, incluso en el mayor extremo. Tienes una instancia delante de ti en Jechoniah, el rey de los judíos, si tienes la intención de salvar la ciudad, quien, cuando el rey de Babilonia hizo la guerra contra él, salió de esta ciudad por su propia voluntad antes de que fuera tomada, y se sometió a un cautiverio voluntario con su familia, para que el santuario no fuera entregado al enemigo, y que él no viera la casa de Dios incendiada;

por lo que se celebra entre todos los judíos, en sus historias sagradas, y su memoria se vuelve inmortal, y será transmitida a nuestra posteridad desde todas las edades.

Este, Juan, es un excelente ejemplo en un momento de peligro, y me atrevo a prometer que los romanos aún te perdonarán.

Y ten en cuenta que yo, que te hago esta exhortación, soy uno de tu propia nación; Yo, que soy judío, te hago esta promesa. Y se convertirá en ti considerar quién soy para darte este consejo, y de dónde soy derivado; porque mientras esté vivo nunca estaré en tal esclavitud, como para renunciar a mi propia familia, u olvidar las leyes de nuestros antepasados.

Me indignas de nuevo, me haces un clamor y me reprendes; de hecho, no puedo negarlo, pero soy digno de un trato peor de lo que equivale a todo esto, porque, en oposición al destino, te hago esta amable invitación y me esfuerzo por forzar la liberación de aquellos a quienes Dios ha condenado.

¿Y quién está allí que no sabe lo que contienen en ellos los escritos de los antiguos profetas, y particularmente ese oráculo que ahora se va a cumplir en esta miserable ciudad? Porque predijeron que esta ciudad debería ser tomada cuando alguien comience la matanza de sus propios compatriotas.

¿Y no están la ciudad y el templo entero ahora llenos de los cadáveres de sus compatriotas? Es Dios, por lo tanto, es Dios mismo quien está provocando este fuego, para purgar esa ciudad y templo por medio de los romanos, y va a arrancar esta ciudad, que está llena de sus contaminaciones"

Las Guerras de los Judíos, 6,2 103-110

Volviendo a mi análisis del uso que Josefo hace del Libro de Daniel, he incluido dos notas a pie de página de Whiston en el pasaje de más arriba.

Como muestran las notas, Whiston comprendió la relación entre las profecías de Daniel y las fechas dadas por Josefo en *Las Guerras de los Judíos*. Siendo un cristiano devoto, aceptó que Josefo estaba de buena fe registrando eventos sobrenaturales.

En la primera nota de más abajo, Whiston reconoce que el cerco de Jerusalén comenzó precisamente "tres años y medio" después que Vespasiano comenzara la guerra. Este período de tiempo muestra que la profecía de Daniel ha ocurrido - "en la mitad de la semana el causará que el sacrificio y la ofrenda se detengan". Esto fue o una de dos: como creía Whiston, un ejemplo de que Josefo presenció lo sobrenatural, o, como prefiero, es un ejemplo de una falsificación deliberada de la historia para crear la impresión de que Daniel predijo la destrucción de Jerusalén en el año 70 E.C.

> Este fue un día notable, sin duda, el séptimo de Paneruns [Tamuz], E.C. 70, cuando de acuerdo a la predicción de Daniel, seiscientos y seis años antes, los romanos "en media semana causaron que el sacrificio y las ofrendas cesaran", Daniel 9:27. Desde el mes de febrero del 66 E.C., alrededor del tiempo cuando Vespasiano entró en esa guerra, hasta este mismo tiempo, fue precisamente tres años y medio.

La segunda nota de Whiston es incluso más notable. En ella, este autor llega a la misma conclusión que Josefo quería. Debido a que Whiston no consideraría la posibilidad de una explicación sobrenatural, por lo que ha leído en Josefo, él concluye que Dios se había alineado con los romanos, que los judíos eran malvados, y que Jesús y Daniel compartían la misma visión profética.

> De este oráculo… Josefo, tanto aquí como en muchos otros lugares, lo dice, lo que es muy evidente es que él estaba completamente satisfecho de que Dios estuviera del lado romano e hizo uso de ellos ahora para destruir esa nación maligna de los judíos; el cual fue sin duda el verdadero estado de este asunto,

como el profeta Daniel primero, y nuestro salvador mismo luego, hubieron claramente profetizado.

Si aceptamos que lo que registró Josefo es verdad, entonces el profeta previsto por Daniel pudo haber sido solamente Jesús. Del mismo modo, las profecías del "Día del Juicio Final" debieron haber predicho la destrucción de Jerusalén en el 70 E.C., porque solo es la destrucción de Jerusalén la que el profeta Daniel pudo haber previsto si hubiera vivido en el siglo I. Además, al ceñir este nudo lógico, habría sido imposible para Josefo registrar esta "perfecta" manifestación de la visión de Daniel si no hubiera, en efecto, ocurrido en la guerra con los judíos.

Josefo anotó la historia para demostrar que las profecías de Daniel ocurrieron en el año 70 de nuestra era común. Josefo se va por la borda para asegurarse de que sus lectores llegaran a esta misma conclusión. Esta fue una de las primeras razones por la que los primeros cristianos creyeron en la divinidad de Jesús. De alguna manera, este conocimiento ha sido perdido y ya no es comprendido en nuestros días, ni siquiera para los académicos del Nuevo Testamento.

Los académicos han debatido si el *Testimonium* fue escrito por Josefo o agregado por redactores posteriores cristianos. En el capítulo 11, presenté un análisis del *Testimonium* que demuestra que no está separado de las dos historias que lo siguen. Sin embargo, para que Josefo permaneciera consistente en su asentamiento de los eventos del siglo I en el contexto de las profecías de Daniel, tendría que haber puesto un "Mesías" en el punto histórico donde estas profecías pertenecen. Debido a que Josefo reclama que el fin del "sacrificio diario" predicho por las profecías de Daniel ocurrieron durante la destrucción de Jerusalén de los 70 E.C. por los romanos, uno solo tiene que analizar hacia atrás del año 70 E.C. para determinar si la posición de "Cristo" en *Antigüedades* es consistente con esta fecha. Esto es precisamente lo que los tempranos eruditos cristianos hicieron, utilizando fechas relevantes en Josefo y en el Nuevo Testamento para demostrar que Jesús ha cumplido las profecías de Daniel. El siguiente ejemplo de Tertuliano, creado alrededor del año 200 E.C., representa una victoria completa para Josefo. Tertuliano ha adoptado completamente la perspectiva de Josefo y acomodado la historia para mostrar que Daniel presagió a Jesucristo y la destrucción de Jerusalén de los 70 E.C.

Veamos, por lo tanto, como los años han transcurrido hasta el advenimiento de Cristo:

Por la renuncia de Darío … IX años (9).

La renuncia de Artajerjes … XLI año (41).

Luego el Rey Ochus (también llamado Ciro) resigna … XXIV años (24).

Argos … I año.

Otro Darío, que también es llamado Melas … XXI años (21)

Luego, después de Alejandro, que hubo reinado sobre Persas y Medos, a quienes ha reconquistado y ha establecido su reino con firmeza en Alejandría, cuando con todo llamó a esa (ciudad) con su propio nombre; (10) [diez] luego que reinó, (allá en Alejandría).

Soter … XXXV años (35).

A quien lo sucedió:

Filadelfo, reinando XXXVIII años (38)

A quien lo sucedió Euergetes, XXV años (25).

Luego Filopator … XVII años (17)

Luego, Epifanio … XXIV años (24).

Luego otro Euergetes … XXIX años (29).

Luego otro Soter … XXXVIII años (38).

Ptolomeo …XXXVII años (37).

Cleopatra … XX años y V meses (20 5/12)

Luego Cleopatra reinó en conjunto con Augusto … XIII años (13)

Luego de Cleopatra, Augusto reinó por otros … XLIII años (43)

Todos los años del imperio de Augusto fueron LVI años (56)

Veamos ahora, además, cómo en el año cuarenta y uno del imperio de Augusto, luego que había estado reinando por XXVIII años (28) luego de la muerte de Cleopatra, el Cristo nació. (Y el mismo Augusto sobrevivió, luego del nacimiento de Cristo, por XV años (15), y el tiempo restante de años hasta el año del nacimiento de Cristo nos lleva al año XLI primer año (41), el cual es el XXVIII (28th) de Augusto luego de la muerte de Cleopatra.

Hay (entonces) CCCXXXVII años, V meses (337 5/12): (de donde se completan LXII (62) días de semana y medio; lo que hace un total de CDXXXVII años, VI meses (437 6/12): en el día del nacimiento de Cristo. Y (luego) "justicia eterna" se manifestó, y "un Santo de los santos fue ungido" – esto es, Cristo- y "sellado estaban visión y profeta", y los "pecados" fueron perdonados, los cuales, por medio de la fe en el nombre de Cristo, son eliminados.

(1) por todos los que creyeron en él. Pero que quiso decir cuando dijo ¿"visión y profecía están selladas"? Que todos los profetas que alguna vez lo anunciaron, que el iría a venir y sufriría. Por lo tanto, luego que la profecía fue cumplida por su aparición, por esta razón él dijo que "visión y profecía están selladas" en la medida que EL es el cuño de todos los profetas, al cumplir todas las cosas que antiguamente habían sido profetizadas.

(2) luego del advenimiento de Cristo y su pasión ya no hay más "visión o profeta" que anuncie su venida. En resumen, si esto no es así, deje que los judíos exhiban posteriormente a Cristo, cualquier volumen de profetas, milagros visible realizado por cualquier ángel, (como aquellos) que en tiempos pasados los patriarcas vieron hasta la venida de Cristo, que ahora llegó; desde ese evento "sellado es visión y profecía", eso se confirma. Y justamente lo hace el evangelista.

(3) escribe, "la ley y los profetas (eran) hasta Juan" el Bautista. Porque al ser Cristo bautizado, santificó las aguas en su propio bautismo.

(4) toda la plenitud del pasado espiritual de regalos graciosos cesaron con Cristo, sellando como el lo hizo, todas las versiones y profecías, las cuales con su llegada las realizó. De dónde más firmemente afirma que su advenimiento "sella la visión y la profecía".

De esta manera, mostrando, (como lo hemos hecho) ambos, el número de años, y el tiempo de LXII (62) y una semana cumplida a medias, al completarla (como lo hemos mostrado) cuando Cristo llega, es decir cuando ha nacido, permítanos ver que (significa) otro "VII (7) y media semana", la cual ha sido fragmentada en las siguientes partes.

(5) la antigua semana; (veámosla, a saber) en cual evento la han completado:-

Porque después de Augusto que sobrevivió el nacimiento de Cristo, han pasado ... XV años (15)

A quien sucedió Cesar Tiberio, y mantuvo el imperio por ... XX años, VII meses, y XXVIII días (20 años, 7 meses, 28 días)

(En el cincuentenario de su reinado, Cristo sufrió, teniendo alrededor de XXX (30) años cuando ocurrió su sufrimiento).

> Luego Cayo César ... XI años, IX meses y XIII días (11 años, 9 meses y 13 días).
>
> Galba ... VII meses, VI días (7 meses y 6 días
>
> Otto ... III días (3)
>
> Vitelio ... VIII meses, XXVII días (8 meses, 27 días)

Vespasiano, en el primer año de su imperio, subordina a los judíos en una guerra, y ocurrieron LII años, VI meses (52 6/12). Porque el reinó por VI años (6). Y, por lo tanto, en el día de su asalto, los judíos cumplieron el LXX (70) predicho por Daniel.

Mientras que la cronología anterior es difícil de comprender, e imposible históricamente, es necesario ser consciente de que Tertuliano y todos los tempranos Padres de la Iglesia creyeron que las profecías de Daniel ocurrieron en el año 70 de nuestra era común. Esta creencia proviene de la lectura de único historiador de esa época, Josefo, en conjunto con el Nuevo Testamento.

Otra explicación menos torturante de la conexión de Daniel con el cristianismo fue dada por Sulpcius Severus (353-429), en su libro *Historia Sagrada* (403 E.C.)

> Pero por la restauración del templo hasta su destrucción, la que fue completada por Tito bajo Vespasiano, cuando Augusto era cónsul, hubo un período de 483 años. Eso había sido predicho formalmente por Daniel, quien anuncio que desde la

restauración del templo hasta su destrucción había un período de 79 semanas. Ahora, desde la fecha de su cautiverio por los judíos hasta el tiempo de la restauración de la ciudad, pasaron 266 años.

Las Guerras de los Judíos, por lo tanto, ha sido completamente estructurada, desde su primer párrafo hasta su último, para documentar que las profecías de Daniel han ocurrido dentro del siglo I. Esto indica que Josefo estaba consciente de que el "hijo de Dios" presagiado por Daniel habían aparecido temprano en el siglo I y había sido "eliminado". Una vez que Josefo comenzó a alinear su historia con las profecías de Daniel, ya no había donde detenerse hasta que Jerusalén fuera destruida.

Entonces, Josefo no estaba medianamente consciente de un poco importante místico religioso dando vueltas por el campo de Galilea. Josefo estaba muy consciente de que su obra demostraba que las profecías de Daniel habían ocurrido y que Jesús era el mesías que las profecías habían señalado. Ya que este fue obviamente el caso, ¿por qué entonces Josefo se refirió tan poco a Jesús?

Hace la falsificación menos obvia.

Si uno desea "crear" un profeta, es muy fácil -simplemente construir uno que haya existido en el pasado. Luego fabricar una actividad en su nombre fechado dentro del tiempo que la historia puede alegar que ha existido. En el libro, describir al profeta prediciendo eventos que usted sabe que ya han ocurrido. Inventar al profeta con sus predicciones no es lo más difícil. Lo más difícil es que no se descubra la falsificación. Para que la fabricación del Nuevo Testamento/ Josefo fuera creíble, ambos libros requieren ser vistos como independientes el uno del otro. Por lo tanto, Josefo se enfocó en los eventos que Daniel había anunciado y no, en los del "hijo de Dios" mismo.

El exitoso esfuerzo de Josefo para intercalar los eventos de Daniel en el siglo I, de alguna manera, apoya mi teoría. Lo hace por ser un truco tan obvio. La "maldad" de los judíos del siglo I fue su denegación de transgredir el judaísmo y someterlo a Roma; hicieron exactamente lo que la religión de Moisés y Daniel les requería. El uso de Josefo de las profecías de Daniel para substanciar los eventos del siglo I era, claramente, un esfuerzo de manipular el judaísmo dentro de una alineación con los intereses romanos -exactamente como es el caso con la creación del cristianismo.

Si los romanos fueron los creadores del cristianismo y también de las obras de Josefo, ¿por qué representaron a un falso Mesías como el que había sido vaticinado por Daniel? Entre los Manuscritos del Mar Muerto hay varios relacionados con el Libro de Daniel. Muestran que al menos algunos judíos de ese tiempo estaban utilizando el sistema de calendario presente en el Libro de Daniel para tratar de determinar cuándo el Mesías iba a aparecer para que los liderara en la Guerra Santa en contra de Roma.

Los romanos comprendieron que los rebeldes judíos mesiánicos interpretaban los pasajes de Daniel, y otros de sus profetas, de una manera que justificaba su propia teología militarista. Dentro de los documentos de los Manuscritos del Mar Muerto, fueron encontrados numerosos ejemplos de este tipo de interpretación. Los intelectuales romanos, sin duda, analizaron estos documentos y se dieron cuenta de que era cabalmente posible interpretarlos para crear otra teología que fuera pro-romana. La solución romana para contrarrestar esta interpretación militarista anti-Roma del libro de Daniel fue crear una literatura que interpretara las profecías de Daniel de una manera aceptable para Roma: El Nuevo Testamento y *Las Guerras de los Judíos*.

Ahora voy a analizar en profundidad la conexión entre la declaración de Jesús concerniente a la "abominación de la desolación" y el pasaje de Josefo describiendo el "sacrificio diario".

Estudiosos cristianos tempranos estaban conscientes de la conexión en tres partes entre las declaraciones de Jesús en Mateo 24, el Libro de Daniel y *Las Guerras de los Judíos*. San Agustín, por ejemplo, había comprendido que Jesús había hablado de las profecías de Daniel "acontecidas" dentro del siglo primero. En el pasaje transcrito a continuación, nótese que Agustín es claro acerca del periodo en que las profecías de Jesús se están refiriendo -la destrucción de Jerusalén en el año 70 E.C.

> Lucas recuerda estas palabras del Señor en el mismo contexto: cuando vean a Jerusalén rodeada por un ejército, entonces vean que la desolación está por venir. Porque Lucas muy claramente atestigua que la profecía de Daniel se cumplió cuando Jerusalén fue derrotada.

Eusebio comparte esta manera de ver las cosas. En el siguiente pasaje, nótese que él en efecto señala la obra de Josefo como la base de su sentencia.

> - todas estas cosas, tanto como los muchas grandes asedios que fueron llevados a cabo en contra de las ciudades de Judea, y el excesivo sufrimiento soportado por aquellos que se escaparon a Jerusalén mismo, como una ciudad de perfecta seguridad, y finalmente el curso general de la guerra, tanto como sus aspectos particulares en detalle, y como al final la abominación de la desolación, proclamada por los profetas, aconteció en el propio templo de Dios, entonces tan celebradas de antaño, el templo el cual ahora estaba esperando su total y final destrucción por el fuego, -todas estas cosas que cualquiera deseara encontrar con precisión descritas pueden ser encontradas en la historia escrita por Josefo. [177]

Mateo 24:25 es interesante porque es solo allí donde Jesús comparte explícitamente una visión del futuro con otro profeta. Además, es el único lugar del Nuevo Testamento donde el lector es directamente aludido.

> Por tanto, cuando veáis la abominación de la desolación, anunciada por medio del profeta Daniel erguida en un lugar santo (el que lea, entienda) -[178]

En el pasaje del Libro de Daniel, al que Jesús se refiere, "la abominación de la desolación" es para comenzar con el final del "sacrificio diario". Nótese que el lapso de tiempo que Daniel describe son tres años y medio.

> Y desde el tiempo en que se ha terminado con el continuo sacrificio y hasta que el advenimiento de la abominación de la desolación es implementada, pasarán mil doscientos noventa días. [179]

Cuando se leen las anteriores declaraciones de Jesús con el pasaje de *Las Guerras de los Judíos* que describe el fin del sacrificio diario, dan un ejemplo, *por excelencia*, del eslabón profético entre *Las Guerras de los Judíos* y El Nuevo Testamento. Nótese que Josefo no utiliza la misma expresión del Libro de Daniel que utiliza Jesús más arriba, "la abominación de la desolación", sino que, en vez, utiliza la otra expresión de Daniel "el sacrificio diario" -dejándole al lector la tarea de "comprender" que una lleva a la otra. Pienso que la utilización de diferentes términos, aunque complementarios, de Daniel en el Nuevo Testamento y en el pasaje tomado de Josefo, son intencionales -un "juego de manos" dirigido a convencer a los cristianos tempranos que el Nuevo Testamento y *Las Guerras de los Judíos* fueron escritas independientemente una de la otra.

> Y ahora Tito dio órdenes a sus soldados, que estaban con él, de desenterrar los cimientos de la torre de Antonia y construirle un pasaje para que estuviera listo cuando llegara su ejército;
>
> mientras él mismo le había traído a Josefo (porque se le había informado que ese mismo día, que era el decimoséptimo día de Panemus, [Tamuz,] el sacrificio llamado "el sacrificio diario" había fallado, y no había sido ofrecido a Dios por falta de hombres para ofrecerlo...[180]

En la sección citada a continuación del libro *Antigüedades Judías*, Josefo nuevamente explica su comprensión de que la destrucción de Jerusalén fue el cumplimiento de las profecías de Daniel. He incluido el argumento, que contribuye a su posición, que el cumplimiento de las profecías prueba la existencia de Dios. Este argumento es históricamente interesante en que puede revelar el razonamiento que los "misioneros" cristianos utilizaron entre los esclavos y campesinos del siglo I. En otras palabras, el cumplimiento de las profecías, las cuales por supuesto son representadas por la combinación del Nuevo Testamento con las obras de Josefo, no solo "prueban" que Dios existe, sino que, además, su providencia estaba con los romanos. También insinúa la obsesión de esa Era con las profecías, mostrando el porqué fue considerada como una parte tan importante para el Ministerio de Jesús.

> Y de hecho sucedió que nuestra nación sufrió estas cosas bajo Antíoco Epífanes, de acuerdo con la visión de Daniel, y aquello que escribió muchos años antes de que sucediera.

De la misma manera, Daniel también escribió sobre el gobierno romano, y que nuestro país debería ser arrasado por ellos.

Todo esto dejó este hombre por escrito, tal como Dios se lo había enseñado, de tal manera que, al leer sus profecías y ver cómo se han cumplido, se maravillaría del honor con que Dios honró a Daniel; y de allí descubrir cómo los Epicúreos están en un error,

quienes expulsan a la Providencia de la vida humana, y no creen que Dios se encargue de los asuntos del mundo, ni que el universo esté gobernado y continúe siendo por esa bendita e inmortal naturaleza, digamos que el mundo se lleva por sí solo, sin un gobernante y un curador;

lo cual, si carecían de una guía para conducirlo, como imaginan, sería como barcos sin pilotos, que vemos ahogados por los vientos, o como carros sin conductores, que son volcados; así el mundo se haría pedazos al ser llevado sin una Providencia, y así perecería, y quedaría en nada.

De modo que, según las predicciones antes mencionadas de Daniel, esos hombres me parecen muy errados en cuanto a la verdad, quienes determinan que Dios no ejerce providencia sobre los asuntos humanos; porque si ese fuera el caso, que el mundo continuara por necesidad mecánica, no deberíamos ver que todas las cosas sucederían de acuerdo con su profecía. [181]

El argumento de Josefo, sobre si las profecías de Daniel entregan evidencia sobre la idea de que "esos hombres me parecen muy errados de la verdad, quienes determinan que Dios no ejerce providencia sobre los asuntos humanos", es el que sospecho fue utilizado por los convertidos originales al cristianismo. En otras palabras, debido a que en *Las Guerras de los Judíos* se revela que las profecías de Jesús han "acontecido", eso demostraría la divinidad de Jesús. Esta "prueba" de la divinidad de Jesús habría hecho imposible negar el Nuevo Testamento y las otras reivindicaciones -que los judíos son malvados, que los esclavos deben obedecer, etc. ¿Quién puede argüir que con el cumplimiento de la profecía se ha demostrado que es la "palabra de Dios"?

Además, cuando el Nuevo Testamento ha hecho que Jesucristo prediga "la abominación de la desolación", ¿cómo podría el lector "comprender" a lo que se refiere? Nada en el Nuevo Testamento permite a sus lectores entender que la compleja secuencia profética que Daniel utiliza para predecir "la abominación de desolación" terminaría por ocurrir durante la destrucción romana de Jerusalén. Solamente un libro ha revelado la información que el lector necesita para llegar a esa interpretación: *Las Guerras de los Judíos*. Por lo tanto, el "lector" al que se refiere Jesús debió además estar consciente de que Josefo registró el cumplimiento de las profecías de Daniel como ocurrieron en el siglo I. Sin Josefo, las palabras de Cristo no tienen sentido.

Nótese que Jesús está brindando apoyo a la afirmación de Josefo respecto a que las profecías de Daniel están "aconteciendo". La lógica funciona al revés. Jesús utiliza el vocabulario de Daniel identificándose a sí mismo como el Mesías de Daniel. Si Jesús fuera el Mesías de Daniel, entonces la destrucción de Jerusalén debe ser la que profetizó Daniel, porque ocurrieron en la misma línea temporal. El Nuevo Testamento y las obras de Josefo están completamente interconectadas y se apoyan mutuamente.

Finalmente, Jesús y Josefo "recomendaron" un solo profeta a sus lectores. En este caso, ambos recomendaron a Daniel. Josefo escribe:

> ... sin embargo, si alguien está tan deseoso de conocer la verdad como para no agitar esos puntos de curiosidad, y no puede frenar su inclinación por comprender las incertidumbres del futuro, y si ocurrirán o no, que sea diligente al leer el libro de Daniel, que encontrará entre los escritos sagrados.[182]

Tanto los autores del Nuevo Testamento como Josefo intentaron que sus lectores llegaran a las mismas conclusiones equívocas respecto a las profecías de Daniel, que acontecieron en el siglo I. Este hecho sugiere que la misma persona o grupo produjera ambos libros, porque dos autores no habrían llegado, por accidente, a tal conclusión.

CAPÍTULO 14

LA CONSTRUCCIÓN DE JESÚS

Los autores de los Evangelios construyeron a Jesús basados en la vida de varios profetas del canon judío. Entonces, desde Elijah y Elisha se habían resucitado a niños, Jesús va a hacer lo mismo. Cada vez que es posible, los milagros de Jesús serán más grandes que los originales. Por ejemplo, Elisha satisfizo a cien hombres con veinte piezas de pan y quedó pan para repartir.[183] Jesús por su parte va a alimentar cinco mil hombres con dos piezas de pan, y dos peces, y le quedaron doce canastas llenas para repartir. Debido a que Jesús era el profeta nombrado en las profecías de Daniel. Sin embargo, muchos de los logros extraordinarios del ministerio de Jesús fueron tomados de las vidas de profetas anteriores, aunque el personaje en que estuvo basado principalmente, fue Moisés. Moisés fue elegido como el prototipo básico para Jesús porque aquel fue el fundador de la religión que el cristianismo iría a reemplazar. El fundador de la nueva religión tendría que ser visto como un nuevo Moisés. Esto ya ha sido ampliamente demostrado en los estudios académicos del Nuevo Testamento.

El hecho de que Jesús se basara en Moisés es fácil de demostrar porque los autores de los Evangelios se salieron de su camino para asegurarse que los convertidos al cristianismo entendieron esto. Por ejemplo, la historia de la infancia de Jesús en Mateo está basada en la infancia de Moisés. El esquema es el mismo en ambos casos -el nacimiento de un niño causa desesperación a la clase dominante, seguida de una consulta con los hombres sabios, una masacre de niños y un salvamento milagroso con Egipto como la tierra de rescate.

Además de la creación de paralelos entre las vidas de los fundadores de dos religiones, los autores de los Evangelios recuperaron eventos de la historia del Éxodo para crear la impresión que el cristianismo, como el judaísmo, tuvo un origen divino. Lo más conocido de esto son los paralelos que utilizan los Evangelios para hacer aparecer a Jesús como "un cordero de pascua", estableciéndolo como el "repartidor" de la religión que reemplazaría al judaísmo.

Los cuatro Evangelios exponen, como lo hace Paul, que la Pascua (Passover) y el judaísmo mismo están obsoletos. El deliberado sacrificio de Jesús crea una nueva Pascua y religión. Es importante darse cuenta cuán literal se vio el cristianismo temprano como una substitución del judaísmo, incluso hasta el extremo de que los tempranos padres de la Iglesia pensaron que los antiguos hebreos eran cristianos y no judíos. Eusebio escribió.

> Que la nación hebrea no es nueva, pero es universalmente honrada debido a su antigüedad es conocido por todos. Los libros y escritos de este pueblo contienen relatos de hombres antiguos, realmente raros y pocos en número, pero que, sin embargo, se distinguen por su piedad, rectitud y cualquier otra virtud. De estos, algunos hombres excelentes vivieron antes del diluvio, otros de los hijos y descendientes de Noé vivieron después, entre ellos Abraham, a quien los hebreos celebran como su propio fundador y antepasado. Si alguien afirmara que todos los que han gozado con el testimonio de la justicia, desde el propio Abraham hasta el primer hombre, fueron cristianos, de hecho, si no en nombre, el no estaría yendo sobre la verdad. [184]

Jesús introduce la idea que el cristianismo reemplazará al judaísmo al señalar que su "carne viva" será el reemplazo del maná que Dios les dio a los israelitas durante su vagabundeo por el desierto.

> Vuestros padres comieron el maná en el desierto, y murieron. Éste es el pan que desciende del cielo, para que coman de él y no mueran. Yo soy el pan vivo que descendió del cielo; si alguien come de este pan, vivirá para siempre; y el pan que yo daré es mi carne, la cual yo daré por la vida del mundo. Entonces los judíos contendían entre sí, diciendo: ¿Cómo puede éste darnos a comer su carne?
>
> Juan 6:49-52

Para demostrar que el origen divino del cristianismo paralela al judaísmo, los autores del cristianismo tomaron los eventos de la historia del Éxodo original, que tenían números asociados con ellos, e insertaron esos números dentro de su propia historia del origen del cristianismo. En otras palabras, debido a que Dios le diera a Moisés la Ley cincuenta días después de la primera Pascua, el cristianismo daría la "nueva" ley cincuenta días luego de la Pascua: la crucifixión de Jesús.

El día en que la Ley de Moisés fue revelada, 3000 murieron por adorar al Becerro de Oro.[185] El día que el "espíritu" fue dado a los discípulos de Cristo, 3000 fueron agregados y recibieron vida,[186] significando que el pacto mejorado con Dios trajo la vida.

Estos paralelos fueron obviamente creados para establecer el cristianismo como nuevo judaísmo. Los evangelios y las obras de Josefo trabajan en conjunto para conseguir este objetivo. El Nuevo Testamento registra el nacimiento del nuevo judaísmo mientras la historia de Josefo registra "la muerte" del Segundo templo del judaísmo.

Todos los paralelos que he establecido, entre el cristianismo y el judaísmo y entre Jesús y Moisés, son bien conocidos. Además, los autores de los evangelios también establecieron otra cosa hasta aquí desconocida. Al observar especularmente la secuencia encontrada en la historia del Éxodo y al establecer la "crucifixión" de Jesús como el nuevo Cordero de Pascua, han establecido un continuum, uno que refleja la historia de los Israelitas dejando Egipto y "deambulando" hasta que se les permitió entrar a la tierra prometida cuarenta años después de la primera Pascua. Por el lado de la secuencia temporal del cumplimiento de las profecías de Daniel, una vez que el continuum del "nuevo Éxodo" ha comenzado, ya no habrá pausa hasta que todo haya acontecido.

¿Cuál es la conclusión para los cuarenta años errantes del Nuevo Testamento? Debido a que los Evangelios finalizan con la muerte de Jesús, ¿dónde está la conclusión para el cristianismo de los cuarenta años de Éxodo registrada? La respuesta se encuentra dentro de *Las Guerras de los Judíos*.

Para concluir el ciclo de cuarenta años para el cristianismo, Josefo conecta la fecha de la crucifixión con la fecha que él establece para la destrucción de la fortaleza judía de Masada. Josefo "registra" que el fuerte fue destruido en el año 73 E.C. Los académicos, citando evidencia arqueológica, generalmente ofrecen fechas para la destrucción de Masada en el año 74, no en el 73 E.C. Probablemente están en lo cierto, pero Josefo no estaba interesado en registrar la historia, sino en crear una mitología. Él consecuentemente tituló el capítulo que contiene el pasaje donde describe la destrucción de Masada de la siguiente manera:

LIBRO 7
-CONTENIENDO EL INTERVALO DE CERCA DE
TRES AÑOS.

DESDE LA DERROTA DE JERUSALÉN POR TITO, A LA
SEDICION DE LOS JUDIOS EN CYRENE. [187]

Josefo no necesita ser más preciso que la frase "cerca de tres años". Si este segmento de tiempo no es preciso, y ciertamente que lo es, ¿quién ha estado allí para señalar el error? Josefo solo está interesado en utilizar "la historia" para transmitir su mensaje. En esta instancia, él le desea al lector que crea que Masada cayó tres años y medio luego de la destrucción del templo, esto es en el año 73 E.C.

Josefo luego anota el día y el mes de la conclusión para el sitio de Masada.

> Luego eligieron a diez hombres por sorteo para matar a todos los demás; cada uno de los cuales se tumbó junto a su esposa e hijos en el suelo, y los abrazó, y ofrecieron sus cuellos al golpe de aquellos que, por sorteo, ejecutaron ese melancólico cargo;
>
> y cuando estos diez, sin miedo, los mataron a todos, hicieron la misma regla para echar la suerte para ellos, que aquel a quien le correspondió el primer grupo debía matar a los otros nueve, y después de todo debería suicidarse...
>
> Los otros eran novecientos sesenta en número, y las mujeres y los niños estaban incluidos en ese cálculo.
>
> Esta calamitosa matanza se realizó el decimoquinto día del mes Xandikos [Nisán].[188]

Josefo anota que el catorce de Nisán es el día cuando los judíos celebraban la Pascua. El Evangelio de Juan señala que Jesús fue crucificado el trece de Nisán y que resucitó el quince. El quince de Nisán del año 73 E.C. corresponde a cuarenta años hasta el día de la resurrección de Cristo. Solamente los lectores de ambos textos, los Evangelios y Josefo podrían estar conscientes de este preciso período de exactos cuarenta años.

En otras palabras, el Evangelio de Juan establece la fecha de la resurrección de Jesús como el quince de Nisán, año 33 E.C., y Josefo establece la fecha del final de la guerra judía como el quince de Nisán del año 73 E.C. Es solo cuando ambos libros son leídos juntos que los lectores tienen la posibilidad de comprender que pasaron, precisamente como Jesús lo había predicho, *exactamente cuarenta años* entre los dos eventos. Nuevamente, ya sea que Josefo, sin darse cuenta, registró algo verdaderamente sobrenatural, o que los dos libros han sido perfectamente alineados para crear este efecto.

Los autores del Nuevo Testamento y Josefo, entonces, crearon un paralelo entre los primeros cuarenta años del judaísmo, durante los cuales los israelitas vagaron por el desierto y los primeros cuarenta años del cristianismo, los cuales fueron representados desde el supuesto tiempo de la "muerte" de Jesús hasta que los romanos completaron la conquista de Israel. Estos cuarenta años, que pueden ser llamados "itinerantes" para el cristianismo, están fechados desde la resurrección de Cristo el quince de Nisán, del año 33 E.C. hasta el final de la rebelión judía, la cual está marcada por la destrucción de los Sicarios, el movimiento que el cristianismo reemplazó el año 15 de Nisán del año 73.

El paralelo de los cuarenta años de itinerancia entre las dos religiones es, por supuesto, la continuación de dos paralelos entre Jesús y Moisés; ambos crearon la impresión de que el origen del cristianismo es equivalente al origen divino del judaísmo. Los cuarenta años de vagabundeo para el cristianismo fueron inspirados por el siguiente pasaje de Joshua, el que describe lo que les ocurrió a los israelitas luego de la Pascua original.

El pasaje deja en claro la lógica detrás de la decisión de los autores del Nuevo Testamento de establecer precisamente un intervalo de cuarenta años entre la muerte de Jesús y la destrucción de la fortaleza judía de Masada. Desean demostrar no solo que el origen del cristianismo paralela al del judaísmo, lo que prueba que ha reemplazado la especial relación del judaísmo con Dios, sino que también que la destrucción de Jerusalén del 70 E.C. ha sido ordenada por la divinidad. Los "hombres de guerra fueron consumidos porque no obedecieron la voz del Señor" -exactamente como había ocurrido luego de la Pascua original.

> Porque los hijos de Israel anduvieron por el desierto cuarenta años, hasta que todos los guerreros que habían salido de Egipto fueron consumidos, por cuanto no obedecieron a la voz del Señor: por lo cual Jehová les juró que no les dejaría ver la tierra de la cual Jehová les había jurado a sus padres que nos la daría, una tierra que fluye con leche y miel. [189]

Cuarenta años es el período tradicional de penitencia de los israelitas, tanto como el largo de una generación. Esta tradición surge, por supuesto, de los cuarenta años originales de itinerancia. Al darle los romanos al cristianismo un ciclo de cuarenta años, estaban "probando" que su conquista de Judea era sencillamente otro caso de la indignación de Dios por la maldad de los judíos, como ha sido a menudo registrada por la propia literatura religiosa judía.

> Los hijos de Israel volvieron a hacer lo malo ante los ojos de Jehová; y Jehová los entregó en manos de los filisteos por cuarenta años. [190]

Quiero subrayar cuán importante es este período de cuarenta años después de la muerte de Jesús para la teoría de que hay una sola fuente para el Nuevo Testamento y las obras de Josefo. En el Evangelio de Juan el ministerio de Jesús es descrito como que ha abarcado tres Pascuas. Estas tres Pascuas no son mencionados en los Evangelios Sinópticos. El autor de Juan conscientemente establece que la fecha de la muerte de Cristo ocurrió en el año 33 E.C. Él hace esto porque esta es la única manera posible, aritméticamente, para crear la correcta relación con las profecías de Daniel y, además, para crear un ciclo de cuarenta años entre la resurrección de Jesús y el final de la guerra judía.

Las obras de Josefo han sido deliberadamente configuradas para demostrar que las profecías de Daniel culminan en el año 70 E.C. con la destrucción de Jerusalén -una visión que comparte con los escritores de los evangelios.

Para poder probar que Roma tenía la divina providencia de Dios, los creadores del cristianismo ofrecieron "evidencia" de que el saqueo de Jerusalén del año setenta fue anticipado por Daniel, teniendo como evidencia las "historias" de Josefo. De esta forma, todas las importantes fechas de la vida de Jesucristo fueron calculadas en reversa para estar en conjunción con la destrucción de Jerusalén. Esto es completamente claro en relación con el comienzo de su ministerio y su resurrección. Mi conjetura es que el nacimiento de Jesús fue también establecido exactamente setenta años antes del cerco de Jerusalén. Aunque los académicos han ofrecido numerosas explicaciones respecto a la razón de que el nacimiento de Cristo fue exactamente setenta años antes de la destrucción de Jerusalén, mi análisis sugiere que fue hecho para copiar los setenta años "en la desolación de Jerusalén" descrita en el libro de Daniel.

> [E]n el año primero de su reinado, yo, Daniel, miré atentamente en los libros sagrados el número de los años de que habló Jehová al profeta Jeremías, que habían de cumplirse sobre las ruinas de Jerusalén: setenta años.[191]

Las fechas de la vida de Jesús fueron simplemente más "piezas" del judaísmo escogidas por los creadores del cristianismo para alcanzar sus requerimientos lógicos y teológicos. Los eventos centrales del cristianismo -el nacimiento de Cristo, el comienzo de su ministerio, y su muerte son el año 1 E.C., el año 30 E.C., y el año 33 E.C. Todas estas fechas fueron calculadas hacia atrás a partir de la destrucción de Jerusalén. Fueron elegidas para calzar dentro del patrón que combinaban las profecías de Daniel y la vida de Moisés.

El comienzo del ministerio de Jesús en el año 30 E.C. fue calculado que ocurriera precisamente cuarenta años desde el día en que los romanos, bajo Tito, levantaron el campamento fuera de Jerusalén, "Segunda venida". Este sistema calendario no se basa en el nacimiento de un líder religioso, histórico-mundial, sino que se orienta a partir de la destrucción de la ciudad.

Entonces la cronología teológica creada por los inventores del cristianismo acontece en un ciclo de cuarenta años entre la resurrección de

Jesús y la caída de Masada. Mientras este ciclo de cuarenta años estaba en movimiento, las otras plantillas del cristianismo, las profecías de Daniel, acontecen simultáneamente.

De hecho, la versión cristiana de las Profecías de Daniel estaba llegando a su conclusión *el mismo día* como el período de los cuarenta años de "vagabundeo".

En el siguiente pasaje, nótese que el día que los romanos acamparon en las afueras de Jerusalén fue el 14 de Nissan. Josefo está nuevamente falsificando la historia para crear un paralelo entre el ministerio de Jesús y la campaña de Tito, y un punto de orientación en las profecías de Daniel.

La fecha que ofrece Josefo para señalar la fecha en que los romanos acamparon fuera de Jerusalén, fue exactamente cuarenta años desde la primera de las tres Pascuas utilizado por Juan para fechar el ministerio de Jesús -el día cuando Jesús vino por primera vez a Jerusalén. [192] Josefo espera que nosotros creamos que Jesús vino a Jerusalén cuarenta años antes de que Tito comenzara el sitio a Jerusalén, un cerco que Jesús predijo que ocurriría antes que su generación desapareciera. También desea que nosotros creamos que Masada cayó cuarenta años desde el día de la resurrección de Jesús. Estos dos perfectos ciclos de cuarenta años, por supuesto, absurdos en sí mismos, muestran la conexión planificada entre el Nuevo Testamento y *Las Guerras de los Judíos*.

A continuación, he transcrito el pasaje completo porque muestra la brutalidad de la destrucción. Tómese nota del uso del "arrepentirse" en conjunción con los rebeldes judíos.

> Y, de hecho, ¿por qué relaciono estas calamidades particulares? mientras Maneo, el hijo de Lázaro, vino corriendo a Tito en este mismo momento, y le dijo que se la había llevado a cabo a través de esa única puerta, que estaba confiada a su cuidado, no menos de ciento quince mil ochocientos ochenta cadáveres, en el intervalo entre el decimocuarto día del mes Xanthieus, [Nisán,] cuando los romanos acamparon en su campamento junto a la ciudad, y el primer día del mes Panemus [Tamuz].
>
> Esta era en sí misma una multitud prodigiosa; y aunque este hombre no fue puesto como gobernador en esa puerta, fue

designado para pagar el estipendio público por llevar estos cuerpos, por lo que se vio obligado a enumerarlos, mientras que el resto fueron enterrados por sus parientes; aunque todo su entierro fue solo esto, para llevarlos lejos y echarlos de la ciudad.

Después de este hombre, siguieron a Tito muchos de los ciudadanos eminentes, y le dijeron el número entero de los pobres que habían muerto, y que no fueron menos de seiscientos mil los fueron sacados de las puertas, aunque aún el número del resto no podía ser descubierto

y le dijeron además que, cuando ya no podían llevar los cadáveres de los pobres, depositaban sus cadáveres sobre montones en casas muy grandes y los encerraban allí;

como también que un *medimnus* (52 a 58 litros) de trigo fue vendido por un talento; y que, un tiempo después, no fue posible recolectar hierbas, debido a que la ciudad estaba completamente amurallada, algunas personas fueron llevadas a esa terrible angustia como para buscar en las alcantarillas comunes viejos desechos de ganado, y comer el estiércol que llegó allí; y lo que antes no podían soportar tanto como para ver que ahora usaban como alimento.

Cuando los romanos escucharon todo esto, lamentaron su caso; mientras que los sediciosos, que también lo vieron, no se arrepintieron, sino que sufrieron la misma zozobra que ellos mismos; porque estaban cegados por ese destino que ya venía sobre la ciudad, y también sobre ellos mismos.

Es importante tener presente este extracto porque las secuencias de tiempo de Josefo son ficticias, no hay una verdadera manera de saber cuándo Jerusalén fue destruido o cuando cayó Masada. En efecto, si concluimos que todas las fechas de Josefo no son confiables, perdemos completamente nuestra comprensión cronológica del siglo I. Pero esto es aledaño en relación con este trabajo. Todo lo que necesitamos saber es si Josefo fue creando *intencionalmente* la impresión de que fueron siete años desde el comienzo de la guerra hasta la caída de Masada. De esto podemos estar seguros porque el preciso arreglo de las fechas requiere "probar" que las profecías de Daniel estaban ocurriendo, y podrían ser evidencia de la mano de Dios en la tierra o - que fueron creadas intencionalmente.

En efecto, todas las fechas que menciona Josefo alineadas con el Nuevo Testamento son esperables. Una vez que Josefo conectó eventos de la guerra con las profecías de Daniel, ya no puede detenerse hasta las conclusiones de la "semana" -esto es, tres años y medio desde el momento en que concluyó el "sacrificio diario". Así como una vez que el Nuevo Testamento comienza con el ciclo de cuarenta años del Éxodo con el establecimiento del Cordero de Pascua, ya no podría detenerse hasta que "los hombres de la guerra fueron consumidos debido a que no atendieron la voz del Señor".

El Libro de Daniel señala:

> [H]ará que se concierte un pacto con muchos por una semana;
> a la mitad de la semana hará cesar el sacrificio y la ofrenda; y
> en el ala del templo estará la abominación horrible, hasta que
> la ruina decretada se derrame sobre el desolador... [194]

Una vez que Josefo afirma que el fin del sacrificio diario ocurre exactamente tres años y medio desde el comienzo de la "semana", esto es desde el comienzo de la guerra, debe mantenerse dentro de los parámetros de las profecías de Daniel para ser capaz de probar que efectivamente ocurrieron. Debe concluir la "semana" de siete años, tres años y medio desde el fin del sacrificio diario. Orienta al lector sobre esta estructura temporal el título que Josefo crea para el capítulo de *Las Guerras de los Judíos* que describe la destrucción de Masada.

CONTENIENDO EL INTERVALO DE ALREDEDOR DE TRES AÑOS.

DESDE LA TOMA DE JERUSALÉN POR TITO, HASTA LA SEDICION DE LOS JUDIOS EN CIRENE.

Nótese que el título de este capítulo utiliza el mismo mecanismo que el autor utiliza para orientar la caída de Masada al ciclo de cuarenta años. Las dos fuentes del apoyo teológico para el cristianismo, Moisés y Daniel, han sido fundidos. Van marchando hacia una conclusión simultánea en Masada el día en que el cristianismo remplazó al judaísmo.

Josefo bosqueja el panorama simbólico de su golpe teológico al anotar que el líder de los rebeldes judíos en Masada era otro Eleazar -quien como se ha comentado anteriormente, era un descendiente de Judas el Galileo, y como su ancestro, un líder de los Sicarios.

El Nuevo Testamento y Josefo trabajan juntos para crear una sutil pero clara relación entre las familias de Judas el Galileo, sus seguidores Sicarios, y Jesús, su familia y sus seguidores.

Esta relación tiene tres puntos centrales. Primero, el Nuevo Testamento anota que la familia de Jesús está de acuerdo en pagar los impuestos romanos al ir a Belén para registrarse en el censo de Quirino. Esto sitúa a la familia de Jesús en oposición directa a Judas el Galileo porque Josefo registra lo siguiente:

> [E]n el año primero de su reinado, yo, Daniel, miré atentamente en los libros sagrados el número de años de que habló Jehová al profeta Jeremías, que habían de cumplirse sobre las ruinas de Jerusalén: setenta años...[195]

Segundo, en el Nuevo Testamento se registra que Judas el Iscariote (Sicario), hijo de Simón el Iscariote, fue responsable de la crucifixión de Jesús, de esta manera mostrando que los sicarios son responsables de la muerte de Jesús.

> Se refería a Judas Iscariote, hijo de Simón; porque éste era el que le iba a entregar, siendo uno de los doce.
>
> Juan 6:71

> Y cuando cenaban, como el diablo ya había puesto en el corazón de Judas Iscariote, hijo de Simón, que le entregase...
>
> Juan 13:2

Finalmente, Josefo anota que Eleazar, un descendiente de Judas el Galileo y los seguidores sicarios se destruyeron en Masada cuarenta años desde el día de la resurrección de Cristo. Esto identifica perfectamente a los sicarios como miembros de la generación "malvada" a quien Jesús les advirtió que serían destruidos antes que su generación desapareciera.

La caída de Masada concluye lo que Josefo ha descrito como la "cuarta filosofía", un sinónimo para los sicarios, el movimiento mesiánico fundado por Judas el Galileo. El suicidio de los sicarios este día quiso significar la "expiación" por su responsabilidad en la crucifixión de Jesús cuarenta años atrás. Al concluir simbólicamente los cuarenta años del "vagabundeo" del cristianismo y al mismo tiempo el final de la "cuarta filosofía", el movimiento mesiánico que reemplazó el cristianismo, Josefo está señalando que el futuro pertenece al cristianismo.

Y, por supuesto, que estaba en lo correcto: el futuro efectivamente perteneció al cristianismo. En la mitad del siglo II E.C., el judaísmo había sido expulsado de su tierra y jamás volvería a ser una amenaza significativa para Roma.

Josefo, al registrar la caída de Masada, plantea muchos puntos significativos: reitera que Juan, el líder sicario que fue satirizado como el Apóstol Juan, como el hombre de Gadara con su espíritu sucio del Nuevo Testamento, *llenó el campo con maldad*.

> Sin embargo, Juan demostró con sus acciones que estos Sicarios eran más moderados que él mismo, ya que no solo mató a todos los que le dieron buenos consejos para hacer lo correcto, sino que los trató lo peor de todo, como los enemigos más amargos que él ha tenido entre todos los ciudadanos; no, él llenó su país entero con diez mil instancias de maldad…

> *Las Guerras de los Judíos*, 7, 8, 263

Josefo escribió sobre la creencia de Eleazar de que Dios condenó a la Nación Judía. Lo que no se dice, ya que Dios ha condenado al judaísmo, es que el cristianismo es su reemplazo.

De hecho, había sido apropiado para nosotros haber conjeturado sobre el propósito de Dios mucho antes, y al principio, cuando estábamos tan deseosos de defender nuestra libertad, y cuando recibimos tanto dolor el uno del otro, y peor trato de parte de nuestros enemigos, y haber tenido la sensación de que el mismo Dios, que había tomado a la nación judía a su favor, los había condenado a la destrucción...

Las Guerras de los Judíos, 7, 8, 327

Josefo hace a Eleazar repetir una y otra vez que Dios se ha ido en contra de los judíos.

...Dios mismo nos priva abiertamente de toda esperanza de liberación; porque el fuego que fue lanzado sobre nuestros enemigos no volvió por sí solo al muro que habíamos construido; este fue el efecto de la ira de Dios contra nosotros por nuestros múltiples pecados, de los cuales hemos sido culpables de la manera más insolente y extravagante con respecto a nuestros propios compatriotas;

cuyos castigos no recibimos de los romanos, sino de Dios mismo... sin embargo, las circunstancias en las que nos encontramos ahora deberían ser un estímulo para nosotros para soportar tal calamidad con valentía, ya que es por la voluntad de Dios, y por necesidad, que debemos morir; porque ahora parece que Dios ha hecho un decreto tal contra toda la nación judía, que debemos ser privados de esta vida que [él sabía] que no haríamos un uso debido. Esto es que nuestras leyes nos ordenan hacer esto, es lo que nuestras esposas e hijos anhelan en nuestras manos; no, Dios mismo ha traído esta necesidad sobre nosotros; mientras que los romanos desean lo contrario, y tienen miedo de que ninguno de nosotros muera antes de que nos tomen. Por lo tanto, apresurémonos, y en lugar de brindarles tanto placer, como esperan obtener para ponernos bajo su poder, dejémosles un ejemplo que de inmediato causará asombro por nuestra muerte y admiración por nuestra resistencia allí". [196]

La sospecha que unos estudiosos tienen en relación a la precisión del discurso de Eleazar, es bien fundada. Además, debieran también cuestionar las fechas de Josefo para el sitio y para la caída de Masada, las cuales no son más históricas que sus descripciones del sitio o el discurso de Eleazar. Las fechas han sido inventadas para proveer respaldo al cristianismo. Aquellos lectores que quieran confirmar mis descubrimientos por sí mismos, deben simplemente tomar las fechas del ministerio de Jesús y su crucifixión como son encontradas en el Evangelio de Juan y compararlas con las fechas que Josefo provee para los eventos de la guerra y el uso que este hace de las frases del libro de Daniel. La verdad se hará visible.

Cuando Josefo finaliza la guerra el día siguiente de Pascua en el 73 E.C. unifica los dos "principios" en que el cristianismo fue basado -en el Éxodo y en el libro de Daniel. Solo el día en que Josefo escribe para concluir el sitio de Masada se completa simultáneamente la semana de siete años que concluye las profecías de Daniel y el final del "vagabundeo" simbólico de cuarenta años del cristianismo luego de la resurrección de Jesús. Tal ocurrencia milagrosa no podría ocurrir por casualidad, y apoya la teoría de que Josefo ha falsificado la historia para mostrar que Dios ha reemplazado el judaísmo por el cristianismo. Nótese que la técnica que los autores del cristianismo utilizaron es consistente todo el tiempo. Simón y Juan son transformados en apóstoles cristianos. La historia de la Pascua y el Éxodo se transforma en los primeros cuarenta años del cristianismo. Tito se transforma en el Mesías.

Uno debe admirar la capacidad creativa de los intelectuales que produjeron los trabajos de Josefo y del Nuevo Testamento. Aunque el método que usaron -la fusión de las profecías de Daniel con un nuevo Éxodo de cuarenta años- fue completamente absurdo desde ambas perspectivas, la teológica y la histórica, con ello pudieron remover limpiamente un movimiento religioso que se oponía militarmente a ellos y reemplazarlo con uno alineado a sus intereses. Al hacerlo, pudieron relacionar historia y teología hasta tal punto que un movimiento termina y el otro comienza en el mismo día.

Es interesante que los creadores del cristianismo no traspasaran esta fusión teológica a los padres tempranos de la Iglesia. No existe evidencia que ninguno de los tempranos padres de la Iglesia, con la posible excepción de Eusebio, comprendiera que la destrucción de Masada representaba la conclusión simultánea de los cuarenta años de "vagabundeo" cristiano y las profecías de Daniel. Los intelectuales que produjeron el cristianismo no vieron su trabajo apreciado por 2.000 años.

Esta desconexión entre los creadores del cristianismo y sus implementadores es fascinante porque sugiere que sus primeros obispos no necesitaron comprender un elemento clave del cristianismo. Esto puede tener alguna relación con el tema del interés, pero esto es algo que no voy a cubrir en este trabajo. Siendo así, ¿en qué punto el cristianismo perdió la memoria de sus orígenes romanos? La falta de conocimiento de este elemento teológico fundamental por parte de los primeros padres de la Iglesia tal vez sugiere que esta desconexión ocurrió muy tempranamente. Un ejemplo de un estudioso temprano de la Iglesia que no comprendió el intento original del Nuevo Testamento fue Orígenes, quien tuvo problemas con el nombre "Jesús Barrabas". Por otro lado, Cesare Borja, un católico Romano del siglo XV, cardenal e hijo del Papa Alejandro VI (Rodrigo Borja) se le ha citado diciendo, "Nos ha servido bien, este mito de Jesús".

El lector pudiera encontrar interesante de ver cómo los cuarenta años de "vagabundeo" del cristianismo fue alcanzado. El Evangelio de Juan fue creado, entre otras razones, para proveer el necesario punto de orientación para comenzar el ciclo de cuarenta años. La fecha fue determinada al calcular el tiempo al revés.

Josefo registra que la destrucción de Masada ocurre el quince de Tarifa (Xanthicuos).

> Esta matanza catastrófica fue hecha el día quince del mes de Xandikos... [197]

Xandikos es la palabra siria para Nisán. Este es un típico juego de manos de Josefo para no hacer tan obvias sus verdaderas referencias. Josefo además registra que la Pascua Judía fue celebrada el catorce de Xandikos /Nisán.

Pero cuando Dios había indicado que con una plaga más obligaría a los egipcios a dejar ir a los hebreos, le ordenó a Moisés que le dijera a la gente que debían tener un sacrificio listo y que debían prepararse para el décimo día del mes Xandikos, en preparación para el decimocuarto, [este mes es llamado por los egipcios Farmuti, Nisán por los hebreos; pero los macedonios lo llaman Xandikos,] y entonces él debería llevarse lejos a los hebreos con todo lo que tenían. [198]

El Evangelio de Juan difiere de los Sinópticos en sus tiempos porque Juan describe tres Pascuas y de esta forma le da al ministerio de Jesús un espacio de tres años. Los sinópticos describen solo tres Pascuas y entonces no revelan el año en que Jesús fue crucificado.

El Evangelio de Juan es también diferente de los Sinópticos en cuanto describe que la crucifixión de Jesús ocurrió un día antes de Pascua, en cambio, en los Sinópticos Cristo es crucificado en la misma Pascua porque Jesús tenía que ser el cordero de Pascua para el nuevo judaísmo; por lo tanto, esta imagen central del cristianismo fue promovida en cada uno de los Evangelios -en contraste con el judaísmo rabínico, el cual meramente editó o reemplazó cada una de las características del segundo templo del judaísmo que no podrían ser realizadas sin el Templo. Sin embargo, los Sinópticos cometen un "error" en que registraron la crucifixión de Cristo ocurriendo el día de Pascua. En el Evangelio de Juan, Jesús es "sacrificado" el día anterior a la Pascua, cuando los corderos del sacrificio son efectivamente terminados. La fecha de Juan es más correcta simbólicamente porque hace de Jesús el "verdadero cordero de Dios que puede eliminar los pecados del mundo". [199]

Las diferencias entre las fechas de la crucifixión de Jesús han sido siempre atribuidas al hecho que cada Evangelio proviene de una tradición diferente. Yo, por supuesto, voy a estar en desacuerdo y reiterar que mientras los cuatro evangelios pudieran haber sido producidos por diferentes intelectuales individuales, estuvieron bajo el control de un solo editor que los editó para hacerlos coincidir. Esto ha quedado demostrado con mi análisis del acertijo de la tumba vacía (Capítulo 7).

Por lo tanto, las diferencias en las fechas de la crucifixión de Jesús han sido diseñadas. Esto es, muestran que hubo más de un "Jesús" porque nadie puede ser crucificado dos veces.

De cualquier modo, la cronología de Juan anota que Jesús fue crucificado el 13 de Nisán, un día anterior a la Pascua. Por lo tanto, Jesús se habría "levantado" el día 15 de Nisán -el tercer día. Josefo debe consecuentemente fechar el suicidio en masa en Masada, el "calamitoso sacrificio" que concluyó con la rebelión judía, el 15 de Nisán. Solamente con esta fecha el cristianismo puede ser "correctamente" alineado.

Eusebio, quien cita a Josefo más que ninguno de sus contemporáneos, sabía del ciclo de cuarenta años de penitencia que Josefo describe entre la crucifixión de Cristo y la destrucción de Masada.

> Concerniente a esas calamidades, entonces, que experimentó toda la nación judía luego de la pasión, y luego de las palabras que pronunciaron la multitud de judíos cuando rogaron por la liberación del ladrón y asesino, pero suplicaron que el Príncipe de la vida debiera ser sacado de su neblina, no es necesario agregar nada más al relato del historiador (Josefo).

> Pero pudiera ser adecuado mencionar también aquellos eventos que recibieron la gracia de toda esa buena Providencia que contuvo su destrucción por cuarenta años luego de su crimen en contra de Cristo -durante aquel tiempo muchos de los apóstoles y discípulos y Jaime mismo, el primer obispo de allí, que es denominado el hermano del Señor, estaban aún vivos y viviendo en Jerusalén mismo, convirtiéndose en el baluarte más seguro del lugar. La Divina Providencia, por lo tanto, todavía demostró ser paciente con ellos para ver si ellos por arrepentimiento por lo que habían hecho pudieran haber obtenido perdón y salvación, y además de tan largo sufrimiento, la Providencia además proveyó maravillosos signos de las cosas que estaban por ocurrirles a ellos si no se arrepentían. [200]

Como he mostrado, numerosos eventos en Josefo están fechados de tal manera que le produce al lector la impresión que ellos fueron previstos por Daniel. El más importante es el término del "sacrificio diario" y la "abominación de desolación", descritos arriba. Uno podría argüir que Josefo hizo esto para proveer un contexto histórico de Jesús. Quizás el simplemente deseaba que los judíos creyeran Dios había sido responsable por su destrucción. Por lo tanto, sobrepuso las profecías de Daniel sobre los eventos del 70 E.C. para crear este efecto. Josefo no estaba consciente de afirmaciones parecidas encontradas en el Nuevo Testamento. Fue solamente una casualidad que el paralelo llegara a existir. Aunque estimo este argumento como improbable, al menos debe ser considerado.

Sin embargo, este un argumento no puede ser hecho para el establecimiento de las fechas registradas por Josefo imitando el ciclo de cuarenta años del Éxodo. Si el Nuevo Testamento y *Las Guerras de los Judíos* hubieran sido escritas independientemente, habría sido improbable que sus autores mostraran eventos señalando que la profecía de Daniel había ocurrido en el siglo I. Sin embargo, raya en lo imposible que ambos autores hayan registrado eventos que conectan precisamente la secuencia temporal de las profecías de Daniel con las precisas secuencias temporales del Éxodo.

Una de las dos, ya sea que el Nuevo Testamento y las obras de Josefo ambas registraron fenómenos sobrenaturales (la mezcla impar entre Moisés y Daniel), o en efecto que ambos deliberadamente falsificaron la historia para darle apoyo al cristianismo con el fin de reemplazar al judaísmo.

Antes he sugerido que el bosquejo de la infancia de Jesús fue ficticio, copiado de Moisés. Hay otro ejemplo de la falsa infancia de Jesús. En la versión de Lucas, durante la infancia de Jesús, José se lleva a su familia fuera de Galilea a Belén para registrarse para el censo.

> Por aquellos días, salió un edicto de parte de César Augusto para que se hiciera un censo de toda la tierra habitada.
>
> Este primer censo se hizo cuando Sirenio gobernaba Siria.
>
> Y todos marchaban a inscribirse en el censo, cada uno a su propia ciudad. También José subió desde Galilea, de la ciudad de Nazaret, hacía Judea, a la ciudad de David, la cual se llama Belén, por ser él de la casa y familia de David. [201]

El censo de Quirino fue impuesto en el área alrededor de Jerusalén, la cual estaba bajo el poder romano y no en Galilea, la cual era parte de la tetrarquía de Herodes de Antipas. En ningún momento durante la vida de

Jesús los romanos aumentaron los impuestos en Galilea. ¿Por qué entonces José viajaría voluntariamente a Belén con una esposa en cinta para registrarse por el impuesto que no se le requería pagar? El pasaje además señala que José fue a Belén porque allí había sido registrada la casa de David. Los académicos por muchos años han comprendido que esta situación no es verdadera, tanto porque la cronología es incognoscible y además porque el decreto de Augusto habría sido logísticamente imposible de implementar. Como E.P. Sanders señaló:

> De acuerdo con la propia genealogía de Lucas, David vivió cuarenta y dos generaciones antes de José. ¿Por qué José tendría que haberse registrado en una ciudad de uno de sus ancestros que existió cuarenta y dos generaciones atrás? ¿En qué estaba pensando Augusto -el más racional de los césares,? la totalidad del Imperio Romano habría sido desarraigada con tal decreto. Además, ¿Cómo cualquier *hijo de vecino* sabría donde ir? Nadie podría trazar su genealogía por cuarenta y dos generaciones y si hubiera podido, él se habría dado cuenta de que tendría millones de ancestros (un millón ocurre en la generación número veinte). Más aún, David, sin duda tuvo decenas de miles de descendientes que estaban vivos en ese entonces. ¿Podrían todos identificarse? Si así fuera, ¿cómo todos podrían registrarse en una pequeña villa?

Podemos estar seguros de que el pragmático Augusto no habría hecho un decreto que pusiera en desarraigo al Imperio Romano y además que fuera imposible de implementar. ¿Por qué entonces los autores de los Evangelios incluyeron tales falsos detalles? El motivo es sutil y fácil de pasar desapercibido. Al viajar a Belén, José está aceptando pagar los impuestos a Roma. Sugiero que los detalles ocurren en el Nuevo Testamento para asegurarse que el lector comprenda que el Mesías viene de una familia de pagadores de impuestos leales. Esto además sitúa a Jesús el Galileo como un opuesto especular a Judas el Galileo, el inventor de la misteriosa "cuarta filosofía de los judíos", la secta que se revelaba en contra de Roma. Por supuesto, para comprender este punto, el lector debe volverse hacia Josefo.

En respuesta a la pregunta de cuántas veces un hombre debiera perdonar a su hermano, Jesús responde diciendo "hasta setenta veces siete". Esto es, por supuesto, el tiempo que transcurrirá hasta la destrucción de Jerusalén y la "abominación de la desolación" que Jesús y Daniel predijeron. La respuesta de Jesús ha sido a menudo erróneamente citada como un ejemplo de su paciencia. Jesús habría conocido que esta generación sería destruida. Jesús está diciendo que la paciencia de Dios con la "generación malvada" ha terminado. El final está cerca.

Este comentario de Jesús además muestra que está diciendo que es el Mesías que Daniel había predicho, el "Hijo de Dios". Es fácil de imaginar cómo ese diálogo fue creado. Una vez que fue determinado que las profecías de Daniel serían utilizadas como la base para el Mesías, fue lo suficientemente simple hacer recitar a Jesús citas de la Escritura que indicaran su habilidad para ver el futuro. A pesar de la reputación de Jesús por tener un pensamiento original, hay muy poco de lo que él dice que no sea un parafraseo de profetas tempranos y de filósofos.

Jesús puso gran énfasis en los efectos negativos de la riqueza y el lujo. El tema está firmemente arraigado en la narrativa del nacimiento de Jesús. [202] Esto está presente cuando Juan el Bautista aconseja cómo vivir [203] en el discurso de apertura de Jesús en la versión de Lucas de las beatitudes (6:20-26) [204], en la mayoría del material de Lucas [205] y en la demanda en Actos que la iglesia practicaba una "comunidad de bienes". [206]

En todo el Nuevo Testamento, Jesús es representado como luchando en contra de un privilegiado *establishment* cuyos representantes son ambos "amantes del dinero". [207] Asimismo, Jesús es mostrado como altamente entrenado en materias intelectuales -como la denuncia en contra de los silogistas y retóricos denunciados por los filósofos estoicos Séneca y Epicteto. Los ataques de Jesús sobre la riqueza y la hipocresía son generalmente reminiscencias de la filosofía Estoica que fue popular en Roma por esos años.

El filósofo estoico Séneca (aunque inmensamente rico) sintetiza sus enseñanzas de la siguiente manera:

> Hablamos mucho acerca de despreciar el dinero, y damos consejo en esta materia en el más largo de los discursos, que la raza humana puede creer en la existencia de verdaderas fortunas en la mente y no en la propia cuenta bancaria, y que

el hombre que se adapta a sus escuálidos medios y se hace rico
con esa pequeña suma, es el verdadero hombre rico…

La descripción de Persius de los "beneficios" de la filosofía Estoica
deja claro quién verdaderamente se benefició cuando la clase baja lo aceptó.
Persius escribió:

> Oh pobres miserables, aprendan y llegarán a conocer las
> causas de las cosas, qué somos, para qué vida nacemos, cuál
> es el orden asignado, dónde se debe redondear suavemente
> el punto de inflexión del curso, qué límite establecer con el
> dinero, para lo que es correcto ora, de qué sirve el dinero en
> efectivo, cuánto debes gastar en tu país y en aquellos que te
> son cercanos y queridos, con qué tipo de hombre Dios te
> ordenó que estuvieras y dónde eres hombre.

En el pasaje siguiente, Juan el Bautista aboga por una posición cercana
al Estoicismo. De particular interés es Lucas 3:14, donde Juan aconseja a
sus soldados que estén satisfechos con sus salarios. Esto no es un tema que
se le viene a la mente como esencial a un profeta itinerante, pero es algo que
siempre está en la mente de las familias imperiales.

> Y las multitudes le preguntaban, diciendo: ¿Qué, pues, haremos?
>
> Y respondiendo, les decía: El que tenga dos túnicas, que las
> reparta con el que no tiene; y el que tenga qué comer, que haga
> lo mismo.
>
> Vinieron también cobradores de impuestos a ser bautizados, y
> le dijeron: Maestro, ¿qué haremos?
>
> Él les dijo: No exijáis más de lo que se os ha ordenado.
>
> También unos soldados le preguntaban, diciendo: Y nosotros
> ¿qué haremos? Y les dijo: No intimidéis a nadie, ni denunciéis
> en falso para sacar dinero, y contentaos con vuestra paga.

Lucas 3: 10-14

La relación entre el Estoicismo y la esclavitud es interesante. Para un amo de esclavos, el Estoicismo parece ser la filosofía ideal porque postula la aceptación de "qué tipo de hombre Dios ordenó que tu fueras y donde como hombre has sido ubicado". Jesús postula principios similares a los de los Estoicos dirigidos por Bruno Bauer en el siglo XIX. El cristianismo fue sencillamente un intento de la familia imperial de implementar el estoicismo en gran escala.

La sospecha de Bauer sobre el cristianismo parece ser especialmente lógica cuando uno considera el grado hasta donde el Imperio Romano se sustentaba de la esclavitud en el Siglo I E. C., donde tal vez el cuarenta por ciento de los habitantes eran esclavos.

La esclavitud también fue prevalente en Judea a lo largo del siglo I. No hay documentos que hayan sobrevivido para que nos permitan saber exactamente qué porcentaje de la población de Judea eran esclavos, pero juzgando por el número de referencias a la esclavitud dentro de la literatura hebrea del período, era claramente bastante común. [208] Klausner escribió que los esclavos eran:

> [U]n importante factor en los levantamientos políticos y espirituales en tiempos de Jesús. Sin ellos no podemos considerar las frecuentes rebeliones y los numerosos movimientos religiosos desde el tiempo de Pompeya hasta luego del tiempo de Pilatos...[209]

Habían dos tipos de esclavos en Judea durante el tiempo de Jesús: Hebreos y "esclavos Caninitas". El esclavo hebreo estaba en una mejor posición. Aunque esclavo verdadero, porque no tenía el derecho de cambiar a su amo o elegir su trabajo, el hebreo solo era retenido como esclavo por seis años y su cuerpo no podía ser utilizado sexualmente.

Los Caninitas, o esclavos no hebreos, fueron tratados como ganado. Eran marcados para ser reconocidos en caso de que escaparan, o una campana se les colgaba con una cadena. No eran caros de comprar, costando tan poco como un solo *dinar* de oro. [210] Los Niddad [211] anotan que "los amos realizan las acciones más privadas en frente de ellos". Los amos y sus hijos usaban a estos esclavos por placer sexual [212]. A un amo de esclavos se les permitía golpear a sus esclavos hasta el punto antes de su muerte, sin existir consecuencias. Es correcto hacer notar que, sin embargo, si el esclavo moría de sus heridas, entonces el amo debía ser ejecutado.

Klausner escribió: "La esclavitud de Canaán era en aquel tiempo una plaga horrible que afectaba al cuerpo nacional de Israel como también fue el caso de otras naciones en esos años tempranos". [213]

Alguien que tomara en cuenta a la gente común de Judea durante el siglo I E.C., como lo hizo Jesús, habría estado hablando a grupos que ciertamente incluía a los esclavos. Josefo señala específicamente que los rebeldes judíos, quienes estaban inspirados por la esperanza del Mesías militar, eran "esclavos" y "basura". Este fue el contexto histórico, según el Nuevo Testamento, dentro del cual Jesús pudo hacer numerosos conversos al predicar la aceptación del amo propio.

En cualquier caso, la defensa de Jesús de aceptar, la difícil situación y el pacifismo, fueron ciertamente principios que los Flavio les habría gustado enseñarles a los rebeldes judíos. Si uno se aleja de las palabras de Jesús, el consejo que representa los intereses de la familia imperial, todo lo que demás son perogrulladas, filosofías ampliamente conocidas y fragmentos de previos escritos judíos.

Mi análisis sugiere que lo que se ha visto como lo más original respecto a Jesús -su instrucción de amar a nuestro enemigo- fue el aspecto de su ministerio que fue el más perverso. Específicamente, se han escrito volúmenes sobre el posible significado de la instrucción de Jesús de "dar al César lo que es del César y darle a Dios lo que es de Dios", pero ya que los autores del Nuevo Testamente consideraban a Dios y al César uno y el mismo, Jesús está en efecto diciendo es denle todo al César.

Entre los Manuscritos del Mar Muerto fueron encontrados fragmentos de un trabajo titulado *El Testamento de los doce patriarcas* -un trabajo que había sido previamente conocido por los académicos solo en las traducciones griegas, latinas y etíopes; y se ha asumido que son textos apócrifos del cristianismo temprano. Su descubrimiento entre los Manuscritos posee problemas para el cristianismo, especialmente a la luz del hecho de quien sea que haya escrito las Epístolas Paulinas claramente lo utilizó como fuente. Hay más de setenta palabras en común entre los *Testamentos* y las Epístolas Paulinas que no se encuentran en el resto del Nuevo Testamento, un hecho descubierto por el Dr. R.S. Charles y hecho notar en su edición de los *Testamentos*. La implicación es, por supuesto, que los autores de las

Epístolas Paulinas utilizaron material judío de fuente temprana para crear su trabajo.

El paralelo más importante es entre Mateo 25: 35-36 y el pasaje del Testamento de Josefo 1: 8-14. Ocurre que tanto la más antigua es una copia de la más nueva, o que ambas fueron derivadas de la misma fuente. En los *Testamentos* el orden de las palabras en común son *hambre, solo, enfermo, prisión* y en Mateo *hambre, un extraño, enfermo* y *prisión*.

> Fui vendido como esclavo, y el Señor de todo me liberó: Fui tomado en cautiverio y Su mano fuerte me socorrió. Estaba acosado por el hambre, y el Señor mismo me ayudó. Estaba solo y Dios me confortó: Estaba enfermo y Dios me visitó: Estaba en prisión y el Señor mostró su favor por mí: en cadenas, y él me dejó libre.
>
> *Testamento de José* 1:8-14

> Porque tuve hambre y me diste de comer,
>
> Tenía sed y me diste de beber,
>
> Yo era un extraño y me diste la bienvenida,
>
> Estaba desnudo y tú me vestiste,
>
> estaba enfermo y tú me visitaste
>
> Estaba en prisión y tu viniste a mi…
>
> Mateo 25:35-36

En la versión en los *Testamentos*, el Señor libera a la persona que reza, luego que fuera vendida como esclavo, tomado en cautiverio y puesta con cadenas. La versión de Mateo no incorpora estas palabras, pero agrega *sediento* y *desnudo*. En otras palabras, la plegaria en Mateo es una versión del pasaje del *Testamento* de José, pero no incluye las ideas que Roma no hubiera querido. La versión de Mateo es completamente compatible con las enseñanzas de un Mesías pacifista que urge a sus seguidores que pongan la otra mejilla y evitar incluso la rabia, mucho menos asesinar.

Si la literatura encontrada entre los Manuscritos del Mar Muerto fue, en efecto, la teología inspiradora de Judas el Galileo y su movimiento rebelde, cuando comparamos las diferencias entre ambos trabajos citados estamos en realidad siendo testigos la transformación romana de la teología judía por la cristiana. Estamos viendo la transformación palabra por palabra.

Voy además a señalar el asunto moral envuelto en la edición de los pasajes anteriores. El no incluir las plegarias de los esclavos suplicándole a Dios que los libere de sus cadenas, es quitarle a la religión su humanidad.

Otro ejemplo de los autores pidiendo prestada teología encontrada en los Manuscritos del Mar Muerto es la descripción del Mesías. En Lucas 1:32-35 podemos leer una descripción del Mesías.

> ...Será grande y será llamado Hijo del Altísimo. El Señor Dios le dará el trono de su padre David, y reinará sobre la casa de Jacob para siempre; y su reino no tendrá fin.

> El ángel le respondió y le dijo: El Espíritu Santo vendrá sobre ti, y el poder del Altísimo te cubrirá con su sombra; por lo cual también lo santo que va a nacer... Será llamado Hijo de Dios.

> Los pergaminos encontrados en Qumrán también describen al Mesías.

> ...Hijo de Dios será llamado e hijo del Altísimo lo llamarán ... Su reino no tendrá fin ... el juzgará la tierra con la verdad... El Gran Dios ... le dará a la gente en su mano y todos ellos se postrarán delante de él. Su soberanía es una soberanía eterna. [214]

En el pasaje del Nuevo Testamento, parece que Lucas pidió prestado su descripción del Mesías de la descripción del Mesías encontrada en el Qumrán. Sin embargo, no tomó prestada la naturaleza militarista, hijo de David de ese Mesías, según la siguiente cita del pacto de Damasco que se encuentra en el referido manuscrito:

> Despierta, oh espada, contra mi pastor, y contra el hombre compañero mío, dice Jehová de los ejércitos. Hiere al pastor, y serán dispersadas las ovejas; y haré volver mi mano contra los pequeñitos.

> Zacarías 13:7

Ahora aquellos que lo escuchan son los rebaños afligidos, estos escaparán en el período de visitación [de Dios]. Pero los que permanezcan serán entregados a la espada, cuando el Mesías

de Aaron e Israel viene, como lo fue en el período de la primera visita, como informó de la mano de Ezequiel:

"Se colocará una marca en la frente de aquellos que ven y gimen".

Ezequiel 9:4

Pero a esos que permanecieron se les entregó a la espada de la venganza, el vengador del pacto...

El Jesús del Nuevo Testamento es un pacifista que paga sus impuestos. Como fue definido en el Nuevo Testamento, él era un salvador con valores romanos, no los valores de los seguidores del judaísmo militante encontrado en los manuscritos. En efecto, el llamo a los judíos, a quienes estaba a propósito predicándoles la "generación malvada" (Mateo 12:39, 45).

El cristianismo fue creado para ser una alternativa al judaísmo rebelde que penetró a través de Judea en el siglo I E.C. En ese momento había individuos que se estaban convirtiendo al judaísmo militarista, y respecto a ellos fue que cristianismo fue puesto como una alternativa. Josefo ha incluso dado una descripción de estos individuos. Nótese que los identifica como la "generación malvada".

>...ni ninguna época engendró una generación más fructífera en maldad que esta, desde el principio del mundo... Confesaron lo que era verdad, que eran los esclavos, la escoria y la descendencia espuria y abortiva de nuestra nación... [215]

Josefo describe a los judíos rebeldes como esclavos y basura. El cristianismo fue desarrollado para competir contra el judaísmo militarista por la fe de su gente, para prevenir la marca del judaísmo mesiánico que continuará extendiéndose entre ellos. Es claro, por lo tanto, que la religión base de la moral occidental fue inventada para pacificar a los esclavos.

CAPÍTULO 15

LOS APÓSTOLES Y LOS MACABEOS

Mi análisis demuestra que los apóstoles Juan y Simón en el Nuevo Testamento fueron sarcasmos de los militantes judíos descritos por Josefo, quien transformó a estos líderes de la rebelión judía en cristianos. Por lo tanto, he intentado determinar si otras distorsiones de la historia, ya sea en el Nuevo Testamento o en *Las Guerras de los Judíos* han sido usados en la creación del cristianismo. La primera cosa que me impactó luego de comenzar esta investigación fue que había demasiados personajes en ambos trabajos con los nombres Simón, Juan, judas, Eleazar (Lázaro), Matías (Mateo), José, María y Jesús.

Si uno consulta el diccionario de los primeros nombres de la escritura en *Webster's Unabridged*, se pueden encontrar cientos de nombres de pila judíos. Notablemente, tanto en Josefo como en el Nuevo Testamento, los mismos pocos nombres judíos proliferan. En *Las Guerras de los Judíos* hay nueve Eleazares, tres Jacobo o Santiago (Jaime), seis Jesuses, cinco Matías (Mateo), una María, cuatro Marianas, ocho Juanes, siete Josés, diez Judas y trece Simones. El mismo patrón ocurre en el Nuevo Testamento: hay siete Marías, nueve Simones, dos Juanes, dos Josés, cuatro Judas, dos Lázaros (Eleazares), dos Matías (Mateo), dos Jaimes y, por lo menos tres Jesuses. Desde el punto de vista de las probabilidades, es muy difícil que estos grupos de nombres alguna vez se traslapen en dos trabajos con tan pocos nombres de personajes, sin considerar incluso todas estas duplicaciones.

Sospecho que los autores del Nuevo Testamento y las obras de Josefo han utilizado deliberadamente este grupo de nombres específicos una y otra vez. Pero si este grupo particular de nombres ha sido usado deliberadamente, ¿cuál fue el propósito?

La respuesta se explica con el hecho de que el mismo patrón de nombres se sabía que habían sido utilizados por un tercer grupo, los Macabeos, la familia que rigió Israel durante el siglo I y II A.E.C. hasta que fueron reemplazados por los romanos con Herodes. Dentro de esa familia encontramos los mismos nombres que han sido sobre usados por Josefo y por el Nuevo Testamento. El fundador de la dinastía fue Matías (Mateo), quien tuvo cinco hijos llamados Simón, Judas, Juan, Eleazar (Lázaro) y Jonathan.

> Ahora en este momento había uno cuyo nombre era Matías, que habitaba en Modin, el hijo de Juan, el hijo de Simeón, el hijo de Asamoneus, un sacerdote de la orden de Joarib, y un ciudadano de Jerusalén.
>
> Él tuvo cinco hijos; John, que se llamaba Gades, y Simón, que se llamaba Mates, y Judas, que se llamaba Macabeo, de 19 años, y Eleazar, que se llamaba Auran, y Jonathan, que se llamaba Afo.
>
> Ahora bien, este Matías lamentaba el triste estado de los asuntos de sus hijos, y los estragos causados en la ciudad, y el saqueo del templo, y las calamidades bajo las que se encontraba la multitud; y él les dijo que era mejor para ellos morir por las leyes de su país, que vivir tan gloriosamente como lo hicieron entonces. [216]

Josefo además dice que él mismo es un ancestro de los Macabeos, por vía de una hija de Simón, hijo de Matías, quien es mencionado más arriba. Al graficar su linaje, Josefo registra que su rama de la familia alternaba los nombres de los hombres cada segunda generación: el padre de Josefo se llamó Matías, mientras que su abuelo fue llamado Josefo, etc. Por lo tanto, los nombres de los hombres utilizados múltiples veces en el Nuevo Testamento son casi los mismos a aquellos que Josefo dijo que fueron usados por los varones de la familia Macabea. Estos nombres son José, Judas, Simón, Eleazar (Lázaro), Juan y Matías (Mateo).

Es interesante que Jesús, como hijo de Matías, fundador de la dinastía Macabea, se dice que fue también uno entre cinco hijos varones. Nótese como algunos de los nombres en la familia de Jesús son Macabeos.

¿No es éste el hijo del carpintero? ¿No se llama su madre María, y sus hermanos Jacobo, José, Simón y Judas?

Mateo 13:55

Los macabeos fueron los creadores de la Judea que destruyeron los romanos. Por 376 años, desde Zorobabel hasta Jonathan Macabeo (537-161 A.E.C.), ha habido un insignificante estado judío. Muchos escritores de este período ni siquiera estaban conscientes de la existencia de Judea. El historiador griego Heródoto minuciosamente exacto en su documentación de las naciones y gente del mundo conocido, se refiere solamente a los Sirios de palestina ("Filistea") cuando describe el área. Pero las brasas de la identidad nacional judía nunca fueron completamente extinguidas y en el siglo II A.E.C. la familia Macabea se transformó en el líder del movimiento que trajo a Eretz Israel (la tierra de Israel) de vuelta a la existencia.

Los Macabeos conquistaron el territorio de Samaria, Galilea, Edom y Moab, y las ciudades de Gadara, Pella, Gerasa, Gamala y Gaza. Los habitantes de cualquier área que los Macabeos conquistaron fueron forzados a convertirse al judaísmo y los hombres fueron circuncidados. Los que rehusaron fueron ejecutados.

El reino de los macabeos terminó el 37 A.E.C. cuando Herodes, con apoyo romano, venció a Matías Antígona, el último rey Macabeo de Israel. El Herodes original no era judío, sino un árabe Edomita. Su autoridad fue desafiada por los celosos judíos religiosos quienes creían en la mantención de identidades raciales separadas. "Quien se case con una mujer Aramea, los Zelotes lo linchan" [217]

La gente de Israel dudaba de Herodes, "el esclavo Edemita", refiriéndose a su relación servil con Roma y su falta de ancestros judíos. Para muchos judíos, Herodes -y sus descendientes- era por lo tanto inaceptable como Rey de Israel. Josefo describe a un movimiento mesiánico que llama "la cuarta filosofía", la cual fue iniciado por Judas de Galileo (en el mismo año que Jesús fue aparentemente nacido), quien condujo una rebelión en contra de Herodes y Roma que se extendió hasta la caída de la fortaleza de judía de Masada en el 73 E.C.

Como Josefo lo narra, la mayoría de los líderes de esta filosofía tienen nombres "Macabeos", y en numerosas ocasiones se relacionaban unos a otros. Por ejemplo, además del Judas el Galileo, acreditado con la creación de la "cuarta filosofía", Josefo lista a alguien llamado Eleazar como la persona que en efecto comenzó la guerra. Juan y Simón fueron los nombres de los "tiranos judíos" que controlaban a los rebeldes durante el sitio de Jerusalén. El movimiento termina en Masada cuando los Sicarios se auto-inmolan bajo el liderazgo de alguien también llamado Eleazar, identificado también como descendiente de Judas el Galileo.

Josefo registra los nombres de los líderes de la rebelión judía en su comienzo en el 66 E.C. La lista de Josefo continua el patrón de "sobre usar" los nombres Macabeos e incluye a Juan, a Matías un Eleazar (Lázaro), un Simón, y un José (el mismo). Notablemente también hay un Jesús.

> También eligieron a otros generales para Idumea; Jesús, hijo de Safa, uno de los sumos sacerdotes; y Eleazar, hijo de Ananías, el sumo sacerdote; también ordenaron a Nigro, el entonces gobernador de Idumea, que pertenecía a una familia que concernía a Perea, más allá de Jordania, y desde allí se llamaba Peraytes, que debía ser obediente a los comandantes mencionados.

> Tampoco descuidaron la atención de otras partes del país; pero José, hijo de Simón, fue enviado como general a Jericó, como Manasés a Perea, y Juan, el Eseo, a la parroquia de Tamna; Lida también fue agregado a su porción, y Jope y Amaus.

> Pero Juan, el hijo de Matías, fue nombrado gobernador de las toparquías de Gnopliníticas y Aciabatenas; como era Josefo, el hijo de Matías, de los dos Galileas. Gamala también, que era la ciudad más fuerte en esas partes, fue puesta bajo su mando. [218]

Debido a que los Macabeos fueron la familia que venció Herodes, y eran zelotes religiosos, es lógico que fueran el foco de aquellos judíos zelotes que se rebelaron en contra del gobierno de Herodes. Herodes además ha sido registrado asesinando sistemáticamente a miembros de la familia Macabea.

Me parece que, basado en el persistente uso de los nombres Macabeos, la familia de Judas el Galileo descendía de los Macabeos, aunque esto no está registrado por Josefo u otra existente literatura. Tengo aún otra razón para llegar a esta conclusión. El descubrimiento de la verdadera identidad de los apóstoles Juan y Simón, tanto como el Mesías original Eleazar, me ha indicado que Josefo podría haber deliberadamente escondido sus verdaderas identidades para crear la confusión histórica en la cual el cristianismo fue injertado sobre el movimiento Sicario. Por lo tanto, si Josefo ha omitido registrar el hecho de que la familia de Judas el Galileo descendía de los Macabeos, Josefo habría continuado sencillamente este oscurecimiento intencional.

Josefo y los autores del Nuevo Testamento transformaron a los miembros de la familia Macabea, miembros que lideraron la primera revuelta en contra de Roma, en Apóstoles, y la familia de Jesús, el Mesías de la paz, a quien Roma ha inventado para reemplazar al Mesías guerrero del judaísmo Macabeo.

Sospecho que, dentro de la Judea del siglo I, la familia Macabea era considerada mesiánica, y era similar a lo que es conocido en la actualidad como Califato a través del mundo islámico hoy día -Caliph significa "sucesor" en árabe. Tal familia necesitaba tener una manera de identificar a sus miembros, particularmente a sus sucesores. El propósito del abuso en la utilización de los nombres Macabeos, *ad absurdum*, en Josefo y en el Nuevo Testamento, fue para interferir en el proceso, y en la confusión, injertar al cristianismo dentro del movimiento que se centraba en esa familia. El hecho de que había familias mesiánicas en el siglo I nace de una cita de Eusebio citando un trabajo temprano de Hegesipo.

> Vespasiano luego de la captura de Jerusalén, emitió una orden para asegurarse de que nadie que tuviera descendencia real debiera ser dejado entre los judíos, que todos los descendientes de David debieran ser descubiertos y por esta razón una nueva persecución generalizada fue otra vez ejecutada en contra de los judíos. [219]

La cita anterior muestra cómo los romanos efectivamente estaban tratando de erradicar al menos una de las familias mesiánicas. Nótese que el Mesías quién era un problema para los romanos era identificado como *judío*. La destrucción de la familia donde el Mesías ha surgido es descrita a continuación de la persecución de los judíos. Esto muestra como Roma oprimió al movimiento mesiánico *judío*, no al movimiento mesiánico cristiano en el siglo I E.C.

Apoyando la posición de que Roma vio a la familia de Judas el Galileo como parte de este problema mesiánico, es que Josefo anota que la anticipación del "líder mundial", o las profecías mesiánicas, era lo que más había llevado a las masas a revelarse, y que la única familia señalada específicamente para la destrucción por los romanos era la familia de Judas el Galileo. Nótese en el siguiente pasaje que los hijos de Judas se llaman Juan y Simón, tal como dos de los apóstoles.

> Y además de esto, los hijos de Judas el Galileo fueron asesinados; me refiero a ese Judas que causó que la gente se rebelara, cuando Cireneo vino a tomar en cuenta las propiedades de los judíos, como hemos mostrado en un libro anterior. Los nombres de esos hijos fueron James y Simón, a quienes Alejandro ordenó que fueran crucificados. [220]

Josefo también señala que el Judas descendiente de "Eleazar" estaba a cargo de los sicarios en Masada en el año 70 E.C. cuando la "cuarta filosofía" fue finalmente destruida. Parece claro que una familia que incluyera líderes revolucionarios mesiánicos, una generación tras otra, hubiera sido la familia donde el Mesías habría sido esperado.

El pasaje anterior sugiere que los zelotes vieron a la familia de Judas el Galileo como una familia mesiánica. Sin embargo, los Macabeos vienen de la semilla de Aarón y no de la familia de David. Si la familia de Judas el Galileo fueran descendientes de los Macabeos y por lo tanto de Aarón, ¿cómo podrían haber sido vistos como mesiánicos por los judíos rebeldes?

Aunque el hijo de David se ha transformado en el epíteto del Mesías, tanto en el Talmud como en el Nuevo Testamento, muchos judíos buscaban al Mesías que no "viniera" de la familia de David en el siglo I y II E.C.

Rabii Akiba, por ejemplo, piensa que Bar Kokhbah, el líder revolucionario judío del siglo II E.C. era el verdadero Mesías, aunque en ninguna parte se dijera que venía de la casa de David.

Más importante, en efecto, es el hecho de que se encontraron entre los Manuscritos del Mar Muerto dos trabajos, El *Documento de Damasco* y *Reglas de la comunidad*, los cuales describen la secta que andaba buscando la aparición del Mesías. En ambos trabajos, el Mesías por llegar es descrito como un miembro de la familia de *Aarón*.

> Esta es la precisa declaración del estatus en el cual (deberán caminar hasta que llegue el Mesías) de Aarón y de Israel quienes van a perdonar su falta de equidad. [221]

> No deberán partir de ninguno de los consejos de la Ley

> ...hasta que allá deberá venir el profeta y el Mecías de Aarón y de Israel...[222]

Cada trabajo además se refiere a la familia de Aarón de tal forma que muestra que está en una posición de liderazgo.

> Pero Dios recuerda el pacto con los ancestros y creó dentro de los hombres de Aarón, hombres con discernimiento... [223]

> Los hijos de Aarón por si solos deberán comandar en asuntos de justicia y propiedad... [224].

Los autores del Nuevo Testamento estaban muy conscientes que el Mesías no necesitaba ser de la familia de David. Jesús es citado diciendo exactamente eso:

> ¿Cómo dicen los escribas que el Cristo es hijo de David?

> David mismo dijo, movido por el Espíritu Santo: Dijo el Señor a mi Señor: Siéntate a mi diestra, Hasta que ponga a tus enemigos debajo de tus pies.

David mismo le llama Señor [El Mesías]. Entonces, ¿de qué parte es hijo suyo? Y la gran multitud le escuchaba con gusto.

Marcos 12: 35-37

Que Jesús dijo que el Mesías no requiere venir de la familia de David no debiera ser sorprendente, porque Jesús mismo no provenía de esa familia. El Evangelio de Mateo y de Lucas trazan versiones completamente diferentes de la genealogía de Jesús de la "familia de David", a través de su padre José, quien, por supuesto no fue su padre en absoluto -un hecho bien conocido a los autores de los Evangelios porque, de acuerdo con ellos, el nació del Espíritu Santo y la Virgen.

Dado que la familia de Aarón fue considerada Mesiánica por muchos judíos de la época, y que la dinastía Macabea era la familia real judía de esta era y provenía de la casa de Aarón, es posible que los zelotes hayan visto a los Macabeos como la familia de donde el "Mesías de Aarón" aparecería. Si esta teoría es correcta, entonces, el movimiento mesiánico del siglo I de Judea se desarrolló como una reacción en contra de Roma, la que expulsó a los Macabeos y los reemplazó con sus títeres, la familia de Herodes. La lucha de la Judea del siglo I fue parecida a muchas de la Europa Medieval, en la que envolvía a una alejada familia real buscando retornar al poder, un gobierno extranjero apuntalando a un rey impopular y una disputa sobre religión.

Los zelotes judíos, esperando restaurar a la familia Macabea, se concentraron en las partes de la escritura donde ellos pensaban que Dios profetizaba el envío de un Mesías que restauraría Israel como a un Estado soberano judío. El Libro de Daniel, que no especifica de cuál familia terrestre vendría el Mesías, habría sido percibido como especialmente adecuado porque predice a "un hijo de Dios" que ayuda a reconstituir Israel luego de una serie de tribulaciones. Los zelotes aplicaron estas profecías a los Macabeos.

Los autores romanos de *Las Guerras de los Judíos*, con el objeto de transformar a los Macabeos de la familia mesiánica de los judíos en la familia fundante del cristianismo, crearon una "historia oficial" que contiene un grupo indiferenciado de individuos con nombres Macabeos.

Estos individuos son descritos diversamente como ladrones y falsos profetas. Uno de los propósitos de *Las Guerras de los Judíos*, entonces, fue el oscurecimiento de la verdadera historia de "los cinco hijos de Matías".

Entonces los Evangelios injertan a Jesús y a sus cuatro hermanos llamados Judas, Simón, José, y Jaime, su padre llamado José y su madre llamada María, también a sus seguidores, llamados Simón, Judas, Juan, Eleazar y Mateo dentro de la historia de la familia Macabea. Al crear tantos personajes con nombres Macabeo los autores del Nuevo Testamento y de Las Guerra de los Judíos trataron de engañar a los iletrados en la creencia que el cristianismo se originó desde el interior de la familia Macabea.

Este injerto simbólico del cristianismo dentro de la tradición Macabea fue reproducido especularmente por un esfuerzo de injertar físicamente a la familia Herodes dentro de la Macabea [225]. Herodes desposó a Marianne, una descendiente directa de Matías, el fundador de la dinastía Macabea. Luego que ella le dio cuatro hijos, Herodes la ejecutó a ella y a su hermano, de este modo asegurándose que solamente sus hijos Macabeos irían a permanecer.

Josefo es muy cuidadoso dentro de sus trabajos de evitar hacer cualquier mención del Mesías. Él utiliza la palabra solamente dos veces, ambas veces en conjunción con Jesús, y nunca explica exactamente qué significa el término. Josefo menciona numerosas figuras mesiánicas, sin referirse ninguna sola vez a ellos como Mesías o Cristos, llamándolos en cambio falsos profetas, ladrones o charlatanes. Por ejemplo, Josefo usa estos términos seculares peyorativos con un personaje llamado Theudas (c.45 E.C.), sin duda el mismo Theudas mencionado en el Nuevo Testamento, quien promete llevar a sus seguidores *en seco como Joshua antes de Jericó*. En otras palabras, él dice que puede "partir" las aguas como Moisés. Claramente, era un individuo operando dentro de los marcos de la religión y no simplemente, como un ladrón, de acuerdo a la descripción de Josefo.

Josefo está recomponiendo la historia nuevamente, esta vez excluyendo a los aspirantes a Mesías, esos que habían liderado levantamientos en contra de Roma durante el siglo I E.C. Josefo, nuevamente, está haciendo difícil seguir el linaje de la verdadera familia Mesiánica. De acuerdo con el Nuevo Testamento y Josefo, el único linaje mesiánico que queda luego del 70 E.C. es el de Jesús, luego de endosar a Roma, quien dejó la Tierra.

Incluso cuando Josefo aplica la profecía mesiánica a Vespasiano, no se refiere directamente a la profecía, sino que a la visión de algún "ambiguo oráculo". Argüiría que la evitación de Josefo de las profecías específicas que predicen al Mesías, tanto como el término mismo, es un ejemplo de cómo él deliberadamente empaña la historia del judaísmo para que el cristianismo pueda, en la confusión, reclamar la historia como suya propia. En este caso, ha empañado la identidad y el intento de los aspirantes Macabeos a Mesías de esta era, dejando solo al Mesías del cristianismo visible solamente.

Con su descripción de la muerte de Eleazar, un descendiente de Judas el Galileo, en Masada en el 73 E.C., Josefo esperaba no solo barrer de la historia la verdad de la familia que había levantado tal oposición a Roma, sino utilizar estos individuos e historia como una "roca" sobre la cual la nueva religión sería construida. La transformación de Simón y Juan, de más arriba, es solo parte del engaño en una enorme escala, incluyendo no solo la historia de una familia, *sino que además de una religión completa*, por más de un siglo.

El cristianismo es un movimiento Sicario de Judas el Galileo deliberadamente oscurecido y transformado. Los romanos transformaron la historia del culto del Mesías Macabeo militante en la historia del cristianismo.

Robert Eisenman ha señalado una cantidad de traslapos entre el movimiento sicario y el cristianismo durante la segunda parte del siglo I E.C. Ambos fueron movimientos mesiánicos, ambos existían en Judea en el mismo período y ambos se había dedicado a realizar actividades misionarias. Más importante incluso es que Eisenman piensa que la palabra "Sicarios" pudiera ser una cuasi-anagrama y posiblemente expresión peyorativa en griego de la palabra "Cristiano". [226] Si fuera verdad, este juego de palabras que ha creado "Cristiano" de "Sicario" encajaría perfectamente dentro del patrón de crear el cristianismo a partir del movimiento Sicario.

Josefo describe a numerosos "Eleazares" en *Las Guerras de los Judíos*. Pienso que los atributos de estos Eleazares, juntos con los de Lázaro en el Nuevo Testamento, intentan revelar la identidad del verdadero Mesías. Lo que está diciendo es que estos Eleazares han sido a menudo descritos como los líderes del movimiento Mesiánico. Josefo comienza con esta idea al decir que un Eleazar fue el responsable por el "verdadero comienzo" de la guerra.

JOSEPH ATWILL

Al mismo tiempo, Eleazar, el hijo de Ananías el sumo sacerdote, un joven muy audaz, que en ese momento era gobernador del templo, persuadió a los que oficiaban en el servicio Divino para que no recibieran ningún regalo o sacrificio de ningún extranjero. Y este fue el verdadero comienzo de nuestra guerra con los romanos; porque rechazaron el sacrificio de César por este motivo… [227]

En el pasaje siguiente, nótese que Eleazar es descrito como el sobrino de "Simón el Tirano", a quien he identificado como el Apóstol Simón. Esto apoya la aseveración de que la *familia mesiánica* condujo a la rebelión judía, y las identidades de esos miembros de la familia fueron transformados en Apóstoles y en Jesús.

De los sediciosos, los que habían luchado valientemente en las batallas anteriores, hicieron lo mismo ahora, al igual que Eleazar, el hijo del hermano de Simón, el tirano.

Pero cuando Tito se dio cuenta de que sus esfuerzos por salvar un templo extranjero terminó dañando a sus soldados, y luego matarlos, dio la orden de quemar las puertas. [228]

Josefo identifica a Simón y a Judas como los hijos de "Jairo". Un Eleazar es también identificado como miembro de la familia, el Eleazar que es un "tirano" de Masada y un descendiente de Judas el Galileo, y está además identificado como un pariente de Simón el Tirano (el Apóstol Simón) de arriba.

Unos pocos de ellos escaparon en privado a Masada, entre los cuales estaba Eleazar, el hijo de Jairo, que era pariente de Manahemo, y que luego actuó como tirano en Masada. [229]

Esto establece a la familia de Jairo como parte de la familia de Judas el Galileo, la que conecta a los apóstoles con la familia de Jairo que se encuentra en el Nuevo Testamento.

425

La oscura interconectada genealogía descrita arriba es deliberadamente difícil de seguir. La extremadamente compleja genealogía en el Nuevo Testamento y Josefo sirve tanto para prevenir al deseducado que las comprenda como parodias de los judíos, como para expandir la confusión general sobre quienes fueron los verdaderos miembros de la familia Macabea -la confusión en donde el cristianismo fue insertado. Mientras Josefo ha creado a propósito genealogías difíciles de seguir, ellas fueron construidas para revelar -para el lector alerta- que los personajes del Nuevo Testamento y *Las Guerras de los Judíos* no son solo los mismos individuos, sino que son todos miembros de la misma familia.

Todos los Eleazar en las obras de Josefo y todos los Lázaros del Nuevo Testamento son sátiras del verdadero Eleazar, quien había sido ungido como Mesías por los rebeldes judíos quienes defendieron Jerusalén en el 70 E.C. El Eleazar, que es "hijo de Jairo" y un "descendiente de Judas el Galileo", y líder de los Sicarios de Masada, es también parte de la construcción. Lo que apoya esto es el hecho de que, en el Nuevo Testamento, la hija de alguien también llamado Jairo, el "encargado" de una sinagoga, es, como Lázaro, "Levantado de entre los muertos" por Jesús. En el pasaje de más abajo nótese que Jesús trae con él sólo a Simón, a Juan y a Jaime. Como ha sido discutido anteriormente, este "Apóstol" Simón es en efecto el tirano judío Simón, quien es descrito por Josefo como el hijo de Jairo y el hermano de Juan y Jaime. El lector debiera apreciar el hecho de cuán pequeño es el círculo en que estamos metidos aquí. Es un círculo pequeño porque es una sola familia.

Saber que los apóstoles que Jesús trae consigo para presenciar la "resurrección" de la hija de Jairo son sus parientes, nos ayuda a comprender el verdadero significado del pasaje. Es una sátira de la creencia de la resurrección de los muertos, una creencia mantenida por los seguidores de la familia mesiánica. Es posible que esta sátira se haya basado en un incidente concreto, en el cual los romanos descubrieron a miembros de la familia mesiánica escondidos en las cavernas subterráneas debajo de Jerusalén, y donde Tito "devolvió" a la vida a una mujer joven. Nótese que en el pasaje Jesús instruye que a la niña se le dé "algo de comer", buen consejo si la causa de la enfermedad de la niña es inanición.

La hija es otro innombrado personaje del Nuevo Testamento. Sospecho, en todo caso, que Josefo intenta, para el "lector informado" que, sin embargo, sea capaz de adivinar su nombre. Ya que "Eleazar" es el hijo de Jairo y sus hermanas se llaman "María" y Marta, esto sugiere que la hija "resurrecta" de Jairo tendría que haber sido otra "María", es decir una mujer rebelde.

Josefo y el Nuevo Testamento crearon una broma sobre las numerosas "Marías hambrientas" durante la guerra. El lector recordará los paralelos que he analizado en el capítulo tercero, donde Josefo describe cómo el hambre "atravesó las entrañas de María", y que la María del Nuevo Testamento, vista como la madre de Jesús, fue profetizada como que un día "sería atravesada".

> En esto, llega uno de los dirigentes de la sinagoga, llamado Jairo, y al verle, cae ante sus pies,
>
> y le suplica con insistencia, diciendo: Mi hijita está a punto de morir; ven a poner las manos sobre ella para que se cure y viva.
>
> Y no permitió que nadie le acompañase, excepto Pedro, Jacobo y Juan el hermano de Jacobo.
>
> ... y entrando, les dice: ¿Por qué alborotáis y lloráis? La niña no está muerta, sino que duerme.
>
> Y se reían de él. Pero él, después de echar fuera a todos, toma consigo al padre de la niña y a la madre, y a los que estaban con él, y entra donde estaba la niña.
>
> Y tomando la mano de la niña, le dice: Talitá cumi, que traducido significa: Muchacha, a ti te digo, levántate.
>
> Y en seguida se levantó la muchacha, y se puso a caminar, pues tenía doce años. Al instante, quedaron fuera de sí, llenos de asombro.
>
> Él les dio órdenes estrictas de que nadie se enterara de esto, y dijo que le dieran a la niña algo de comer.
>
> Marcos 5:22-23, 37-43

El pasaje de Josefo que describe la flagelación de Eleazar y su escape milagroso de ser crucificado, que he analizado en el capítulo seis, es seguido inmediatamente en *Las Guerras de los Judíos* por la descripción de Josefo del sitio de Masada. En esa historia todavía otro Eleazar convence a los defensores sicarios de Masada que se suiciden en vez de arriesgarse a ser capturados por los romanos.

Considero el pasaje de Josefo, donde describe el suicidio en masa de los defensores judíos, una completa ficción. Josefo no estaba interesado en registrar la historia sino en crear una efectiva propaganda. Esta es la razón por la que no puedo creer que se hayan quitado la vida, pese a que habían sicarios que fueron cercados por los romanos en Masada. Lo que pienso es que Josefo inventó el discurso de Eleazar exhortando a los judíos a que se suicidaran para instalar en los judíos y en la *Hoi polloi* (plebe) la creencia que el suicidio es noble cuando uno es confrontado con la *force majure* (fuerza mayor) romana. "Nobles" suicidios de los judíos rebeldes ocurren a través de los escritos de Josefo y se deseaba, sin duda, que contrarrestarían la valiente costumbre de los defensores judíos de dar pelea hasta el último hombre, costándole, por tanto, más tropas a la familia imperial. Nótese que, como en la crucifixión de Jesús, y la destrucción del templo, son los judíos, no los romanos, quienes nuevamente son "responsables" por la destrucción de Masada.

Es de la misma manera como si, por propósitos simbólicos que Josefo sitúa el Eleazar final, el descendiente de Judas el Galileo, en el acto final de la conquista romana del movimiento mesiánico. Hace de la conclusión de su historia ficticia la culminación de una era y el comienzo de otra -esto es, el final del judaísmo Macabeo y el comienzo del cristianismo.

Con la muerte de este último Eleazar, Josefo está concluyendo con la familia mesiánica de Judas el Galileo y su movimiento mesiánico, la "cuarta filosofía", o los sicarios.

> ... [S]olo había una fuerte fortaleza que aún estaba en rebelión, reunió a todo su ejército que se encontraba en diferentes lugares, e hizo una expedición contra él. Esta fortaleza se llamaba Masada.
>
> Fue un Eleazar, un hombre potente, y el comandante de estos Sicarios, quien se había apoderado de él. Él era un descendiente de ese Judas que había persuadido a la abundancia de los judíos, como hemos relatado anteriormente, de no someterse a los impuestos cuando Cyrenius fue enviado a Judea para hacer uno... [230]

Así como la muerte de Eleazar trae el final de su familia y su "filosofía", además anuncia el comienzo de otra familia y de otra filosofía. Josefo concluye su descripción de la batalla de Masada diciendo que, de alguna forma, un grupo sobrevivió al suicidio en masa.

> Así que estas personas murieron con esta intención, de que no dejarían ni una sola alma entre todas ellas para ser sometidas a los romanos.

> Sin embargo, había una mujer vieja, y otra que era pariente de Eleazar, y superior a la mayoría de las mujeres en prudencia y aprendizaje, con cinco hijos, que se habían escondido en cavernas bajo tierra, y habían llevado agua allí para su bebida, y estaban escondidos allí cuando el resto intentaba matarse unos a otros. [231]

Como se ha visto en capítulos anteriores, la fecha del sacrificio en Masada, quince de Nisán del 73 E.C., debe ser comprendido como el final de los cuarenta años de "vagabundeo" del cristianismo y como el comienzo de su dominio sobre la tierra de Israel y su reemplazo del judaísmo. Es fácil de ver que dentro del panorama simbólico que Josefo ha creado, los "cinco niños" mencionados en el pasaje anterior, que son "familia de Eleazar", deben ser vistos como los fundadores de la dinastía cristiana.

Los pasajes que contienen complejas sátiras comienzan con un discurso de Tito llamando a voluntarios para asaltar el templo. Un soldado llamado "Sabinos" acepta el desafío y de una manera muy parecida al *devotio* de Decio Mus (Capítulo 11), hace de voluntario sacrificando su vida en el intento.

> Ante este discurso de Tito, el resto de la multitud se asustó ante un peligro tan grande. Pero había uno, cuyo nombre era Sabino, un soldado que servía entre las cohortes, y un sirio de nacimiento, que parecía tener una gran fortaleza, tanto en las acciones que había hecho como en el coraje de su alma que había demostrado…

Las Guerras de los Judíos, 6, 1, 54

Sabino fue acompañado por otros once y los *doce* hicieron su asalto, el cual falla cuando Sabino se tropieza con una "enorme piedra", que nos recuerda la enorme piedra que cubría a Jesús. Nótese que Sabino estaba poseído por una furia "divina".

> Le siguieron otros once, y nada más, que resolvieron imitar su valentía; pero aun así esta era el líder de todos ellos, y primero se mostró emocionado por una furia divina.
>
> Y ahora uno no puede sino quejarse aquí de la fortuna, como aún envidioso de la virtud, y siempre obstaculizando la realización de logros gloriosos:
>
> Este fue el caso del hombre antes que nosotros, cuando acababa de obtener su propósito; porque luego tropezó con cierta piedra grande y cayó de cabeza con un ruido muy fuerte. [235]

Un segundo asalto es hecho y nuevamente Josefo se refiere a los doce miembros, aunque esta vez le agrega.

> Ahora, dos días después, doce de esos hombres que estaban al frente y vigilaban las orillas, se reunieron y los llamaron el abanderado de la quinta legión, y otros dos de una tropa de jinetes y un trompetista; estos se fueron sin hacer ruido, alrededor de la novena hora de la noche, a través de las ruinas, hasta la torre de Antonia; y cuando le habían cortado las gargantas a los primeros guardias del lugar, mientras dormían, tomaron posesión del muro…[236]

En mi opinión, Josefo está utilizando el templo como un símbolo del judaísmo y el intento de forzar "doce" dentro del mismo es una descripción satírica de la inserción de los Apóstoles dentro del nuevo judaísmo. El punto es que el templo ya no será más judío, sino cristiano, una vez que los "doce" hayan penetrado en él. En el siguiente segmento, nótese que al penetrar en el templo "comenzaría" la completa conquista romana, una frase reminiscente de "completando las calamidades de los judíos" en el capítulo del Hijo de María.

Luego, los sediciosos de ambos cuerpos del ejército judío, así como los de Juan y de Simón, los expulsaron; y, de hecho, de ningún modo estaban esperando nuestro mayor nivel de fuerza y rapidez;

porque se consideraban completamente arruinados si los romanos entraran al templo, al igual que los romanos consideraban la misma cosa que en el comienzo de toda su conquista.

Entonces una terrible batalla se libró a la entrada del templo, mientras los romanos se abrían paso para tomar posesión de ese templo... [237]

Josefo luego hace referencia a la confusión sobre las identidades de los combatientes, la cual toma lugar mientras esta batalla es peleada en las puertas del templo. Si esta interpretación es correcta, el juego de palabras es muy interesante porque es como una parodia de la confusión *planeada* de las identidades utilizadas por los romanos para dirigirlos dentro del cristianismo.

Ahora, durante esta lucha, las posiciones de los hombres no se distinguían en ambos lados, y luchaban al azar, los hombres se entremezclaban entre sí y se confundían, debido a la estrechez del lugar; mientras que el ruido que se hizo cayó sobre la oreja de manera indistinta, porque era muy fuerte.

Ahora se produjo una gran matanza en ambos lados, y los combatientes pisotearon los cuerpos y la armadura de los que estaban muertos, y los hicieron pedazos.

En consecuencia, a qué lado se inclinó la batalla, los que tenían la ventaja se exhortaban unos a otros para continuar, al igual que los que fueron golpeados daban grandes lamentos. Pero aún no había espacio para huir, ni para perseguir, sino movimientos y retiros desordenados, mientras los ejércitos se entremezclaban uno con el otro;

pero los que estaban en las primeras filas tenían la penuria de matar o ser asesinados, sin ninguna forma de escapar; para quienes que se quedaron atrás, de ambos lados, obligaron a los que estaban delante de ellos a continuar, sin dejar espacio entre los dos ejércitos. [238]

Josefo entonces lista a aquellos judíos que se destacaron más a sí mismos en la lucha.

Ahora, los que más se hacían notar y peleaban con más entusiasmo en esta batalla del lado judío eran Alexas y Gyphtheus, del grupo de Juan y del grupo de Simón, Malaquías, y Judas, hijo de Merto, y Jaime, hijo de Sosas. El comandante de los Idumeos; y de los zelotes, dos hermanos, Simón y Judas, los hijos de Jairo. [239]

Otro asalto es hecho y nuevamente ninguno de los dos lados puede decir quién es quién porque los ejércitos están mezclados. La confusión reina, la que hizo menos daño a los romanos quienes recordaron su lema. Pienso que Josefo está nuevamente creando una situación satírica sobre la confusión de identidades que permitió a los romanos crear a los apóstoles cristianos al sacarlos de los rebeldes judíos.

…porque el gran ruido confuso que hicieron en ambos lados les impidió distinguir las voces de los otros, al igual que la oscuridad de la noche les impidió la distinción por la vista, además de esa ceguera que surgió también de la pasión y el miedo que ocurrían al mismo tiempo; por lo cual fue todo para los soldados a quienes atacaron.

Sin embargo, esta ignorancia hizo menos daño a los romanos que a los judíos, porque se unieron bajo sus escudos e hicieron sus asaltos más regularmente que los demás, y cada uno de ellos recordó su lema;

mientras que los judíos se dispersaron perpetuamente fuera, e hicieron sus ataques y retiros al azar, debido a eso frecuentemente pensaban que unos con otros eran enemigos;

porque cada uno de ellos recibió lo de sus propios hombres que volvían en la oscuridad como romanos, y así los atacaron;

de modo que más de ellos fueron heridos por sus propios hombres que por el enemigo, hasta que, al llegar el día, la naturaleza de la batalla fue discernida por el ojo después...

la contienda, que comenzó a la novena hora de la noche, no terminó hasta pasada la quinta hora del día; y que, en el mismo lugar donde comenzó la batalla, ninguna de las partes podía decir que habían hecho que la otra se retirara; pero ambos ejércitos dejaron la victoria casi con incertidumbre entre ellos;

donde los que se señalaron por el lado romano eran muchos, pero en el lado judío, y de aquellos que estaban con Simón, Judas, hijo de Merto, y Simón, hijo de Josas; de los idumeos, Jaime y Simón, el último de los cuales era hijo de Cathlas, y Jaime era el hijo de Sosas; de los que estaban con Juan, Gyphtheus y Alexa; y de los zelotes, Simón, hijo de Jairo. [240]

Mi interpretación es que la secuencia completa es una manera satírica de describir cómo los autores del Nuevo Testamento, actuando como agentes de Roma por medio de sus falsas historias, junto con las obras de Josefo, transformaron a los rebeldes judíos en apóstoles cristianos. El primer punto que quisiera decir es que estos pasajes, en los cuales Josefo describe a aquellos que se "señalizaron", son acertijos. El lector que los "resuelve" reconocerá que la lista describe los doce individuos que estaban peleando para preservar el templo.

En otras palabras, cuando las dos listas de judíos que se "señalizaron" a sí mismos han sido duplicadas, y las duplicaciones se cancelan entre sí, han sido dejados cuatro Simones, dos Judas, Juan y Jaime además de Alexa, Gyphtheus, Malaquías y Sosas. Ocho tienen los nombres de los apóstoles y cuatro no los tienen, para una lista de doce individuos. Los lectores pueden ir a través de esta confusión si lo desean.

Tomemos la primera lista:

Alexa

y Gyphtheus, del grupo de Juan

y del grupo de Simón donde Malaquías y Judas el hijo de Merto

y Jaime, el hijo de Sosas, el comandante de los

Idumeos;

y de los zelotes, dos hermanos, Simón y Judas el

hijo de Jairo

Y agregarlo al segundo

de aquellos que estaban con Simón, Judas el hijo de Merto,

y Simón el hijo de Josas;

de los Idumeos, Jaime y Simón, el último de quién

era el hijo de Cathlas, y Jaime era el hijo de Sosas;

de aquellos que estaban con Juan, Gyphtheus y Alexa; y

de los zelotes, Simón, el hijo de Jairo.

Quitando los duplicados se produce la siguiente lista de doce individuos:

Alexa

Gyphtheus

Juan el Tirano

Simón el Tirano

Malaquías

Judas el hijo de Merto

Jaime el hijo de Sosas

Sosas el líder de los Idumeos

Simón el hijo de Jairo

Judas el hijo de Jairo

Simón el hijo de Josas

Simón de Cathlas

Josefo luego registra que hubo otra batalla, durante la cual los "doce" se "señalizaron" a sí mismos. Además, menciona el coraje de otro individuo, un Eleazar (Lázaro). Como he mostrado anteriormente, Eleazar era el Mesías Judío, por el cual Jesús fue intercambiado en el Nuevo Testamento. Josefo "señalizando" a los "doce" y un Eleazar, obviamente apoya esta interpretación. Josefo está burlándose del Mesías cristiano y de sus doce discípulos.

> De los sediciosos, aquellos que habían luchado valientemente en las batallas anteriores hicieron lo mismo ahora, al igual que Eleazar, el hijo del hermano de Simón, el tirano.

> Pero cuando Tito se percató de que sus esfuerzos por salvar un templo extranjero se volvieron hacia el daño de sus soldados, y luego ser matado, dio la orden de incendiar las puertas. [241]

Para poder "documentar" la transposición entre los rebeldes judíos por Apóstoles cristianos, Josefo registra otro grupo de individuos. Él presenta la lista de estos individuos entre las dos listas nombrando los doce judíos que se "señalizaron" a sí mismos en la batalla. Esta nueva lista nombra a aquellos judíos que desertaron hacia el lado romano en la mitad de la batalla. Nótese que tenemos ahora otros "cinco hijos de Matías".

> … de los cuales fueron los sumos sacerdotes José y Jesús, y de los hijos de los sumos sacerdotes tres, cuyo padre fue Ismael, decapitado en Cirene, y cuatro hijos de Matías… [242]

José, Jesús y Matías son, por supuesto, todos nombres asociados con el cristianismo. "Matías" no solo es el nombre de uno de los autores de los evangelios (Mateo), sino el nombre del discípulo que reemplazó a Judas como uno de los doce Apóstoles. Además de estos tres, la lista de Josefo incluye cinco hijos de Matías, un José y un Jesús. Los "cinco hijos de Matías" están destinados a ser entendidos como los cinco hijos de los fundadores de la dinastía Macabea -esto es Judas, Simón, Juan, Eleazar (Lázaro) y Jonathan. Por supuesto, como señala Josefo, estos "cinco hijos de Matías" son muy diferentes a los originales "cinco hijos de Matías" que han desertado al Cesar. Sin embargo, el punto de la burla satírica de Josefo es que estos cinco hijos de Matías tienen los mismos nombres de los originales hijos de Matías.

Así, los "cinco hijos de Matías" que desertaron a los romanos y los doce "señalizados" rebeldes judíos contienen nombres que se superponen. Los nombres que se traslapan son ambos de los Apóstoles y de los hijos de Matías Macabeo -Judas, Simón, Juan, y Eleazar. La lista de aquellos que desertaron hacia el lado romano también contiene Jesús y José, los cuales son nombres del cristianismo. El lado judío también contiene a Malaquías, punto que voy a explorar a continuación.

Mi interpretación del pasaje es que, durante la confusión de la batalla, los judíos quienes se "señalizaron" a ellos mismos y quienes tenías los mismos nombres, son transformados en los hijos de Matías que desertaron hacia Roma. Justo cuando Jesús ha sido transformado en Tito, los líderes de la rebelión son transformados en doce renegados. Es otro ejemplo de la técnica de "cambio de nombres" que fue utilizada para crear los Apóstoles Simón y Juan. La compleja confusión respecto a las identidades es una sátira de cómo los romanos crearon los apóstoles y los insertaron dentro del Templo (judaísmo) mediante la transformación de la historia de los Macabeos en la historia del cristianismo.

> … porque el gran ruido confuso que se hizo en ambos lados les impidió distinguir las voces de los demás, al igual que la oscuridad de la noche les impidió la distinción visual … Sin embargo, esta ignorancia hizo menos daño a los romanos que a los judíos, porque … cada uno de ellos recordaba su palabra de vigilancia; mientras que los judíos … frecuentemente parecían enemigos entre ellos; porque cada uno de ellos creyó que sus propios compañeros que regresaban en la oscuridad eran romanos … [243]

Esta interpretación es reforzada con la inclusión de Josefo de Malaquías como uno de los doce judíos que se "señalizaron". El nombre *Malachi* es una palabra hebrea para "mi mensajero" y era el sinónimo del profeta Elías. Este significado viene del Libro de Elías, donde Dios señala: "He aquí, envío a mi mensajero (Malaquías) que preparará el camino para mí". Los judíos mesiánicos del siglo I creían que Elías (Malaquías) representaba el retorno a la tierra de un precursor del Mesías. [244]

Los autores del Nuevo Testamento crearon a Juan el Bautista para que fuera el Elías cristiano, esto es, el mensajero que anunciaría la "venida" del Mecías.

> Entonces sus discípulos le preguntaron, diciendo: ¿Por qué, pues, dicen los escribas que debe venir antes Elías? Jesús respondió y les dijo: A la verdad, Elías viene primero, y restaurará todas las cosas.
>
> Mateo 17:10-11

Como Elías, dice que Juan vestía una faja de cuero y una "capa de pelo" [245]. Como Elías, Juan también viajó a lo largo de los escollos del Jordán cerca de Jericó [246]. El último de los Libros de los Profetas es el libro de Malaquías. Como los académicos han reconocido por largo tiempo, los autores de los Evangelios utilizaron ese libro, con sus dichos apocalípticos de un precursor mesiánico, como base para las descripciones del Día del Juicio de Juan el Bautista.

El libro de Malaquías dice:

> Porque he aquí que está para llegar aquel día, ardiente como un horno; y todos los soberbios y todos los que hacen maldad serán como el rastrojo; aquel día que está por llegar los abrasará, dice Jehová de los ejércitos, y no les dejará ni raíz ni rama. [247]

El autor del Evangelio de Mateo hace que Juan el Bautista parafrasee a Malaquías:

> Y ya está puesta el hacha en la raíz de los árboles; por tanto, todo árbol que no produce buen fruto es cortado y arrojado al fuego. ... y la horqueta está en su mano, y limpiará con

esmero su era; recogerá su trigo en el granero, y quemará la paja con fuego inextinguible. [248]

Sin embargo, Juan agrega su propia perspectiva política a Malaquías en el sentido de que advierte a quienes creen que no tienen nada que temer el Día del Juicio porque son hijos de "Abraham, Isaac y Jacobo" -esto es los judíos- que debieran estar conscientes de que su "judaísmo" no los pone a salvo. Juan señala (con un juego de palabras) "Dios puede de estas piedras (*abanim*) hacer aparecer niños (*banim*) para Abraham". Juan el Bautista comparte con Jesús la visión de que un apocalipsis viene hacia los judíos. Desde mi perspectiva, sin embargo, el punto central es que Juan está diciendo que "Dios" puede crear "judíos" a su discreción, la misma idea que Josefo está relacionando con la historia de la batalla del templo, durante la cual "las posiciones de los hombres siendo indistinguibles para cada uno de los bandos, y que lucharon al azar, los hombres siendo entremezclados unos con otros". *Abanim* y *banim* continua el juego de palabras en relación a "hijo" y "piedra" -esto es *ben* y *eben* -que existe en el Nuevo Testamento y en *Guerras de los Judíos*.

Juan el Bautista también parafrasea el Libro de Malaquías cuando señala que, aunque él (Juan) se bautiza con agua, hay uno "viniendo" que es más poderoso y se bautizará con fuego.

> ¿Y quién podrá soportar el día de su venida?, o ¿quién podrá estar en pie cuando él se manifieste? Porque él es como fuego purificador…[249]

Esta profecía, otra vez, cuando se toma literalmente, acontece de una manera que sería despreciativamente divertida para los residentes de la corte Flavia. Esto es, Tito efectivamente bautizó con fuego.

> ellos … prendieron fuego a las casas donde los judíos huyeron, y quemaron cada alma en ellas…[250]

Malaquías (mi mensajero), en la lista de Josefo de los judíos que se "señalizaron", debe ser comprendido, al igual que Elías o Juan el Bautista, como un precursor del Mesías. Debido a que "Jesús" es también un personaje en el pasaje, la identidad del Mesías que va a venir parece ser obvia. La lógica de lo satírico sugiere que el "Jesús" en la lista romana se intercambia a sí mismo con su "precursor" al mismo tiempo que sus "Apóstoles" se intercambian con sus homónimos judíos.

Mi análisis sugiere que los Macabeos fueron insertados dentro del cristianismo en el siglo I de la E.C. Fueron además de algún modo extraídos del judaísmo al mismo tiempo. Uno necesita mirar el libro de Macabeos para leer su origen.

A partir de que los romanos insertaron a los Macabeos dentro del cristianismo, es al menos lógico pensar si también los excluyeron del judaísmo, el cual estaba siendo reestablecido por aquella época. Como Eisenman señala en *Jaime, el hermano de Jesús* El Rabino Yohana ben Zakai es descrito en el Talmud de haber estado trabajando para reestablecer una forma de judaísmo luego del holocausto del 70 E.C. Trabajó en la academia de Yahveh, establecida con la autorización romana. Además, se dice que aplicó la profecía de la Estrella, el Mesías, o la profecía del regente mundial a Vespasiano, tal como Josefo lo había hecho. Estos hechos dan una base para especular acerca de la extensión en la cual Roma estuvo envuelta en la creación del Judaísmo Rabínico.

Capítulo 16

La mujer Samaritana y otros paralelos

El Evangelio de Juan registra un episodio que no aparece en los otros Evangelios, el encuentro con una mujer samaritana en una noria. Esta relación es una sátira de todavía otra batalla romana anotada en *Las Guerras de los Judíos*. Aunque esta batalla tuvo lugar antes de que Tito comenzara su campaña en el Mar de Galilea, los autores de los Evangelios desearon hacer un comentario sobre ella. Ellos, por lo tanto, necesitaron -para poder mantener la campaña de Tito y el ministerio de Jesús en secuencia – identificarla como si hubiera ocurrido antes que el ministerio de Jesús comenzara. Consiguieron esto al hacer decir a Jesús "mi hora aún no ha llegado" (Juan 7:6). En otras palabras, que el evento tuvo lugar antes de que Jesús oficialmente señalara su ministerio en Judea.

En el Monte Garizín, el Evangelio de Juan provee un recuento en el cual Jesús se describe como "agua viviente". Como he señalado, las auto designaciones de Jesús son obscuramente cómicas cuando se yuxtaponen con eventos con la guerra con Roma que ocurrieron en el mismo lugar.

> Jesús le dijo: Dame de beber.
>
> Pues sus discípulos habían ido a la ciudad a comprar alimentos.
>
> La mujer samaritana le dijo entonces: ¿Cómo tú, siendo judío, me pides de beber a mí, que soy una mujer samaritana? (Porque judíos y samaritanos no se tratan entre sí.)
>
> Respondió Jesús y le dijo: Si conocieras el don de Dios, y quién es el que te dice: Dame de beber; tú le habrías pedido a él, y él te hubiera dado agua viva.

La mujer le dijo: Señor, no tienes con qué sacarla, y el pozo es hondo. ¿De dónde, pues, tienes el agua viva? ¿Acaso eres tú mayor que nuestro padre Jacob, que nos dio este pozo, del cual bebió él mismo, sus hijos y sus ganados?

Respondió Jesús y le dijo: Todo el que bebe de esta agua, volverá a tener sed; pero el que beba del agua que yo le daré, no tendrá sed jamás; sino que el agua que yo le daré se convertirá dentro de él en una fuente de agua que salte para vida eterna.

La mujer le dijo: Señor, dame de esa agua, para que no tenga yo sed, ni venga aquí a sacarla.

Jesús le dijo: Ve, llama a tu marido, y ven acá. Respondió la mujer y dijo: No tengo marido. Jesús le dijo: Bien has dicho:

No tengo marido; porque has tenido cinco maridos, y el que tienes ahora no es marido tuyo; en esto has dicho la verdad.

Señor, estoy viendo que tú eres profeta. Nuestros padres adoraron en este monte, y vosotros decís que en Jerusalén está el lugar donde se debe adorar.

Jesús le dijo: Mujer, créeme, que está llegando la hora en que ni en este monte ni en Jerusalén adoraréis al Padre. [251]

El simbolismo del Nuevo Testamento que establece a Jesús como el "pan viviente" se basó en una hambruna que resultó debido al sitio de Jerusalén. El siguiente pasaje de Josefo es la base para la ironía inherente en Jesús al referirse a sí mismo como "agua viviente", la que se basa en la falta de agua en Garizín durante el sitio romano.

Tampoco los samaritanos escaparon de su parte de desgracias en este momento; porque se juntaron en una montaña llamada Garizín, que es para ellos una montaña sagrada, y allí permanecieron;

de este modo, Vespasiano pensó que era mejor evitar sus movimientos y cortar la base de sus intentos.

> Ahora sucedió que los samaritanos, que ahora carecían de
> agua, se inflamaron con un calor violento (porque era verano y
> la multitud no se había provisto de lo necesario),
>
> de tal manera que algunos de ellos murieron ese mismo día
> de calor. [252]

El pasaje anterior de Josefo contiene la única mención del Monte Garizín en *Las Guerras de los Judíos*. La única mención del Monte Garizín en el Nuevo Testamento es en el pasaje que cité donde Jesús se encuentra con la mujer samaritana, siendo el único lugar donde refiere a sí mismo como "Agua viviente". Debido a que es el mismo pasaje donde Jesús predice la doble destrucción de Jerusalén y de Garizín, un evento singular en la historia, podemos estar seguros de la conexión entre esta profecía y la próxima guerra con Roma. En otras palabras, cuando Jesús dice "el tiempo vendrá cuando ni en estas montañas ni en Jerusalén podrán adorar al padre…", está claramente refiriéndose al "tiempo" de su mutua destrucción. El único tiempo cuando ambas ciudades fueron simultáneamente destruidas fue durante la guerra con Roma. Por lo tanto, estamos lógicamente y en terreno sólido para comprender que la visión de Jesús en el Monte Garizín se relaciona con la próxima guerra con Roma.

Si aceptamos la premisa de que las profecías de Jesús sobre Garizín y Jerusalén se relacionan con su próxima destrucción en la guerra con Roma, su posición de ser "agua viviente" para los habitantes de Garizín puede ser entendida como prediciendo su falta de agua durante el cerco romano. Tal auto designación, hecha por Jesús en este contexto, puede parecer bien inocente. Sin embargo, si aceptamos que la descripción de Jesús como "agua viviente" se relaciona con los samaritanos muriéndose de sed en el Monte Garizín, esto verifica mi premisa sobre la afirmación de Jesús de ser "pan viviente" -esto es, que se relaciona con la práctica del canibalismo durante el cerco de Jerusalén.

Considere cómo alguien viviendo en la corte Flavia en el 80 E.C. habría reaccionado a que Jesús elija el Monte Garizín como el lugar para describirse a sí mismo como "agua viviente". Claramente, tal individuo, conociendo que los rebeldes judíos murieron de sed en Monte Garizín, habrían encontrado la auto designación de Jesús como "agua viviente" en Garizín desdeñosamente divertida.

En efecto, es autoevidente que los miembros de la corte Flavia habrían visto todas las auto designaciones de Cristo –"pescador de hombres", "pan viviente", "agua viviente", "la piedra" y el "templo" como irónicas debido a los lugares donde las utilizó. Es poco probable que tal particular tipo de humor hubiera ocurrido constantemente meramente por casualidad -y el hecho que acontezca consistentemente apoya la posición de que los Evangelios fueron creados para ser comprendidos, en un nivel, como una burla a los judíos que se relacionan específicamente con las victorias militares romanas en Judea.

Ahora quisiera expandir mi análisis en este punto y presentar otros paralelos que no voy a analizar en detalle. Algunos de ellos informan sobre la verdadera relación entre Josefo y el Nuevo Testamento. Otros son simplemente de naturaleza informativa. Lo que comparten estos individuos y eventos del Nuevo Testamento, es que su única otra documentación histórica proviene de Josefo.

Cuando uno lee acerca del cristianismo temprano en Judea del primer siglo E.C., el panorama social y la fecha de los eventos están derivados solamente de Josefo. Ya que el Nuevo Testamento y los trabajos de Josefo cubren las mismas áreas y marcos temporales, no hay nada raro en el hecho de que eventos y personajes aparezcan en ambos trabajos.

Sin embargo, si no pudiera mostrarse que Josefo tiene una clara consciencia del cristianismo, esto tiene implicaciones. Gran parte de la comedia negra que ambos trabajos crean es autoevidente. Para demostrar que Josefo estaba satirizando al cristianismo en el pasaje que dice sobre el hijo de María cuya carne fue comida, por ejemplo, solo es necesario probar que Josefo sabía del cristianismo cuando escribió la historia.

Durante el tiempo que Josefo estaba escribiendo *Las Guerras de los Judíos* y *Antigüedades judías*, la familia Flavia estaba claramente envuelta con el cristianismo. Esto sugiere que Josefo, en ambos sentidos, como historiador y como teólogo, estaría familiarizado con la religión y sus símbolos. En efecto, el traslape total de individuos y eventos en el Nuevo Testamento y los trabajos de Josefo indican que él debió conocer bastante sobre el cristianismo.

Lo que sigue es una lista de individuos, grupos y eventos mencionados por Josefo y los Evangelios o el Libro de Actos:

Simón el mago

El falso profeta de Egipto

Ananías el Sumo Sacerdote

Félix el procurador y su esposa Drusila

Festo el procurador

Agrippa II y Berenice

El sacrificio de la viuda de un ácaro

Rey Herodes

El sacrificio de los inocentes

Arquelao

El censo de Quirino

El decimoquinto año de Tiberio

Juan el Bautista

Fariseos

Saduceos

Jaime, el hermano de Jesús

Judas el Galileo

La hambruna bajo Claudio

La muerte de Herodes Agrippa I

Jesús

Además de estos personajes y eventos que se traslapan, los trabajos comparten una cantidad de paralelos conceptuales además de los que ya he presentado previamente. Quiero discutir brevemente algunos de ellos. El primero, en realidad, prefigura el ministerio de Jesús y la Campaña de Tito. Consiste en el paralelo del "sacrificio de los inocentes" que ocurre tanto en el Nuevo Testamento como en *Antigüedades Judías* de Josefo.

Aunque los académicos han visto este paralelo, no estoy consciente de que ningún otro haya visto extraña correspondencia temporal entre ambos pasajes. El pasaje del Nuevo Testamento y el de Josefo que abordan el sacrificio de los inocentes ocurren al mismo tiempo. Ya que las dos historias involucran a Herodes, esto puede parecer poco importante ya que ambos pasajes aparecen simplemente para reflejar el mismo evento. Sin embargo, cuando este paralelo es visto dentro del contexto de los otros paralelos del Nuevo Testamento y de Josefo, su verdadera significación se hace transparente.

Del Nuevo Testamento:

> ... en los días del rey Herodes, llegaron a Jerusalén unos magos procedentes del oriente diciendo:
>
> ¿Dónde está el que ha nacido rey de los judíos? Porque hemos visto su estrella en el oriente, y hemos venido a darle un homenaje.
>
> Al oír esto, el rey Herodes se turbó, y toda Jerusalén con él.
>
> Y convocados todos los principales sacerdotes, y los escribas del pueblo, les preguntaba dónde había de nacer el Cristo.
>
> Ellos le dijeron: En Belén de Judea; porque así está escrito en los profetas: Entonces Herodes, cuando se vio burlado por los magos, se enojó mucho, y envió a que matasen a todos los niños que había en Belén y en todos sus alrededores, de dos años para abajo, conforme al tiempo que había inquirido diligentemente de los magos.
>
> Mateo 2:1-5, 16

Josefo escribió sobre un evento paralelo.

> Ahora había una cierta secta de judíos que se valoraban mucho por la habilidad que tenían en los caminos de sus padres y que creían que observaban mejor las leyes favorecidas por Dios, la secta llamada los fariseos, por quienes las mujeres del palacio eran guiadas. Pudieron lidiar con éxito con el rey debido a su presciencia, pero a menudo cayeron en la lucha y le pusieron obstáculos.

Por ejemplo, cuando todo el pueblo judío prometió su lealtad al César y al gobierno del rey, estos hombres, más de seis mil, se negaron a jurar; y cuando el rey les impuso una multa, la esposa de Peroras [el hermano del rey] la pagó.

Ahora, para pagar esta bondad suya, creyendo que, por inspiración divina, el conocimiento previo de las cosas por venir, predijeron que Dios había decretado que el gobierno de Herodes sería tomado de él y de sus descendientes, y que el reino vendría a ella, a Peroras y a sus hijos.

Estas predicciones, que no escaparon a la detección de Salomé [la hermana del rey], se le informaron al rey, y también que habían subvertido algunas otras del palacio. Así que el rey mató a los fariseos principalmente involucrados, así como a Bagoas, el eunuco, y a cierto Caro, que excedía en belleza a todos sus compañeros y era su niño favorito. También mató a todos los de su propia casa que se habían aliado para hablar de los fariseos.

Bagoas había estado eufórico por su predicción de que sería aclamado como el padre y el benefactor de quien sería su rey designado; porque en este rey caería el poder sobre todos las cosas, y le otorgaría a Bagoas un matrimonio y la capacidad de engendrar hijos de su propia línea. [253]

El pasaje anterior de Josefo cuenta con claros paralelos a la historia del nacimiento en Lucas y Mateo. Nótese que en cada uno tenemos hombres sabios, quienes tiene la capacidad de profetizar, prediciendo "que el rey que vendrá" terminará con el reino de Herodes. La reacción de Herodes en ambos es "sacrificar a los inocentes". Josefo describe al nuevo rey como alguien que tendrá "el poder sobre todas las cosas". Es más importante, sin embargo, que ambas historias involucran un nacimiento milagroso por alguien normalmente asumido que es incapaz de dar a luz -en el Testamento es la Virgen, en Josefo es un eunuco.

Este paralelo entre la Virgen María y el eunuco Bagoas es el comienzo de secuencias de eventos paralelos en el Nuevo Testamento y en *Las Guerras de los Judíos*. Los autores intercambian a un eunuco por una virgen para crear un "milagroso nacimiento" paralelo. La historia de Bagoas revela la mentalidad de los autores del Nuevo Testamento en el sentido que muestra el desprecio por la gente que cree en fábulas sobre nacimientos de una virgen.

Otro interesante punto es que esta sátira va a indicar que los autores del Nuevo Testamento estaban en efecto tratando de crear la impresión de que María era "virgen", esto es, alguien incapaz de dar a luz, un tema disputado por los académicos.

Deseo concluir mi análisis con un breve comentario sobre el libro Revelación y la Literatura Paulina.

Estos trabajos serán cubiertos en profundidad en un próximo libro, pero deseo asegurar a los lectores que estos documentos también son Flavio, aunque no fueron producidos por el círculo que rodeaba a Tito Flavio. Como los Evangelios, estos trabajos fueron diseñados con un velado nivel tipológico que previó a un otro "Cristo Flavio" -Cesar Domiciano. Por lo tanto, como Tito utilizó al historiador Josefo para conectarse con los Evangelios y crear así una tipología que revela que él fue el "Jesús Cristo" en Juan 21, entonces Domiciano utilizó a su historiador Suetonio para crear una historia de su vida que se conecta con Revelación y la Literatura Paulina y que, finalmente, señala que él y no su hermano fue el "Cristo" definitivo. Al ganar un juego literario insignificante con su hermano muerto, Domiciano, quiso reemplazar a Tito como "Jesús" y transformarse en el "Dios" que ha sido adorado por dos mil años.

La comprensión de la tipología de Domiciano comienza simplemente comparando las características dadas al "Señor Dios" en Revelación con los que Suetonio escribió para Domiciano. Tal comparación deja en claro que el "señor dios" de Revelación es Domiciano.

Como un ejemplo del análisis de mi siguiente trabajo, presento la siguiente lista de las características compartidas por ambos "Señor Dios". En la lista, las características del "señor dios" son dadas primero, seguidas por las citas de Suetonio quién paralela las descripciones de Domiciano.

Aunque algunas de las conexiones son simples hechos históricos que los autores esperan que sus lectores puedan detectarlas, y que otras son metafóricas o triviales, algunos de los paralelos son tan complejos que indican una conexión deliberada en sí misma.

Ejemplos de estos complejos paralelos son "aumentó el salario de un día en un tercio y aumentó el grano y disminuyó el vino" (Revelación 6:6 y Suetonio, Domiciano, 7), y "le dio a una profetisa la oportunidad de arrepentirse, luego la arrojó sobre una cama de tortura y ejecutó a sus amantes", un paralelo que se encuentra en Revelación 2:20-22 y Suetonio, Domiciano, 8. Sin embargo, cuando se intenta determinar si un patrón determinado existe entre dos trabajos literarios, los paralelos necesitan ser vistos como una colección. Y cuando son vistos como una colección, los paralelos dejan poca duda sobre la identidad del "Señor Dios" de Revelación.

- Anduvo en un caballo blanco (Suetonio, Domiciano, 2).

- El círculo interno eran criaturas aladas con múltiples ojos (Suetonio, Domiciano, 3).

- El círculo exterior llevaba coronas. (Suetonio, Domiciano, 4).

- La congregación vestía de blanco (Suetonio, Domiciano, 12).

- Ambos eran llamados "Señor Dios" (Suetonio, Domiciano, 13).

- El "Señor Dios" como un arquero (Suetonio, Domiciano, 19).

- La habitación del trono estaba encerrada por un círculo de arcoíris y estaba cerca del mar (Suetonio, Domiciano, 5 y 6).

- "Aumentó el salario de un día en un tercio y aumentó el grano y disminuyó el vino" (Revelación 6:6 y Suetonio, Domiciano, 7).

- "Le dio a una profetisa la oportunidad de arrepentirse, luego la arrojó sobre una cama de tortura y ejecutó a sus amantes" (Suetonio, Domiciano, 8).

- Ataca la inmoralidad sexual (Suetonio, Domiciano, 8).

- Se opone a esos "que se llaman judíos pero no lo son". (Suetonio, Domiciano, 12).

- Fue el primero y el último -el Alfa y el Omega- Domiciano mantuvo que el era ambos, el primero de los Cesar Flavio y el último. (Suetonio, Domiciano, 13).

- Era la "estrella de la mañana" (Suetonio, Domiciano, 16).

- Tenía pies de bronce (Suetonio, Domiciano, 18).

- Se enfrentó a una bestia con dos cuernos (Suetonio, Domiciano, 19).

Los paralelos históricos entre el "Señor Dios" de Revelación y Domiciano son los siguientes:

- Era un "dios viviente".

- Tiene el poder de ejecutar a los súbditos.

- La Iglesia de Efesos fue la primera en orden de importancia (Domiciano construyó un templo personal allí).

- Tener un grupo de Iglesias en Asia Menor.

- Su padre era Dios.

- El "señor dios" de Revelación y Domiciano fueron ambos el "Cristo" (Suetonio, Vespasiano, 4).

- Era miembro de la trinidad de dioses -Domiciano era el "neuma hagios" o el "espíritu santo".

Finalmente -lo obvio es generalmente pasado por alto – el "Señor Dios" Domiciano poseía un sistema de correos capaz de enviar cartas a las "siete ciudades" nombradas en Revelación.

En un próximo trabajo deberemos abrir los "siete sellos" para mostrar su increíble significado.

CONCLUSIÓN

El análisis que he realizado en este trabajo se apoya en la premisa que, un tiempo después de la guerra entre romanos y judíos, el cristianismo fue creado por intelectuales trabajando para los emperadores Flavio. Ellos crearon esta religión para servir como una barrera teológica para prevenir que el judaísmo mesiánico no se alzará nuevamente en contra del imperio. Además, he presentado un análisis mostrando que la historia del ministerio de Jesús contada en los Evangelios fue construida como una sátira "profética" de la campaña militar de Tito Flavio a través de Judea. Esta sátira utiliza lúcidamente paralelos tipológicos para mostrar que Tito fue el verdadero "Cristo" que los cristianos han estado adorando sin saberlo.

VIEJO TESTAMENTO	MATEO
Gen 45-50 José va a Egipto	2:3 José va a Egipto
Ex. 1 El faraón masacra a los niños	2:6 Herodes masacra a los niños
Ex. 4" todos los hombres están muertos que buscaron tu vida"	2:20 Están muertos quienes buscaron la vida del niño pequeño"
Ex.12 De Egipto a Israel	2:21 De Egipto a Israel
Ex.14 Pasando a través del agua (bautismo)	3:13 Bautismo (pasando a través del agua)
Ex.16 En el desierto "Tentado con pan"	4:4 En el desierto Tentado con pan"
Ex.17 "No tientes a Dios"	4:7 "No tientes a Dios"
Ex. 32 "Adora solo a Dios"	4:10"Adora solo a Dios"

Aunque sin ser visto por 2.000 años, el camino para comprender el verdadero significado de los Evangelios está claro. El primer paso es simplemente reconocer que Jesús fue creado como una figura tipológica. Esto se establece al comienzo de los Evangelios, en Mateo, donde la vida de Moisés, el primer salvador de Israel, fue usada como un tipo para Jesús, el segundo salvador de Israel.

El uso de paralelos tipológicos para conectar a Jesús con Moisés fue diseñado para crear la impresión de que la antigua literatura judía había "anunciado" la vida de Jesús. Sin embargo, el hecho de que los autores del Nuevo Testamento crearan a Jesús como un personaje tipológico, apoya fuertemente la tesis de que el linaje que muestro en este trabajo -entre Jesús y Tito – fue también creado deliberadamente. Supongamos que un criminal es conocido porque comete sus crímenes con un arma muy poco común -digamos una bola de juego de bolos. Una escena del crimen donde la víctima fuera golpeada por una bola de bolos sugeriría muy fuertemente que es el mismo perpetrador. El mismo tipo de evidencia se suma en contra de los autores de los Evangelios. Es inverosímil que uno de los pocos grupos que nunca usara a sabiendas la tipología también hubiera creado las únicas relaciones accidentalmente topológicas en la literatura.

Incluso si Jesús no fuera un personaje obviamente tipológico, la relación entre su ministerio y la campaña de Tito en sí misma prueba que una fue basada en la otra. Los paralelos entre el ministerio y la campaña de los "dos hijos de Dios" no solo ocurren en los mismos lugares, sino que en la misma secuencia. Esta es la prueba más clara que nos ha dejado Tito -prueba que él dejó para que pudiéramos ver que tuvo éxito en sus esfuerzos para hacer que los judíos le llamaran "Señor", prueba que ha dejado para decir que se transformó en el Cristo que el cristianismo adoraría por miles de años.

Para ver la relación entre Jesús y Tito, todo lo que se necesita es mirar el ministerio de Jesús en la forma que se relaciona con la guerra entre los romanos y los judíos. Aunque esta perspectiva ha sido pasada por alto por los historiadores, es una que debiera ser estudiada por varias razones. Primero, porque Jesús señala que todas las profecías serán cumplidas antes que "la generación malvada" de judíos desaparezca. Para los judíos de esta era, una generación tenía una duración de cuarenta años y la guerra de Tito en contra de los judíos mesiánicos se terminó "milagrosamente" cuarenta años desde el día de la resurrección de Jesús. Por lo tanto, los Evangelios debieran ser leídos dentro del contexto de la guerra -esta fue literalmente la instrucción que Jesús nos dio. Además, los vencedores escriben la historia. A partir de que los Flavio fueron los ganadores en su guerra contra el movimiento mesiánico en Judea, todas las historias relacionadas con esta era, incluyendo los Evangelios, debieran ser escudriñadas para determinar si los Flavio las produjeron. Una vez que los Evangelios son vistos desde la perspectiva de un miembro del círculo íntimo de la familia Flavia, la relación entre Jesús y Tito llegan a ser auto evidentes.

Me doy cuenta de que algunos van a encontrar las conclusiones de este trabajo desorientadoras. Símbolos que por largo tiempo fueron basados en el amor cristiano podrían ser simplemente imágenes de la conquista romana. Incluso la creencia que nuestra cultura es judeocristiana es incorrecta, ya que en realidad fue formada por la influencia "religiosa" romana. por la influencia "religiosa" romana. Más desconcertante para mí es la pregunta: ¿Cómo sería la civilización occidental, si en vez de haber emergido de la tradición cristiana, hubiese emergido de una cultura que adore la fuerza y desprecie la debilidad??

Es también difícil de aceptar que tantos hayan fallado de ver las obvias claves, dejadas por los creadores del cristianismo, para informarnos del verdadero origen de la religión. Mientras numerosas de las conexiones entre Tito y Jesús son difíciles de ver, es sencillamente increíble que nadie hasta aquí haya percibido que la campaña de Tito tiene un bosquejo conceptual paralelo al ministerio de Jesús. Esto no es difícil de ver y debiera haber sido un conocimiento común hace ya muchos siglos. El *Homo Sapiens* falló de ganarse este título en esta instancia.

Aunque el cristianismo comenzó como un chiste cruel, se ha transformado en la base de buena parte del progreso moral humano. Yo, por lo tanto, presento este libro con cierta ambivalencia, pero la verdad es un todo y ninguna parte debiera ser escondida. Frente a cualquier controversia que este libro genere, debiéramos recordar las palabras de Jesús:

"y conoceréis la verdad, y la verdad os hará libres"

Juan 8:32

Apéndice

Una guía para el lector de los nombres y términos en El Avatar del César

ACILIUS GLABRIO -Cónsul en Roma en el 91 E.C. Desaparecido y luego ejecutado por Domiciano en el 95 E.C. como una "novedad artificial". Tradicionalmente, se supone que había sido ejecutado por ser cristiano.

AQUILES – Legendario chambelán de Flavia Domitila. Aparece en el trabajo del siglo sexto Hechos de los santos *Nereo y Aquiles*.

AGRIPPA II -Nacido en el 27 E.C., hijo de Agrippa I, Rey de Judea y nieto de Herodes el Grande. Como gobernador sobre la tetrarquía de Philip y Lisanias, apoyó a Vespasiano durante la Guerra Judía, enviando 2000 hombres.

BARABAS – Un personaje de los Evangelios que actúa como un doble de Jesús y es soltado en vez de él. El nombre es una mezcla del hebreo *bar* (hijo) y *abba* (padre), significando "hijo del Padre". En algunos escritos tempranos su nombre es dado como Jesús Barrabas.

BAR KOKHBA – Líder de la revuelta en contra de Roma en 131 E.C. Su nombre en hebreo significa "hijo de la estrella", refiriéndose a la profecía de la estrella.

BERENICE – Nacida en 28 E.C., fue la hija de Agrippa I (que murió en el 44 E.C.), rey de Judea, el nieto de Herodes el Grande. Se casó con Marcos, hermano de Tiberio Alejandro, y luego de su muerte se volvió amante de Tito. Ella debe ser identificada a través de la lógica del puzle en *Las Guerras de los Judíos* como una de las cuales que comenzó con la idea de crear los Evangelios. Su hermana Drusila, creía que era la mujer más bella del mundo, se casó con Antonio Feliz,

Apoderado romano de Judea (52-60 E.C.)

BRUNO BAUER – Filósofo alemán, historiador y teólogo (1809-1882). Comprendió que los Evangelios fueron escritos como propaganda romana utilizando ideas Estoicas y Helenistas, que no fueron directamente derivadas del judaísmo. Pensó que el primer Evangelio había sido escrito en tiempos de Adriano (117- 138 E.C.). Ver Cristo y los Césares (1877).

CATULO – Un personaje en *Las Guerras de los Judíos* que muere cuando explotan sus entrañas. El paralelo es inventado para crear un acertijo lógico que, cuando se resuelve, revela los nombres de los escritores de los Evangelios.

CLEMENTE – El Papa Clemente I es considerado tradicionalmente como creador de la Epístola no canónica de Clemente a los Corintios en el 96 E.C. Acostumbraba a ser identificado con el Cónsul Tito Flavio Clemente, fue ejecutado por Domiciano en el 95 E.C.

CHIPRIAN – Obispo Cristiano y orador, nacido en el 240 E.C.

DANIEL – Libro profético de las escrituras hebreas escrito alrededor del año 600 A.E.C. conteniendo profecías sobre la venida del Mesías y la destrucción de Jerusalén.

DECIO MUNDUS – Un personaje que sigue al famoso pasaje del Testimonio de las *Antigüedades Judías*, las que supuestamente confirman la historicidad de Jesús. El nombre es un retruécano con *Decio Mus* (ratón), un militar romano heroico que sacrificó su vida para servir a Roma.

DOMICIANO – Tito Flavio Domiciano (51-96 E.C.). Hijo menor de Vespasiano que, en el nacimiento de Domiciano, fue nombrado general militar romano. Domiciano sucedió a su padre y a su hermano mayor Tito como el tercer emperador Flavio (81-96 E.C.). Su gobierno es asociado con un renacimiento literario y un importante programa arquitectónico en Roma. Los historiadores lo presentan como un déspota eficiente, corrupto y cruel.

ELEAZAR – Un nombre Macabeo hebraico que significa "a quien Dios ayuda". Es traducido en griego como "Lázaro". Eleazar fue un miembro de la dinastía mesiánica que fue capturada por los romanos durante el sitio de Jerusalén, fue amenazado con ser crucificado y le "podaron" sus miembros. Luego se lo dieron de vuelta a sus parientes, y al morir, se lo comieron. En los Evangelios, su tortura y muerte han sido satirizadas en la figura de "María caníbal" que se come a su hijo como un cordero de pascua simbólico, y cuando la figura de Lázaro es resucitada, después de lo cual "María le hace una cena".

EPICTETO – Filósofo Estoico y esclavo de Epafrodito, secretario de Nerón y Domiciano. Algunas de sus actitudes fueron reflejadas en los Evangelios.

EUSEBIO – Obispo de Cesárea alrededor del 330 E.C. y autor de *Historia de la Iglesia* y una obra apologética titulada *Vida del Emperador Constantino*.

FELIX – Antonio Félix, corrupto procurador romano de Judea (52-60 E.C.) y esposo de Drusila, hermana de Berenice.

FLAVIA DOMITILA – Nieta de Vespasiano, sobrina de Tito. Se casó con Clemente. Ella proporcionó la tierra para las catacumbas más tempranas en Roma. Debe ser diferenciada de Domitila, hermana de Tito y Domiciano.

FLAVIO – El nombre de familia de la dinastía de emperadores fundada por Vespasiano.

HEGESIPPUS – Escritor cristiano del siglo II de un libro de memorias dirigido contra los gnósticos. Su trabajo es conocido por los pasajes incorporados en los escritos de Eusebio.

HERODES EL GRANDE – Rey de Judea (73-4 B.E.C). De una familia Idumea (no judía), se transformó en gobernador de Galilea a la edad de 25 años y más tarde se trasladó a Roma donde Marco Antonio lo designó como rey títere de Judea in *absentia*. Cesar Augusto eventualmente le confirmó el título y con apoyo romano fue instalado como un rey cliente en Jerusalén. El cooptó a la dinastía Macabea al casarse con una de sus mujeres, Marianne, con la cual tuvo cuatro hijos antes de hacerla ejecutar.

HIPPOLITO – Obispo y profesor herético cristiano, nacido en el 150 E.C.

HONI – Conocido en griego como Onías. Honi, el Hacedor de Lluvia (muere 65 B.E.C), es tradicionalmente conocido como el Hombre Santo de Galilea. El personaje de Jesús en parto se basó en Honi.

IRENEO – Teólogo cristiano nacido en el 130 E.C. Mejor conocido por sus escritos en contra del Gnosticismo.

JEROME – Santo cristiano y escritor sobre la Biblia, nacido alrededor del 340 E.C.

JESUS – El nombre de un personaje representado en los Evangelios. El nombre es un homófono griego para la palabra hebrea *Yeshúa* que puede significar tanto "Dios salva" como "Salvador".

JOSÉ DE ARIMATEA – Un personaje de los Evangelios, conocido por bajar el cuerpo de Jesús de la cruz. En el Evangelio de Bernabé, su nombre es dado como José de Arimatea. Es inexistente un pueblo llamado Arimatea. El nombre es un retruécano respecto a Josefo bar Matías.

JOSEFO – Originalmente Josefo bar Matías (37 -100 E.C.), se puso el nombre Flavio Josefo al ser adoptado dentro de la Familia Imperial Flavia. Él dice que fue originariamente un general en Galilea que reconoció la profecía tradicional hebrea acerca del nuevo líder mundial aplicada a Vespasiano. Abandonó a los judíos y se puso del lado de los romanos. Se le proporcionó un departamento en la propia casa del Emperador y escribió, la autorizada, *Las Guerras de los Judíos*, la cual ha sido criticada por contemporáneos por ficcionalizar la historia y contener rompecabezas escolásticos. Los romanos levantaron una estatua en su honor.

JUDAS ISCARIOTE – Un personaje de los Evangelios que traiciona a Jesús con los romanos y muere cuando se le revientan sus entrañas. Su apellido pudiera ser un anagrama, indicando que no solo representa al Macabeo Judas el Galileo, sino que específicamente al movimiento Sicario. Ver Catulo.

JUDAS EL GALILEO – Un zelote Macabeo. Fue líder del levantamiento en contra de Roma alrededor del año 6 E.C. sobre la base de un censo que iba aplicarse. Sus hijos Jacobo y Simón fueron crucificados por los romanos, y otro hijo Menájem, llegó a ser el líder del movimiento sicario -que aparentemente asesinaba a sus oponentes con dagas, de las cuales su nombre es tomado.

JUSTIN MARTIR – Teólogo cristiano nacido cerca del 100 E.C. Mejor conocido por su *Diálogo con el judío Trifón*

JUVENAL – Decimus Iunius Iuvenalis, escritor satírico antisemita, activo en el siglo I E.C. Inventó la frase tan reconocida "Pan y Circo" para describir cómo los emperadores complacían a la población.

LAZARO – Ver Eleazar.

MACABEOS- Dinastía mesiánica original de Judea eliminada del poder por los romanos en el 63 A.E.C. Ver Matías.

MARIA – Al menos cinco diferentes Marías son presentadas en los Evangelios, donde el nombre es genéricamente utilizado para referirse a las mujeres rebeldes. La palabra es un término hebreo que significa "rebelión". Su equivalente en Arameo es Martha, "ella era rebelde".

MATIAS – Fundador de la dinastía mesiánica y militarista de los Macabeos que en el 165 A.E.C. llevó a una revuelta celebrada por los judíos en el festival de Janucá. Matías (Mateo) tuvo cinco hijos: Simón, Judas, Juan, Eleazar (Lázaro), y Jonatán. Estos nombres eran dinásticos y fueron pasados a las generaciones siguientes hasta que la dinastía fue removida del poder por la conquista romana de Judea en el 63 A.E.C. (el sitio de entierro de la dinastía fue encontrada a treinta kilómetros al norte de Jerusalén en 1995). Una vez fuera del poder, la dinastía continuó levantándose en contra de la ocupación romana y de los reyes títeres de la dinastía de los Herodes. En los Evangelios los romanos abiertamente satirizan a los judíos al utilizar nombres Macabeos en los personajes cristianos.

NEREUS – Legendario chambelán de Flavia Domitila. Aparece en un trabajo del siglo sexto *Actos de los santos Nereus y Aquiles*.

ORIGENES – Importante teólogo cristiano y crítico bíblico (185-264 E.C.)

PABLO – Una figura histórica que pudo haber comenzado su carrera al servicio del emperador Nerón (como ha sido descrito por Robert Eisenman). Posteriormente se transformó en administrador del culto de Jesús. Varios personajes en Josefo lo parodian. Estos incluyen el personaje demoníaco en el lado derecho del tríptico de Decio Mundus, y Paulino, quien detiene a los judíos de acceder al Templo al cerrar sus puertas. En Hechos 21: 28-30 hay un evento paralelo en el cual las puertas del Templo se cierran.

PEDANIUS DIOSCORIDES –Médico jefe y botánico que acompaño a Vespasiano y a Tito en Judea. Se cree que su trabajo contribuyó a la metáfora sub-textual que los romanos utilizaron para crear su sátira conocida como los Evangelios. Es conocido mejor como el precursor de la herboristería moderna y un pionero de la anestesia.

PERSIUS – Aulus Persius Flaccus (34-62 E.C.). Poeta satírico romano vinculado a la filosofía estoica.

PLINIO EL VIEJO – Gaius Plinius Secondus fue amigo y consejero del emperador Vespasiano a quien visitaba cada día. Se conoce que visitó al ejército en Judea en el medio de la campaña militar Flavia. Es mejor conocido por su *Historia Natural*. En un libro futuro vamos a identificarlo como una de las personas que trabajaron en la escritura de los Evangelios.

PLINIO EL JOVEN – Gobernador de Pontos/ Bithynia entre el 111 y el 113 E.C. Su correspondencia con el Emperador Trajano sobre cómo tratar a los cristianos sobrevive. El problema, como él lo define, es que el contagio de la "superstición" ha llegado a estar fuera de control e incluso se ha esparcido fuera de Judea, no solo hasta las ciudades, sino que también a los pueblos y campos, aunque él pensaba que podía ser controlada una influencia mayor. El emperador Trajano, sin embargo, le instruyó que los cristianos no debían ser buscados.

QUIRINO – Gobernador de Siria. Intentó realizar un censo en el 6 E.C. para facilitar el cobro de impuestos. Esto llevó directamente a la revuelta por el zelote Judas el Galileo. En el Evangelio de Lucas, la descripción de María y José en camino a Belén para registrarse para el censo es una sátira en contra de esta revuelta. El Evangelio representa a los judíos que cooperaban en el pago de los impuestos.

C.I. SCOFIELD – Escritor cristiano (1843-1921) que produjo una edición de la Biblia que popularizó enseñanzas del pre-milenio.

SENECA – Filósofo Estoico y tutor del Emperador Nerón. Algunas de sus actitudes son reflejadas en los Evangelios.

SIMON PEDRO – Un personaje de los Evangelios cuyo nombre es originalmente "Simón", antes que se le renombrara como *Petros*, significando "una piedra". Al final de Juan 21 se dice que va a ser atrapado y llevado para matarle. El personaje parodia al rebelde Simón de *Las Guerras de los Judíos*, que fue prendido en el cerco de Jerusalén y llevado a Roma para su ejecución.

SUETONIO – Historiador romano y secretario del Emperador Adriano. Él debe ser recordado principalmente como el autor de *Vida de los doce Césares*, producida alrededor 120 E.C.

TACITO – Cornelio Tácito (55-117 E.C.) Historiador romano conocido por sus *Historias, anales de la Roma Imperial* y una biografía de su suegro Agrícola.

TERTULIANO – Teólogo cristiano nacido alrededor del 160 E.C. Es el primer teólogo que escribe en latín.

TIBERIO ALEJANDRO – Un judío no practicante que fue el hijo del hombre más rico del mundo, el recolector de derechos de aduana de Alejandría. Era el cuñado de Berenice, la amante de Tito y uno de los generales apoyando a Roma en el sitio de Jerusalén. El destruyó un levantamiento en Alejandría sacrificando a 50.000 judíos. Tiberio puede ser identificado a través de un rompecabezas lógico en *Las Guerras de los Judíos* como uno de los que comenzó la idea de crear los Evangelios.

TITO FLAVIO SABINO – Fue Cónsul en el 82 E.C. Se casó con la hermana de Domitila y luego fue ejecutado por Domiciano, Aparentemente es padre o tío de Clemente.

TITO – Tito Flavio Vespasiano, el hijo mayor de Vespasiano (39-81 E.C.). Luego de servir en Bretaña como legado, se fue como legado de la quinta legión a Judea bajo el comando de su padre. Luego Vespasiano regresó a Roma para ser coronado Emperador, y fue dejado en comando de la campaña de Judea. Dirigió la construcción de la muralla que rodeó a Jerusalén y que llevó a la caída de la ciudad. A su regreso a Roma, compartió la administración de su padre y se transformó en Emperador luego de la muerte de Vespasiano en el 79 E.C. Los historiadores lo consideran como un administrador eficiente y frugal como su padre.

TEOFRASTOS – Filósofo griego y botánico. Muere en 287 A.E.C. Fue elegido por Aristóteles para que lo sucediera y dirigiera el Lyceum. Varias de sus expresiones botánicas fueron usadas por los romanos del siglo I E.C., probablemente por el botánico Pedáneo Dioscórides, para crear aspectos de la sátira Flavia.

VESPASIANO – Tito Flavio Sabino Vespasiano (9-79 E.C.). Hijo de un recolector de impuestos, comandó una Legión durante la invasión de Bretaña y acumuló experiencia en la guerra de sitios. Esta fue la razón que Nerón le pidió que liderara las fuerzas para terminar con la rebelión de Judea. A la muerte de Nerón, el ejército unido se puso detrás de Vespasiano para apoyarlo como emperador. Se transformó en emperador en diciembre del 69 E.C. y es presentado por los historiadores como un hombre justo y un administrador muy trabajador. Gobernó con la asistencia de su hijo Tito, que lo sucedió como emperador, desde el 71 E.C hasta su muerte en el 79 E.C.

WILLIAM WHISTON – Clérigo inglés, matemático y académico clásico (1667-1752). Sucedió a Newton como profesor de matemáticas *Lucasiana* en Cambridge. Tradujo las obras de Josefo al inglés. Concluyó que el cumplimiento de varias predicciones proféticas en Josefo prueba que Jesús era el Mesías.

ZACARIAS – Hijo de Baruch. Un personaje menor en *Las Guerras de los Judíos* parodiado en Mateo 23:35 como Zacarías, hijo de Barquías, que muere de una forma similar.

ZAKAI – Rabino Yohanan ben Zakai, descrito en el Talmud como partiendo de Jerusalén en el momento del sitio en un ataúd, y levantándose para aclamar a Vespasiano a quien aguardó el pueblo de Jamnia o Yavne, para establecer el Judaísmo Rabínico. Aparentemente, aplicó la "profecía de la estrella" o la profecía del "regente del mundo" a Vespasiano exactamente como Josefo también lo hizo.

ZELOTES – Originalmente un grupo Macabeo, se organizaron en contra Herodes el Grande (74-73 A.E.C.) y nuevamente bajo el Judas de Galilea (6 E.C.) para resistir el censo romano. Luego de la destrucción del templo, los zelotes se retiraron a Masada donde, de acuerdo con Josefo, muchos se suicidaron para evitar la captura.

Una cronología de las vidas de Tito y Jesús

VIDA DE JESÚS

1.E.C.   Presunto nacimiento de Jesús.

30 E.C   Su ministerio comienza.

    - En el Lago de Galilea, Jesús comienza su ministerio al llamar a sus seguidores que se transformen en "pescadores de hombres" (Mateo 4:19 y paralelos).

    - En Gadara, Jesús expulsa 2000 demonios de un hombre. Los demonios se esconden dentro de los cerdos que luego saltan de un acantilado al río. (Marcos 5:1-20).

33 E.C.   Jesús va a Jerusalén (Lucas 19:28 y paralelos).

    - Un hombre desnudo escapa en el jardín de Getsemaní (Marcos 14:51-52).

    - Jesús predica que Jerusalén será rodeada por una muralla (Lucas 19:43).

    - Tres hombres son crucificados en la colina de las calaveras (Gólgota), un hombre es bajado de la cruz por Jose(fo) (ben) Arimatea, y luego reaparece vivo (Mateo 27:33, 27:57-58 y paralelos).

VIDA DE TITO

39 E.C.   Tito Flavio Vespasiano (de aquí en adelante Tito) nace.

66 E.C.   Su padre, Vespasiano, es nombrado para erradicar el levantamiento de Judea y lleva a Tito consigo.

67 E.C.   La campaña romana comienza en Galilea.

    - En el Lago de Galilea, Tito comienza su campaña en una batalla donde judíos cayeron al agua y son pescados (*Guerras* 3, 10, 5-9).

68 E.C. El Emperador Nerón muere.

- En Gadara, los rebeldes son forzados a escapar como bestias dentro del río (*Guerras* 4, 7, 1-6).

69 E.C. En Julio, el ejército en Judea, Egipto y Siria apoyan a Vespasiano como emperador.

- Vespasiano llega a Roma, reprime una guerra civil y es nombrado emperador, dejando a Tito que termine la guerra en Judea.

70 E.C. Tito va a Jerusalén.

- Tito, "desnudo -sin su armadura-, escapa de un ataque en el jardín de Getsemaní (*Guerras* 5,12).

- Tito levanta una muralla alrededor de Jerusalén (*Guerras* 5,12).

Tito levanta un campamento en Jerusalén exactamente cuarenta años desde el comienzo del ministerio de Jesús.

- Tres hombres son crucificados en la *Villa de la Mente Inquisitiva* (Thecoe/a). Un hombre es bajado de la cruz por Josefo ben Matías y milagrosamente sobrevive (Josefo Vida 75, 420-421).

- Juan es capturado pero se le deja vivir (Guerras 6,9,4). Simón es detenido y llevado a Roma a morir (*Guerras* 7,2,1).

71 E.C. Tito y Vespasiano tienen un triunfo unido en Roma. A Tito se le dan varios honores y comienza a compartir el control de la administración.

73 E.C. La masacre de Masada ocurre exactamente cuarenta años desde la resurrección de Jesús.

79 E.C. Josefo escribe la historia autorizada *Las Guerras de los Judíos*, dedicada a Tito.

80 E.C. Tito establece un culto imperial donde se venera a Vespasiano como un Dios.

81 E.C. Tito muere en septiembre, y un culto imperial es creado para venerarlo como a un Dios. El Arco de Tito es construido póstumamente en Roma, aclamándolo como "el hijo de un dios"

- Su hermano Domiciano se transforma en el tercer emperador Flavio.

94 E.C. Josefo publica su *Antigüedades de los Judíos* en veinte volúmenes, escritos en griego y conteniendo el "*Testimonium* Flavianum", el cual se supone testifica de forma independiente sobre la existencia histórica de Jesús.

NOTAS

1. Michael Gouldner, *Type And History In Acts, William Clowes and sons*, *London, 1963, pp 2-4.*

2. Eusebius Panphilius, *Ecclesiastical History*, Libro III, Ch 7:7

3. Flavius Josephus, *War of the Jews*, V, XII, 499 (William Whiston)

4. Josefo, *Wars* VII, I, 1

5. Daniel 7:13

6. Josefo, *Wars* V, IX, 395-396

7. Josefo, *Wars* Prefacio II, 5

8. Josefo, *Antiquities of the Jews* XVIII, I, 23

9. 4QD 17 6-9

10. Mateo 15:30

11. Josefo, *Wars* VI, V, 312-313

12. 4Q547

13. Damascus Covenant (CD) 19.5-13, 32-20.1

14. Targum, *Pseudo-Jonathan* en Gen 49:10-12

15. 1 Clem Prologue:1

16. Ceprian, *ed. Princepts*, 66, 8,3

17. Josefo, *Wars* III, VIII, 400-402

18. Josefo, *Wars* III, VIII, 354

19. Brian Jones, *The emperor Titus*, St, Martin's Press, 1984, p 152

20. Suetonio, *Live of the Caesars* Titus paragraph 4

21. Suetonio, *Live of the Caesars* Titus paragraph 3

22. Tacitus, *The Histories*, Libro IV

23. Suetonio: *De Vita Caesarum -Divus Vaspasianus*, XXIII

24. Pliny, *Pan* 11.1

25. Juvenal, *Satire* VI, 155

26. Juvenal, *Satire* X 365

27. Juvenal, *Satire* XIII

28. Juvenal, *Satire* VI. La caja de Heno fue usada para mantener la comida tibia para el Sabbath, para evitar cocinar. La referencia al árbol es incierta pero posiblemente la referencia al Menorah, al candelabro de siete ramas.

29. *The Catholic Encyclopedia*, "Clemente"

30. Jerome, *De viris illustr*, X

31. Tertuliam, *De Praesor. Haer*, c. XXXII

32. G.A. Wells, *The Jesus Leyend*, Open Court Publishing, 1996, p 228

33. G.A. Wells, *The Jesus Leyend*, p 228

34. *The Catholic Encyclopedia* "Flavia Domitila"

35. Babylon Talmud, Gitt. 56b-57a

36. *The Catholic Encyclopedia* "Flavia Domitila"

37. Josefo, *Life of Flavian Josefo* 65, 363

38. Josefo, *Antiquities of the Jews* XIV, X,II

39. Josefo, *Wars* III, x, 463, 466-467, 526-527

40. Juvenal, *The Sixteen Satires*, 4

41. Josefo, *Wars* III, X, 516, 520

42. Josefo, *Wars* III, X, 483-484

43. Josefo, *Wars* III, X, 487

44. Josefo, *Wars* III, X, 497

45. Josefo, *Wars* III, IX, 446

46. Josefo, *Wars* III, X, 484

47. Josefo, *Wars* VI, III, 199-200

48. Josefo, *Wars* VI, III, 201-212

49. Éxodo 12:21-22

50. Éxodo 12:9

51. *Strong's Concordance* 1223

52. *Strong's Concordance* 1330

53. *Strong's Concordance* 5590

54. *Mathew* 27:25

55. Josefo, *Wars* VI, IX, 420-421

56. Eusebius Panphilius, *Ecclesiastical History*, Libro V, XXVI

57. Josefo, *Wars* VI, III, 215-219

58. Marcos 5:1-20

59. Josefo, *Wars* VI, VII, 389, 391, 399-401, 406-408, 410, 413-415, 420-425, 431, 433, 435-437

60. Josefo, *Wars* VII, VIII, 263

61. El término puede referirse tanto al ejército romano como no romano.

62. Mateo 8:29

63. 4Q560

64. Mateo 12:43-45

65. Números 32:13

66. La siguiente cita de Bruece Chilton es un ejemplo:

"Algunos han tratado de evadir la fuerza de este texto diciendo que la generación de palabras aquí realmente significa raza, y que Jesús simplemente estaba diciendo que la raza judía no se extinguiría hasta que todo esto ocurriera. ¿Es eso cierto? Te desafío: saca tu concordancia y busca cada aparición del Nuevo Testamento de la generación de palabras (en griego, ginebra) y mira si alguna vez significa 'raza' en cualquier otro contexto. Aquí están todas las referencias para los Evangelios: Mateo 1:17; 11:16; 12:39, 41, 42, 45, 16: 4, 17:17. 23:36, 24:34; Marco 8:12, 38, 9:19, 13:30; Lucas 1:48, 50, 7:31, 9:41, 11:29, 30, 31, 32, 50, 51, 18: 8, 17:25, 21:32. Ninguna de estas referencias habla de toda la raza judía durante miles de años; todo uso de la palabra en su sentido normal refiere a la suma total de quienes viven al mismo tiempo. Siempre se refiere a los contemporáneos. De hecho, quienes dicen que significa 'raza', tienden a reconocer este hecho, pero explican que la palabra cambia repentinamente su significado cuando Jesús la usa en Mateo 24 ". Bruce Chilton, What Happened in AD70? Kingdom Publications, 1997, p89.

67. La Biblia Geneve 1599

68. Josefo, *Wars* V, XIII, 566

69. Josefo, *Wars* VI, VIII, 407-408

70. Joseph Klausner, *Jesus of Nazaret*, George Allen & Unwin LTD, 1925, p266

71. Josefo, *Wars* VII, VI, 185

72. Josefo, *Wars* VII, IX, 389

73. Josefo, *Wars* V, X, 442

74. Josefo, *Wars* VI, IX, 429-431

75. Marco 5:5

76. Josefo, *Wars* VII, II, 26

77. Marco 5:15, 20

78. Josefo, *Wars* VI, IX, 433-434

79. Josefo, *Wars* VII, V, 154

80. La identificación de Juan como su "Amado Discípulo" es la única lectura directa del texto y era también la tradición mantenida por los Ireneo, en el Fragmento Moratoria y en el prólogo latino Anti-Marcionista. Sin embargo, ciertos académicos han disputado de si el "Amado Discípulo" fue realmente "Juan", aunque no han podido ponerse de acuerdo en quién haya podido ser. Lo relevante para nuestros propósitos no es que este capítulo haya sido insertado en los Evangelios, o de si fue compuesto por un autor de nombre "Juan", sino solo el intento del autor de la utilización de "Juan" como el Amado Discípulo como parte del sistema de profecías entre Jesús y Tito.

81. Josefo, *Wars* VII, II, 29

82. 1QHv1, 24-27

83. Josefo, *Wars* VI, VI, 325-327, 345,350-351

84. *Strong's Concordance*, 3136, 3137

85. Marcos 5:20

86. Juan 21:24

87. Lucas 12:52

88. Josefo, *Wars* V, III, 98-105

89. Juan, 6:54

90. *Strong's Concordance*, 4991

91. *Strong's Concordance*, 4990

92. Josefo, *Wars* VI, V, 312-313

93. Josefo, *Ant.* VIIII, II, 46-48

94. Josefo, Wars VII, VI, 178-180, 185

95. Josefo, Wars VII, VI 194-200

96. Josefo, Wars VII, VI, 201-206

97. Juan 12:10

98. Josefo, *Wars* VI, II, 157-158, 161-163

99. David Noel Friedman. *The Unity of the Hebrew Bible*, 1991, p 57.

100. Mary Douglas, *Leviticus as Literature*, 1999, pp 236-37

101. Robert Alter, *The Art of Biblical Narrative,* 1981, Yairah Amit, *Reading Biblical Narratives*, 2001

102. Teofrasto, *Enquire Into de Plants and Minor Works on Odors and Weather Signs*, Loeb edition, 1916; y HP2.7.6 -Passs.Id CPI.18.9

103. Joseph Klausner, *Jesus of Nazaret*, p 330

104. Targum, pseudo-Jonathan on Gen. 49:10-12

105. Mateo 26:39

106. Josefo, *Wars* VI, III, 209, 212

107. Hosea vi, ii, P.W. Schmiede, *Encyclopedia Biblica*, Black, 1901

108. *Strong's Concordance*,4404

109. *Strong's Concordance*, 901

110. *Strong's Concordance*, 3029

111. De considerar es el hecho que la palabra que utiliza el autor para este pañuelo, "sudario", es una de las pocas palabras del Nuevo Testamento que no es ni hebrea ni griega, siendo originaria del latín.

112. Juan 20 1-5

113. *Strong's Concordance*,4578

114. No soy el primero en señalar de que habían más de una "María Magdalena". Eusebio también se percató las contradicciones entre varias versiones de la primera visita a la tumba vacía e intentó con "armonizar" las cuatro versiones diciendo que probablemente hubo más de una "María Magdalena".

115. Palimpsesto en el Monasterio de Santa Catarina en el Monte Sinaí: *Evangelion de- Mepharreshe.*

    F.C. Burkitt, ed. 2 vols, Cambridge, 1904

    Monasterio en Koridethi en el Cáucaso: *"El texto de los Evangelios y el texto Koridethi" Harvard, Theological Review* 16:1923, pp 267-86;y "Codex 1 of the Gospels and the Allies," *Tests and Studies* 7(3):1902

116. *The Complete Gospels*. Robert J. Miller editor, Sonoma, Polebridge Press, 1992.

117. Josefo, *Wars* VII, X, 417-419

118. Josefo, *Wars* III, IX & X

119. Juvenal, *Satire* XIV, 96

120. 4Q252

121. 4Q285

122. Josefo, *Ant*. VIII, II, 45

123. Josefo, *Wars* VI, II, 157-158, 161-163

124. Josefo, *Wars* VII, II, 25

125. Josefo, *Wars* VII, VI, 178-185

126. Josefo, *Wars* VI, VI, 199-206, 209

127. Josefo, *Ant*. VIII, II, 46-48 -Nota: algunas ediciones imprimen erróneamente "foot" ("pie") en vez de "root" (raíz)

128. Josefo, *Wars* VI, V, 271-315

129. Mateo 24:1-44

130. Robert Eisman, *James the Brother of Jesus*, Penquin, 1999, p358

131. Josefo, preface to *Wars*, 12

132. Josefo, *Wars* IV, V, 334-335, 341-343

133. Josefo, *Wars* IV, V, 335 nota a pie de página

134. Mateo 23:35

135. William Whiston fue un matemático, teólogo y lingüista del siglo 18. Fue nombrado asistente de Sir Isaac Newton en 1701 y publicó una edición sobre Euclides para uso de los estudiantes, en esa época. En 1703 el sucedió a Newton como profesor Lucasiano. Se enemistó con Newton acerca de diferentes interpretaciones de la Biblia. La cosmología de Whiston entraba en conflicto con la de Newton en que el creía que Dios efectivamente intervenía en la vida de los humanos, una comprensión que él consiguió mediante la lectura de Josefo, cuyos trabajos tradujo. Su traducción de Josefo al inglés, todavía se publica yes la traducción que he utilizado a través de todo este libro.

136. R. Brown, *Christ's Second Coming, Will it be Pre-millennial?* 1858, p 435

137. Josefo, *Wars* V, VI, 269-274

138. Josefo, *Wars* V, VI, 272 footnote

139. Josefo, *Wars* VI, V, 309

140. Eusebio Panphilius, *Ecclesiastical History*, III, VII

141. Josefo, *Wars* VII, X, 420-425

142. Josefo, *Wars* VII, VII, 216-217

143. Josefo, *Wars* VII, XI, 437-453

144. Hechos 4:6, 25:13

145. Hechos 1:18

146. Josefo, *Wars* VII, XI, 454-455

147. vacío

148. vacío

149. vacío

150. vacío

151. vacío

152. Josefo, *Ant.* XVIII, III, 63-84

153. Mary Douglas, *Leviticus as Literature*, 2000, pp 234-40

154. Josefo, *Wars* VII, V, 123-124

155. Livy, *The History of Rome* VIII, IX

156. Hechos 21:27-28, 30-32, 35, Hechos 25:25

157. Para la discusión ver Albert A. Bell, "Josefo the Satirist? A Clue to the Original Form of the Testimonium Flavium" *Jewish Quaterly Review*, 67, 1976, pp 16-22

158. Josefo, *Wars* V, III, 98-99

159. Josefo, *Ant.* XVIII, III, 55-62

160. Josefo, *Wars* II, XVII, 425

161. Josefo, *Wars* Preface XII, 30

162. Josefo, *Wars* V, VII, - nota a pie de página a vs 272, "THE SON COMETH"

163. 2 Cor 7:6-7

164. Brian Jones, *The Emperor Titus*, St, Martin's Press, 1984, p 152

165. Josefo, *Wars* V, I, 45-46

166. Josefo, *Wars* VII, X, 419

167. San Augustin, *The Nicene and post-nicen Fathers* II, VII

168. Josefo, *Ant.* X, XI, 276-277

169. Josefo, *Wars* I, I. 31-32

170. Brian Jones, *The Emperor Titus*, St, Martin's Press, 1984, p 45

171. Suetonio, *Vesp.* 5

172. Daniel 9:24

173. Daniel 9:25

174. Daniel 9:26

175. Daniel 9:27

176. Josefo, *Wars* VI, II, 93-102

177. Eusebio, *Ecclesiastical History* III, V

178. Mateo 24:15

179. Daniel 12:11

180. Josefo, *Wars* VI, II, 93-94

181. Josefo, *Ant.* X, XI 276-280

182. Josefo, *Ant.* X, X, 210

183. 4 Kings, 4:1-37, 42-44

184. Eusebio, *Ecclesiastical History* I, IV

185. Éxodo 32:28, & Cor. 3:16-18

186. Hechos 2:41

187. Josefo, *Wars* VII

188. Josefo, *Wars* VII, IX, 395-396, 400-401

189. Joshua 5:6

190. Jueces 13:1

191. Daniel 9:2

192. Juan 5:1

193. Josefo, *Wars* V, XIII, 567-572

194. Daniel 9:27

195. Josefo, *Wars* II, VIII, 118; Ant. XVIII, I, 4

196. Josefo, *Wars* VII, VIII, 331-333, 358-359, 387-388

197. Josefo, *Wars* VII, IX, 401

198. Josefo, *Ant.* II, XIV, 311 (Éxodo 11-12)

199. Juan 1:29

200. Eusebio, *Ecclesiastical History*, VII Las predicciones de Cristo.

201. Lucas 2:1-4

202. Lucas 2:7, 2:16, 2:24

203. Lucas 3:10-14

204. Lucas 4:18

205. Lucas 12:13-21, 14:1-14

206. Hechos 2:44-45, 4:32-35

207. Lucas 16:14

208. Ver B Qama 27 a o Gittim I, 6

209. Joseph Klausner, *Jesus of Nazaret*, p 183

210. B Qama IV 5

211. Niddad 17a

212. Lev. R9, Yeb II, 5

213. Joseph Klausner, *Jesus of Nazaret*, p 185

214. 4Q2469

215. Josefo, *Wars* V, X, 442-443

216. Josefo, *Ant.* XII, VI, 265-267

217. Sanh 9:4

218. Josefo, *Wars* II, XX, 566-568

219. Eusebio, *Ecclesiastical History* III, XXXII, I-VI

220. Josefo, *Ant.* XX, V, 102

221. Damascus Document, XIV

222. Community Rule, VIII

223. Damascus Document, VI

224. Community Rule, VIII

225. Robert Eisenman, *James the Brother of Jesus*, p 967

226. Robert Eisenman, *James the Brother of Jesus*, p 181

227. Josefo, *Wars* II, XVII, 409,

228. Josefo, *Wars* VI, IV, 227-228

229. Josefo, *Wars* II, XVII, 447

230. Josefo, *Wars* VII, VIII, 252-253

231. Josefo, *Wars* VII, IX, 389-399

232. Josefo, *Wars* I, I, 36

233. Mateo 13:55

234. Fergus Millar, *The Roman Near East*, Harvard University Press, 1993, p 372

235. Josefo, *Wars* VI, I, 59, 63-64

236. Josefo, *Wars* VI, I, 68

237. Josefo, *Wars* VI, I, 72-74

238. Josefo, *Wars* VI, I, 75-78

239. Josefo, *Wars* VI, I, 92

240. Josefo, *Wars* VI, II, 138-141, 147-148

241. Josefo, *Wars* VI, IV, 227-228

242. Josefo, *Wars* VI, II, 114

243. Josefo, *Wars* VI, II, 138-140

244. Ben Sira 48:10-11

245. 4 Reyes 1:8 & 1 Reyes 19:13

246. 4 Reyes 2:4-15

247. Malaquías 4:1

248. Mateo 3:10, 12

249. Malaquías 3:2

250. Josefo, *Wars* VI, VIII, 404

251. Juan 4:7-21

252. Josefo, *Wars* III, VII, 307, 309, 312-313

253. Josefo, *Ant.* XVII, II, 41-45

Bibliografía Selecta

Aland, Kurt, Mathew Black, Carlo M. Martini, Bruce M. Metzger y Allen Wikgren, end. *The Greek New Testament*. 2nd. ed. United Bible Societies, 1968.

Aland, Kurt, y Barbara Aland. *The Text of the New Testament: An Introduction to the Critical Editions and the Theory and Practice of Modern Textual Criticism*. Wm. B. Eerdmans Publishing Company, 1995.

Brandon, S.G.F. Jesus and the *Zelotes*. Charles Scribner's Sons, 1967.

Eisenman, Robert. *James the Brother of Jesus*, Penguin Books, 1997.

Eisenman, Robert y Michael Wise. *Dead See Scrolls Uncovered*, Penguin Books, 1997.

Josephus, Flavius. *The works of Josephus*. Hendricks Publishers, 1987.

Klausner, Joseph. *Jesus of Nazaret His Life, Times, and Teaching*. Bradford and Dickens, 1925

Millar, Fergus. *The Roman Near East*. Harvard University Press, 1993.

The New Testament, versión autorizada de King James.

Tcherikover, Victor. *Hellenistic Civilization and the Jews*. Atheneum, 1970.

Wise, Michel, Martin Abegg, Jr. y Edward Cook. *Dead Sea Scrolls: A New Translation*. HarperSanFrancisco, 1996.

Palabras del Autor

Aunque he descubierto una manera revolucionaria para comprender los Evangelios cristianos, mi estudio de estos comienza de una manera tan clásica que podría haber sido más bien parte de la edad media que del siglo XX. Pasé mi juventud en Japón donde asistí al único colegio de habla inglesa en el país, St. Mary's Military Academy. El colegio era dirigido por jesuitas tan lejanos de los eventos del tiempo moderno que ni siquiera pensaron en cerrarlo durante la Segunda Guerra Mundial, y enseñaron un currículo que no ha cambiado desde el siglo XVIII. La mayor parte de mis días en el colegio los ocupé aprendiendo griego y Biblia latina, que por alguna razón la encontré fascinante.

Luego en la universidad, donde no estudié religión -comencé a trabajar con uno de los programadores más renombrados en el mundo, David Ferguson. A David le concedieron las primeras dos patentes alguna vez emitidas para programas de computación. Trabajé con David en una serie de compañías incluyendo Ferguson Tool Company y ASNA de la cual fuimos los fundadores. Luego de vender mis intereses de nuestras compañías a inversionistas, pude regresar a mi interés original: los orígenes del cristianismo.

Aunque me he distanciado de la fe católica, mi estudio del cristianismo nunca se detuvo. A través del curso de mi vida he leído cientos de libros en relación al Jesús histórico y de la cristiandad temprana, pero ninguno de ellos me dejaron con la sensación de que realmente sabía algo acerca de cómo la religión comenzó, o respecto a su fundador.

El hecho que me dejó más perplejo fue que el preciso momento que los seguidores estaban positivamente organizándose para formar una religión que urgía a sus miembros a "poner la otra mejilla", otra secta de Judea estaba dándole una guerra religiosa a los romanos. Este grupo buscaba a un Mesías, pero uno que los condujera militarmente. Me parece poco probable que dos formas mesiánicas diametralmente opuestas hayan surgido en Judea al mismo tiempo. Por eso comencé a estudiar los Manuscritos del Mar Muerto. Estaba tratando de encontrar algo sobre los orígenes del cristianismo en documentos que tenían 2.000 años encontrados en Qumrán. Para ayudarme en la comprensión de ellos, comencé a estudiar la historia de la Era.

Fue entonces cuando encontré la llave que me llevó a mis descubrimientos. Mientras leía *Las Guerras de los Judíos* de Josefo y su relación de la destrucción de Jerusalén por Tito en el 70 E.C., noté que habían curiosos paralelos en las historias de los Evangelios. Al principio no podía hacer sentido de los paralelos entre la Campaña de Tito y el Ministerio de Jesús. Entonces traté de mirar a los Evangelios con ojos frescos, como si nunca los hubiera visto antes, sacándome de la cabeza cualquier noción preconcebida de lo que significaban.

Esta perspectiva resultó en los descubrimientos presentados en este libro. Una familia Imperial Romana, los Flavio, han creado el cristianismo, e incluso más increíble, han colocado una sátira literaria dentro de los Evangelios y *Las Guerras de los Judíos* para informarle a la posteridad de este hecho.

Mis libros incluyen Caesar's Messiah, Ulysses Press 2006, el libro más vendido de las historia religiosa en EE.UU en el año 2007, y su traducción al alemán *Das Messias Ratsel*, Ulstein 2008, alcanzando el estatus de #1 como Best Seller. La revista alemana *Focus* publicó un artículo de portada de mi trabajo: #52 diciembre 25, 2008. La edición revisada del *Caesar's Messiah -Flavian Signature Edition* fue publicada en el 2011. Mi siguiente libro *A Single Strand* será publicado por Ulstein.

Vivo con mi esposa en California desde hace 25 años y tenemos dos hijos. Soy un ávido jugador de ajedrez y puedo decir que tengo más de 100 victorias sobre Grandes Maestros y Maestros internacionales. Tengo una calificación ICC (Club de Ajedrez de Internet) de 2358.

Si usted desea contactar a Joseph Atwill, por favor visite su página de la red en: www.caesaesmessiah.com

«Vamos a necesitar escritores que puedan recordar la Libertad
—poetas, visionarios—
realistas de una realidad más amplia».

Ursula K. Le Guin